NOUVEAU RECUEIL

DE

COMPTES DE L'ARGENTERIE

DES ROIS DE FRANCE

IMPRIMERIE DE A. GOUVERNEUR

A NOGENT-LE-ROTROU.

NOUVEAU RECUEIL

DE

COMPTES DE L'ARGENTERIE

DES ROIS DE FRANCE

PUBLIÉ

POUR LA SOCIÉTÉ DE L'HISTOIRE DE FRANCE

Par L. DOUËT-D'ARCQ

A PARIS
LIBRAIRIE RENOUARD
HENRI LOONES, SUCCESSEUR
LIBRAIRE DE LA SOCIÉTÉ DE L'HISTOIRE DE FRANCE
RUE DE TOURNON, N° 6

M DCCC LXXIV

EXTRAIT DU RÈGLEMENT.

Art. 14. — Le Conseil désigne les ouvrages à publier, et choisit les personnes les plus capables d'en préparer et d'en suivre la publication.

Il nomme, pour chaque ouvrage à publier, un Commissaire responsable, chargé d'en surveiller l'exécution.

Le nom de l'éditeur sera placé à la tête de chaque volume.

Aucun volume ne pourra paraitre sous le nom de la Société sans l'autorisation du Conseil, et s'il n'est accompagné d'une déclaration du Commissaire responsable, portant que le travail lui a paru mériter d'être publié.

Le Commissaire responsable soussigné déclare que l'édition du Nouveau Recueil de Comptes de l'Argenterie des Rois de France, *préparée par M.* Douët-d'Arcq, *lui a paru digne d'être publiée par la* Société de l'Histoire de France.

Fait à Paris, le 1er octobre 1874.

Signé L. DELISLE.

Certifié,

Le Secrétaire de la Société de l'Histoire de France,

J. DESNOYERS.

PRÉFACE.

Il y a vingt-trois ans, en 1851, nous avons publié pour la Société de l'histoire de France un volume intitulé : *Comptes de l'argenterie des Rois de France au XIVe siècle.* Comme ce volume est devenu rare et ne se rencontre plus facilement, il ne sera pas superflu de reproduire ici le tableau de son contenu. On y trouve :

1° Le premier compte de Geoffroi de Fleuri, argentier du roi Philippe le Long, pour les six derniers mois de l'année 1316. C'est le premier compte de l'Argentier qui soit venu à notre connaissance.

2° Un compte d'Étienne de la Fontaine, Argentier du roi Jean, pour le terme de la Saint-Jean 1352.

3° Journal de la dépense du roi Jean en Angleterre depuis le 1er juillet 1359 jusqu'au 8 juillet 1360, jour de son débarquement à Calais. Ce compte s'applique à la troisième et dernière année de la captivité du roi Jean en Angleterre. Au moment du tirage de la dernière feuille de ce volume de 1851, M. Lahure me montra un compte original en parchemin, que je reconnus de suite pour être un compte précédant celui-ci. M. Lahure, qui en était propriétaire, le vendit à M. le duc d'Aumale, qui l'a publié dans le Philobiblion. Ce compte est d'autant plus curieux, qu'indépendamment de son intérêt au point de vue technologique, il en a un autre très-saillant au point de vue de l'histoire. Dans notre édition, nous l'avons fait suivre d'un itinéraire du roi Jean en Angleterre.

4° Dépenses faites à l'occasion du mariage de Blanche de

a

Bourbon, fille de Pierre Ier, duc de Bourbon, avec don Pèdre, dit le Cruel, roi de Castille, en 1352.

5° Inventaire du garde-meuble de l'Argenterie dressé en 1353 par Étienne de la Fontaine, au moment où il quittait ses fonctions pour prendre celles de maître des eaux et forêts, en faveur de son successeur Gaucher de Vannes, ou mieux de Vanves[1].

6° État de la vaisselle du roi Jean, portée à Germigny, au mois de décembre 1363.

7° Tableaux des prix des comptes de Geoffroi de Fleuri, et d'Étienne de la Fontaine.

8° Une table des mots techniques qui se trouvent dans ces comptes.

Nous passons au contenu du nouveau volume que nous publions pour la Société de l'histoire de France.

C'est d'abord un compte particulier rendu par Geoffroi de Fleuri en 1317, d'un nombre considérable de draps d'or et de soie, et même de quelques meubles, le tout tiré de la tour du Louvre, au haut étage au-dessus de la chambre du Trésor, ce qui était sans doute le local de ce que l'on appelait les Garnisons de l'Argenterie, et qu'on dirait aujourd'hui le Garde-meuble, pour être employé pour le service du roi Philippe le Long et de la reine Jeanne de Bourgogne, sa femme. Ce petit compte est fort curieux pour l'étude de ces riches étoffes d'espèces diverses comprises sous le nom générique de draps d'or et de soie. On y remarquera plus particulièrement la mention de *Toulousins d'Outremer*, que nous n'avions pas encore rencontrée ailleurs. Il y est aussi question d'une espèce de tartaire ou brocart, appelé taffetas : *les quieœ tartaires l'en claime tafetas*. Évidemment ce tartaire-taffetas ne peut avoir aucune espèce de

---

[1]. Dans l'original on peut lire absolument l'un ou l'autre. Nous préférons *Vanves,* parce que c'est le nom d'un lieu très-rapproché de Paris.

ressemblance avec l'étoffe appelée Cendal, dans les comptes du xiv° et du xv° siècle, et Taffetas, dans ceux du xvi° siècle. Le taffetas est une étoffe de soie unie, une simple toile de soie, et n'a rien de commun avec le tartaire, que nous croyons être une sorte de brocart. L'appellation est la même, mais l'étoffe est toute différente. On sait au reste que les exemples ne manquent pas, dans les textes du moyen-âge, d'un même mot employé dans des acceptions très-diverses.

Le document qui suit est un autre compte particulier de draps d'or et de soie, rendu par Édouart Tadelin, de Lucques, mercier du roi Philippe de Valois, en 1342. Ce petit compte est intéressant au même point de vue que le précédent, mais il a sur lui l'avantage d'être accompagné des prix.

Vient ensuite un document qui, de même que le journal de la dépense du roi Jean en Angleterre du volume de 1851, se recommande au double point de vue, technologique et historique. C'est l'inventaire et la vente après décès des biens de la reine Clémence de Hongrie, veuve du roi Louis le Hutin.

Clémence de Hongrie a été la seconde femme du roi Louis le Hutin. C'était la fille aînée de Charles Ier, dit Martel, roi de Hongrie, et de Clémence de Habsbourg. Hugues de Bouville l'alla chercher dans la Pouille le 12 décembre 1314, et l'amena en France, où elle fut mariée le 19 août 1315, et couronnée à Reims le 24. Elle fit son testament au Temple le 5 octobre 1328[1], et mourut le 12, suivant le P. Anselme[2], mais le 13, suivant son inventaire, et suivant son épitaphe, qui était aux Jacobins de Paris.

Le père de Clémence, Charles Martel, ne fut jamais que roi titulaire de Hongrie. Car il ne quitta point l'Italie, où

---

1. Il est en français. Valbonnais l'a donné dans son *Histoire du Dauphiné*, t. II, p. 217.
2. P. Ans. t. Ier, p. 92.

il était né et où il mourut, à Naples, en 1295, à l'âge de 23 ans, laissant de sa femme Clémence de Habsbourg, un fils, Charles Robert, et par contraction Charobert, qui fut roi de Hongrie, et deux filles, Clémence, mariée à Louis le Hutin, et Béatrix, mariée à Jean II, Dauphin de Viennois [1].

Suivant Mézeray, lorsque Clémence vint en France, la première femme de Louis le Hutin, Marguerite de Bourgogne, vivait encore, mais reléguée au Château-Gaillard pour cause d'adultère, et où elle périt par strangulation. Il pense que c'est précisément l'arrivée de la jeune reine qui hâta sa fin. Si nous disons la jeune reine, c'est un peu par galanterie, car elle avait une sœur cadette Béatrix, mariée au dauphin de Vienne, et leur père était mort en 1295, c'est-à-dire vingt ans avant le mariage de Clémence. Elle avait donc alors vingt-deux ou vingt-trois ans pour le moins, ce qui n'était pas considéré comme très-jeune pour une princesse. Car, d'après les usages du temps, les princesses se mariaient généralement beaucoup plus tôt.

Nous donnerons ici l'analyse de quelques actes, soit émanés de la reine Clémence, soit se rapportant à elle.

En 1315, Louis le Hutin fit don à la reine Clémence de plusieurs terres situées en Normandie. Le préambule mérite d'être rapporté : « Loys, par la grâce Dieu rois de France et de Navarre. Nous faisons savoir à touz présenz et à venir, que Nous, considéranz la joieuse et agréable compaingnie que Clímence, par la grâce Dieu Royne de France et de Navarre, nostre très chère compaigne, nous porte humblement et amiablement, par quoi elle dessert bien que nous li en doiens faire guerredon courtoisement, à ladite Royne et à ses hoirs et à ceus qui de lui auront cause, donnons perpétuelment à touz jours, sans espérance de rappel, les choses qui s'ensuivent : — Les maisons et manoirs de Mai-

---

[1]. *Art de vérif. les dates*, t. 2, p. 55.

neville, Hébecourt, S. Denis de Fermen et Wardes — les maisons et manoirs de Marregny et de Dampierre — les villes, maisons et manoirs d'Escoyes et de Warclive — les avainnes de la forest de Lyons et de Bray..... Ce fu fait et donné à Vaumain, l'an de grâce mil trois cenz et quinze, ou mois de novembre ». (Original parchemin, scellé du grand sceau en cire verte, sur lacs de soie rouge et verte. — Trésor des chartes, carton J. 423, pièce n° 34.)

Dans son testament, qui est du mois de juin 1316, Louis le Hutin constitue à la reine Clémence 25,000 livres tournois de rente pour son douaire. Voici une analyse de cet acte important, conservé aux Archives nationales :

« *In nomine Patris et Filii et Spiritus sancti, amen.* L'an de grâce mil troiz cenz et seze, u moiz de juing. Nous Loys, par la grâce de Dieu Roy de France et de Navarre, en sain et en ferme propoz de nous ordener à nostre sauvament pour le remède de nostre âme, à grant délibéracion faison cest présent nostre testament. »

Il ordonne l'entière exécution du testament de son père.
Il statue sur sa sépulture,
Sur le payement de ses dettes,
Sur les restitutions à faire en son nom.

« Item, à grant provision et à grant délibération, à Clémence, nostre très chière compaigne, nous otroions pour son douaire vint et cinq mil livres tournois, à prendre d'an en an, en lieus certainz, si comme il est contenu expressément ès leitres qui sont suz ce faites, séelées de nostre grant seel, si comme il appert ès dites leitres. Et à greigneur seurté pour li, en cest présent testament, nous voulon et ordenon que pour son douaire ele ait xxv mil livres tournois de rente, à prendre chascun an, ès lieuz qui sont nommez expressement ès dites leitres. Et de ce nous charjon espécialment noz exécuteurs. »

Il lègue 50,000 livres pour le passage d'Outremer.

Suit une longue liste de legs faits aux églises pour fondations de chapelles et pour anniversaires. Puis une foule d'autres, à ses chambellans, à ses chevaliers, et aux gens de son hôtel.

« Et de ces présent testament, ordenance et volenté derrenière, nous avons fait et ordené noz exécuteurs, nostre amé et féal Raoul, évesque de Saint-Malou, nostre chier oncle Charles, conte de Valoys, nostre chier frère Phelippe, conte de Poitiers, nostre chier oncle Loys, conte d'Evreueus, nostre chier frère Charles, conte de la Marche, nostre chier oncle G. conte de Saint Pol. Item, noz amez et féauz Gauchier, connestable de France, Miles, seigneur de Noyers, Hugues d'Augeron, et frère Vybert, nostre amé confesseur. »

(Original sur deux peaux de parchemin, l'une de 66 centimètres et l'autre de 18. Scellé du grand sceau en cire verte au bas de la charte, et du contresceau aux joints des deux peaux de parchemin. — Trésor des chartes, carton J. 404, pièce n° 22. — Sous le n° 22 bis il s'en trouve une copie du temps sur un grand rouleau de parchemin. Tous les legs y sont disposés par alinéas, ce qui en facilite la lecture.)

Lettres de Philippe le Long, du 14 mars 1316 (V. S.), qui maintiennent l'abbé et les religieux de Saint-Denis dans leurs droits aux assises d'Orléans, contre les prétentions de la reine Clémence[1].

Le 15 août 1317, à Poissy, il se fit un accord entre le roi Philippe le Long, d'une part, et la reine Clémence de Hongrie, veuve de Louis le Hutin, d'autre part. La charte originale de cet accord, qui est en français, porte, entre autres choses, que Philippe le Long recevra de la reine Clémence « la maison du Boys de Vincennes, moult profitable et moult neccessaire pour nous, » et qu'en retour il lui donnera « la grant maison qui fut du Temple à la grant

---

1. K. 40, n° 6.

tour, séant à Paris vers Saint-Martin des Chans[1]. » Elle est ainsi datée et souscrite : « Donné à Poissi, le quinzeisme jour d'aoust, en l'an de grâce mil trois cenz et diz et sept. Présenz : Loys, conte de Evreux, nostre cher oncle, les évesques de Laon, de Mende et de Noyon, Loys de Clermont, seigneur de Bourbonois, chamberier de France, Blanche de Bertaigne, et Henri, seigneur de Seuli, bouteiller de France, noz cousins; maistres Pierres de Chappes, trésorier de Laon, Pierre Bertrant, arcediacre en l'église de Clermont, Arnaut de Saint-Genis, chantre de Bourges, Nicole de Cesseruel, Raoul de Praelles, clers ; Guillaume de Beau-semblant, chevaler, et Jehan Billoart, bourgeois de Paris. » A la charte sont appendus, sur doubles lacs de soie rouge et verte, les sceaux, en cire verte, des deux contractants. Celui de la Reine, qui est un peu fruste, la représente debout, sous une arcade gothique, coiffée en cheveux, vêtue d'une robe descendant à longs plis jusqu'aux pieds, tenant de la main droite un sceptre fleurdelisé, et posant la gauche sur l'agrafe de son manteau, qui est vairé. A sa droite l'écu fleurdelisé de France ; à sa gauche celui de *Hongrie* (fascé d'argent et de gueules de huit pièces). Légende (: *S. Clemencie d)ei graci(a regi)ne Francie et Navarre*. Au contresceau, dans une rosace un écu arrondi, parti de *France* et de *Hongrie* avec la légende † *Contras. Clemen. Dei gra. regine Franc. et Navarre* [2].

En 1317, Philippe le Long maintient l'abbaye de Preuilly dans la garde et le ressort de la prévôté de Moret, contestés à l'abbaye par les gens de la reine Clémence de Hongrie [3].

Charles le Bel, par ses lettres datées de Paris, février

---

1. Le testament de Clémence de Hongrie, donné par Valbonnays, t. 2, pag. 220, est daté du 5 octobre 1328, *en nostre chambre du Temple*.

2. *Tr. des chartes*, J. 1044, n° 22. Cette pièce est transcrite dans le registre JJ. 53, n° 270.

3. K. 192, liasse 8, pièce 52. Copie moderne.

1322, assigne à la reine Clémence, veuve de Louis le Hutin son frère, 546 livres 10 sous 8 deniers, obole, tournois, sur la prévôté de Caen, pour la fin du payement de son douaire. Dans d'autres de même date il lui donne encore, comme complément de son douaire, 497 livres 19 sous 6 deniers, maille, tournois, à prendre sur des fiefs et fermes de Normandie. Ces deux lettres sont en français. La dernière contient le détail précieux d'un grand nombre de fiefs de Normandie[1].

En 1323 Clémence de Hongrie assistait au contrat de mariage de Charles de Calabre avec Marie de Valois[2]. La même année elle était en procès avec l'abbaye de Saint-Denis touchant un cas de justice au prieuré d'Ausone[3]. Et l'année suivante avec l'abbaye de Saint-Maur-des-Fossés, pour la garde et le ressort d'Evry-sur-Seine, Lices et Faverolles[4].

On trouve dans le Recueil des Ordonnances, tome IV, page 109, des lettres de Charles le Bel, du 6 mars 1326, portant que l'abbaye de Ferrières sera démembrée de la juridiction et du ressort de la reine Clémence, auquel elle avait été soumise à cause des terres assignées pour sa dot, et qu'elle sera réunie à la couronne.

Lettres de Clémence de Hongrie, adressées au chapitre de Saint-Martin de Tours, auquel elle donne 7 livres de rente pour l'entretien de trois lampes ardentes devant le corps de saint Martin. Le 28 mars 1327[5].

Elle abandonne un procès commencé devant sa cour à Corbeil, contre Jean d'Andresel, au sujet de la haute justice de la ville de Coignoles (Coignières-Hurepois); l'acte est inséré dans une approbation du roi, datée de Vincennes, juin 1328[6].

1. JJ. 61, n°s 263 et 327.
2. J. 411, n° 43.
3. Reg. du parlement coté X, 5, f. 396.
4. *Ibid.*, fol. 482 v° et 506.
5. JJ. 66, n° 262.
6. JJ. 65¹, n° 119.

PRÉFACE. ix

Par lettres datées du Louvre, le 19 juillet 1328, le Roi lui met dans les mains le comté d'Auxerre, au nom du dauphin de Viennois, lequel tenait en ses prisons le comte d'Auxerre[1].

Lettres de Clémence de Hongrie, par lesquelles elle renvoie Étienne Bouciau, bourgeois de Lorris, d'une accusation d'infraction d'asseurement. Le 26 juillet 1328[2].

En décembre 1330, Philippe de Valois amortit 18 livres de rente à l'église de Saint-Spire de Corbeil, et 12 livres à l'église de Notre-Dame de la même ville, rentes qui avaient été données par les exécuteurs testamentaires de la reine Clémence[3], en exécution de son legs[4].

En 1331. Fondation par les exécuteurs testamentaires de la reine Clémence de Hongrie, veuve de Louis X, d'une chapelle dans l'église de l'abbaye de Saint-Denis. Du 25 mars 1331[5].

En 1335. Le dauphin Humbert II renonce, entre autres choses, en faveur de Philippe de Valois, à tout ce qu'il pourrait demander en raison de l'exécution du testament de sa tante, la reine Clémence de Hongrie. Au Vivier en Brie, le 17 juillet 1335[6].

La reine Clémence avait établi pour ses exécuteurs testamentaires « nostre très chier seigneur et cousin, monsieur Phelippe, par la grâce de Dieu roy de France (Philippe de Valois), et nos chiers cousins, missire Looys, duc de Bourbon, et missire Robert (d'Artois) comte de Beaumont, révérens pères en Dieu, frère Jaques, évesque de Cornoaille, nostre confessor, et l'abbé de Sainct-Denis en France, et nos

1. JJ. 65¹, n° 175.
2. JJ. 69, n° 91.
3. JJ. 66, n° 411.
4. Voy. le testament, dans Valbonnays.
5. K. 42, n° 9.
6. J. 626, n° 149.

amez et féaulx conseillers, frère Pierre de la Palu, de l'ordre des Prescheurs, missire Jehan de Beaumont, seigneur de Saincte-Geneviève[1], et messire Pierre de Villepereur, chevalier, missire François de Mont-Flascon, missire Nicole de Cailloue et mestre Guillaume de Fourqueux, nos clers[2]. »

Elle avait légué de riches joyaux à la plupart d'entre eux. « Item, nous laissons et donons à nostre très chier seigneur et très amé cousin le Roy de France (Philippe de Valois) nostre image de Monsieur sainct Looys[3], faict en la manière d'évesque qui tient *son doit,* ainsi comme il est, à tout son doit dessusdit. »

« Item, à nostre très chière et très amée cousine la Royne de France régnant à présent[4], nostre Chef des onze mille Vierges, à tout le sanctuaire ; et voulons que nos exécuteurs le fassent parfaire par Jehan de Montpellier, qui l'a encore.

« Item, à nostre très chier cousin le comte d'Alençon[5], nostre meilleur fermail que nous ayons en France.

« Item, à nostre chier cousin le duc de Bourbon[6], nostre meilleur fermail emprès.

« Item, à nostre chier cousin le comte de Beaumont[7], nostre meilleur fermail emprès les deux.

« Item, à nostre chier neveu le Dauphin de Viennoys[8], nostre bon chapel gros, que Symon de Lisle fist[9]. »

1. Au comté de Beaumont-sur-Oise.
2. Valbonnays, t. 2, pag. 220.
3. S. Louis de Marseille.
4. Jeanne de Bourgogne, première femme de Philippe de Valois.
5. Charles, comte d'Alençon, tué à la bataille de Crécy en 1346.
6. Louis, qui fut le premier duc de Bourbon.
7. Robert III d'Artois, comte de Beaumont.
8. Le dauphin Guigues, neveu de Clémence, par Béatrix de Hongrie sa mère, sœur de la reine Clémence.
9. Valbonnays, t. 2, p. 219.

La reine Clémence, comme on l'a déjà dit, mourut à Paris, au Temple, le jeudi 13 octobre 1328. Son inventaire fut commencé le mardi suivant 18 octobre, en présence de la plupart de ses exécuteurs testamentaires, auxquels Philippe de Valois avait adjoint par commission Jean Billouart et Pierre des Essars. « Et y furent nos seigneurs présens, le mardi, le merquedi, le joedi et le vendredi que l'inventoire des gros joyaux se fist, et puis s'en départirent aucuns, c'est assavoir : mons. de Bourbon, mons. de Beaumont, et mons. l'abbé de S. Denys. Et le dénombrement de l'inventoire fut fait, présent les autres » (page 38).

On commença par faire la prisée des joyaux qui se trouvaient au Temple. C'était, comme on l'a vu, l'habitation de la reine Clémence. Le fameux Simon de Lille, et cinq autres orfèvres en furent chargés. Il y a, dans cette partie de l'inventaire, une expression que nous n'avons rencontrée que là, et qu'il convient de remarquer. C'est celle de *doit*. Par un doigt, il faut entendre toute bague qui a plusieurs pierreries. Celles qui n'en avaient qu'une s'appelaient anneaux.

Après les joyaux viennent les livres, partagés en deux catégories, les livres de chapelle et les *roumans*. Parmi les livres de chapelle on remarque le bréviaire de la reine Clémence. Il était à l'usage des Jacobins, et l'on se rappelle qu'elle y fut enterrée. Il fut adjugé à Philippe de Valois pour la somme de 45 livres parisis. Quant aux roumans, on voit qu'il en acheta deux, les Fables d'Ovide, au prix de 50 livres parisis, et l'Almanach aux Juifs, 30 livres parisis. Ce fut la reine Jeanne d'Évreux[1] qui acheta presque tout le reste.

A la page 68 se trouve un chapitre très-intéressant. C'est celui des robes de la reine Clémence : « Inventoire des robes Madame, livrées par Johanot, son tailleur. » Ce Jean Billouart, l'un des deux commis par le roi, en achète plusieurs.

---

1. Jeanne d'Évreux, troisième femme de Charles le Bel.

On trouvera à la page 83 la vaisselle d'étain et la batterie de cuisine. A la page 85 les *sambues,* sortes de selles exclusivement à l'usage des femmes.

A la page 87 : « Inventoire des chevaux Madame, rendus par Johan de Bouchon, son escuier. » On y trouve quatorze chevaux, non compris les deux du char, et « un petit noir, rendu au Gratteur, ménestrel, *à qui il estoit.* » Plus, trois palefrois.

Inventaire des vins, à la page 89. Il n'y a de mentionnés que des vins du Gâtinais, et du *saugié.* D. Carpentier parle de vin saugé, c'est-à-dire dans lequel on faisait infuser de la sauge. Quoi qu'il en soit de cette explication, ici le saugié se vend plus cher que le vin. Car deux queues de vin vieux ne sont payées que 7 livres parisis, tandis que deux queues de saugié sont vendues 10 livres parisis.

Inventaire de ce qui se trouvait dans l'hôtel de la reine à Corbeil, à la page 92.

A Tigery (Seine-et-Oise), arrondissement de Corbeil, à la page 95.

A Fontainebleau, à la page 97.

A Moret en Gâtinais (Seine-et-Marne), à la page 98.

A Flagy en Gâtinais (Seine-et-Marne), à la page 99.

A Lorrez-le-Bocage (Seine-et-Marne, arrondissement de Fontainebleau), à la page 99.

A Grez en Gâtinais (Seine-et-Marne), à la page 100.

A Nemours en Gâtinais (Seine-et-Marne), à la page 100.

Au Mez-le-Mareschal (Seine-et-Marne), à la page 101.

A Lorris en Gâtinais (Loiret), à la page 102.

A Châteauneuf-sur-Loire (Loiret), à la page 104.

« Inventoire des biens qui estoient ès hostiex Madame en Normendie, » à la page 104.

A Maineville (Eure), à la page 108.

« Item, les debtes que Perceval Vincent, receveur Madame a balliées à recevoir par les exécuteurs, partie recéue, et partie à recevoir, » à la page 109.

« Item, autres debtes deues à Madame au temps de son trespassement, » à la page 110.

« Recepte des fieffermes de Normendie pour le terme de la St Michel l'an XXVIII. »

« *Somme toute de cest présent inventoire. . . . . 21,082 livres, 14 sous, 11 deniers parisis.* »
A la page 112.

Somme que l'on pourrait évaluer approximativement à celle de 210,820 livres d'aujourd'hui.

A la suite de cet inventaire de la reine Clémence de Hongrie, nous publions le 17e compte de Guillaume Brunel, argentier du roi Charles VI, pour le terme de la Saint-Jean 1387. Nous le publions *in extenso*, non-seulement le compte proprement dit, qui s'arrête ici à la page 268, mais encore les mémoires particuliers des fournisseurs qui viennent à la suite et sont les pièces de comptabilité à l'appui, pour que l'on ait ici un spécimen complet d'un Compte de l'Argenterie.

Voici une liste chronologique des Argentiers, avec l'analyse plus ou moins étendue de ceux de leurs comptes qui sont venus jusqu'à nous.

ARGENTIERS DES ROIS.

GEOFFROI DE FLEURI, argentier du roi Philippe le Long. On a de lui un compte de l'an 1316, qui a été publié dans notre volume de 1851, et un compte particulier de draps d'or et de soie rendu en 1317, qui est imprimé en tête de ce volume. Ses lettres de noblesse, données à Léry, au mois d'août 1320, sont imprimées dans notre volume de 1851. Il n'était plus Argentier en 1322, comme on l'apprend du passage suivant d'un Journal du trésor, au lundi 7 juin 1322 :
— « Guillelmus de Podio, cordubanarius regis, pro denariis

sibi debitis per cedulam Gaufridi de Floriaco, *quondam argentarii* regis[1]. »

Geoffroi de Fleury est qualifié de bourgeois de Paris dans des lettres de 1325[2], et de trésorier du roi dans d'autres de 1336[3]. En 1338, le Roi amortit 25 livres de terre données par Geoffroi « de Floury » son trésorier, pour la fondation d'une chapelle[4]. Semblable amortissement de l'an 1339[5]. La même année, le Roi lui donne une maison à Paris « en la rue que l'en dit Crosse-Vache[6]. » Il est encore qualifié de trésorier du roi en 1349[7]. Il était mort en 1353, comme il appert du passage suivant d'une charte de cette année-là : « Jehanne de Fleuri, femme de *feu* Geoffroi de Fleuri, jadis bourgois de Paris[8]. »

Pierre Toussac, argentier du roi Charles le Bel. Il ne reste pas de comptes de lui. Mais il est souvent nommé dans un Journal du trésor aux années 1322 à 1326[9].

« Mercurii xxvij januarii (1322. v. s.). »

« Petrus Toussac, argentarius domini regis, pro denariis sibi debitis pro fine compoti sui tempore sui facti de tempore quo dominus rex erat Comes Marchie, de quibus fuerat assignatus super vicecomitatum Augi, per litteras regis de mandato, datas xxij januarii CCCxxj°, et litteras dicti Petri recognitorias, vij^c xxxij[1] vj^s 3^d tur. Contate per se, et Machium de Machis super regem[10]. »

1. KK. 1, fol. 93.
2. JJ. 62, n° 330.
3. KK. 2, fol. 208 v°.
4. JJ. 71, n° 203.
5. *Ibid.*, n° 272.
6. Appelée depuis Trousse-Vache. JJ. 73, n° 259.
7. JJ. 77, n° 381.
8. S. 68, n° 10.
9. KK. 1, pages 227, 326, 378, 388, 435 et 450.
10. *Ibid.*, page 4.

« Martis viij^a die novembris (1323). »

« Petrus Toussac, argentarius regis, pro denariis traditis Radulpho de Salmuro, tailliatori domine regine, per litteras dicti R., xl^l p.

« Petrus Toussac, argentarius regis, pro denariis traditis Thome Cote, tailliatori regis, per litteras suas, lx^l p.

« Idem P. pro denariis traditis Thome Houel, coutepointier, xl^l p.

« Petrus Toussac, argentarius, pro denariis traditis Symoni de Insula, aurifabro Parisiensi, super eo quod debebat habere pro factione capitis beati Martini Turonensis, ij$^{c\,l}$ p. per litteras dicti Symonis.

« Idem, pro denariis solutis Petro de Essartis, pro quadam ymagine argentea facta de mandato domine regine, lxvj^l xij^s p.

« Idem, pro denariis solutis Stephano de Atrio, esmaillyatori, pro quinque capuciis broudatis cum pellis de opere Anglie pro regina et de mandato suo, ij^c xl^l p.[1]. »

PIERRE DES ESSARS, argentier du roi Charles le Bel. Il ne reste pas de comptes de lui. On trouve, en 1320, un Pierre des Essars, qualifié de valet du roi, qui reçoit des lettres de noblesse[2]. Sous la même année, un Pierre des Essars, qualifié de bourgeois de Paris, et Jehanne, sa femme[3]. En 1333, un amortissement pour Pierre des Essars, bourgeois de Paris, et Jeanne, sa femme[4]. Ce Pierre des Essars est-il le même que l'argentier? Cela est probable,

1. KK. 1, page 396.
2. JJ. 59, n° 495.
3. J. 151, n°s 53 et 55.
4. JJ. 66, n° 1347.

surtout pour celui qui est qualifié vallet du roi. Car on a des lettres d'amortissement de Charles le Bel, pour des chapelles fondées dans l'église de Saint-Germain-l'Auxerrois, par Pierre des Essars, argentier et vallet de chambre du roi, données *ad supplicacionem dilecti Petri de Essartis, argentarii et valleti nostri,* et datées de Saint-Germain-en-Laye, le 1ᵉʳ janvier 1325 (v. s.)[1]. En 1339 et en 1346, on retrouve un Pierre des Essars qualifié de conseiller du roi et bourgeois de Paris[2]. Dans d'autres lettres de l'an 1346, il habite en « la grant rue de Sᵗ Germain » (l'Auxerrois)[3]. Enfin, dans un compte de Saint-Germain-l'Auxerrois de 1356, on lit : « Pour plusieurs partiez bailliez pour couvrir la chapele P. des Essars[4]. » C'est bien ici de l'Argentier qu'il s'agit, témoin la fondation de 1325.

« Dominica prima die decembris (1325). »

« Cepimus super Petrum de Essartis, argenterium regis, in partibus suis pro denariis per eum receptis a magistro Henrico de Sabinis, iijᶜ iiijˣˣ xvjˡ 3ᵈ ob. tur. Val. iijᶜ xvjˡ iijᵈ p.[5] »

« Martis xxiiij die decembris. »

« Petrus de Essartis, argentarius regis, pro denariis sibi traditis pro necessariis dicte argentarie, iijᵐ iiijᶜˡ p., per tres litteras ipsius Petri[6]. »

En 1351, un Pierre des Essars, Mᵉ des comptes et bourgeois de Paris, reçoit des lettres de rémission du roi Jean. Il avait été emprisonné sous le règne de Philippe de Valois[7].

JEAN BILLOUART, argentier du roi Charles le Bel. On n'a

---

1. S. 82, n° 14. S. 101, n° 1. JJ. 64, n° 23. JJ. 69, n° 160.
2. S. 103, n° 3. S. 13, n° 2.
3. S. 66, n° 4.
4. LL. 730, f. 43.
5. KK. 1, page 865.
6. KK. 1, page 880.
7. JJ. 81, n° 199.

pas de comptes de lui. Dans ses lettres d'anoblissement de l'an 1319, on voit qu'il était trésorier du roi [1]. On le trouve avec ce titre jusqu'en 1325. Dans des lettres de 1320, il est qualifié de « familier mons. de Valois [2], » et de « familier du roi » en 1331 [3]. Dans un compte du trésor pour le terme de la Saint-Jean 1327 : *Johannes Billouardi, nunc argentarius regis summa* 23,267¹ 4ˢ 9ᵈ parisis. Et pour le terme de la Toussaint suivant une nouvelle somme de 27,286¹ 17ᵈ par.[4]. Il était mort en 1340, époque où il est question de Marie la Macelle, sa veuve [5].

GUILLAUME DE MONTREUIL, argentier du roi Philippe de Valois. On n'a pas de comptes de lui. C'est le prédécesseur d'Étienne de la Fontaine. Il est souvent nommé dans le Journal du trésor (1322-1326). Il était Argentier au plus tard en 1341. Car on lit dans des lettres de cette année *Guillelmi de Monsteriolo, tunc receptoris Tholose, et nunc argentarii nostri* [6]. En 1343, il habitait rue des Fossés-Saint-Germain, comme on l'apprend d'un acte où il est question d'une maison « assise à Paris ou Fossé S. Germain (l'Auxerrois), tenant d'une part à Guillaume de Moustereul, argentier du roi [7]. » On a plusieurs lettres de Philippe de Valois adressées « à nostre amé argentier, Guillaume de Moustereul, » savoir, deux datées de Paris, 20 avril 1334, et une de Troyes, 4 juin 1334. Ce sont des commissions pour saisir des biens de débiteurs du roi en Champagne [8]. En 1360, Edouart Tadelin était en procès avec Guillaume

1. JJ. 59, n° 65.
2. J. 377, n° 21¹⁹.
3. JJ. 66, n° 705.
4. KK. 2, f. 165 v°.
5. JJ. 72, n° 245.
6. JJ. 74, n° 401.
7. S. 65, n° 29.
8. JJ. 69, nᵒˢ 18 et 46. JJ. 70, n° 159. JJ. 74, n° 79.

de Montreuil, ancien Argentier du roi. L'arrêt fut prononcé le 14 août 1360 [1].

Étienne de la Fontaine, argentier de Philippe de Valois, puis du roi Jean. Il succéda à Guillaume de Montreuil en 1348. Il nous reste de lui trois comptes entiers et un fragment assez considérable d'un quatrième. Ils se trouvent dans un registre conservé aux Archives nationales, sous la cote KK. 8. C'est un in-folio carré de 219 feuillets de parchemin. Nous en donnons une analyse très-étendue, à cause de son importance, et afin qu'elle puisse servir de guide pour les autres comptes de l'Argenterie. Le commencement de ce registre manque. Il s'ouvre au milieu d'un chapitre de Pelleterie, par ces mots :

folios

1 « Vermeil qu'il orent en ladicte compaingnie et à ladicte feste (de l'Étoile), pour la cote et le surcot de chascun, ij fourrures de menuvair tenant chascune vij^{xx} xvj ventres, etc..... »

1 v° Chanevacerie délivrée en ce terme pour le Roy, pour mons. le Daulphin et ceuls de sa compaingnie, tant pour le fait de leurs tailleries, comme pour le linge qu'il ont accoustumé prendre et avoir, delivrée au terme de Toussains.

2 v° Chambres pour le Roy, pour mons. le Dauphin et pour nos autres seigneurs de France.

5 v° Draps d'or à faire offrandes pour le Roy, et pour mons. le Dauphin.

Prima grossa.

6 Orfaverie pour le Roy, pour monseingneur le Dauphin et ceuls de sa compaingnie.

---

1. Reg. du parlement X. 5, fol. 460.

folios
- 9 v° Joiaulz et vaisselle d'or et d'argent pour le Roy, et pour mons. le Dauphin.
- 10 Madres et cailliers, à boire vins nouveaux, délivrés au terme de Toussains, pour le Roy, pour mons. le Dauphin et ceuls de sa compaingnie.
- 10 v° Coutellerie.
- 11 Coiffes et pingnes.
- » Gans et braiers, et autres choses de ce mestier.
- 12 Coffres, malles, bahus et autres choses achetées de ce mestier.
- 12 v° Chaucemente.
- 13 Communes choses.
- 14 Parties pour l'anniversaire du roy Philippe derrenièrement trespassé, que Diex absoille, fait en ce terme[1] à Saint-Denis en France, ou mois de septembre.

II^a grossa.

- 14 v° Dons en ce terme. Et prémièrement Draps de laine.
- 17 Draps d'or, velluaus, cendaux et autre mercerie pour les dons du Roy et de monseigneur le Dauphin.
- Façons de robes pour les doins (sic) du Roy et de mons. le Dauphin.
- 17 v° Pennes et fourreures pour les dons ordinaires du Roy.
- 20 — pour les dons de madame la Royne.
- — — de monsieur le Dauphin.
- 20 v° Chanevacerie pour les dons du Roy et de mons. le Dauphin.

---

1. Probablement le terme de Noël 1351.

folios	
	Orfaverie, id.
	Hanaps à piez et couvercles et autres joyaux d'argent pour les dons du Roy.
22 v°	— pour les dons de mons. le Dauphin.
	Deniers payés en ce terme par l'Argentier pour lez dons du Roy.
	Madres et cailliers, à boire vins nouveaux, délivrés en ce terme pour les dons du Roy.
23	Pignes pour les dons du Roy.
23 v°	Ganterie pour les dons du Roy — du Dauphin.
24	Dons de chapeaux de bièvre.
	Coffres, malles et bahus pour les dons du Roy.
24 v°	Chaucemente pour les dons du Roy.
	Communes choses pour les dons du Roy.

III^a grossa.

Parties de plusieurs choses achatées en ce terme pour l'ordenance et estat de madame Marguerite de France [1], et de la fille au duc de Bourbon [2], lesquelles ont esté receues en l'abbaye de Poissi [3]......

Et par lettre de tesmoingnage de madame Marie de Clermont, religieuse en ladite abbaye de Poissi, rendue à court. (f. 24 v°.)

Autres parties achatées en cedit terme de plusieurs marchans et délivrées, tant pour cause

---

1. Fille du roi Jean et de Bonne de Luxembourg, sa première femme, naquit au Louvre le 20 septembre 1347, et mourut le 25 avril 1352.

2. Marie de Bourbon, fille de Pierre Ier, duc de Bourbon, et d'Isabelle de Valois.

3. *L'abbaye de Poissi*, c'était un prieuré de dominicaines.

|folios| des noces et espousailles de madame la Royne de Navarre, fille du Roy[1], faites au Vivier en Brie ou mois de janvier, comme pour l'ordenance de son estat, par mandement du Roy nostredit seigneur, donné le xviij⁰ jour de janvier, l'an CCC lj, rendu à court. (f. 26)

27 v⁰ Commune dépense et menues mises faites en ce terme pour le fait de l'Argenterie.

28   IIII^a grossa.

Summa totalis expense 59468^l 6^s 8^d ob. parisis.
Et............... 23402 scuta cum dimidio.
Debentur ei....... 2571^l 2^s 9^d ob. p.
Et............... 14212 scuta cum dimidio.
Et tradidit debita, etc.
partes hic in fine, as-
cendencia ad..... 14270^l 15^s 6^d p.
Et............... 10715 scuta cum quarto.
Sic debet dictus Argen-
tarius........... 10699^l 12^s 8^d ob. p.
Et debentur ei..... 3497 scuta cum quarto.

28 v⁰ Les parties de 4423^l 9^s 3^d p., et de 9000 escus d'or, sanz pris, receus comptans au Trésor depuis le premier jour de juillet l'an mil CCC lj, jucques au iiij⁰ jour de février ensuivant oudit an, des quels mencion est faite ci devant ou premier feuillet de ce compte ès parties de la recepte.

29 r⁰ (En blanc.)

---

1. Jeanne de France, fille du roi Jean et de Bonne de Luxembourg, épousa en secondes noces Charles le Mauvais, roi de Navarre.

folios

29 v° Les parties de 13270¹ 15ˢ 6ᵈ p. Et de 10715 escuz et 1 quart, bailliez en debte en ce présent compte par ledit Argentier, et les noms des personnes à qui il sont deuz.

(Fin du compte de l'argenterie du terme de Noël 1351.)

---

31 Compte d'Étienne de la Fontaine pour le terme de la saint Jean 1352.

(Du fol. 31 au fol. 74 v°. Imprimé dans le volume des Comptes de l'Argenterie, de 1851.)

75 Les parties de 4545¹ parisis, escrips ou Journal du Trésor sur les parties de l'Argenterie ou terme saint Jehan l'an ccc lij, et dont mencion en est faite ci-dessus en la recepte de ce présent compte, ou premier feuillet.

75 v° Les parties dé 89¹ 9ˢ 2ᵈ parisis, contenues ou compte de Guillaume Chappellain, tondeur de draps, dont mencion est faite ci devant ou quatrième feuillet.

78 v° Les parties de 339¹ 7ˢ parisis, contenues ou compte Eustace du Bruille, tailleur et varlet de chambre du Roy, dont mencion est faite ci-devant ou chapitre de façons de robes.

80 v° Les parties de 137¹ 17ˢ 4ᵈ parisis, contenues ou compte de Martin de Coussi, tailleur des robes mons. le Dauphin.

82 Les parties de 75¹ 15ˢ 9ᵈ parisis, contenues ou compte Gieffroy Cochet, tailleur et varlet de chambre mons. le duc d'Orliens.

82 v° Les parties de 34¹ 4ˢ parisis, contenues ou compte Asseline du Gal, cousturière du Roy.

folios
83 Les parties de 486¹ 14ˢ parisis, contenues ou compte de Thomas de Châlons, coutepointier du Roy.

84 v° Les noms des v chambellans du Roy, veneurs, archiers et escuiers de déduit, et aydes de venerie dudit seigneur, qui ci-dessus ont eu cottes hardies et houces de vert à bois, ou chapitre de draps de laine pour les dons extraordinaires du Roy, s'ensuivent :

Premièrement.

Chambellans du Roy.
Monseigneur Robert de Lorris.
Monseigneur Jehan d'Andresel.
Monseigneur Jehan de Clermont.
Monseigneur Loys de Harecourt.
Monseigneur Gui de la Roche.

Veneurs du Roy.
Monseigneur Regnaut de Giri.
Monseigneur Guillaume Poulain.
Huet des Ventes.
Milet de Fouchières.
Jehan Abraham.
Guiot de Fouchières.
Jehan Cochet.
Philippot Moquet.

Escuiers du déduit.
Pluyau du Val.
Jehan de Corguilleray.

Archiers.
Enguerran Lalemant.
Pierre Chaillouel.

Perrinet le Buffle.
Et Colinet de Crespi.
<small>Aydes de venerie du Roy.</small>
Jehan Dreue.
Guillaume Maillart.
Robert Rogaut.
Robinet Dreue.
Jehan de Machaut.
Gillet de Charruns.
Robinet Rogaut, et Robinet de Maudestour.

85 Les noms des varlès de chambre du Roy et de mons. le Dauphin, qui ci-dessus, ès chapitres de dons de couteaux, de sarges. Premierement couteaux et sarges delivrés. S'ensuivent :

Tassin du Bruille.
Poupart le Barbier.
Guillaume à la Cauche.
Jehan le Vaillant.
Touset.
Guillaume Doucet.
Regnaudin de Balincourt.
Pierre Pannier.
Et Jehan le Braillier, orfèvre.
<small>Touz varlez de chambre du Roy.</small>
Martin de Coussi, tailleur.
Guillemin l'Espicier.
Mace le Barbier.
Jehan de Sarqueux.
Jehan Prieur.
Robinet Poupart
Et Estienne Castel.
<small>Touz varlez de chambre [du Dauphin].</small>

folios

PRÉFACE.

Les parties de . . . . . .[1] baillées en debte en ce terme pardevers la court par l'Argentier, et les noms de plusieurs personnes à qui il sont deuz.

86 *Somme* . . 9515 livres 4 sous 6 deniers parisis.
  Et . . . . . 2384 écus d'or.

87 Les parties de plusieurs choses prises de l'exécution madame la royne Jehanne de Bourgoingne, que Diex absoille. Lesquiel x l'Argentier rent ci devant en ce présent compte en plusieurs lieux et chapitres pour nient et sanz pris.

87 v° Les parties de plusieurs choses prises en l'Inventaire Guillaume de Moustereul, et rendues sanz pris en plusieurs lieux et chapitres de ce présent compte.
  (Fin du compte de l'Argenterie de la Saint Jean 1352.)

---

88 Compte d'Etienne de la Fontaine du 1ᵉʳ juillet 1352 au 1ᵉʳ janvier suivant.
  (C'est le terme de Noël. Il contient les dépenses faites pour l'anniversaire de Philippe de Valois.)

88 v° *Somme de la recette* . . . 14371¹ 5ˢ 4ᵈ p.
  Et . . . . : 3000 écus *sine precio*.

89 Draps de laine.
91 v° Tonture de draps.
  Soye, cendaulx, toilles et autres estophes pour les œuvres des tailleries, tant du Roy comme de monseigneur le Dauphin.

1. Le chiffre en blanc.

PRÉFACE.

folios

92 v° Façons de robes pour le corps du Roy, de mons. le Dauphin et ceulx de sa compagnie.

93 Pennes et fourrures pour le Roi.

94 v° — pour le Dauphin.

96 — pour le duc d'Orléans.

97 — pour le comte d'Anjou.

97 v° — pour mess. Jehan et Philippe de France et Loys de Bourbon.

99 — pour le duc de Bourgogne.

» — pour le comte d'Alençon.

99 v° — pour le comte d'Étampes.

100 v° Chanevacerie bailliée à Asseline du Gal, cousturière du Roy, pour faire le linge neccessaire pour le corps dudit seigneur, au terme de Toussains, pour sa Chappelle, pour le corps de mons. le Dauphin, et aussi pour noz autres seigneurs de France de sa compaignie.

101 Parties des chambres que le Roy a eues en ce terme.

103 Item, parties des chambres ordinaires au terme de Toussains pour mons. le Dauphin, le duc d'Orléans, le comte d'Anjou, mons. Jehan et Philippe de France.

105 Parties pour la chappelle, tant du Roy, comme de monseigneur le Dauphin. Néant.

Draps d'or à faire offrandes.

105 v° Orfaverie pour le Roy, pour mons. le Dauphin et ceuls de sa compaignie.

106 v° La copie du compte dudit Jehan le Braillier et les parties des besongnes et ouvrages d'orfaverie qu'il a faiz et délivrez en ce terme.

PRÉFACE. xxvij

folios
110 v° Parties de deux paire de harnois de guerre pour le duc d'Orliens.
111 Vaissellemente d'argent délivrée en ce terme par devers le Roy et par devers mons. le Dauphin pour le cours de leurs ostelx.
111 v° Joiaulx d'or et d'argent délivrez par devers mons. le Dauphin.
» Madres et cailliers.
112 v° Coutellerie.
» Coffres, malles, bahus.
113 v° Coiffes, pignes et tabliers.
114 Gans et braiers.
115 Chaucemente.
115 v° Communes choses.
117 Parties de l'anniversaire du roy Philippe derrenierement trespassé, que Diex absoille, lequel a esté fait en ce terme ou mois de septembre, en l'esglise de Saint Denis en France.
118 Dons en ce terme. — Draps de laine pour les dons ordinaires du Roy.
119 Item. Draps de laine pour les dons extraordinaires du Roy faiz de grace espécial et par mandemens du Roy rendus à court.
120 v° Item. Draps de laine pour les dons de mons. le Dauphin.
121 Tonture de draps pour les dons du Roy et de mons. le Dauphin.
» Soye, cendaux et autre mercerie, id.
122 Façons de robes pour les dons du Roy.
122 v° Pennes et fourreures pour les dons ordinaires du Roy.
123 v° Item. Pennes et fourreures pour les dons extra-

xxviij PRÉFACE.
folios

   ordinaires du Roy faiz de grâce espécial et par mandement.

124 v° Item. Pennes et fourreures pour les dons de mons. le Dauphin.

125 v° Chanevacerie pour les dons du Roy.

» Joyaus d'or et d'argent pour les dons du Roy.

128 v° Autres joyaux d'argent pour les dons de mons. le Dalphin.

129 Orfaverie pour les dons du Roy et de mons. le Dalphin. Néant.

» Madres et cailliers à boire vins nouveaux, pour les dons du Roy.

129 v° Coutellerie pour les dons du Roy et de mons. le Dauphin. Néant.

» Dons de chapeaux de bièvre.

130 Ganterie pour les dons du Roy.

130 v° Coffres, malles, bahus, id.

» Coiffes et pignes pour les dons.

» Chaucemente, id.

131 Communes choses, id.

131 v° à 139 Dépenses pour le mariage de Blanche de Bourbon avec le roi de Castille.

  (Imprimé dans le vol. de 1851.)

139 Commune despense.

140 v° *Summa totalis* . . . . . 27568¹ 18ˢ 11ᵈ parisis.

  Et . . . . 18480 écus d'or et 3/4.
  Sic debentur ei . . . . . 23197¹ 13ˢ 7ᵈ parisis.
  Et . . . . 15480 escus et 3/4.
  Et tradidit debita, etc.,
  ascendencia ad sum-
  mam de . . . . 21083¹ 15ˢ 4ᵈ parisis.

folios

    Et.............. 19514 scuta auri cum dimidio et tercio unius.

    Sic debentur ei...... 2113¹ 18ˢ 4ᵈ parisis.

    Et debet.......... 4033 scuta cum duobus terciis et tribus quartis unius.

141 Les parties de 6157ˡ 6ˢ 5ᵈ p. receus par le compte du trésor en ce terme.

141 v° Les parties de Guillaume Chapellain, tondeur du Roy, de 165ˡ 6ˢ p.

144 v° Le transcript des parties Eustace de Brulle, tailleur du Roy, de 349ˡ 13ˢ par.

146 v° Les parties Martin de Coussy, tailleur de mons. le Dalphin de Vienne, de 149ˡ 3ˢ par.

148 Les parties de Gieuffroy Cochet, tailleur de mons. le duc d'Orléans, de 56ˡ 14ˢ 8ᵈ par.

149 Les parties Asseline du Gal, cousturière du Roy.

150 v° Les parties Thomas de Challons, coustepointier du Roy, de 490ˡ 8ˢ par.

152 Copie du compte Guillaume de Vaudethar, orfèvre du Roy, de 1486 escus et 2/3.

153 Les noms de plusieurs personnes qui ont eu robes en ce terme.

154 Id. — gens du Séjour.

155 Les parties de 21083ˡ 15ˢ 3ᵈ p. Et de 19514 escuz et demi et ij tiers, baillées en debte à la court.

(Fin du compte de l'Argenterie du terme de Noël 1352.)

---

157 C'est le Xᵉ compte et derrain de Estienne de la Fontaine, Argentier du Roy nostre sire, pour le

fait de son dit office d'Argenterie, puis le premier jour de janvier l'an mil ccc lij, jusques ou premier jour de may l'an mil ccc liij prochain ensuivant, que ledit Estienne fu institué et fait Maistre des eaues et forests du royaume de France.

Pour le corps du Roy, etc. . . . . . .

Et en la fin de cest présent compte sont escripz et contenuz touz les joyuaulx et autres choses que ledit Argentier avoit en garnison en son hostel, ou nom et pour ledit seigneur. Touz lesquielx furent bailliez et livrez par inventoire à Gauchier de Vanves, retenu nouvel Argentier dudit seigneur le premier jour de may dessusdit.

(Cet inventaire de l'Argenterie comprend ici les feuillets 174 v° à 182 r°. Il est imprimé dans le volume des Comptes de l'Argenterie publié en 1851.)

183   *III^a grossa.*

Somme toute   1919¹ 14ˢ 8ᵈ parisis.
Et. . . . . . . 11424 escus et le tiers d'un escu.
Somme toute de la recepte . . . .
. . . . . 13326¹ 9ˢ 2ᵈ p. Et 730 escus et 3/4.

GAUCHER DE VANVES[1], argentier du roi Jean. Il succéda

---

1. Au texte on peut lire indifféremment *Vannes* ou *Vanves*. Nous avons imprimé la première de ces formes dans le volume de 1851. En y réfléchissant, nous préférons la seconde, par la raison qu'il est plus vraisemblable que l'Argentier était de Vanves, qui

à Étienne de la Fontaine. On a un faible fragment de son premier compte, du 1ᵉʳ mai 1353 au 1ᵉʳ novembre suivant. Ce fragment ne contient que la recette. Mais on a son cinquième compte entier, du 1ᵉʳ juillet 1355 au 3 janvier suivant. Il se trouve dans le même registre que celui des comptes d'Étienne de la Fontaine, c'est-à-dire le reg. coté KK. 8, et à la suite. En voici une analyse étendue :

folios
193   C'est le Vᵉ comte Gauchier de Vanves, Argentier du Roy nostresire, des receptes et mises faictes par ledit Gauchier à cause d'icelli office, puis le premier jour de juillet mil CCC L v, jusques au iiĵᵉ jour de janvier escluz prochain ensuivant en celli an. Pour le corps du Roy, de madame la Royne, de mons. le Dauphin ainsné fils du Roy, pour leurs compaignies et pour leurs dons. Et aussy d'aucunes autres dépenses et mises faictes par ledit Argentier pour l'ordenance et estat de Madame de Savoye, à cause des noces et espousailles faictes en ce terme du conte de Savoie et de elle. Et finalement de la mise et despence que ledit Argentier a faicte du commandement de nosseigneurs des comptes pour les v cierges ardens continuelment jour et nuit en l'églize de Paris devant l'ymage Nostre Dame à l'antrée du cueur.

Recepte.

195   *Summa totalis recepte* 1809ˡ 3ˢ 10ᵈ ob. p.

      Et . . . . 10844 escus iĳ quars et
ĳ tiers.

est près de Paris, plutôt que de Vannes, au fond de la Bretagne.

folios

PRÉFACE.

Mises de la Recepte dessusdicte.

      Draps de laine.
197 Tonture de draps.
      Chanevacerie.
197 v° Draps d'or et de soye et autre mercerie.
198 Pelleterie.
199 v° Façons de robes.
200 Cousturerie de linge.
»   Coutepointerie et brodeure.
200 v° Orfaverie.
203 v° Joyaulx d'or et d'argent.
205 Tapisserie.
205 v° Madres et cailliers.
      Coutéaulx à tranchier.
      Coffres et malles.
»   Ganterie.
207 Chaucemente.
207 v° Communes choses.

208 v°   II^a *grossa*. — Dons en ce terme.

      Draps de laine.
209 v° Tonture de draps.
»   Draps d'or et de soye.
209 v° Chanevacerie pour les dons.
      Pelleterie.
210 Joyaulx d'or et d'argent.
211 v° Tapisserie ou sarges.
      Coutellerie.
      Coffrerie ou sommage.
      Chapeaulx de bièvre pour les dons du Roy.
      Madres et cailliers, id.

folios

Ganterie, id.

212 Chaucemente, id.

Communes choses.

212 v° Autre mise et despense faicte en ce terme par un mandement du Roy, donné à la Noble Maison, le viij^e jour d'aoust $\bar{c}cc$ L v, de plusieurs choses qui ci-après s'ensuivent, selonc le contenu d'un roulle envoyé cloz du secl du secret, auquel roulle ledit mandement est correlatif. Pour l'ordenance de la contesse de Savoye fille de mons. de Bourbon, à cause des noces et espousailles de elle et du conte de Savoye.

Summa. . . 1962^l 18^s parisis.

Et. . . . . . 2260 escus de 50^s parisis l'écu.

213 (Dépense des v cierges, *voy. au titre du compte.*)

III^a grossa.

Commune despense.

213 v° *Summa totalis expense* 10437^l 2^s parisis.

Et. . . . . 17199 escuz 2/4 1/2.

Debentur ei. . . . . 8617^l 18^s 1^d ob. de quibus cadunt pro debitis 1618^l 18^d p.

Sic ei . . . . 6999^l 16^s 7^d ob. debiles.

Et. . . . . 6357 scuta cum dimidio quarto ac tercio.

Et debet pro debitis. . 14490 scuta cum quarto et tercio.

Et . . . . 107 mutones cum tribus quartis.

c

folios
214 Debtes prises en ce terme sur le compte de l'Argentier et par ses cédules, pour les rendre aus personnes qui s'ensuivent.
215 v° Les parties Guillaume Chapellain, tondeur de draps.
La copie du compte Eustace du Brulle.
216 v° Les parties du compte de Martin de Coussy, tailleur du Dauphin.
217 Id. de Pierre le Picart, tailleur de mons. d'Anjou.
217 Id. de Pierre Denys, tailleur de madame la Dauphine.

> Entre les fol. 217 et 218 se trouve un papier qui est une requête adressée à la Chambre des comptes par Estienne et Denisot de la Fontaine, frères, enfans de feu Estienne de la Fontaine.
> Elle est sans date.
>
> Au recto du folio 218 on lit :

Primus compotus Galcheri de Vanves, de facto Argentarie a prima die maii ccc liij, usque ad primam diem novembris post, quâ die moneta fuit mutata de iiij d. à v d.

(Le reste du recto ainsi que le verso sont en blanc.)

219 et dernier.
Est un fragment de compte, sans doute de Gaucher de Vanves.
On lit au verso :

Summa totalis recepte presentis compoti . . . . . .
. . . . 4317 2¹ 18ˢ 9ᵈ 3 poitevines parisis.
Et. . . . . . . 569 scuta auri cum quarto et dimidio quarto unius.

Guillaume Brunel, argentier du roi Charles VI. Il était trésorier du roi en 1376[1]. En 1387 il prenait le titre

1. Voy. JJ. 109, n° 139.

de trésorier et Argentier du roi. Il avait pour contrôleur Pierre Poquet, pour lieutenant Jean de Mantes, et pour clercs Odin Rousseau et Perrin Richevillain. On a trois de ses comptes. Le xvij[e], qui est celui que nous imprimons. Il se trouve dans un registre en parchemin, conservé aux Archives, et portant la cote KK. 18, où il comprend les feuillets 1 à 118. Dans le même registre, feuillets 123 à 239, se trouve le xviij[e] compte, dont voici l'analyse détaillée :

folios

1 à 118   Le XVIIe compte Guillaume Brunel.
(C'est celui qui est publié dans ce volume.)

123   C'est le xviij[e] compte de Guillaume Brunel, trésorier et Argentier du Roy nostre sire, de la recepte et despense par lui faict pour le fait de l'Argenterie dudit seigneur, depuis le premier jour de juillet, l'an mil ccc iiij[xx] et sept, que son autre compte dudit fait finy, jusques au derrenier jour de décembre ensuivant oudit an, enclos. Dont les parties ont esté prinses, achatées et délivrées, tant aux gens et officiers dudit seigneur, comme aux gens et officiers de ma dame la Royne, et de mon seigneur le duc de Thouraine, en la forme et manière qu'il est contenu en la despence de ce présent compte. Et en la présence de maistre Pierre Poquet, contrerolleur de ladicte Argenterie, si comme il appert par son papier de contrerolle baillié à court en l'audicion de ce présent compte. Franc valent xvj[s] p. pièce par ledit temps.

Recepte.

123 v° Des trésoriers du roi.   2070 l 6 s 8 d p.

xxxvj
folios

PRÉFACE.

folios		
124	Du receveur général des aides	6144¹ p.
125 v°	Des trésoriers des guerres	800¹ p.

5138 martres.

126 Des garnisons de l'argenterie, 4 aunes 1/2 d'écarlate, 4 aunes de blanc, et 2292 hermines.

Summa totalis recepte. . . . 9023¹ 6ˢ 8ᵈ parisis.

Mises.

129	Draps de laine pour le Roi.	1638¹ p.
137	Draps de laine pour la Reine	516¹ 17ˢ p.
	et 18 aunes d'escarlate.	

140 v° Achat de peaulx de chamois pour faire certains sacs et habis de chamois, tant pour le Roy nostre sire, comme pour plusieurs seigneurs de son sang, et autres ses chambellans et serviteurs, à eulx donnez par ledit seigneur pour sa livrée en ceste saison d'yver. Lesquelz sacs et habis ont esté brodez à la divise dudit seigneur et fourrés de martres.

(Suit une liste de 68 noms.)

143	Tonture de draps	48¹ 2ˢ 2ᵈ p.
	Fassons des robes pour le Roy	491¹ 16ˢ p.
144 v°	Draps d'or et de soie pour le Roi	956¹ 12ˢ 8ᵈ p.
148 v°	— pour la Reine	46¹ 10ˢ 8ᵈ p.
150 v°	Chanevacerie pour le Roi	305¹ 8ˢ p.
153	— pour la Reine	79¹ 14ˢ 4ᵈ p.
155	Pennes et fourreures	1383¹ 17ˢ 4ᵈ p.
	Et 2538 hermines } de garnison.	
	26 dos de gris }	
159 v°	Pennes et fourreures pour la Reine	1125¹ 12ˢ 9ᵈ p.

PRÉFACE. xxxvij

folios
163 v° — pour le duc de Thouraine 897ˡ 16ˢ p.
 Et de garnison 5 onces d'or trait.
168 Coutellerie 44ˡ 16ˢ p.
169 Chappeaulx de bièvre et autres 908ˡ p.
174 — pour la Reine 11ˡ 12ˢ p.
 ᴅ — pour le duc de Touraine 338ˡ 4ˢ p.
173 Coffrerie, pingnes, gaignes, tabliers et autres menues choses de mercerie 41ˡ 4ˢ p.
174 v° Ganterie 141ˡ 2ˢ p.
 (L'addition n'a pas été faite au compte.)
176 Ganterie pour la Reine 21ˡ 18ˢ p.
    (Idem.)
176 v° — pour le duc de Touraine 248ˡ 2ˢ p.
177 v° Communes choses 92ˡ 18ˢ p.
182 Chaucemente 448ˡ 15ˢ p.
184 v° Chapelle 85ˡ 4ˢ p.
186 Autre despense faicte par ledit trésorier et Argentier pour plusieurs choses achatées et délivrées à ce terme pour les vj pages et deux varlès de pié du Roy nostre sire et de mons. le duc de Thouraine. 90ˡ 2ˢ p.

187 v° IIᵃ *grossa summa* 5408ˡ 14ˢ p.
   Et . . . v° argenti deaurati tracti.
 (Ici lacune entre les fol. 187 et 188. Le fol. 188 est d'un chapitre de Pelleterie.)
        2092ˡ 12ˢ p.
188 v° Autre despense pour deniers paiez au Trésor du Roy 300ˡ p.
190 v° Commune despense 203ˡ 17ˢ p.

194 IIIᵃ *et ultima* . . . . 1555ˡ 10ˢ 4ᵈ p.
 Summa totalis expense. . . . . 17265ˡ 3ˢ 9ᵈ p.

folios

    Sic ei. . . . . 8244¹ 17ˢ 1ᵈ p.
    Et debita inferius scripta, que
      Rex tenetur solvere, ascendunt 10508¹ 9ˢ 2d p.
    Sic debet. . . . . 2266¹ 12ˢ 1ᵈ p.
    Item, debentur ei pro fine com-
      poti precedentis . . . . 4351¹ 14ˢ 1ᵈ ob. p.
    Sic debentur ei. . . . . 2085¹ 2ᵈ ob. p.
    Redduntur ei in fine compoti sui sequentis, et ibi corrigitur.
    Auditus et clausus ad Burellum, presente N. de Malo Respectu, die IX julii, M CCC IIII^{xx} X.

199 v° Parties des fourreures de martres (pour les sacs de chamois), 4964 martres.

200   Debtes acreues à ce terme.

    (Au verso du folio 305 est attachée cette cédule :)
Inter debita Argentarie domini Regis curie tradita per Guillelmum Brunelli, quondam Argentarium dicti Domini, scripta in fine xviij compoti sui finiti ad ultimam decembris, anni millesimi ccc^{mi} octogesimi vij, reperitur deberi Roberto Thierry, olim mercerio, commoranti Parisius, pro pannis auri et serici ac pro aliis rebus per eum liberatis pro domino Rege in decem partibus III^c xliij¹ xiij^s iiij^d p. Scriptum in camerâ compotorum Parisius, xv^a die februarii, anno millesimo ccc^{mo} nonagesimo vij°.

                      N. DE PRATIS.

216 *Summa dictorum debitorum*. . . 10508¹ 9ˢ 2ᵈ p.
    Ista debita deducuntur superius in fine compoti ordinarii, et sunt solvenda per Regem.

folios
218 Parties de tonture de draps	48^l 2^s 2^d	p.
221 v° Parties de façons de robes	385^l 16^s	p.
227 v° — pour la reine	106^l »	p.
230 v° Parties de pelleterie	247^l 13^s	p.
238 v° Parties de la cousturière du Roi	10^l 14^s	p.
239 — de la Reine	12^l 2^s 4^d	p.

(Le compte finit au verso du folio 239.)

Le xixe compte de Guillaume Brunel, est compris dans un registre de 172 feuillets de parchemin, coté KK. 19. Le total de la recette est de 24,278 livres 7 sous 7 deniers parisis. On n'a pas celui de la dépense, attendu que la fin du compte manque. La dépense commence au fol. 11. Le folio 121 est en blanc, ainsi que les folios 142, 143 et 144.

ARNOUL BOUCHER, vallet de chambre du roi Charles VI, créé Argentier par lettres du 11 février 1388 (v. s.), trésorier des guerres en 1390. On a son premier compte qui est pour le terme de la Saint-Jean 1389, mais il offre plusieurs lacunes. C'est un reg. coté KK. 20, de 170 feuillets. Au folio 4 : « Le premier compte de Arnoul Boucher, Argentier du Roy nostresire, commis et ordonné ad ce par le Roy, nostredit seigneur, et par ses lettres données le xj^e jour de février, l'an mil ccc iiij^{xx} et huit. Desquelles la copie est escripte au commencement de ce compte. De la Recepte et Mises faictes par ledit Argentier pour le fait de l'Argenterie dudit seigneur, *pour demi an* commençant le premier jour de février, l'an mil ccc iiij^{xx} et viij, et fénissant le derrenier jour de juillet, l'an mil ccc iiij^{xx} et nuef après ensuivant. Dont les parties ont esté prises, achetées et délivrées, tant aux gens et officiers dudit seigneur, comme aux gens et officiers de Madame la Royne, et de monseigneur le duc de Thouraine (plus tard duc d'Orléans). En la fourme et manière qu'il est contenu cy-après en la dépense de ce présent compte. En la présence de Pierre Poquet, clerc et contrerolleur de ladicte Argenterie, si comme il appert par son pappier de contrerole baillé à court à l'audicion de ce présent compte. Le franc d'or à 16 sous parisis pour ledit temps. » Au folio 12 : *Summa totalis Recepte hujus compoti* 58,476 livres, 13 sous, 9 deniers, obole parisis. Les folios 47 à 50 en blanc. Lacune entre les folios 74 v° et 75. Au folio 74 v° est un chapitre de Tapisserie dont la fin manque, et le folio 75 est la suite d'un chapitre de Chaucemente. Seconde lacune entre les fol. 86 et 87. Le fol. 86 est un chapitre de dons de Chanevacerie. Puis, un compte des dépenses faites à l'occasion d'une fête qui eut lieu dans l'abbaye de Saint-Denis le 1er mai 1389, et dont le commencement manque. Au folio 106, Joyaux d'or et d'argent. La fin de ce chapitre manque. Au folio 128 est un compte de Façons de robes, dont le commencement manque. Au folio 166, noms des princes, chevaliers, dames, escuiers et damoiselles qui ont esté à la Feste du premier jour de may à Saint Denis.

Charles Poupart, Argentier du roi Charles VI, nommé par lettres du 5 juin 1390, en remplacement d'Arnoul Boucher, créé trésorier des guerres. Il y a deux Argentiers qui ont laissé un nom dans l'histoire par leurs infortunes. C'est Charles Poupart, qui, comme on sait, a été enveloppé dans le massacre des Armagnacs, le dimanche 12 juin 1418, et le fameux Jacques Cœur, disgracié sous Charles VII. Il nous reste plusieurs comptes de Charles Poupart, tant de l'Ordinaire que de l'Extraordinaire de l'Argenterie. Malheureusement tous ces comptes présentent des lacunes nombreuses. Nous allons en donner une analyse succincte en suivant l'ordre numérique des registres des Archives dans lesquels ils se trouvent.

Reg. KK. 21, de 197 feuillets de parchemin. C'est son premier compte de l'Ordinaire de l'Argenterie, pour huit mois, du 1er juin 1390, au dernier janvier suivant. Pour le roi, la reine, le duc de Touraine[1], Isabelle de France[2] et la duchesse de Touraine (Valentine de Milan), Pierre Poquet, contrôleur. Le franc d'or à 16 sous parisis. Au folio 7, total de la recepte 19,137 livres, 5 sous, 1 denier, obole parisis. Au folio 12 : Dépense. Lacune entre les fol. 47 et 48. Le fol. 47 appartient au chapitre des *Draps d'or et de soye*, et le fol. 48, à celui des *Pennes et fourreures*. Au bas du folio 109 v° s'arrête brusquement le compte de 1390. Le folio 110 commence par le milieu d'un chapitre de *Pennes et fourreures* d'un compte de l'an 1393, probablement des derniers six mois. Après le folio 133, qui est un chapitre d'Orfèvrerie de l'an 1393, il y a lacune. Le folio 134 reprend au milieu d'un chapitre *de Façons de linge*, qui se termine au fol. 137 v°. Le folio 138 reprend au milieu d'un chapitre de *Broderie*. Au folio 142 v°, chapitre des *Chappeaux de bièvre*, lacune. Le folio 143 reprend à la fin d'un chapitre de *Draps d'or et de soye*, d'un compte du 1ᵉʳ février 1392 (1393) au dernier janvier 1393 (1394). Au folio 173 v° lacune au chapitre *Gaiges d'officiers*. Le folio 174 commence : *Debtes accreues* et offre une lacune au fol. 179 v°. Le folio 180 est le milieu d'un chapitre de *Draps d'or et de soye*. Lacune entre les folios 187 et 188. Autre entre les folios 196 et 197. Au folio 197, les parties Thomassin Potier, valet de chambre du duc d'Orléans, chapitre dont la fin manque.

Reg. KK. 22. En fort mauvais état, contenant 166 feuillets de parchemin. Au folio 1, « Le tiers compte *ordinaire* de Charles Poupart, Argentier du Roy nostresire, *pour demi an,* commençant le premier jour d'aoust, l'an mil ccc quatre vins et unze, et fénissant le derrenier jour de janvier après ensuivant, oudit an. De la Recepte et Mises faictes par ledit Argentier pour le fait ordinaire de l'Argenterie dudit

---

1. Louis, frère de Charles VI, duc d'Orléans en 1392.
2. Fille de Charles VI, née le 9 novembre 1389.

seigneur, dont les parties ont esté achetées et délivrées, tant aux gens et officiers d'icelluy seigneur, de Madame la Royne, comme aux gens et officiers de mons. le duc de Touraine, de mes dames Ysabel et Jehanne de France [1], et de madame la duchesse de Touraine par ledit temps. En la présence de Pierre Poquet, contrerolleur de ladicte Argenterie, si comme il appert par son contrerolle rendu à court à l'audicion de ce présent compte. Le franc d'or pour 16 sous parisis par ledit temps. » Au folio 5 : *Summa totalis Recepte hujus compoti* 13,223 livres, 3 sous, 6 deniers parisis. Au folio 9 : Dépense. Les folios 67 et 68 en blanc. Au folio 92 v° : Ouvrages de *Broderie*. La fin de ce chapitre manque. Le folio 100 en blanc, ainsi que le folio 105. Au folio 106 : *Communes dépenses,* la fin de ce chapitre manque. Folio 108 : *Summa totalis Expense hujus compoti* 13,429 livres 4 sous, 9 deniers parisis. Le folio 109 en blanc. Au folio 159, un compte du fourreur du roi, dont la fin manque.

Reg. KK. 23, in-4° de 230 feuillets de parchemin; les derniers à partir du fol. 208 sont mutilés par le haut. « Le *Quart* compte ordinaire de Charles Poupart, Argentier du Roy nostresire, *pour un an*, commençant le premier jour de février, l'an mil ccc iiij^{xx} et unze, et finissant le dernier jour de janvier, l'an mil ccc iiij^{xx} et douze après ensuivant, » etc., etc. Total général de la recette 32,299 livres, 2 sous 11 deniers, obole parisis. Au folio 9 : Dépense. Après le folio 78 il y a une lacune. Il manque le commencement d'un chapitre de Coffrerie. Après le folio 134, autre lacune. Il manque le commencement du chapitre des Communes choses. Au folio 176. *Summa totalis Expense hujus compoti* 32,773 livres, 9 sous parisis. Au folio 201 : Compte de façons de robes, dont la fin manque. Au folio 208 le *Cinquième* compte (mutilé). Somme totale de la recette 21367 livres, 19 sous, 3 deniers parisis. Au folio

---

1. Fille de Charles VI, née le 24 janvier 1390.

216 : Dépense. Il n'en reste que le chapitre de Draps de laine.

Reg. KK. 24, in-4° de 154 feuillets de parchemin. Il est en fort mauvais état, la plupart des feuillets étant rongés par le haut. Au folio 1 : « Le *Sisiesme* compte de Charles Poupart, Argentier du roy nostresire, *pour un an,* commençant le premier jour de février, l'an mil trois cens quatrevins et treize, et fénissant le dernier jour de janvier, l'an mil ccc iiij^{xx} et xiiij après ensuivant. De la Recepte et Mises faictes par ledit Argentier pour le fait *ordinaire* de l'Argenterie dudit seigneur. Dont les parties ont esté achetées, tant aux gens et officiers de madame la Royne, comme aux gens et officiers de monseigneur le duc d'Orléans, et de madame la duchesse d'Orléans, par ledit temps. En la présence de Pierre Poquet, contrerolleur de ladicte Argenterie depuis ledit premier jour de février, jusqu'au xe jour de marz après ensuivant. Et en la présence de Olivier de Chésoy, commis oudit office en l'absence dudit contrerolleur, depuis ledit x^e jour de mars, jusques au derrenier jour de janvier, ccc iiij^{xx} et xiiij dessusdit. Si comme il appert par leurs papiers de contrerôlle rendus à court à l'audicion de ce présent compte. Le franc d'or pour 16 sous parisis par ledit temps. » Au folio 10 v° : Total de la recette, 16,419 livres, 14 sous, 7 deniers, obole parisis. Au folio 11: Dépense. Au folio 139 : Total de la Dépense de ce compte, 17,906 livres, 11 sous, 9 deniers, obole parisis.

Reg. KK. 25. Au folio 1. « Le *Huitiesme* compte ordinaire de Charles Poupart, Argentier du Roy nostresire, *pour un an,* commençant le premier jour de février, l'an mil ccc quatrevins et quinze, et fénissant le derrenier jour de janvier, l'an mil ccc quatrevins et xvj après ensuivant. De la Recepte et Mises faictes par ledit Argentier pour le fait ordinaire de l'Argenterie dudit seigneur. Dont les parties ont esté achetées et delivrées tant aux gens et officiers dudit seigneur, comme aux gens et officiers de mons.

le duc d'Orléans, et de madame la duchesse d'Orléans par ledit temps. En la présence de Jaquet de Caulers, contre-rolleur de ladite Argenterie pour ledit an. Si comme il appert par le papier de contrerolle dudit contrerolleur rendu à court à l'audicion de ce présent compte. Le franc d'or pour 16 sous parisis par ledit temps. » Au folio 7 v°, *Summa totalis Recepte hujus compoti* 17,427 livres 15 sous parisis. Il y a une partie de la recette en nature, savoir bijoux et fourrures. Le folio 8 en blanc, ainsi que le fol. 19. Au folio 127, *Summa totalis Expense hujus compoti*, 22,163 livres, 17 sous, 8 deniers, obole parisis. *Auditus et clausus ad burellum in presencia domini de Marcoussis*[1] 18 *febr.* 1399. Le folio 138 en blanc, ainsi que le fol. 172. Suivent onze feuillets d'un autre compte de l'Argenterie, de l'an 1397.

Reg. KK. 26 in-4° de 120 feuillets de parchemin. « Le Xe *compte* ordinaire de Charles Poupart, Argentier du Roy nostresire, *pour huit mois,* du 1er février 1397, au dernier septembre suivant 1398. En la présence de Jaques de Caulers, contrerolleur de ladite Argenterie. » Au folio 4 : Total de la Recepte, 10,960 livres, 3 sous, 1 denier, obole parisis. Les folios 5 à 8 en blanc. Au folio 9, la Dépense. Les fol. 77 à 80 en blanc. Au folio 82 v° : *Summa totalis Expense hujus compoti*, 11,086 livres, 13 sous, 10 deniers, obole parisis. Du folio 109 au folio qui termine le volume, c'est la fin d'un compte que je crois de l'an 1410. Au folio 120 v° : *Summa totalis Expense hujus compoti*, 23,403 livres 2 sous, 11 deniers, obole parisis.

Reg. KK. 27, in-4° de 172 feuillets de parchemin. Au folio 1 : « Le XIe compte *extraordinaire* de Charles Poupart, Argentier du Roy nostre sire, *pour demi an,* commençant le premier jour d'octobre, l'an mil ccc quatrevins et dix huit, et fénissant le derrenier jour de mars aprez

---

1. C'est le grand-maître Jean de Montaigu.

Pasques, l'an mil ccc quatrevins et dix neuf. De la Recepte et Mises faictes par ledit Argentier pour plusieurs robes, habiz et autres choses extraordinaires par lui achetées, baillées et délivrées, tant pour le Roy nostredit seigneur, pour mons. le Daulphin, comme pour mons. le duc d'Orléans et autres estans en leur compaignie, aux gens et officiers d'iceulx seigneurs. En la présence de Jaques de Caulers, contrerolleur de l'Argenterie du Roy nostredit seigneur. Et aussi de plusieurs Dons extraordinaires, tant de vaixelle, comme de robes et d'autres choses, faiz par ledit seigneur à ses officiers, estrangiers et autres par ledit temps. Si comme il est contenu en la recepte et despense de ce présent compte, et puet apparoir par le pappier de contrerolle dudit contrerolleur, rendu à court à l'audicion de ce présent compte. Le franc d'or pour 16 sous parisis par ledit temps. » Au folio 5 : Total de la Recepte extraordinaire, 12,216 livres, 7 deniers, obole parisis. Le fol. 10 en blanc. Au folio 13 : Robes pour les dix maistres d'hostel du Roy. Autres, pour les six maistres d'hostel de la Royne. Au folio 19 : Vaisselle et manteaux donnés aux *cinq* clercs de l'Argentier. Au folio 29 v° : *Summa totalis Expense hujus compoti*, 13,006 livres 19 sous, 6 deniers parisis. Les fol. 30 et 31 en blanc. Au folio 32. *Le XIIe compte extraordinaire* de Charles Poupart, pour demi an, commençant le 1er avril 1399 après Pasques, jusqu'au derrenier septembre suivant. Au folio 39 : *Summa totalis Recepte hujus compoti*, 19,471 livres 6 sous, 9 deniers, obole parisis. Au folio 40 : Dépense extraordinaire. Le fol. 46 en blanc. Au folio 66 : *Summa totalis Expense presentis compoti*, 16,025 livres, 2 sous, 6 deniers, obole parisis. Le fol. 67 en blanc ; de même les fol. 70 et 71. Au folio 72 : Liste des deux cents chevaliers qui ont reçu du Roi des houppelandes du Premier May. Les fol. 77 à 79 en blanc. Au folio 80 : *Le XIIIe compte extraordinaire* de Charles Poupart, pour demi an, du 1er octobre 1399, au dernier mars suivant (1400). Au folio 83 : Total de la Recette 2,429 livres, 12 sous, 6 deniers, obole parisis. *Nota.* Ce compte n'a pas sa dépense. Au folio 84 : *Le XVe compte extraordinaire* de Charles Poupart, pour demi an, du premier avril 1399 avant Pâques (1400) au dernier septembre 1400. Au folio 88 : Total de la Recette, 9,415 livres, 6 sous, 11 deniers parisis. Le fol. 89 en blanc. Au folio 90 : Despense extraordinaire. Pour 352 houppellandes de drap vert gay, doublées de drap noir, ouvrées de broderie sur la manche senestre de deux branches de may et de genestes entortilliez ensemble, que le Roy fist faire pour le premier jour de May 1400. (La liste des 352 seigneurs auxquels le roi en fit don se trouve au folio 123.) Au folio 116 : *Summa totalis Expense presentis compoti,* 19,561 livres, 3 deniers, obole parisis. Les fol. 119 à 121 en blanc ; de même pour les fol. 129 et 130. Au folio 131 : *Le XVIe compte extraordinaire* de Charles Poupart pour demi an, commençant le 1er octobre 1400, et finissant le dernier mars suivant (1401). Au folio 140 : Total de la recette, 16,505 livres, 16 sous, 3 deniers, pite parisis. Au folio 141 : Despense extraordinaire. Le fol. 143 en blanc. Au folio 150 : « A Augustin Ysbarre, changeur à Paris, pour trois mille livres de sucre de trois cuites, à 7 sous 6 deniers tournois la livre, 1,135 livres tournois valent 900 livres parisis. » Au folio 158 v° : « Vaisselle donnée à messire Pierre de Servillon, chevalier du pays d'Arragon, lequel a fait fait d'armes devant le Roy. » Au folio 169 : Somme totale de la Dépense, 15,236 livres, 6 sous, 6 deniers, obole parisis. Les deux derniers folios 171 et 172 en blanc.

KK. 28. C'est une boîte en forme de livre, dans laquelle sont conservés deux fragments d'un compte de l'Argenterie de l'an 1400, fragments acquis par les Archives, de feu Alexis Monteil. KK. 28 A, fragment de dix feuillets. KK. 28 B, fragment de sept feuillets.

Reg. KK. 29, in-4° de 220 feuillets de parchemin. Au folio 1. Le *XXIXe compte ordinaire* de Charles Poupart, pour un an, du 1ᵉʳ octobre 1407, au dernier septembre 1408. Au folio 5 : Total de la Recette, 16,036 livres, 1 sou, 3 deniers parisis. Le fol. 6 en blanc. Au folio 7 : Despense et Mises. Lacune entre les fol. 66 et 67. Manque le commencement d'un chapitre de Chaucemente. Au folio 104 v.° manque la fin du compte de 1408. Manque aussi le commencement d'un autre compte, qui est de l'an 1410 et qui s'ouvre au milieu d'un chapitre de Chanevacerie. Au folio 164 : *Summa totalis Expense presentis compoti,* 17,108 livres, 6 sous, 4 deniers, obole parisis. Les deux derniers feuillets 199 et 200 sont en blanc.

REGNAULDIN DORIAC, Argentier du roi Charles VI, en 1420. Le 16 avril 1426 (v. s.) il prêta serment comme trésorier de France et général des finances : « Ce jour (16 avril) Regnault Doriac, maistre dez comptes, a fait le serement de Trésorier de France et Général gouverneur des Finances, avec M. Pierre de Canteleu, ou lieu de feu messire Pierre de Fontenay, chevalier, seigneur de Rancé[1]. » On n'a pas de compte de lui.

JEAN LE BLANC, argentier du roi (Henri VI d'Angleterre). Il est mentionné en 1427 dans un registre du Trésor des chartes coté JJ. 174, pièce 88. On n'a pas de compte de lui.

JACQUES CŒUR, argentier du roi Charles VII. En 1446, il était l'un des commissaires du roi sur le fait des finances en Languedoïl et Languedoc[2]. Il fut arrêté à Taillebourg, jugé par commission en 1452, et condamné à mort par arrêt du 19 mai 1453. Il eut grâce de la vie et fut renfermé dans le couvent des Cordeliers de Beaucaire; d'où le tira le dévouement de ses facteurs et, entre autres, Jean de

1. Arch. nat., *Reg. 14 du Cons.*, fol. 371 v°.
2. Tr. des ch. J. 334, n° 50.

Village. Il se réfugia chez le pape, qui lui donna le commandement de ses galères contre le Turc. Il était mort en 1457, comme on le voit par une pièce du Trésor des chartes, qui comprend : 1° Le don fait à Arnaud et à Geoffroi Cœur, ainsi qu'à Guillaume de Varie, d'une partie des biens de *défunt* Jacques Cœur. 2° Une renonciation des enfants de Jacques Cœur, et de Guillaume de Varie. 3° Le traité de mariage de Perette, fille de Jacques Cœur, avec Jaquemin Trousseau[1]. On n'a aucun compte de Jacques Cœur, comme Argentier. Mais on a un compte de la vente de ses biens en 1453, et un compte de la vente de ses mines en Forez et en Beaujolais, des années 1454 à 1457.

OTTO CASTELLAN, Argentier du roi Charles VII. C'était un ennemi de Jacques Cœur. En février 1453, Charles VII lui accorda des lettres de naturalité, dont voici le préambule : « Charles, etc. Savoir, etc. Nous avoir receue l'umble supplicacion de nostre amé et feal conseiller Octo Castellan, contenant que dès pieçà il s'en vint de la ville de Florence, dont lui et les siens sont natifz, demourer en nostre païs de Languedoc, où il a esté par aucun temps sans avoir office ne estat de nous, et après lui donnasmes l'office de nostre trésorier de Tholose, ouquel il nous a servy par pluseurs années le mieulx qu'il a peu, et telement que Nous, considéré qu'il s'est bien gouverné oudit office de trésorier, l'avons voulu pourveoir en plus grant office, et approucher plus près de nous. Et lui avons, *puis aucuns jours*, donné l'office de nostre Argentier, etc., etc.[2] » Le roi lui permet d'acquérir 500 livres de rente en Languedoc, avec faculté d'en disposer par testament. Cependant sa faveur ne dura pas, puisqu'il fut arrêté en 1458 par ordre du même Charles VII. On n'a pas de compte de lui. Il eut pour successeur Pierre Burdelot.

1. JJ. 185, n° 335.
2. JJ. 182, n° 105.

PIERRE BURDELOT, Argentier du roi Charles VII. Il était notaire et secrétaire du roi. Il fut pour ainsi dire pris à l'essai. On a deux comptes de lui, l'un de 1458 et l'autre de 1459. Tous deux se trouvent dans le reg. coté KK. 51, in-4º de 130 feuillets de parchemin. Au folio 1. « Charles, etc. Comme depuis l'arrest fait par nostre ordonnance de la personne de Octo Castellan, nostre Argentier, nous eussions commis nostre amé et féal notaire et secretaire, maistre Pierre Burdelot *au fait de nostre Argenterie* jusques au derrenier jour de septembre derrenier passé. Sans ce que nous ayons encore commis ne ordonné *aucun* pour tenir le compte d'icelle nostre Argenterie pour ceste présente année commencée le premier jour de ce présent moys d'octobre, et finissant le derrenier jour de septembre prouchainement venant. Savoir faisons que, pour considération des bons et agréables services que ledit maistre Pierre Burdelot nous a faiz le temps passé en ladicte *commission,* confians par ce de ses sens, loyauté et bonne dilligence, icelluy, pour ces causes et autres à ce nous mouvans, avons commis et commettons par ces présentes à faire, conduire et exercer le fait de nostredicte Argenterie pour ceste dicte présente année et à tenir le compte des assignacions, etc., etc. A Vendosme 6 octobre 1458. » Il ordonne que l'Argentier prêtera serment devant les Généraux des finances. Au folio 3. « Compte de l'Argenterie ordinaire du Roy nostre sire, faicte et exercée pour un an commancié le 1ᵉʳ jour d'octobre 1458, et fini le derrenier jour de septembre 1459, par maistre Pierre Burdelot, etc. rendu à court par Jehan du Boys, clerc, suffisamment fondé dudit, etc. Recepte, 12,000 livres tournois. » Au folio 4. Dépense. A partir de ce compte, les articles de la dépense sont bien encore par chapitres, mais portés par mois dans chaque chapitre. Au folio 95 vº. *Summa totalis Expense hujus compoti*, 11,251 livres, 7 sous, obole, pite tournois. Au fol. 99. « Compte IIIᵐᵉ de l'Argenterie *extraordinaire* du Roy nostre

d

sire, par maistre Pierre Burdelot, du 1ᵉʳ octobre 1458, au dernier septembre 1459. Recepte, 37,963 livres, 13 sous, 7 deniers, obole, pite tournois. » Au folio 101. Dépense. Elle est faite d'abord par personnes; et pour les dons, par chapitres. Au folio 118 v° : « Les estrennes faites et données de par le Roy au Jour de l'an, premier de janvier 1458 (1459). *Menues Estrenes* dorées, faites et taillées *en forme d'un serf-volent couchié*, données aux gentilz hommes, officiers et autres gens de l'Ostel. Semblables aux seigneurs du sang. Semblables, d'argent blanc, aux menus officiers. Grosses estrènes, 14,580 livres, 17 sous, 11 deniers, obole, pite tournois. » Au folio 127. *Summa totalis Expense hujus compoti*, 38,740 livres, 4 sous, 11 deniers tournois. *Nota* que c'est ici le premier compte de l'Argenterie où il est compté en tournois.

Guillaume de Varye, Argentier du roi Charles VII. C'était, comme on l'a vu, le principal facteur de Jacques Cœur. Il reste de lui un 3ᵉ et un 4ᵉ compte de l'ordinaire et un de l'extraordinaire. Ils sont compris tous trois dans le reg. coté KK. 59 in-4° de 146 feuillets de parchemin. Au fol. 1 : « Compte IIIᵉ de sire Guillaume de Varye, conseillier et général des finances du Roy nostre sire, et par lui commis à faire et exercer le fait de son Argenterie. Des Recepte et Despense faictes par icellui de Varye pour le fait *ordinaire* d'icelle Argenterie durant le temps de ce compte, *contenant ung an entier*, commençant le premier jour d'octobre mil cccc soixante et trois, et finissant le derrenier jour de septembre ensuivant mil cccc soixante et quatre, l'un et l'autre jours includz. Dont les parties ont esté achactées, baillées et délivrées aux gens et officiers du Roy nostredit seigneur, en la présence de maistre Laurens Girard, notaire et secretaire du Roy nostredit seigneur et contrerólleur d'icelle Argenterie. L'escu d'or compté pour 27 sous, 6 deniers tournois, et réal pour 30 sous tournois durant ledit temps de ce compte. Rendu à court par maistre Pierre de Lailly, procureur de maistre Pierre Doriole, et damoiselle Charlote de Bar, sa femme, par avant femme dudit feu Guillaume de Varye. » Au folio 2 v°. Recette, 27,891 livres, 5 sous tournois. Au folio 3. Dépense. Dans ce compte les chapitres ne sont plus, comme ils l'étaient au précédent, partagés par mois. Folio 53. « Channevacerie. » La fin de ce chapitre manque après le fol. 56, et le fol. 57 prend au milieu d'un chapitre de *Draps d'or et de soye*.

Alexandre Sextre, Argentier du roi Louis XI. On a deux comptes de lui, l'un pour l'Ordinaire, l'autre pour l'Extraordinaire de l'Argenterie; tous deux pour un an, du 1er octobre 1468, au dernier septembre 1469. Le premier de ces comptes est compris dans un reg. coté KK. 60, in-4° de 170 feuillets de parchemin. Au folio 1 : « Compte troisiesme de Alexandre Sextre, Argentier du Roy nostre sire, pour ung an entier, commençant le premier jour d'octobre, l'an mil cccc soixante huit, et finissant le derrenier jour de septembre ensuivant l'an révolu, mil cccc soixante neuf. De la Recepte et Despence faictes par ledit Argentier pour le fait *ordinaire* d'icelle Argenterie. Ainsi et en la manière que cy-après s'ensuit. Le présent compte rendu à court par ledit Argentier en personne. Estienne Chambellan, contrerolleur de ladicte Argenterie. » Recette, 31,756 livres tournois. Au folio 5. Dépense. Elle est par mois. Lacune entre les fol. 58 et 59. Autre entre les fol. 162 et 163. Le compte s'arrête au fol. 170 et n'est pas fini. Le second compte d'Alexandre Sextre est, comme on l'a dit, un compte de l'Extraordinaire. Il est compris dans un reg. coté KK. 61. C'est un manuscrit de 61 feuillets de parchemin, le dernier en blanc, acquis par les Archives, de feu Alexis Monteil. Au folio 1 : « Compte *extraordinaire* de Alixandre Sextre, Argentier du Roy nostre sire, pour ung an commençant le premier jour d'octobre, l'an mil cccc soixante huit, et finissant le derrenier jour de septembre ensuivant l'an révolu, mil cccc soixante neuf. De la Recepte et Despence faictes par ledit Argentier touchant le fait extraordinaire de ladicte Argenterie. Ainsi et par la manière que cy-après s'ensuit. Ledit compte par ledit Argentier en personne. » Recette. « Doit ledit Argentier par la fin de l'état du compte ordinaire de ladicte Argenterie pour l'année de ce présent compte, la somme de 16,478 livres, 7 sous, 2 deniers, pite tournois. » Lacune entre les fol. 1 et 2. Le folio 2 est la suite d'un chapitre d'Orfèvrerie. Lacune entre les fol. 39 et 40. Le folio 40 est la suite d'un chapitre de Communes choses. Au folio 60 : *Summa totalis Expense presentis compoti*, 15,277 livres, 12 sous, obole, pite tournois.

Pierre Briçonnet, Argentier du roi Charles VIII. On a de lui les comptes 6e, 9e et 10e de l'Ordinaire, et un compte de l'Extraordinaire.

Reg. KK. 70 in-4° de 350 feuillets de parchemin. Au folio 1 : « Compte sixiesme de maistre Pierre Briçonnet, Argentier du Roy nostre sire et son notaire et secretaire. De la recepte et despense par lui faicte à cause de l'*ordinaire* de ladicte Argenterie, *pour ung an entier*, commençant le premier jour d'octobre, mil cccc quatre vingt sept, et finissant le derrenier jour de septembre ensuivant, mil cccc iiijxx huit, l'un et l'autre jours incluz. Ce présent compte rendu à court par Jehan Puillois, procureur dudit Argentier. Maistre Simon Brahier, contrerolleur de ladicte Argenterie. » Recepte, 33,167 livres, 8 sous, 11 deniers tournois. Le folio 4 en blanc. Au folio 5 : Dépense. Manquent six feuillets, de 112 à 118. Autre lacune de seize feuillets, de 167 à 183. Autre de huit feuillets, de 198 à 207. Autre de seize feuillets, de 246 à 263. Au folio 316 : *Summa totalis Expense presentis compoti*, 15,888 livres, 1 sou, 11 deniers, obole, pite tournois.

Au fol. 317 : « Compte *extraordinaire* de maistre Pierre Briçonnet, du 1er octobre 1487, au dernier septembre 1488. » La recette. Elle se compose d'une somme de 17,345 livres, 6 sous, 11 deniers, pite tournois, dont l'Argentier était redevable par son compte précédent de l'Ordinaire. Au folio 348 : *Summa totalis Expense extraordinarie hujus compoti,* 17,083 livres, 5 sous, 10 deniers tournois. *Debet Argentarius,* 2,062 livres, 1 sou, 1 denier pite. Les deux derniers feuillets, 349 et 350, en blanc.

Reg. KK. 71, in-4° de 173 feuillets de parchemin. « Compte ixe de maistre Pierre Briçonnet, notaire et secretaire du Roy nostre sire et son Argentier, du 1er octobre 1490, au dernier septembre 1491. Rendu à court par Jehan Puillois. Me Simon Brahier, contrerolleur. » Recette, 135,307 livres, 15 sous, 1 denier tournois. La fin du compte manque.

Reg. KK. 72, in-4° de 223 feuillets de parchemin. « Compte xe de maistre Pierre Briçonnet, du 1er octobre 1491, au dernier septembre 1492. » Recette, 119,972 livres, 15 sous, 4 deniers tournois. La fin du compte manque.

Nicolas de Troyes, Argentier du roi François Ier. On a ses 8e et 13e comptes, tant de l'ordinaire que de l'extraordinaire de l'Argenterie. La Dépense est par trimestres.

Reg. KK. 91, in-4° de 256 feuillets de parchemin. Au folio 2, copie de l'état des marchandises (étoffes) nécessaires pour le fait de l'Argenterie, avec les prix que le Roi leur fixe. Au folio 6, Marché passé avec René et Jehan Tardifz, frères, et Robert Fichepain, à cet égard, le dernier avril 1536. Au folio 8, Mandement de François Ier à la Cour des comptes touchant ledit marché, du 29 avril 1536.

Au folio 11 : « Compte 8e de maistre Nicolas de Troyes, conseiller et Argentier du Roy nostresire, des recepte et despence par luy faictes, tant à cause de *l'ordinaire* que *extraordinaire* de ladicte Argenterie, durant l'année commancée le premier jour de juillet 1535, et finye le dernier jour de décembre 1536. Ce présent compte rendu à court par Claude le Prévost, procureur dudit de Troyes, fondé de lettres de procuration rendues sur les comptes précédens.

« Maistre Anthoine de Pierrevive, conseiller du Roy nostresire, et controlleur général de ladicte Argenterie durant l'année de ce présent compte.

« Présenté et affermé au Bureau par procureur, avec le compte suyvant, le 9e jour de février 1542 [1]. »

Recette, 33,310 livres, 3 sous, 6 deniers tournois. Au folio 17. Dépense. Draps de laine et de soie, taffetas, satins, velours. Fourrures. Chausses. Apothicairerie. Tireurs d'or. Broderie. Tailleur. Au folio 56, lacune de 32 feuillets. Communes choses. Serviettes. Cordouanier. Au folio 72, lacune de 8 feuillets. Chausses. Sellerie. Gainier. Lingerie. Sommelier d'armes. Tapissier. Merceries. Joyaulyer. Coffrerie. Peignerie. Au folio 126, lacune de 4 feuillets. Plumes. La fin du compte manque.

Reg. KK. 92, in-4° de 338 feuillets de parchemin. Au folio 1 : « Compte treizeiesme de Me Nicollas de Troyes, Argentier du Roy nostresire, des recepte et despence par luy faictes, tant à cause de l'ordinaire que extraordinaire de ladicte Argenterie.

Rendu à court par Claude le Prévost, procureur dudit receveur. Me Anthoyne de Pierrevive, conseiller du Roy, contrerolleur général de ladicte Argenterie [2]. »

Recette, 127,869 livres, 15 sous tournois. Les fol. 12 et 13 en blanc. Lacune de 24 feuillets entre les fol. 36 et 61.

---

1. C'est la première fois, pour les comptes de l'Argenterie, que l'on voit les corrections de la Chambre des comptes apparaitre en français.

2. A la fin du compte, au fol. 335, on voit que le contrôleur est Jacques Prunier.

Au folio 221 v°. Somme de la dépense *ordinaire,* 12,434 livres, 2 sous, 11 deniers, obole, pite tournois.

Au folio 222. *Extraordinaire* de l'Argenterie durant la même année.

Au folio 297 v°. Dépense pour la venue de l'Empereur en France[1], 92,703 livres, 17 sous, 4 deniers tournois.

Somme totale de la Despence de ce présent compte, 107,478 livres, 2 deniers, obole, pite tournois. Doit ce recepveur, 20,391 livres, 14 sous, 9 deniers, pite tournois. Le feuillet 338 et dernier, en blanc.

Julian de Boudeville, Argentier du roi Henri II. Reg. coté KK. 106, in-4° de 66 feuillets de parchemin. Au folio 1 : « Role des parties et sommes de deniers paiées, baillées et délivrées comptant par M° Julian de Boudeville, Argentier du Roy, Daulphin et de messeigneurs les Ducs d'Orléans, d'Anjou et d'Angoulesme et madame Marguerite, pour le fait de l'Argenterye desd. seigneurs et dame. Dons, Voiaiges, Récompenses, Affaires de chambre et Menuz plaisirs, durant l'année commancée le premier jour de janvier, l'an mil v° cinquante six, et finye le dernier jour de décembre ensuivant, mil v° cinquante sept. Le tout par commandement et ordonnance du sieur d'Urfé, chevalier de l'ordre du Roy et gouverneur desdiz seigneurs et dame, et superintendant de leurs maisons. »

Premièrement.

Quartier de janvier, février et mars, mil v° cinquante six.

Offrandes, Aumosnes et parties de la chappelle.

Au folio 2. Dons, Voyages, Récompenses, Affaires de chambre et Menuz plaisirs.

Au folio 8. Argenterye.

Au folio 11 v°. Somme total dudit quartier, 3,943 livres, 11 sous, 3 deniers tournois.

1. Charles-Quint.

Quartier avril, may et juing, mil v⁰ cinquante sept.

Au folio 31 v°. Somme total dudict quartier, 5,486 livres, 4 sous, 7 deniers tournois.

Quartier juillet, aoust et septembre, mil cinq cens cinquante sept.

Au folio 46 v°. Somme total dudit quartier, 4,739 livres, 17 sous tournois.

Quartier d'octobre, novembre et décembre mil v⁰ cinquante sept.

Au folio 65 v°. Somme total dudict quartier, 6,878 livres, 16 sous, 8 deniers tournois.

Somme total de lad. année, vingt ung mil quarante huict livres, neuf solz, six deniers tournois.

Estienne Johenne, Argentier des rois Henri II et François II. Reg. coté KK. 125, in-4° de 173 feuillets de parchemin foliotés xiii⁰ xii à xiii⁰ iiii^xx iiii. On lit en tête du premier feuillet coté xiii⁰ xii. « Pour le quartier de juillet, aoust et septembre mil cinq cens cinquante neuf. » Et en bas : « Quatriesme et dernier volume de l'Argenterye du Roy, pour l'année finie m. v^c. liv. Me Estienne Johenne, Argentier. »

Henri II étant mort le 10 juillet 1559, ce compte de l'Argenterie s'applique à la fois, et à lui et à François II. Et en effet on lit au 1er feuillet. « A Thomas d'Abouval, bonnetier et mercier dudit seigneur (le roi) pour trois quartiers de ruben de Lyon, large de trois doigts, pour servir à un habillement *de dueil* pour monseigneur le Connestable. » Dans ce compte la Dépense est au nom de chaque fournisseur. La fin manque.

David Blandin, Argentier du roi François II. Reg. coté KK. 126, in-4° de 196 feuillets de parchemin, foliotés i à ix^xx xvi. On lit sur le 1er feuillet. « Ordinaire de l'Argenterie du Roy pour l'année commancée le premier jour de janvier 1559, et finie le dernier jour de décembre mil cinq cens soixante[1]. Me David Blandin, Argentier. Original. »

Au folio 2 : « Compte troisiesme de maistre David Blondin, conseiller du Roy et Argentier de son Argenterie. Des recepte et despence par luy faictes à cause d'icelle Argenterie, tant *ordinaire* qu'*extraordinaire*, durant l'année commancée le premier jour de janvier, mil cinq cens cinquante neuf, et finie le dernier jour de décembre ensuivant l'an révolu mil cinq cens soixante. Ce présent compte rendu à court par François Larcher, son procureur fondé de lettres de procuration rendues sur les comptes précédens, servans cy, et sur les ensuivans. »

Au folio 11. Somme totale de la Recepte de ce compte, 84,857 livres, 16 sous, 6 deniers tournois.

Dans ce compte, comme dans le précédent, la Dépense est au nom de chaque fournisseur. La fin manque aussi.

CLAUDE DE L'AUBESPINE, Argentier du roi Charles IX. Reg. coté KK. 130, in-4° de 518 feuillets de parchemin. Au folio 1 : « Extraordinaire de ladicte Argenterie pour l'année de ce compte, encommancée le premier jour de janvier 1565, et finie le dernier décembre, montant à la somme de 280,546 livres, 10 sous, 3 deniers, obole tournois. Dont les parties sont signées de la main du Roy et contresignées par Me Claude de l'Aubespine, conseiller d'état et des finances, et par Me Gervais de Neuville, contrôleur général de ladicte Argenterie, à St Maur des Fossez, le 13 may 1566. »

Pour le quartier de janvier, février et mars 1565 (f. 2 v°). Manquent quarante feuillets, de 8 à 49.

Pour le Grec (f. 49). Il s'agit d'un tournois. Les étoffes sont très-riches.

---

1. Par conséquent, le 1er janvier 1559 doit encore être réputé vieux style, c.-à-d. 1er janvier 1560.

Pour la Grecque (f. 49 v°). — Pour l'Albannois (f. 50). — Pour l'Albannoise (f. 50 v°). — Pour la Damoiselle qui présentera la bague après que ledit seigneur (sans doute le Roi) aura couru (f. 51). — Pour six trompettes et six cornetz (f. 51 v°). — Pour la seconde journée que le chasteau fut combatu; pour douze maistres de camp (f° 60 v°). — Pour six seigneurs qui estoient dans ledit chasteau (f. 61 v°). — Pour douze autres seigneurs assaillant ledit chasteau (*ibid.*). — Pour le Roy et Monseigneur son frère, qui conduisoient les dis assaillans dudit chasteau (f. 62). — Pour douze tabourins et douze fifres (f. 62 v°). — Pour mons. le Duc d'Albe (f. 63). — Pour la 3ᵉ journée du Tournay (*Tournois*) (f. 68 v°). — Pour Vaumesnil, joueur de luth (f. 78). — Pour Cornille, joueur de rire? (*ibid.*). — Pour faire ung charriot de Vertu (f. 90 v°). — Pour faire habillement à Vertu. — Pour Prudence. — Pour Vaillance. — Pour Justice. — Pour Tempérance. — Pour Vénus. — Pour trois Muses, etc., etc.

Au folio 96 s'arrête la dépense du tournois. Il y a une lacune de 48 feuillets. On passe au folio 145. Les articles suivants sont par noms d'officiers du roi.

Lacune de 56 feuillets entre les folios 160 et 217, qui reprend les dépenses du tournois (passementeries).

Au folio 307 v°. Pour ceulx qui ont joué la commédie.

Au folio 338 v°. Chausses faites à Bordeaux et envoyées à Bayonne pour servir audit Tournay (*Tournois*).

Lacune de 164 feuillets entre les folios 352 et 517.

Fin au folio 518.

Denis Frézon, Argentier du roi Charles IX. Cahier de 16 feuillets de parchemin, dans une boîte-livre cotée KK. 131.

Au folio 1 : « Roolle des parties et sommes de deniers que Mᵉ Denis Frézon, conseiller et Argentier du Roy, a paiées, baillées et délivrées comptant en *l'ordinaire* de l'Argenterie dudict seigneur, pour sa personne, durant le quartier d'avril, may et juing, mil cinq cens soixante dix, aux personnes, pour les causes, et ainsy qu'il s'ensuit... »

Au folio 15. Somme total du quartier, 3,963 livres, 15 solz, 2 deniers tournois.

Le folio 16, en blanc.

Pierre Rochon, Argentier du roi Henri III, puis Jehan le Maistre, Reg. coté KK. 138. Le commencement de ce compte manque; il part du folio 365.

Au folio 396 v° : Somme de l'*ordinaire* de l'Argenterie, hors la personne du Roy, 24,542 livres, 30 sous, 3 deniers tournois.

Au folio 396 : *Extraordinaire*. Habillements pour une Mascarade.

Au folio 407 v° : « Pour la chappelle de la Congrégation des Pénitens de l'Annuntiation Nostre-Dame, ordonnée par Sa Majesté en l'esglise des Augustins à Paris, durant ledit quartier de janvier, février et mars (1583). » *Nota*. On y voit un lit, etc.

Au folio 423 : « Pour ung emmeublement que le Roy a ordonné estre faict, et dont Sa Majesté a fait don à Mons. le bastard [1]. »

Tout ce compte est fort curieux; voir principalement le folio 430.

Somme totale de la dépence de ce compte, 100,830 livres, 18 sous, 4 deniers tournois.

Et la recette monte 100,840 livres, 31 sous, 10 deniers tournois.

« Doibt ce comptable 10 écus, 13 sous, 10 deniers tournois; qu'il paiera à la Recepte générale des restes dedans quinze jours, sur les peines de ladicte. »

Le folio 493 et dernier est en blanc.

---

1. Charles, bâtard de Valois, duc d'Angoulême, fils naturel de Charles IX.

Pierre de la Bruyère, Argentier du roi Henri IV. Reg. coté KK. 147, in-4° de 225 feuillets de parchemin. Compte 3° de M° Pierre de la Bruyère, pour l'année 1591.

    Recette 50,208 écus, 27^s 8^d t.
    Dépense 10,483 écus, 5^s t.

        9,946 écus, 25^s t. bon, par correction.

Au folio 208 v°. Somme de l'Extraordinaire, 9,942 écus, 45^s t.

Au fol. 210. Gages d'officiers. Il y a deux contrôleurs, M° Robert Barat, et M° Jean Grisson, chacun à 466 écus 2/3 de gages par an.

Et deux Argentiers, M° Claude Bérarde, et M° Pierre de la Bruyère, chacun à 500 écus par an.

Au folio 221. Somme totale de la dépence de ce compte, 47,404 escus, 33^s 10^d tournois.

Le folio 225 et dernier, en blanc.

Reg. coté KK. 148, in-4° de 254 feuillets de parchemin. Compte 5° de M° Pierre de la Bruyère, Argentier du roi Henri IV, pour l'année 1595. Dépense. *Ordinaire* pour la personne du Roi. *Ordinaire*, hors la personne du roi. *Extraordinaire*.

    Recette 40,284 écus, 50^s 8^d t.
    Dépense 39,188 écus, 46^s 6^d t.

Pierre le Roux, Argentier du roi Henri IV. Cahier de 48 feuillets de parchemin, dans une boîte-livre cotée KK. 149. Extraordinaire de l'Argenterie.

« Compté et arresté les quartiers de janvier et avril à la somme de 19,608 livres tournois. »

« Compté et arresté les quartiers de juillet et octobre, à la somme de 44,598 livres, ung sol, sis deniers tournois. »

Les folios 26, 27 et 28 en blanc.

PRÉFACE. lxj

Pierre de la Bruyère, Argentier de Louis XIII. Reg. coté KK. 198. Argenterie de Louis XIII. Année 1614. Compte dernier de M° Pierre de la Bruyère. Il ne reste plus de ce compte que les 120 premiers feuillets.

Antoine Jossier, Argentier de Louis XIII. Reg. coté KK. 199, in-4° de 430 feuillets de parchemin. Compte 1er de M° Anthoine Jossier, trésorier général de l'Argenterie, pour l'année 1616.

Lacune de 327 feuillets entre les folios 88 et 415.
La fin du compte manque.

Cahier de 54 feuillets de parchemin, dans une boîte-livre cotée KK. 200. Extraordinaire de l'Argenterie de Louis XIII. Année 1625. M° Antoine Jossier, trésorier général de l'Argenterie.

« A cause du Ballet du roy, assavoir : Pour vingt quatre viollons. — Pour le récit de la musique (f. 1 v°). — Pour Guillemine, la quinteuze (f. 2). — Pour un grand colosse en forme de femme, représentant la Musique (f. 2 v°). — Pour douze musiciens de la campagne (f. 2 v°). — Pour le Roy, représentant avecq monsieur de Blainville, deux joueurs de guiterre (f. 3). — Pour le sieur de La Barre, représentant un vieil Espagnol chaconiste (f. 4). — Pour le sieur Carra, représentant une jeune Espagnolle (f. 4 v°). — Pour le récit du Feu (f. 5). — Pour un lacquais (f. 5 v°). — Pour deux Bertrands (*ibid.*). — Pour huit Jollets (f. 6). — Pour cinq Esprits noirs (f. 6 v°). — Pour un coq (*ibid.*). — Pour le récit des Estroppiez de cervelle (f. 7). — Pour cinq Embabouinez (*ibid.*). — Pour Monseigneur frère du Roy (f. 7 v°). — Pour Monseigneur de Blainville, représentant un des Fantasques (f. 8). — Pour monsieur de Liancourt, représentant Jacqueline Lentredue (f. 8 v°). — Pour six Esperlucatz (f. 9). — Pour le récit des vaillans Combattans (f. 9 v°). — Pour Alizon la hargneuze (f. 10).

Pour quatre tambours (f. 10 v°). — Pour un hérault (f. 11). — Pour un page, bossu devant et derrière (*ibid.*). — Pour un page, à long nez (f. 11 v°). — Pour un parrain botté des tenans (f. 12). — Pour un parrain à deux visages (f. 12 v°). — Pour un tenant borgne (f. 13). — Pour un autre tenant boiteux (*ibid.*). — Pour un Maréchal de camp (f. 13 v°). — Pour le Roy, représentant un soldat (f. 14). — Pour monsieur de Liancourt, représentant un suisse (f. 14 v°). — Pour un Esprit combattant, à qui l'on couppe la teste (f. 15). — Pour un Esprit combattant (f. 15 v°). — Pour un autre Esprit combattant (f. 16). — Pour un Esprit combattant, à qui l'on couppe le bras (f. 16 v°). — Pour la Quintaine (f. 17). — Pour cinq médecins (*ibid.*). — Pour le récit de la Dance (f. 17 v°). — Pour Macette la cabrioleuze, fée de la Dance (f. 18). — Pour le portequeue de lad. cabrioleuze (f. 18 v°). — Pour huit Billoquetz » (*ibid.*).

Viennent ensuite les fournisseurs ordinaires; par quartiers.

JACQUES MAUDIN, Argentier du roi Louis XIV. Cahier de 68 feuillets de parchemin, dans une boîte-livre cotée KK. 205. Au folio 1. Rolle des parties et sommes de deniers payées par Jacques Maudin, conseiller du Roy, trésorier général de son Argenterie, pendant l'année 1685, tant pour la despence *ordinaire* de la personne du Roy, que hors. Et *extraordinaire* de lad. Argenterie, ainsi qu'il ensuit.

Au folio 9. A cause des opéras de Roland et Amadis, payé à J. B. Lulli, 20,000 livres tournois.

Au folio 55. A cause de la dépense faite pour la reprise du ballet du Temple de la paix, dansé à Versailles, 1,386 livres, 2 sous tournois. Au folio 56 v°. Idem, de la dépense du ballet de la Jeunesse, 12,337 livres, 7 sous tournois.

Les fol. 65 et 66 en blanc.

Denis Aubry, Argentier du roi Louis XIV. Rég. coté KK. 206, in-4° de 285 feuillets de parchemin. Argenterie du Roy pour l'année 1711. M° Denis Aubry, trésorier général de l'Argenterie.

Somme totale de la recette, 363,234 livres, 2 sous, 2 deniers tournois.

Somme totale de la dépense, 328,524 livres, 15 sous, 1 denier tournois.

ARGENTIERS DES REINES.

Hémon Raguier, Argentier de la reine Isabeau de Bavière. Reg. coté KK. 41, in-4° de 270 feuillets de parchemin.

Au folio 6. « Compte de Hémon Raguier, clerc de la Chambre aus deniers de la Royne, et maistre de la Chambre aus deniers de mons. le Dalphin, de nouvel commis, institué et establi de par le Roy nostre sire, à recevoir par chascun an doresenavant la somme de 10,000 frans d'or, pour estre tournée et convertie *ou faict de l'Argenterie* de ladicte Dame. Du 25 mai 1393, au dernier juin 1394. Ouquel temps sont compris un an et 36 jours entiers. »

Recette, 9,296 livres parisis.

Au folio 37. Somme de la dépense, 10,569 livres, 10 sous, 5 deniers parisis.

Au folio 39. Le second Compte de Hémon Raguier, Argentier de la Royne. Du 1er juillet 1394, au dernier juin 1395.

Recette, 10,650 livres, 13 sous, 4 deniers parisis.

Au folio 72 : *Summa totalis Expense hujus compoti*, 7,515 livres, 4 sous, 11 deniers parisis.

Au folio 73 : « Le tiers Compte de Hémon Raguier. Du 1ᵉʳ juillet 1395 au dernier janvier oudit an (1396).

Recette, 4373 livres, 6 sous, 8 deniers parisis.

Reg. coté KK. 42, in-4° de 120 feuillets de parchemin. Au folio 1 : « Le neufviesme Compte de Hémon Raguier, Argentier de la Royne, pour un an, commençant le premier jour de février, l'an 1400, et fenissant au derrenier jour de janvier, l'an 1401, tout inclus. »

Recette, 46,000 livres parisis.

Au folio 60 : *Summa totalis Expense hujus compoti,* 48,259 livres, 10 sous, 10 deniers, obole parisis.

Au folio 61 : « Le dixiesme et derrenier Compte de Hémon Raguier, trésorier des guerres du Roy nostresire, et *nagaires Argentier de la Royne*, pour un an commençant le 1ᵉʳ février 1401, et finissant le dernier janvier suivant 1402. »

Recepte, 53,632 livres, 10 sous parisis.

Au fol. 63, « de Jehan le Blanc; *à présent Argentier de la Royne.* »

Au fol. 118 : « *Summa totalis Expense presentis compoti,* 49,287 livres, 15 sous, 9 deniers parisis.

Les deux derniers folios 119 et 200, en blanc.

Jean le Blanc, Argentier de la reine Isabeau de Bavière. Reg. coté KK. 43, in-4° de 198 feuillets de parchemin. « Compte premier de Jehan le Blanc, Argentier de la Royne, pour 8 mois, commençant le 1ᵉʳ février 1402, et finissant le dernier septembre 1403. Rendu par Jean Boileau, procureur dudit Argentier. »

Recette, 41,600 livres parisis.

Lacune entre les folios 44 et 45. La fin du 1ᵉʳ compte de Jean le Blanc manque, ainsi que le commencement du deuxième.

Lacune entre les folios 92 et 93.

Total de la despense du 2ᵉ compte, 41,947 livres, 19 sous, 4 deniers parisis.

Au folio 97. Compte IIIᵉ de Jehan le Blanc, du 1ᵉʳ octobre 1404, au dernier septembre 1405.

Recette, 42,400 livres parisis.

Manque le commencement de la Dépense.

Hector de Louans, Argentier de la reine Isabeau de Bavière. Avant 1420. On n'a pas de compte de lui.

Robert Cistelle, Argentier de la reine Isabeau de Bavière. Cahier de 10 feuillets de parchemin contenu dans une boîte-livre cotée KK. 44.

Lettres d'Isabeau de Bavière, qui nomment Robert Cistelle, clerc des offices de son hostel, *son Argentier* « par manière de provision seulement, en remplacement d'Hector de Louans. » Troyes, 17 mai 1420.

Lettres de Charles VI sur le même objet. Troyes, 19 mai 1420.

« Le compte de Robert Cistelle, naguères clerc des offices de la Royne, et ad présent commis et ordonné à l'exercice du fait de l'Argenterie de ladicte Dame, pour et ou lieu de Hector de Louans, trésorier des finances de ladicte Dame.

« De la Recepte et Mises faictes par ledit Robert Cistelle à cause du faict de ladicte Argenterie, depuis le xxjᵐᵉ jour d'icellui moiz de may, qu'il fu par Mons. le Chancellier de France, audit lieu de Troyes, institué ou dit office, *en l'absence de Messeigneurs des comptes,* par vertu desdictes lettres, jusques au xxviijᵉ jour de septembre ensuivant, oudit an. »

Recette. De Hector de Louans, trésorier des finances de ladicte Dame, 9,024 livres parisis.

Autre recette. De Pierre Gorremont, receveur de toutes les finances du Royaume, 6,800 livres parisis.

Summa totalis Recepte presentis compoti, 15,824 livres parisis.

Despense et mises.

Draps d'or et de soye.

Pennes et fourreures.

Deniers baillez à la Royne, 14,894 livres parisis.

Gaiges d'officiers.

Despense commune.

Summa totalis Expense hujus compoti, 15,834 livres, 17 sous, 6 deniers parisis.

Debentur ei 10 livres, 17 sous, 6 deniers parisis.

Jehan Bochetel, Argentier de la reine Marie d'Anjou, femme de Charles VII. Reg. coté KK. 55, in-4° de 145 feuillets de parchemin.

Lettres de Charles VII, qui nomment maistre Jehan Bochetel, notaire et secretaire du roy, à l'office de trésorier et receveur général des finances de la Reine, et aussi *au fait de l'Argenterie* de ladicte Dame. Précigny le Chatel, 10 juillet 1454.

Au folio 4. Compte IIIe de Me Jehan Bochetel.

Recette, 26,586 livres, 2 sous, 6 deniers tournois.

Dépense, 27,026 livres, 4 deniers, obole tournois.

Loys Ruzé, Argentier de la reine Marguerite d'Autriche, fiancée de Charles VIII.

Reg. coté KK. 80, in-4° de 160 feuillets de parchemin. Jusqu'au folio 73 c'est un compte de l'Hôtel. Au folio 74 : « Autres deniers paiez par ledit maistre Loys Ruzé, trésorier, *Argentier* et maistre de la Chambre aux deniers de la Royne, *pour le fait de son Argenterie*, durant l'année de ce présent compte, commençant le premier jour d'octobre, mil quatre cens quatrevingtz et quatre, et finissant le derrenier jour de septembre ensuivant, l'an révolu, mil quatre cens quatre vingts et cinq. Ainsy qu'il est contenu en douze rooles de parchemin, signez en la fin de chascun roölle de Jehanne de Courrandon, première Dame d'honneur de la Royne, pour et ou lieu de ladicte Dame, pour ce qu'elle n'est en aage de signer [1]. Et des maistres d'Ostel ordinaires de ladicte Dame, et contrerolleur d'icelle Argenterye ci-dessus nommez, par vertu des lettres patentes du Roy nostre sire, rendues et incorporées au commencement du compte dudit Ruzé prouchain précédent. En la forme et manière qui s'ensuit..... »

La Dépense est par mois. Elle se monte à la somme de 28,559 livres, 16 sous, 3 deniers, pite tournois.

PIERRE FORGET, Argentier de la reine Léonor d'Autriche, 2ᵉ femme de François Iᵉʳ.

« Roölle des parties et sommes de deniers payez, baillez et délivrez comptant, du commandement et ordonnance de la Royne, nostre souveraine dame. Pour le fait tant *ordinaire* que *extraordinaire* de son Argenterye, durant l'année commencée le premier jour de janvier mil vᶜ quarante troys, et finye le dernier jour de décembre ensuivant l'an révolu mil vᶜ quarante quatre. Par maistre Pierre Forget, Argentier d'icelle Dame, aux personnes, pour les causes et ainsi qu'il s'ensuit...... »

La dépense est par quartiers.

Au folio 46 vº. Somme du présent Extraordinaire, 4080 livres, 7 sous, pite tournois.

Et l'Ordinaire monte 11,876 livres, 10 sous, 8 deniers, obole, pite tournois.

Somme totale tant dudit Ordinaire que Extraordinaire, 15,956 livres, 17 sous, 9 deniers tournois.

---

1. Marguerite d'Autriche était née à Gand en 1480. Elle avait alors quatre ans.

Décharge donnée à l'Argentier par Olivyer de Launoy, contrerolleur général des finances de la Maison de la Royne, du 15 décembre 1545.

Argenterie de la reine Catherine de Médicis.

Pour le terme de la St Jean 1556.

Reg. coté KK. 118. Cahier de 58 feuillets de parchemin.

folios

1 Roolle des parties baillées et délivrées durant la demie année commencée le premier jour de janvier, mil cinq cens cinquante cinq, et finie le derrenier jour de juing en suivant, mil cinq cens cinquante six. Pour le faict de l'Argenterye de la Royne, par les personnes, pour les causes et ainsy qu'il est cy-après contenu et déclaré:

.Premièrement.

A Jacques de Lafons, et Pierre Leber, marchans fournissans l'Argenterie de ladicte Dame.

7 v° A Jehan de Beauquesne, linger du Roy et de la Royne.

8 v° A la veuve feu Jehan Dollu.

9 A Jehan Claveau, marchant passementier suivant la court.

9 v° A Jehan de Launoy, dit de Tours, tailleur de la Reine.

11 A Mathurin Lussault, marchand orfebvre de la Reine.

12 A Jehan Lucquet, mercier ordinaire de la Reine.

14 v° A Charles Merais, appothicquaire de la Reine.

15 A René le Camus, pelletier de la Reine.

PRÉFACE.

folios
- 15 v° A Jehanne Petite, lavandière du corps de la Reine.
- 16 A messire Saturnin Bigault, cler de chapelle de la Reine.
- » A Julian Rabache, tappissier de la Reine.
- 16 v° A Salomon de Herbannes, id.
- » A Jehan Rondeau, cordonnier de la Reine.
- 17 v° Ausdicts de Lafons et Leber.
- 18 A Gatian Piballeau, chaussetier de la Reine.
- 19 v° A Marin Girault, marchant passementier, demeurant à Paris.
- « A Jehan de Beauquesne, linger de la Reine.
- 20 v° A Jehan Lucquet, mercier de la Reine.
- 21 A Françoys Rivery, menuisier de la Reine.
- 23 A Bastien le Gangneulx, sellier de la Reine.
  Somme de ce roolle . . . . 8794^l 4^s 2^d tournois.

- 24 Roolle des partyes baillées et délivrées durant la demye année commancée le premier jour de juillet, mil cinq cens cinquante six, et finie le dernier jour de décembre ensuivant, oudit an. Pour le fait de l'Argenterie de la Royne, par les personnes, pour les causes et ainsy qu'il est cy après contenu et déclaré.

Premièrement.

- A Jacques de Lafons et Pierre le Ber.
- 30 v° A Mathurin Lussault, orfèvre de la Reine.
- 33 v° A Bastien le Gangneulx, sellier de la Reine.
- 34 v° A Jehan Baptiste Gondy.
- 35 A Martin Dyonise, marchant de draps de soye, demeurant à Tours.

folios
» A Charles Merays, appothicquaire de la Reine.
35 v° A Jehan Rabache, tappicier de la Reine.
36 A Gerin Deistof, dict de Mantoue, vallet de chambre ordinaire de la Reine.
» A Jehan Cudefer, gaisnier, demourant à Paris.
38 A Françoys Rivery, menuisier de la Reine.
39 A Marin Girault, marchant passementier.
40 v° A Sallomon Herbannes, tappicier de la Reine.
» A Jehan Lucquet, mercier de la Reine.
43 A Jehan de Beauquesne, linger du Roy et de la Reine.
44 A Claude Morot, tappicier de la Reine.
45 A Jehan Rondeau, cordonnier de la Reine.
46 A Lambert Hauteman, orfebvre.
46 v° A Charles Merais.
» A René Lecamus, pelletier de la Reine.
50 A Jherosme Gueldrop, marchant de draps de soye, demourant à Paris.
51 A Gommard Albert, brodeur de la Reine.
51 v° A Adrienne Thibault, lingère de la Reine.
52 A Claude Crevecueur, orfèvre.
» A Loys Bordier, marchant, ouvrier en draps de soye, demourant à Tours.
52 A Gilles de Suraulmont, orfèvre.
53 A Anthoine Spire, tailleur en l'Escurie de la Reine.
53 A Jehan de Launoy, dict de Tours, tailleur de la Reine.
57 A Françoys Rivery, menuisier de la Reine.
57 v° A Jehan Claveau, marchant passementier suivant la court.
» A Hervée Girard, lavandière de la Panneterie de la Reine.

folios
58. A Mᵉ Anthoine Dumonde, clerc de chappellé de la Reine.

Somme de ce roolle . . 19,372ˡ 19ˢ 5ᵈ tournois.

» Somme totalle des partyes contenues ès deux roolles cy dessus du faict et despense de l'Argenterye de la Royne pour l'année entière finie le dernier jour de décembre dernier passé, 28,567 livres, 3 solz, 7 deniers tournois.

Faict et arresté au Bureau de ladicte Argenterye, tenue par nous Françoise de Breszé, dame d'honneur d'icelle Dame, présent Mᵉ Hely de Odeau, contrerolleur d'icelle Argenterye, à Villiers Costeretz, le dix huictiesme jour de may, l'an mil cinq cens cinquante sept.

Signé : Françoyse de Breszé.

De Odeau.

Il résulte de ce qui précède :

Que le premier compte de l'Argenterie connu est celui de Geoffroi de Fleuri, de l'an 1316.

Que la première ordonnance constituant l'Argenterie est de 1323.

Que jusqu'à l'année 1393, il n'y a eu qu'un seul département pour l'Argenterie. Mais qu'à partir de cette époque l'Argenterie des reines a eu des comptes à part.

Qu'on a compté en monnaie parisis jusqu'en 1459, et en monnaie tournois à partir de cette année.

FIN.

COMPTE

DE

DRAPS D'OR ET DE SOIE

RENDU PAR

GEOFFROI DE FLEURI

ARGENTIER DU ROI PHILIPPE LE LONG

EN 1317[1].

Compte fait par moy Gieffroy de Flouri, des draps d'or, veluaus et autres choses qui ont esté prises en la tour du Louvre ou haut estaige, en la chambre sus le comptoier du Trésor, présant monseigneur de Noion, monseigneur Jehan d'Argillières, Maci Lescot, Jehan le Bourgois, je, le dit Gieffroy, et Adam des Granges, le mercredi xxvj° jour en juillet en l'an M.CCC. et xvij. dont la recepte et la despensse s'ensuit.

RECEPTES.

Premièrement. xvj veluiaus touz jaunes, sans roie, que grans que petiz. Item, v veluiaus fonciez. Item, vj veluiaus vers, que grans que petiz. Item, v veluiaus rouges, petiz. Item, ij veluiaus noirs, petiz. Item, ij veluiaus tannez, petiz. Item, j veluiau cendré et j violet, tout sans roye. Item, j veluiau adzuré. Item,

---

[1]. Titres scellés de Clairambault, vol. 228, fol. 1011 à 1025.

xviij veluiaus roiez, que uns que autres. Item, lxxvij quamoquas, que uns que autres. Item, ij camoquas violez. Item, xvj pièces de racas, ouvrez à or, de pluseurs manières. Item, xvij draps de Lucques sus champ adzuré, ouvrez à fleurs de lis d'or, dont Adenet des Granches prist les iij. Item, xiij tartaires semez d'or. Item, xliij samiz de Lucque, vermex. Item, j quatre[1] samit adzuré. Item, ix samiz, que uns que autres, de Lucques. Item, iij samiz d'estive. Item, vj nachis de Lucques à or, dont les iij sont d'une couleur vermex. Item, vij nachis de Lucques, dont les vj sont sans or, et l'autre à rosettes d'or. Item, xiij dyapres de Luque de pluseurs manières. Item, vij dyapres à or. Item, vj draps de Lucque à or. Item, vj tartaires de Lucques, changens. Item, xxxvij draps d'or appelez naques. Item, iiij naques, sus champ blanc. Item, xiij petites nacques d'or. Item, iij pièces de draps changens de Lucques, roiez. Item, ij grans draps roiez de Lucques, dont l'un est sus champ violet et l'autre sus ynde. Item, iij Toulousins d'Outre mer changens. Item, xv samitons, que uns que autres. Item, iiij poupres. Item, v veluiaus adzurez et jaunes, sus fil. Item, j veluiau noir, besanté d'or. Item, ij mauvais veluiaus, l'un adzuré, et l'autre tenné. Item, j frontel et j dosseil broudez sus samit vermeil. Item, une table d'autel toute broudée à ymages. Item, j drap d'or, des armes de France. Item, j drap vert à or de Lucque. Item, une pièce de nachis de Lucque en ij pièces, ouvrées de fuillaiges. Item, v quartiers de samit d'estive. Item, iij petiz dyapres blans. Item, ij

---

1. *Un quatre*, c'est-à-dire un quartier.

quareis tachiez, souciez. Item, ij draps de soie ouvrez sus jaune et sus vermeil. Item, xx pièces de cameloz de tripe, mengiez de vers, de petite value. Item, iij nachis de Venise, sus chanvre. Item, j letrin d'ybénus, qui fut saint Loys. Item, v touailles à autel dont les deux bouz sont ouvrez à or et de soie à l'aguille. Item, j autre à tenir la plataine. Item, cx pièces de tartaires, que entamez que entiers, que uns que autres, vers, jaunes, yndes et autres. Item, xlv pièces d'autres tartaires, que uns que autres, contenans touz ensemble ces vij^{xx} xv pièces, xvj^c xij aunes à l'aune de Paris. Item, liiij pièces que demies pièces de cendaus rouges, pesans vj^c lix onces. Item, xxiij pièces entières et demies, pesans ij^c lxij onces. Item, lxv petites pièces de cendaus yndes, pesans vj^c iiij^{xx} vij onces. Item, vij pièces de cendaus folés, pesans iiij^{xx} xiiij onces. Item, xxiiij cendaus jaunes petiz, pesans iij^c iij onces. Item, ij tables, dont l'une est de deux pièces et démie, ploians, et l'autre de ij pièces, ouvrées sus fust, d'yvoire et d'ybénus à menues pièces; sus laquele table madame la Royne mangue. Item, j grant pot à lessive, de laton, ferment à clef. Item, ij coffres fustins, blans, ferrez menuement de fer blanc. Item, unes desvidouères d'yvoire. Item, j escrinet paint à oyselès, vestuz de mantelez de pluseurs armes, la ferreure de cuyvre dorée. Item, j escrinet à escuciaus de Breban et de mon seigneur d'Evreues, tout plain de cuevrechies, de bendez, de tourez et de crespines, vj xij^{nes} d'euvre de soie. Item, j coffre couvert de cuir ferré de menus clous de fay. Itèm, j coffre fustin, ferré de fer, où il a j mirouer d'acier, cuevrechies, espingues et autres choses de pou de value. Les queles choses dessus nomméés ont esté prises en la tour du Louvre comme dessus est dit.

Somme des veluiaus, que uns que autres, que grans que petiz, bons et mauvais, lxv pièces.

Somme des quamoquas, que uns que autres, lxxix pièces.

Somme des racas ouvrez à or de pluseurs manières, xvj pièces.

Somme des draps de Lucques à fleurs de lis d'or, xviij pièces.

Somme des samis, xliij de Lucque vermex, ix pièces que uns que autres de Lucques, iij pièces et v quartiers d'estive, xv samitons que uns que autres, et j quatre samit, qui font touz ensembles lxxj pièces et v quartiers.

Somme des nachis de Lucques et de Venise, que uns que autres, xvij pièces.

Somme des dyapres, que uns que autres, xxiij pièces.

Somme des draps d'or apelez naques, que uns que autres, grans et petiz, liiij pièces.

Somme des draps de Lucques, que uns que autres, à or et sans or, xij pièces.

Somme des tartaires apelez taphetaz, vij^{xx} xv pièces, que entamez que entiers, tenans xvj^c xij aunes.

Somme des cendaus, que uns que autres, pièces et demies pièces, de pluseurs couleurs, viij^{xx} xiij pièces, pesans touz ensembles ij^m v onces.

Somme des poupres, iiij pièces.

Somme des kareis, ij pièces.

Somme des Thoulousins, iiij pièces.

Somme des draps de soie ouvrez sus jaune et sus vermeil, ij pièces.

Somme des cameloz de tripe, xx pièces.
Somme des tartaires semés d'or, xiij pièces.
Somme des tartaires changeans de Luques, vj pièces.

MISES DES RECEPTES desus nommées.

I. Premièrement, baillié à nostre sire le Roy par escroe, le xxme jour d'octobre, l'an M. CCC. XVII, xij draps de Turquie, dont il y en a vj grans et vj petiz. Item, vj draps de Luque à or. Et furent touz ces draps [baillé à missire Robert de Gamaches] [1] pour donner aus églises.

II. Item, baillié audit notresire le Roy par la main Guillaume Toustain, son tailleur, le jour dessus dit, par ladicte cédulle, j samit rouge, pour couvrir les quarriaus de sa chambre de la Toussains ensuivent [sine litteris recognicionis dicti Guillelmi] [2].

III. Item, baillié audit Guillaume, le xxme jour de mars, l'an M. CCC. et XVIII, ij samiz vermex, dont l'un fut pour couvrir ij peliçons de bièvre au Roy, et l'autre pour couvrir les carriaus de sa chambre de Pasques ensuivant [sine litteris recognicionis].

III. Item, baillié au Roy par cédulle le xxvij^{me} jour de juing, l'an M. CCC. XIX, iiij veluyaus jaunes et iij aunes de mesmes, dont l'en li fist robe à la S. Père ensuivent.

IIII. Item, baillié à madame la Royne par cédulle, le xixme jour de juillet, l'an M. CCC. XVII, j veluiau soucie, que elle donna à St Germain en Laye.

---

1. Ceci en surligne.
2. Addition.

V. Item, baillié à lie[1] le xxvij^me jour de juillet par escroe et par la main Jehan le Bourguignon, son tailleur, iiij veluiaus vers, dont l'en fist robe à madame Ysabel, fuille le Roy, quant elle s'en dut aller en Viennoys. Item, iiij draps de Turquie, dont l'en li fist une autre robe. Item, ij racas, dont l'en li fist une chape. Item, ij tartaires à or, dont l'en li fist une autre chape. Item, j cendal vermeil pesant xij onces, pour couvrir ij peliçons. Item, par laditte escroe, par la main Adam des Granges, iij draps adzurez à fleurs de lis d'or, dont l'en couvri la litière à madite dame Ysabiau.

VI. Item, baillié à madite dame le derrenier jour de juillet, l'an M. CCC. XVII, xx cameloz de tripe mangiez de vers, que elle donna à ses fames. Item, iij veluiaus jaunes et iij rouges, pour porter en Viennoys. Item, ij tartaires changens de Lucques, que elle prist pour lie et pour nostresire le Roy. Item, ij samiz blans de Lucque, pour eus deus, pour faire leurs robes, avec les dis tartaires. Item, ij camoquas dont l'en fit j seurcot à la Royne. Item, ij Toulousins, pour faire sa volenté. Item, j Toulousin . . . .[2] et j veluiau cendré, pour faire aussi sa volenté. Item, iij quamoquas dont l'en li fist une chape. Item, j veluiau noir besanté d'or dont l'en li fist aussi une chape. Item, iiij pièces de taphetaz tenans liiij aunes, dont l'en fist ij père de robes à madame la Duchesse, et à damoiselle Maheut de Suylli. Item, vj quamoquas, que madame la Royne donna à madame la contesse de Dreues. Item, xv cendaus yndes, pesans viij^xx onces, dont l'en fourra les robes

---

1. *à lie* pour : à lui, c'est-à-dire à la reine.
2. Il y a ici une tache qui cache un mot.

aus fames la Royne. Item, vj touailles de chapelle, ouvrées d'or. Item, j letrin qui fut St Loys. Item, unes desvidoueres d'yvoire, et une damoiselle de brésil. Item, j coffre, ouquel il avoit queuvrechies, tourez, espingues et j mirouer d'acier, et autres menues choses de pou de value. Item, j coffre de cuir noir ferré de blanc, à rosètes. Item, ij coffres blans ferrés de fer. Item, j coffinet de fust blanc pour chandele. Item, ij quamoquas, dont l'en fist une chape à madame Yssabel, fuille le Roy.

VII. Item, baillié à madite dame la Royne, par escroe le vme jour de septembre, l'an M. CCC. XVII, iij veluiaus tannez, et iij petiz dyapres blans. Item, j samit rouge, dont l'en couvrit les quarriaus de sa chambre. Item, ij draps de Turquie blans, pour le servise Robert d'Artois, quant la Royne fist son universoire aus Cordeliers de Paris.

VIII. Item, baillié à lie, le mardi vj^{me} jour en septembre, l'an M. CCC. et XVII, ij camoquas, pris par sa main et par escroe.

IX. Item, baillié à madame la Royne par s'escroe le xvij^{me} jour d'octobre, l'an CCC. XVII, ij tables à mangier ouvrées sus fust, d'ivoire et d'ybénus à menues parties, dont l'une est de deux pièces et demie ployans, et l'autre est de ij pièces.

X. Item, baillié à madite dame par s'escroe le xxme jour d'octobre, l'an CCC. XVII, par la main monseigneur Jehan d'Argillières, xij draps de Turquie, c'est assavoir viij grans et iiij petiz, pour donner à pluseurs églises.

XI. Item, baillié à madite dame par escroe le jour dessus dit, par la main Jehan le Bourguignon, son tailleur, j samit jaune, pour couvrir les quarriaus de sa chambre de la Toussains. Item, iiij pièces et demie de cendaus vermex, pesans xlij onces et demie, dont l'en couvri les peliçons la Royne et les peliçons et les petiz corsez de char, à nos jones dames, ses fuilles, et le petit Dauphin. Item, demie pièce de cendal vermeil pour lier les robes de la Toussains, à lie et à ses fuilles, pesans vj onces. Item, j drap de Turquie, dont la Royne donna la moitié aus Frères Meneurs de Grai, pour faire paremens à aubes et autres choses, et l'autre moitié fut pour couvrir ij quarriaus de sa salle.

XII. Item, baillié à madite dame par escroe, le xxme jour d'octobre, l'an CCC. et XVIII, j cendal jaune pesant xviij onces, et j vermeil pesant xvij onces, dont l'en fit courtines à sa chapelle.

XIII. Item, baillié à madite dame le xxxj^{me} jour de descembre, l'an CCC. XVII, par la main monseigneur Jehan d'Argillières, xij veluiaus royez. Item, viij veluiaus plonquiez, vers et jaunes. Item, iiij pièces de nacques que l'en apelle Turquie, qui ne font que ij draps. Item, iij grans nacques que l'en apelle Turquie. Item, une petite nacque que l'en apelle Turquie. Item, ij poupres de Venise. Item, j drap d'or à fleurs de lis.

XIIII. Item, baillié à madite dame par s'escroe le xvij^{me} jour de janvier, l'an CCC. XVII, iiij dyapres blans, que elle donna à St Antoigne de lez Paris quant elle rendi le baston. Item, ij tartaires tenans x aunes, pour faire sa volenté; les quiex tartaires l'en claime tafetas.

XV. Item, baillié à madite dame par s'escroe le xiiij^{me} jour de mars, l'an M. CCC. et XVII, ij samiz vermex, dont l'en couvrit les quarriaus de sa chambre et de son char, et pour garnir dedans l'estui à corporaus de sa chapelle. Item, j drap de Lucques vert, que elle donna à mons. Pierre Pagache, prestre. Item, j drap de Turquie, dont l'en fist paremens à autel pour la chapelle à nos jounes dames, fuilles le Roy.

XVI. Item, baillié à madicte dame par s'escroe le xxiiij^me jour de mars, l'an M. CCC. XVII, iij dyapres vers, pour lui faire une chapelle. Item, ij naques que l'en apelle Turquie, dont elle donna l'un à S. Jaque de Galice, et l'autre à Marguerite de Lambris.

XVII. Item, baillié à madame dessusdicte par escroe le xxme jour d'avril, l'an CCC. et XVIII, ij cendaus vermex, par la main damoiselle Yolant, pesant xxv onces. Item, j samit vermeil.

XVIII. Item, baillié à madite dame par s'escroe le xviij^me jour de may, l'an CCC. et XVIII, j quamoqua changent. Item, j tartaire besanté d'or, pour couvrir les livres la Royne.

XIX. Item, baillié à madite dame par escroe le xxviij^me jour de may, l'an CCC. et XVIII, par damoiselle Yolant et par Jehan le Bourguignon, c'est assavoir ij nachis de Lucque qui ne font que une pièce, dont l'en fist j cote et j seurcot. Item, iij pièces de racas changens, dont l'en li fist une chape. Item, iiij pièces de tartaire que l'en claime taphetaz, tenans l aunes, dont l'en li fist une robe de iiij garnemens. Item, iij cendaus vermex pesans xlij onces, dont l'en fourra ladite robe. Item, vj cendaus vermex dont l'en fourra ses robes de la Penthecoste, pesans lxxviij onces. Item, ij draps de Turquie, dont l'en fist une cote et j mantel à madame la duchesse de Bourgogne, en laquele elle fut espousée. Item, ij draps de Turquie à fleurs de lis de fin or, dont l'en fist une robe que elle vestit le soir dont elle fut espousée lendemain. Item, iiij racaz sur champ adzuré à poissons d'or, dont l'en li fist j seurcot et j mantel que elle vesti quant elle alla à messe. Item, j racas dont l'en li fist une cote de ladite robe. Item, viij aunes de nachis ouvré de vert et d'ardant semé de rosettes d'or, dont l'en li fist une chape. Item, ij nachis à or sus champ ardant, dont l'en li fist j couvertouer fourré d'ermines. Item, ij quamoquas, dont l'en li fist ij corsés, j ront et j de char. Item, vj pièces de tartaires que l'en claime taphetaz, tenans iiij^{xx} et v aunes, dont l'en fist une robe de iij garnemens à la duchesse et à chascune de nos autres dames, pour vestir à chascun jour. Item, pour nos iij jonnes dames et la damoiselle de Dreues, iij quamoquas vers, dont l'en leur fist à chascune une cote que il vestirent le jour des noces souz j drap ardant gouté d'or, que Gautier l'ouvrier fist faire. Item, j nachis ouvré sus champ ardant et plonquié de Luques, dont l'en fist une chape à madame Ysabel, fuille le Roy. Item, j nachis d'or, dont l'en fist une chape à madame la Duchesse, que elle vestit à l'entrée de Paris, la nuit dont elle fut espousée lendemain. Item, ij quamoquas, dont l'en li fist une chape.

XX. Item, baillié à madite dame par damoysele Yolent et Jehan le Bourguignon, le xvj^{me} jour de juing, l'an M. CCC. et XVIII, v nachis de Luque, dont l'en fist chapes à madame Ysabel, fuille le Roy, et à madame Jehenne, fuille le Roy Loys, dont Diex ait l'ame; et à la fuille monseigneur de Valays, à la fuille monseigneur Loys de France, et à la fuille à la contesse de Dreues. Item, ij pièces de tartaires que l'en claime taphetas, tenans xxiiij aunes, vert et rouge, dont l'en fist une robe à la fuille de ladite contesse, de mesmes les fuilles le Roy. Item, j cendal ardant, pesant xj onces, dont l'en fist une cote à ladite damoyselle de Dreues. Item, iiij quamoquas vermeus et j quamoqua tané, que la Royne donna à madame de Biaugieu pour faire une robe de iij garnemens. Item, une pièce de tartaire vert que l'en claime tapheta, tenant xviij aunes, dont l'en fist une chape à damoysele Mahaut de Suelly. Item, iij pièces de tartaire que l'en claime tapheta, jaune et vermeil, tenant xxviij aunes, dont l'en fist une robe de iij garnemens à Guillemete de Ray. Item, ij cendaus plonquiés, pesans xxxiij onces, dont l'en fist iiij corsès aus iiij damoyseles madame la Royne, c'est assavoir la dame de Courpalay, Marguerite de Lambris, Yolent d'Yssi et à madame Ysabiau de Lille. Item, v racas à poissons et à oysiaus d'or, dont l'en fist une robe à madame la Royne, que elle vestit le jour des noces. Item, une pièce de tartaire vert que l'en claime tapheta, tenant xix aunes, que la Royne donna à la dame de Neaufle pour li faire une chape. Item, j quamoqua violet, dont l'en li fist une cote. Item, pour elle mesmes j quamoqua cendré. Item, pour ij dames et iij damoyseles que la Royne a, c'est assavoir la dame de Courpalay, la dame d'Atyoles, Marguerite de Lambris, Yolent d'Issi, Ysabiau de Lille, pour elles v, iij samis vermeus, dont il ourent cotes. Item, pour elles, vj pièces de tartaire vert que l'en claime tapheta, tenans iiij^{xx} xij aunes, dont l'en fist à chauscune d'elles j seurcot. Item, iiij veluiaus jaunes, dont l'en fist une cote et j mantel, à la fuille au Compte de Montbeliart. Item, ij pièces de tartaire jaune que l'en claime tafeta, tenans xx aunes, dont l'en fist une chappe. Item, une pièce de cendau vermeil, dont l'en lia la robe la Royne, et fourra j peliçon à la duchesse; et xxiiij pièces de cendaus vermeus dont l'en fist courtines de sale pour madame la Royne, et j espevrier pour madame la Duchesse, c'est assavoir coutepointe, ciel, cheveciel, courtines d'entour et de sale, pesans iij^c xij onces. Item, xj pièces de cendaus jaunes, dont l'en fist l'envers de la chambre broudée madame la Duchesse, pesans vij^{xx} ij onces. Item, j drap de Turquie, dont l'en fist une robe au nain madame la Royne, de iiij garnemens.

XXI. Item, baillié à madite dame le xxme jour de juing par s'escroe, l'an M. CCC. XVIII, par la main damoysele Yolent et monseigneur Jehan d'Argillières et Jehan le Bourguignon, xij cendaus yndes pesans vj^{xx} et iij onces, pour mestre Philippe le Convers, chancelier madame la Royne, mestre Jehan de Paveilli, mestre Raoul de Preaus, monseigneur Jehan d'Argillières, mestre Jehan le Petit, mestre Pierres de Lengres, Othelin de Geuri, mons. Jehan de Montoche, mons. Jehan de Betisi, mons. Hues de Neaufle, mons. Symon de Gray, mons. Gui de Rochefort, pour chauscun d'eus, j cendal à forrer une robe de iij garnemens. Item, xv cendaus yndes pesans vj^{xx} et xv onces, pour la dame d'Atioles, la dame de Courpalay, la dame de Saint Leu, la dame de Presigni, la dame de Rochefort, pour forrer à chauscune [une robe de] iiij garnemens. Item, iiij cendaus yndes pesans xl onces, et ij cendaus ardans pesans xxj onces, lesquiex vj cendaus furent pour damoysele Ysabiau de Lille, Marguerite de Lambris, Yolent d'Yssi, Ysabiau de Bailleul, damoysèles la Royne, et pour Agnes et Beatrix, damoysèles la contesse d'Artoys, pour forrer à chauscune des damoyseles une robe de iij garnemens. Item, iiij cendaus yndes pesans xl aunes, dont l'en forra les cloches aus fames de l'ostel la Royne. Item, iiij cendaus ardans, pesans xliiij onces, pour faire la volenté de la Royne.

XXII. Item, baillié à ma dite dame par s'escroe et par mons. Jehan d'Argillières le xxvj^{me} jour de juing l'an M. CCC. XVIII, vj draps de Turquie, pour donner aus églises.

XXIII. Item, baillié à madite dame par s'escroe et par la main mons. Jehan d'Argillières le xxme jour de juillet, l'an M. CCC. et XVIII, viij draps d'or de Turquie pour donner aus églises, quant madame la Royne ala au Mont-Saint-Michiel.

XXIIII. Item, baillié à madite dame par la main mons. Jehan d'Argillières le vme jour d'aoust, l'an M. CCC. XVIII, j drap d'or à fleurs de lis, lequel elle donna aus églises en alant au Mont-Saint-Michiel.

XXV. Item, baillié à madite dame par la main mons. Jehan d'Argillières, le iiij^{me} jour de descembre l'an CCC. XVIII, uns paremens d'autel, frontel, dossel broudés de fin or à ymages. Item, viij samitons de Venise. Item, ij poupres de Venise. Item, ij draps à or sus chanvre, de Venise.

XXVI. Item, baillié à madite dame le xxvj^{me} jour de janvier, l'an CCC. XVIII, ij tartaires, dont l'un estoit ardant à poysons d'or, et l'autre de Luque, changeant, pour couvrir iiij carriaus de la chambre madite dame la Royne. Item, ij draps de Luques à or, que madame Blanche, fuille le Roy, offri aus Frères Meneurs de Paris quant elle fut rendue à Lonchamp.

XXVII. Item, baillié à madite dame par la main damoysèle Yolent d'Yssi, le derrenier jour de jenvier l'an CCC. XVIII, j quamoqua tané, pour faire la volenté de madite dame.

XXVIII. Item, baillié à madite dame le xxiiij^me jour de may, l'an M. CCC. XIX, par la main mons. Jehan d'Argillières, vj cendaus ardans pesans lxx onces. Item, iij cendaus yndes pesans xxxj onces, pour faire la volenté de madite dame.

XXIX. Item, baillié à madite dame par s'escroe, par damoysele Yolent d'Yssi, la veille St Jehan Baptiste l'an M. CCC. XIX, xij quamoquas de pluseurs couleurs et ij veluaus dont l'un est jaune et l'autre violet, pour faire la volenté la Royne. Item, ij cendaus yndes pesans xxvj onces, dont l'en fourra une chappe pour la dame de Valentinays, mestresse à la duchesse de Bourgogne, et une robe pour le nain.

XXX. Item, baillié à madite dame par s'escroe, le xj^me jour de juillet, l'an M. CCC. XIX, par la main mons. Jehan d'Argillières, iiij dyapres de Luques tous à or et iij nachis à or. Item, ij dyapres de Luques à or. Item, viij pièces de tartaires que l'en claime tafetas, tenans iiij^xx et xvj aunes, vers et jaunes, les quiex draps et tartaires furent pour faire ij paire de vestemens et paremens d'autel, estoles, fanons et aubes, pour l'ospital que la Royne fist faire à Chantelou.

XXXI. Item, baillié à madite dame par s'escroe, le xxij^me jour de février, l'an M. CCC. XIX, par la main mons. Jehan d'Argillières, ij tartaires à oysiaus d'or, dont l'en fist paremens et aubes, estoles et fanons pour la chapele madite dame. Item, j cendal ynde pesant xiiij onces, et j ardant pesant xj onces, dont l'en forra chasubes, estoles, fanons et autres paremens d'autel appartenans à ladite chapele.

XXXII. Item, baillié à madite dame par s'escroe, le vme jour d'avril, l'an M. CCC. et XX, j samit de Luque vermeil et j autre samit de Luque jaune, dont l'en couvrit les carriaus de la chambre nos jones dames fuilles le Roy.

XXXIII. Item, baillié à madite dame par s'escroe, le xvj^{me} jour d'avril l'an desus dit, j nachis à or sus champ ardant, dont les carriaus de son char furent couvers.

XXXIIII. Item, baillié à madite dame par s'escroe le xxme jour de may, l'an M. CCC. et XX, xiij quamoquas de pluseurs couleurs, j samit vermeil sus fil, et iiij veluaus souscies.

XXXV. Item, baillié à madite dame par s'escroe, le vij^{me} jour de juing, l'an M. CCC. et XX, j tartaire d'Outremer semé de poissons d'or. Item, j autre tartaire tenné changeant de Luques, pour estoufer les aournemens de ij chapeles de Chantelou. Item, j nachis à or fin sus champ ardant, pour couvrir les carriaus de son char. Item, vj cendaus jaunes, pesans lxxiij onces, dont l'en fist l'envers de la chambre madame Marguerite, fuille le Roy.

XXXVI. Item, baillié à madite dame par s'escroe, le xij^{me} jour de juing, l'an M. CCC. et XX, j samit et demi vermeus, dont l'en couvri les carriaus de sa chambre.

XXXVII. Item, baillié à madite dame par s'escroe le xxvj^{me} jour de descembre, l'an CCC. XX, iij dyapres sus champ vert et vermeil à oysiaus goutés d'or, pour choses nécessaires à sa chapele. Item, j diapre vert gouté d'or, et vj aunes de tartaire que l'en claime tapheta, vermeil, en une pièce que madame donne à Jehan de Louveciennes pour faire une chasuble. Item, j racas que madite dame donna à mestre Jehan Gaulart trésorier.

XXXVIII. Item, baillié à madite dame par s'escroe le viij^{me} jour d'avril, l'an M. CCC. et XXI, par la main mons. Jehan d'Argillières, iij tartaires besantés d'or pour couvrir j autel, une forme, et j letrin, pour la chapele de madite dame. Item, ij pièces de tartaire vert que l'on apele tafetas, tenans xxij aunes, dont l'en couvrit les carriaus de chambres nos jones dames, fuillés le Roy.

XXXIX. Item, baillié à madite dame, l'an CCC. xxj le xviij^{me} jour d'octobre, par s'escroe, xix aunes de tartaire que l'en claime tafetas. Item, xj pièces de cendaus vermeus pesans vj^{xx} xvj onces et demie. Item, ij cendaus ardans pesans xxij onces. Item, iij cendaus yndes pesans xxxv onces. Item, vj cendaus jaunes pesant lxxij onces. Item, ij cendaus folés pesans xxij onces. Item, vij samis et demi vermeus de Luques. Item, j quatre samit adzuré. Item, j samit vermeil dont l'en couvri les carriaus dou char ma dite dame. Item, j samiton de fil. Item, j grant pot à lessive de laton, fermant à clef. Item, j escrinet, à escuciaus de Breban et de mons. d'Evreues, tout plain de cuevrechiés, de bendes, de toures et de crespines, et vj douzaines d'euvre soie.

XL. Item, baillié à madite dame par la main mons. Jehan d'Argillières le xxme jour d'octobre, l'an CCC. XXI, ij tartaires semés d'or, ij dyapres de Luques à oysiaus dont les testes et les elles sunt d'or; pour faire la volenté de madite dame.

XLI. Item, baillié à madite dame, le xxme jour d'octobre, l'an M. CCC. XXII, les choses qui s'ensuivent :

Premièrement, cx pièces de tartaires que l'en claime taphetas, que uns que autres, que entamés que entiers, vers, jaunes, yndes et autres tenans tous ensembles M lx vij aunes. Item, xxij pièces de quamoquas, que uns que autres. Item, vj veluaus roiés. Item, iij veluaus noirs. Item, j veluau adzuré. Item, iiij veluaus yndes et j jaune seur fil. Item, iij draps changeans royés de Luques. Item, ij grans royés de Luques, dont l'un est sus champ ynde et l'autre sus champ violet. Item, ij draps ouvrés sus jaune et sus vermeil. Item, j tartaire semé d'or. Item, xx pièces de samis de Luques vermeus. Item, v samis que uns que autres. Item, iij samis d'estive. Item, ij careis tachies souscies. Item, une table d'autel toute broudée à ymages. Item, ij tartaires changeans de Luque. Item, ij aunes de samit d'estive vermeil. Item, xj draps sus champ adzuré ouvrés à fleurs de lis d'or. Item, j nachis de Luques sans or. Item, v samitons, que uns que autres. Item, ij draps de Luques de ij couleurs. Item, j Toulousin, Item, vij pièces de cendaus ardans, pesans iiij^{xx} iij onces. Item, vj cendaus yndes pesans lxij onces. Item, iij cendaus folés, pesans xlj once et demie. Item, j escrinet paint à oyselés vestus de mantelès de pluseurs armes, et la ferreure de coivre doré. Item, une damoysele de brésil. Item, j escrinet à escuciaus de Breban et de monseigneur d'Evreues. Les queles choses desus dites en ceste escroe li ont esté bailliés dou commandement nostresire le roy Challes qui ores est, et par ses lettres.

XLII. Item, baillié à Guillaume Toustain et à Anssiau de Corbueil, le xxme jour de mars, l'an M. CCC. et XVIII, j samit pour couvrir les carriaus de la chambre que le Roy ot à pasques, l'an CCC. XIX, dont je ne compte riens en mon vj^{me} compte, féni à la St Jehan l'an CCC. XIX.

-XLIII. Item, j autre samit vermeil baillié audit Guillaume et Anssiau le xxvj^{me} jour d'octobre, l'an M. CCC. et XXI, pour couvrir les carriaus de la chambre que le Roy ot à la Toussains, dou quel samit je ne compte en mon compte riens féni à Noel l'an M. CCC. XXI.

Somme de la délivrance des veluiaulz, lxv et iij aunes; ausins demeurent qu'on li doit iij aunes de veluiaus.

Somme de la délivrance de quamoquas, lxxix. Et quite.

Somme de la délivrance des draps de Luques à fleurs de lis, xviij. Et quitte.

Somme de la délivrance des racaz ouvrez à or xvj. Et quitte.

Somme de la délivrance des samis et samitons et iiij samis, lxxj et ij aunes. Demeure qu'en li doit iij quartiers de samis.

Somme de la délivrance des nachis de Luques et de Venise xvij. Et quitte.

Somme de la délivrance des dyapres, xvij. Et quitte.

Somme de la délivrance des draps d'or appelés naques ou Turquie, lvij. Ainsins demeure qu'en li en dut iij draps.

Somme de la délivrance des draps de Luques, xvj. Ainsins demeure qu'en li doit iiij draps de Luques.

Somme de la délivrance des tartaires ou taphetas xvj^c x aunes. Ainsins demoure que il doit ij aunes de tartaires.

Somme de la délivrance des sendaus, viij^{xx} xiij. Et quitte.

Somme de la délivrance des poupres, iiij. Et quitte.

Somme de la délivrance des careis, ij. Et quitte.

Somme de la délivrance des Thoulousins, iiij. Et quitte.

Somme de la délivrance des draps de soie sus jaune et vermeil, ij. Et quitte.

Somme de la délivrance des camelos de trippe, xx. Et quitte.

Somme de la délivrance des tartaires semez d'or, xiij. Et quitte.

Somme des tartaires changeans de Luques, vij. Ainsins demeure qu'on li doit j drap tartaire.

Item. . . . .[1]

---

[1]. Le texte s'arrête ici, au fol. 1025 du ms. de Clairambault.

COMPTE PARTICULIER

DE

DRAPS D'OR ET DE SOIE

RENDU PAR

ÉDOUART TADELIN

DE LUCQUES

MERCIER DU ROI PHILIPPE DE VALOIS

EN 1342[1].

C'est le compte Edouart Tadelin de Luques, mercier du Roy nostre sire, des parties des cendaulz, soye, veluyaux, draps d'or, perles et toutes autres choses de mercerie qu'il a livrées pour la court par le commandement de Guillaume de Moustereul, argentier dudit seigneur, aus personnes qui ci-après s'ensuivent, depuis le premier jour de janvier l'an mil CCC XLI, jusques au premier jour de juillet l'an mil CCC XLII.

PREMIÈREMENT.

Parties délivrées à Nicolas du Gal, coustepointier du Roy, pour faire la coustepoincte de la chambre ordinaire dudit seigneur, pour le terme de Pasques CCC XLII. Et pour autres choses de coustepointerie pour ledit seigneur.

---

1. Bibl. Nat., ms. français 20683, fol. 39 à 43.

Premièrement. xxxvij pièces de cendaulz vers des larges, pesanz viij^c xxiiij onces, pour faire ladicte chambre, x^s l'once valent. iiij^c xij^l

Pour xx pièces de toilles yndes, pour ladicte chambre, l^s la pièce. l^l

Pour une pièce et demie de samit vert, pour faire vj quarreaux de ladicte chambre, ij pour son oratoire et un pour ses napes. xxiiij^l

Pour ij pièces de toille vert, pour les diz quarreaux. c^s

Pour iiij livres de soye de plusieurs couleurs, pour coudre ladicte chambre, c^s la livre. xx^l

Item. Pour ix pièces et demie de cendaulz vers, des larges, pesanz ij^c xxvj onces, pour faire une grant custode pour la chambre du Roy, xiij^s l'once, valent vij^{xx} vj^l xviij^s

Pour une pièce de cendal vermeil en greine, pesant xxv onces, et est de xvij aunes, pour couvrir le coissin du lit du Roy, xvij^s l'once. xxj^l v^s

Pour demie aune de veluyau azuré, pour faire les tacètes broudées à porter les grans seaulz du Roy et de monseigneur le Duc[1]. iiij^l

Pour demie aune de fin camoquoys d'Outremer, pour estofer lesdictes tacètes. l^s

Somme pour le corps du Roy . . . xj^c iiij^{xx} v^l xiij^s

Autres parties délivrées audit Nicolas, pour l'Oratoire Madame la Royne[2]*, audit terme.*

Premièrement. Demie pièce de samit vert, pour faire ij quarreaux pour l'oratoire madicte Dame. viij^l x^s

---

1. Jean, duc de Normandie.
2. Jeanne de Bourgogne, première femme de Philippe de Valois.

Pour demie pièce de toille vert, pour les diz quarreaux. xxvj^s

Somme . . . . ix^l xvj^s

Autres parties délivrées audit Nicolas, pour faire la Chambre ordinaire monseigneur le Duc en celi terme, et de rechief pour autres choses neccessaires pour ledit seigneur.

Premièrement. xxj pièces de cendaulz vers, des larges, pesans iiij^c lxxj onces, pour faire ladicte chambre, x^s l'once. ij^c xxv^l x^s

Pour x pièces de toilles yndes pour ladicte chambre. xxv^l

Pour une pièce de samit vert pour faire vj quarreaux de ladicte chambre, ij pour son oratoire et un pour ses napes. xvj^l

Pour une pièce de toille vert, pour les diz quarreaux. l^s

Pour ij livres de soye de plusieurs couleurs, pour coudre ladicte chambre. x^l

Item. Pour ix demies pièces de cendal vert, pesanz iiij^{xx} onces, pour faire ij coustepointes pour les chambellans mon dit seigneur pour le voiage d'Avignon, x^s l'once. xl^l

Pour iiij pièces de toille azurée pour lesdictes coustepointes, lij^s la pièce. x^l viij^s

Pour xviij demies pièces de cendal vert, pesanz vij^{xx} xv onces, pour faire une grant Custode pour la chambre dudit seigneur, x^s l'once. lxxvij^l x^s

Pour iiij pièces de toille vert, pour faire une autre custode pour la garde-robe dudit seigneur, lij^s la pièce. x^l viij^s

Somme pour le corps monseigneur le Duc. . . . . . .
. . . . iiij^c xxvij^l vj^s

Autres parties délivrées audit Nicolas pour madame la duchesse de Normandie[1].

Premièrement. Une pièce de samit vert, pour couvrir x quarreaux de la Chambre aux Rosètes madicte dame. xvij^l

Pour une pièce de toille vert pour les diz quarreaux. lij^s

Somme pour madicte dame . . . . xix^l xij^s

Autres parties délivrées audit Nicolas pour nos joines seigneurs de France.

Premièrement. Une pièce de samit vert pour faire iiij quarreaux pour la chambre Charles de Normandie, filz monseigneur le duc[2]. xvij^l

Pour demie pièce de toille vert pour les diz quarreaux. o xxvj^s

Somme pour nos joines seigneurs . . . . . xvij^l vj^s

Item. L'Argentier doit audit Edoart, pour deniers qu'il li promist à paier pour Nicolas du Gal dessusdit, et lesquiex l'Argentier reprent sus le compte dudit Nicolas, fait au terme de janvier CCC XLI. c vij^l x^s

Item. Par une autre partie et pour samblable cause pour deniers que ledit Argentier prent sus ledit Nicolas en son compte du terme de la S. Jehan CCC XLII.
ij^c ^{l}

---

1. Bonne de Luxembourg, première femme de Jean, duc de Normandie.
2. Fils de Jean, duc de Normandie.

Somme. . . . . , iij^c vij^l x^s

Somme toute des parties prises par ledit Nicolas. . . . . xiiij^c lxxviij^l iij^s parisis

Prima grossa.

Parties prises par Lucas le Borgne, tailleur du Roy, pour les neccessitez de la Taillerie.

Premièrement. ij pièces de cendaulz vermeilz en greine, des larges, pesanz xlvj onces, pour fourrer peliçons de martre, que le Connestable de France[1] donna au Roy, xvj^s parisis l'once.   xxxvj^l xvj^s

Pour ij autres pièces de cendal vert, des larges, pesanz xlij onces, pour couvrir autres peliçons pour le Roy, pour le terme de Pasques, x^s l'once.   xxj^l

Pour ij demies pièces de cendal vermeil, sanz greine, pesanz xvij onces, pour estofer les robes du Roy, dudit terme, x^s l'once.   viij^l x^s

Pour xj pièces de cendaulz vers, des larges, pesanz ij^c lx onces, pour fourrer les robes du Roy, du roy de Boëme et du roy de Navarre, pour la feste de Penthecouste, xiij^s l'once.   viij^{xx} x^l

Pour iiij pièces de cendaulz vers, des larges, pesanz iiij^{xx} iiij onces, pour fourrer une autre robe de iiij garnemens, hors livrée, pour le Roy, x^s l'once.   xlij^l

Pour une pièce de cendal vermeil en greine, des larges, pesant xxvj onces, et donné pour fourrer un surcot à chevauchier pour le Roy, xvij^s l'once.

    xxij^l x^s vj^{d}

Pour ij pièces de tiercenel azuré, pour faire un surcot ront que le Roy a donné à madame la Royne.   xxiiij^l

---

1. Raoul de Brienne, comte d'Eu et de Guînes, mort en 1344.

Pour demie pièce de samit vert, pour couvrir le coissin de la table du Roy. viij^l

Pour ij livres de soye de plusieurs couleurs pour les euvres de la Taillerie, pour tout le temps; et pour lasnières pour le Roy. x^l

Somme pour le corps du Roy . . . . iij^c xlij^l xvj^s vj^d

Autres parties prises par ledit Lucas pour nos joines seigneurs de France.

Premièrement. ij livres et iij quars de soye de plusieurs couleurs pour les euvres desdiz enfans, et pour faire ruban à rayer leurs robes, au pris ds vj^l x^s la livre, xvij^l xvij^s vj^d

Pour iiij pièces de cendaulz vers, des larges, pesanz iiij^{xx} iiij onces, pour couvrir peliçons et corsez pour touz les diz seigneurs, pour le terme de Pasques, x^s l'once. xlij^l

Pour v autres pièces de cendaulz vers, des larges, pesanz c xv onces, pour fourrer les robes de nos diz seigneurs, pour la feste de Penthecouste, xiij^s l'once. lxxiiij^l xv^s

Pour ij pièces de fin veluyel, l'un quenelé et l'autre eschiqueté d'or et d'argent, pour faire corsez partiz pour les diz seigneurs, lesquiex furent fourrez de menuvair, lxx^l l'eschiqueté, et lx^l le quenelé. Valent vj^{xx} x^l

Pour once et demie d'or de Chipre, à faire le ruban dessus dit. lx^s

Pour vij aunes de sarge noire d'Illande, pour chausses pour les diz seigneurs. lxx^s

Somme pour les diz enfans . . . . . . ij^c lxxj^l ij^s vj^d

Somme toute des parties prises par ledit Lucas
. . . . vj^c xiij^l xix^s

Parties prises par Guillaume Benoist, tailleur madame la Royne, pour les necessitez de la Taillerie.

Premièrement. v aunes de veluyel fin, cremesin coquet, bailliez du commandement madicte dame à mons. Loys d'Arquery, prévost de Lille, qui les porta où madicte Dame li commanda, l¹ la pièce. ij^c l¹

Pour vj pièces de cendal large en greine, pesanz vj^{xx} xvij onces et demie, pour couvrir peliçons et corsez pour madame la Royne et madame la Duchesse, madame de Bourbon et ses filles, et pour fourrer ij corsez pour madame la Royne et madame d'Alençon, xvj^s l'once. Valent cx¹

Pour iiij livres de soye de plusieurs couleurs, pour les euvres de la Chandeleur, de Pasques et de Penthecouste. xx¹

Pour iij pièces de cendaulz yndes, des larges, pesanz lxx onces, pour fourrer ij surcoz lons pour madame la Royne et madame la Duchesse, pour la feste de l'Ascencion, xiij^s l'once. xlvj¹ x^s

Pour une autre pièce et demie de cendal ardant, pesant xxxv onces, pour fourrer un corset ront pour madame la Royne, xiij^s l'once. xxij¹ xv^s

Pour iij pièces de cendal vermeil en greine, des larges, pesanz lxxvij onces, pour fourrer iiij autres corsez, pour madame la Royne, madame la Duchesse et madame de Borbon, xvij^s l'once. lxv¹ ix^s

Pour lj pièces de fins tiercenez d'Outremer, pour fourrer les robes de madame la Royne, madame la Duchesse de Normandie, et nos dames d'Alençon, de Savoye, de Borbon et de Tournerre, qui sont de sa compaignie, pour la feste de Penthecouste, xij¹ la pièce. vj^c xij¹

Pour vj pièces de cendal ardant, des larges, pesanz

vj^{xx} xij onces, pour fourrer robes de tireteine pour madicte Dame et madame la Duchesse de Normandie, xiiij^s l'once. iiij^{xx} v^l xvj^s

Pour ij pièces de cendal large azuré, pesanz xlij onces, pour fourrer ij corsez, l'un pour madicte Dame, et l'autre pour le Roy, à qui elle le donna, xiij^s l'once. xxvij^l vj^s

Pour une aune de fin veluyau violet, pour ij chaperons à laver, pour madicte dame. ix^l

Pour ij autres fins chaperons de camoquoys d'Outremer, pour madicte dame. vj^l

Pour une pièce de cendal tanné, des larges, pesant xxiij onces, pour faire hausses et atours pour madicte dame, xiij^s l'once. xiiij^l xix^s

Pour iiij onces de soye tannée pour les diz atours. xxxij^s vj^d

Pour xij pièces de cendaulz estroiz, de xvij aunes la pièce, en greine, pesanz ij^c iiij^{xx} ix onces, pour faire matheraz pour ma dicte dame, xvij^s l'once. ij^{c}xlv^l xiij^s

Pour viij livres de coton et iiij onces de soye, pour les diz matheraz. c xiiij^s vj^d

Pour ij demies pièces de cendal vert, pesanz xvij onces et demie, pour fourrer une robe pour maistre Jehan Male Cressance, qui est devers ma dicte dame, x^s l'once. viij^l x^s

Pour ij pièces de zetonnin azuré, pour faire ij corsez qui furent broudez par Perrin de Paroy, et en sont prises les perles ci-dessouz ès parties dudit Perrin, lesquiex corsez madame donna aus ij filles mons. de Navarre quant madame de Navarre[1] relva (sic) derrenièrement à Bréval, xxv^l la pièce. l^l

---

1. Jeanne, reine de Navarre, femme de Philippe-le-Bon, comte d'Évreux.

Pour ij pièces de cendaulz vermeilz en greine, pesanz xliiij onces, pour fourrer iij chemises à pointes faites à l'éguille de Navarre, pour les iij filz mons. de Navarre[1]. Et furent de cueuvrechefs blans, broudées et orfroisiées par dessus, lesquelles madame la Royne leur donna aus dictes relevailles, xvij^s l'once.

xxxvij^l viij^s

Pour viij aunes de toille cirée pour enveloper escallates que Madame envoya à Cardinaux de court de Rome. lxiiij^s

Somme des parties prises par ledit Guillaume Benoist............ xvj^c xxj^l xvij^s

Parties prises par madame la Royne.

Premièrement. xxv pièces de fins camoquoys d'Outremer, les quiex elle mist par devers li en garnison pour faire sa volenté, xxix^l la pièce. vij^c xxv^l

Somme par soy.

Parties prises par Jehan du Figuier, ouvrier madite Dame, pour faire un Paveillon que madame li a commandé à faire pour le Roy.

Premièrement. iiij pièces de zetonnin azuré, baillé audit Jehan du Figuier, pour faire le ciel dudit paveillon, xxiiij^l la pièce. iiij^{xx} xvj^l

Pour iiij aunes et demie de fin veluyau rayé, cremasin, pour couvrir les bastons dudit paveillon, vij^l l'aune. xxxj^l x^s

Et Madame bailla audit Jehan du Figuier les tafetas, pour faire les courtines dudit paveillon, que elle avoit par devers li en garnison.

Somme pour ledit Paveillon....... vj^{xx} vij^l x^s

---

1. Charles (le Mauvais), Philippe et Louis.

Item. Par Jehan du Figuier, pour plusieurs parties de mercerie que nous rendons audit Edoart, et les reprenons sus le compte dudit Jehan, en ce terme.
iij^c liiij^l x^s

Somme par soy.
Somme toute pour ledit Jehan. . . . . . iiij^c iiij^{xx} j^l

Parties prinses par Perrin de Paroy, broudeur et garde des garnisons de ma dicte Dame, pour faire un autre Paveillon en guise de Chambre, à tendre sus le lit de ma dicte dame.

Premièrement. iiij pièces de zetonnin, pour faire le ciel dudit paveillon et l'entretail de goutières, xxx^l la pièce. vj$^{xx\ l}$

Pour iij pièces de camoquoys d'Outremer, l'un jaune, à faire l'entretail des goutières avec le zétonnin dessus dit, et l'autre pièce, ardant, pour faire bordeure aux armes de ma dicte dame aus dictes goutières, et pour couvrir les bastons, et l'autre pièce pour faire une petite goutière estroite dehors le paveillon, xxx^l la pièce. iiij^{xx} x^l

Pour v pièces de tartarin ardant, large, pour faire les encourtinemens d'entour ledit paveillon, et pour housser le ciel par dessus, xxiiij[^{l}] la pièce. Valent
vj$^{xx\ l}$

Pour demie livre de soye vert pour faire ruban appartenant audit paveillon. lxv^s

Pour vj botes d'or de Luques, pour faire ledit ruban. c^s

Pour livre et demie de chief de soye, pour faire cordes à tendre ledit paveillon. vj^l

Somme pour ledit Paveillon . . . . . iij^c xliiij^l v^s

Autres parties prises par ledit Perrin pour la broudeure de ij corsez que Madame donna aus ij filles mons. de Navarre, lesquiex corsez furent de zetonnin, lequel est pris ci-dessus ès parties de Guillaume Benoist. Et de rechief pour la broudeure de iij chemises à pointes et iij dars, pour les iij fils dudit mons. de Navarre, les quiex ilz vestirent aus derraines relevailles de ma dame de Navarre.

Premièrement. Pour mil perles, grosses et rondes, de compte, pour faire iij ceintures aus iij chemises dessus dictes, iiij^s vj^d la pièce.   ij^c xxv^l

Pour iij^m xxxvj autres perles de compte, et sont rondes, pour mectre ès orfrois des dictes chemises, et pour faire greine sus les corsez des dictes filles, et pour semer sus les dars dessus diz, iij^s vj^d la pièce.
     v^c xxxj^l vj^s

Pour iij^c, moitié esmeraudes, moitié rubis, semez sur les gaufres des ceintures avec les perles, tant pour achat, comme pour les entaillier, viij s. la pièce.
     vj$^{xx l}$

Pour un marc et xiij estellins et obole de menues perles blanches, pour faire les tiges des euvres des ij corsez aus ij filles dessus dictes, au pris de xx^l l'once.
     viij^{xx} xiij^l x^s

Sommes pour ces garnemens . . . . . mil xlix^l xvj^s

Autres parties prises par ledit Perrin, les quelles il a bailliées et délivrées à madame la duchesse de Normandie.

Premièrement. Cent grosses perles rondes, baillées à madicte Dame pour faire sa volenté, viij^s la pièce.   xl^l

Pour vj onces de perles, baillées par ij foiz à madicte Dame par ledit Perrin, xx^l l'once. vj$^{xx\,l}$

Somme................................. viij$^{xx\,l}$

L'Argentier doit audit Edoart, pour deniers qu'il a paiez au dit Perrin que l'Argentier li devoit, et les reprent ledit argentier ou compte dudit Perrin du terme de la St Jehan CCC XLI. lxxiij^l ij^s iiij^d

Item, en une autre partie, et pour samblable cause, pour deniers que le dit Edoart a promis à paier pour le dit Argentier audit Perrin, et les reprent ledit Argentier ou compte du dit Perrin du terme de la St Jehan CCC XLII. iij^c xiiij^l xiiij^s vj^d

Somme................. iij^c iiij^{xx} vj^l xvj^s vj^d

Somme toute des parties prises par le dit Perrin
.... xix^c xl^l xvij^s vj^d

Parties prises par Robert Selles, tailleur mons. le duc de Normandie, pour les neccessités de la Taillerie.

Premièrement. ij pièces de cendal large, vers, pesanz xliij onces, pour couvrir peliçons et corsez de menuvair pour mondit seigneur, pour la feste de Pasques, x^s l'once. xxj^l x^s

Pour iiij livres de soye de plusieurs couleurs, pour les euvres de Pasques, et pour faire lasnières pour mondit seigneur. xx^l

Pour ij demies pièces de cendal vermeil et ij aunes du pareil, pesans sus le tout xix aunes (*sic; lis.* onces) et demie, pour estofer les robes mon dit seigneur, x^s l'once. ix^l x^s

Pour iiij pièces de cendal large, azuré, pesant iiij^{xx} x onces, pour fourrer les robes mondit seigneur, pour la feste de Penthecouste, xiij^s l'once. lviij^l x^s

Pour ix pièces de tiercenel d'Outremer, azuré, des larges, pour fourrer les robes à monseigneur d'Alençon[1], de Bourgoigne[2] et de Flandres[3], compaignons mondit seigneur, pour ladicte feste, xij^l la pièce.

c viij^l

Pour une pièce de cendal large, azuré, pesant xx onces, pour fourrer un surcot à chevaucher pour mondit seigneur, xiij^s l'once. xiij^l

Pour iiij aunes de toille vermeille, pour fourrer les corps de ij corsez broudez, pour mondit seigneur.

xvij^s iiij^d

Somme pour le dit Robert. . . . . . ij^c xxxj^l vij^s iiij^d

Parties prises par maistre Jehan de Rodemagne, tailleur madame la duchesse de Normandie.

Premièrement. Une pièce de cendal large, ardant, pesant xxj onces, pour fourrer un surcot pour ma dicte dame, xiij^s l'once. xiij^l xiij^s

Pour une pièce de fin camoquoys d'Outremer, pour faire un corset ront pour madicte dame. xxix^l

Pour vj autres pièces de fin camoquoys d'Outremer, pour faire une robe pour madicte dame, audit pris.

viij^{xx} xiiij^l

Pour xij autres pièces de fin camoquoys d'Outremer, pour faire ij autres paires de robes pour madicte dame, audit pris. iij^c xlviij^l

Pour ij autres pièces de fin camoquoys d'Outremer,

---

1. Charles de Valois, comte d'Alençon, tué à la bataille de Crécy, le 26 août 1346.
2. Eudes IV, duc de Bourgogne.
3. Louis Ier, comte de Flandre, tué à la bataille de Crécy.

les quiex elle donna à mons. Pierres, duc de Borbon, audit pris. lviij¹

Pour xiiij onces de cendal large, ardant, pour faire aucunes choses necessaires pour madicte dame xiij^s l'once. ix¹ ij^s

Somme par ledit maistre Jehan . . . vj^c xxxj¹ xv^s
Somme depuis l'autre grosse . vj^m ij^c xlv¹ xvj^s ij^d
Secunda grossa.

Parties prises par Marguerite de Léry, brouderesse.
Premièrement. Pour ij aunes et un quartier de fin veluyau vert et vermeil, pour couvrir iiij espées pour le Roy et monseigneur le Duc, les quelles couvertures furent broudées, ix¹ l'aune. xx¹ v^s

Pour iiij aunes et demie de cendal vermeil, sanz greine, pesanz vj onces, pour housser les dictes couvertures, x^s l'once. lxv^s

Pour iij onces de perles, baillées à ladicte Marguerite pour mectre en la broudeure d'un poleçon et d'un pantouer à clefz, et d'une seurceinte à Cordelier, et pour faire viij boutons, le tout pour madame la Duchesse de Normandie, xvij¹ l'once. lj¹

Somme pour la dicte Marguerite. . . . . lxxiiij¹ x^s

Parties prises par Lucas Saussete, tailleur.
Premièrement. iij demies pièces de cendal azuré, pesans xxiiij onces, pour fourrer une robe pour maistre Jehan le Sot, x^s l'once. xij¹

Somme par soy.

Parties prises par Jehan de Savoye, armeurier monseigneur le duc de Normandie.

3

Premièrement. viij pièces de cendaulz larges, en greine, pesanz viij^{xx} onces, pour faire banières pour mondit seigneur, xvj^s l'once. vj^{xx} viij^l

Item. Pour une pièce de toille vert, et xix aunes de toille cirée, pour couvrir le chariot des Armeures mon dit seigneur, pour tout. x^l iiij^s

Somme. . . . . vj^{xx} x viij^l iiij^s

Parties prises par Symon le Courtoys, coffrier du Roy.

Premièrement. xxj aunes de toille cirée, pour liner les coffres des chapelles du Roy, de la Royne et de monseigneur le Duc, pour le terme de Pasques, viij^s l'aune. viij^l viij^s

Somme par soy.

Parties prises par Jaquet le Champenoys, tailleur madame de Beaumont, seur du Roy, et pour ses enfanz.

Premièrement. Une pièce de cendal large, azuré, pesant xxj onces, pour fourrer un surcot ront pour madicte Dame, et pour estofer ses robes, pour la feste de Pasques, xiij^s l'once. xiij^l xiij^s

Pour une autre pièce de cendal azuré, des larges, pesant xxj onces, pour couvrir un peliçon de menuvair, pour madicte dame, audit pris. xiij^l xiij^s

Pour demie livre de soye de plusieurs couleurs pour coudre les robes madicte dame. lxv^s

Pour un fin chaperon de veluyel, pour madicte dame. iiij^l x^s

Pour iij onces de soye tannée, pour faire hausses, pour madicte dame. xxvj^s

Item, pour ij demies pièces de cendal ardant, pesant

xvij onces, pour estofer les robes aus enfanz ma dicte dame, x[s] l'once. viij[l] x[s]

Pour demie livre de soye de plusieurs couleurs pour les euvres des diz enfanz. lxv[s]

Somme . . . . xlviij[l] ij[s]

Parties prises par l'Argentier et par ses genz, pour la court.

Premièrement. vij aunes (*sic, lis.* onces) et demie d'or de touche, pour faire gaufres d'orfaverie sus plusieurs garnemens que madame la Royne donna aus enfanz mons. de Navarre, dont les garnemens sont pris ci-dessus. c[l]

Pour iij aunes de tartaire vert, pris à Pierres Gervaise, pour fourrer les chapeaux d'esté à nosseigneurs des Comptes. xlviij[s]

Pour ij demies pièces de cendal vert, pesanz xvij onces. viij[l] x[s]

Pour xij onces de soye de plusieurs couleurs. iiij[l]

Pour demie pièce de cendal vert, pesant viij onces. iiij[l]

Pour ij bastons d'or de Luques, xx[s]

Item. Pour deniers que le dit Edoart a paiez pour le dit Argentier à Bon Jehan, lombart, pour ravoir et délivrer les joyaux que le dit Bon Jehan avoit, qui estoient audit Argentier, par dessus une autre somme d'argent que le dit Edoart en paia autre fois, si comme il appert par le compte d'entre eux du terme . . . . pour xvij coronnes d'or. lj[l]

Item. Pour deniers que ledit Edoart a paiez pour le dit Argentier à Berthelin Vassal et à Quentin le Chenevacier, pour certaine quantité de toiles que l'Argentier acheta d'eux. ij[c] lxvj[l] iiij[s]

Item. L'Argentier li doit pour xxij pièces de toilles de Reims que l'Argentier ot de li pour la livrée madame la Royne de ceste présente année. Et coustèrent à l'aune de Reims, c'est assavoir vj pièces contenans à l'aune de Reims iiij^c xviij aunes, vj^s l'aune, à ladicte aune de Reims, valent vj^{xx} xij^l xviij^s. Item, vj autres pièces de Reims, contenans iij^c xlviij aunes de Reims, viij^s parisis, à ladicte aune, valent viij^{xx} xix^l iiij^s. Item, x pièces d'autre toile de Reins, contenans à l'aune de Reins, vij^c lx aunes et demie, pour chascune aune de Reins, x^s, valent iij^c iiij^{xx} x^l x^s. Valent pour tout, les dictes toilles.   vj^c iiij^{xx} xij^l xij^s parisis

Somme par le dit Argentier . . . . . xj^c xxix^l xiij^s
Somme depuis la secundè grosse . . . xiiij^c x^l xvij^s
Tercia et ultima grossa.

Somme de toutes les parties de cest présent compte ix^m vj^{xx} xiiij^l xvij^s ij^d parisis. De laquelle somme il chiet pour deniers que le dit Edoart a euz et receuz au Trésor par une escroe que l'Argentier li fist, seellée de son séel, xxiiij jours de mars, l'an mil CCC XLI derrenièrement passée, ij^m iiij^c xiij^l ix^s iiij^d parisis. Item, pour deniers pris non deuement sus l'Argentier au terme de janvier l'an mil CCC XXXVIII, pour deniers que ledit Edoart disoit que Jaquemin de Barlete li devoit pour estofes qu'il li avoit baillées, et ledit Jaquemin n'en avoit eu nulles, pour ce lvij^l xiij^s viij^d. Demeure que l'en doit au dit Edoart vj^m vj^c lxiij^l xiij^s ij^d parisis. Dont le dit Edoart a cédule de l'Argentier, seellée de son séel, faite le jour de la date de ce compte, qui se fist et clost entre les dessus diz Argentier et Edoart, premier jour d'aoust l'an mil CCC XLII.

INVENTAIRE ET VENTE

APRÈS DÉCÈS

DES BIENS DE LA REINE
CLÉMENCE DE HONGRIE

VEUVE DE LOUIS LE HUTIN

1328[1].

L'inventoire des biens moebles madame la royne Clémence, jadis fame du roy Loys jadis rois de France et de Navarre, que Diex absoille[2], laquelle trespassa au Temple à Paris, le joedi xiij jours en octobre, l'an mil ccc xxviii[3]; laquelle inventoire fut commencié en la présence mons. de Bourbon, mons. de Beaumont, mons. l'abbé de Sainct Denys, mons. l'évesque de Cornoaille, missire Pierres de Villepereur, chevalier, missire François de Montflascon, missire Nicole de Calloue, mestre Guillaume de Fourqueus, exécuteurs, aveques autres, du testament de ladite dame, et Jehan Billouart et Pierres des Essars, commis de par le roy[4] à veoir et foire faire faire les diz inventaires, par commission du roy, donc la teneur est après escripte, le mardi xviij jours oudit mois, l'an dessus dit. Et y

---

1. Mélanges de Clairambault, vol. XI, en tête. L'inventaire comprend 95 feuillets, in-4°, papier au filigrane d'une cloche.
2. Mort au château de Vincennes, le 5 juin 1316.
3. Le continuateur de Clément de Nangis dit : *Circa medium mensis octobris.*
4. Philippe de Valois.

furent nos seigneurs présens, le mardi, le merquedi, le joedi et le vendredi que l'inventoire des gros joyaux se fist, et puis s'en départirent aucuns, c'est assavoir : mons. de Bourbon, mons. de Beaumont, et mons. l'abbé de S. Denys. Et le dénombrement de l'inventoire fut fait, présent les autres.

PREMIÈREMENT LES CHOSES QUI ESTOIENT A PARIS OU TEMPLE.

Joyaux présiés par Symon de Lille[1], *Jehan Pascon, Félix d'Auccurre, Jehan de Toul, Pierres de Besançon et Jehan de Lille, tous orfeivres.*

1. Premièrement. Ung bon chappel d'or ouquel il a 10 gros balois[2] 50 petite emeraudes et 40 grosses pelles[3], présié 800 l par. Lessié au Dalphin par le testament et livré par sa lettre la veille S. Symon et Saint Jude[4] l'an CCC XXVIII à mons. Ymbert, chancellier dudit Dalphin, et à un sien chevalier.

2. Item un bon chapel sus deux vergetes[5] où il a 6 balois, 6 emeraudes, 48 grosses pelles, 6 petis rubis d'Alixandre[6] et 6 petites emeraudes, prisié 400 l pa-

---

1. Sur son sceau, de l'an 1348, que possèdent les Archives, il se nomme Simon de Clokettes, et ses armes sont en effet trois sonnettes. Il aura pu exercer avec talent à Lille, et de là son nom de Simon de Lille.

2. Dix gros rubis balais.

3. *Pelles* pour perles, par adoucissement, comme pallement pour parlement, etc.

4. Le 27 octobre.

5. *Un bon chapel sus deux vergetes.* Par *chapel* il faut entendre une couronne ou cercle pour la tête. On connaît l'expression de *chapel de fleurs.* Celui-ci était monté sur deux petites tiges de métal.

6. D'Alexandrie.

risis, vendu au Roy[1] et livré à lui par Johan Billouart et à Pierre des Essars, xxiij jours d'octobre, l'an mil CCC XXVIII.

3. Item un bon chapel d'or, ouquel il a 4 gros balois, 4 grosses emeraudes, 16 petis balois, 16 petites emeraudes, 80 pelles et 8 rubiz d'Alixandre ; prisié 600 l., vendu au Roy et livré à lui par Johan Billouart et Pierre des Essars le jour dessusdit.

4. Item, un chapel dépécié[2], où il a 6 grosses emeraudes, donc l'une est dépécié, et 10 troches, de 40 perles[3] en chascune troche, 3 rubis d'Alixandre : présié 160 l. par.; vendu au Roy et livré à lui par J. et P., le jour dessusdit.

Somma prima de ces 3 chapeaux vendus 1160 l. par.

5. Item, 1 doit[4] où il a 4 saphirs, donc il en y a 3 quarrez et un cabeu[5], présié 40 l. par.; vendu au Roy et livré à lui par Johan Billouart et Pierres des Essars, à Saint Germain en Laye, le jour dessusdit.

6. Item, 1 doit où il a 3 saphirs et une truquoise[6], présié 16 l. p.; vendu au Roy et livré à lui par J. et P. le jour dessusdit et ou lieu dessusdit.

7. Item, un autre doit où il a 7 gros balois, percié, présié 100 l.; vendu au Roy et livré à lui par Johan Billouart et P. des Essars, le jour dessusdit.

8. Item, un doit où il a 2 rubiz d'Oriant et 3 éme-

1. Philippe de Valois.
2. C'est-à-dire une couronne brisée.
3. Par *troches de perles* il faut entendre des boutons de perles.
4. On va voir qu'il faut entendre par cette expression *un doigt*, une ou plusieurs bagues.
5. *Et un cabeu* ou cabochon. Poli, sans être taillé.
6. Turquoise.

raudes en anneau; chascun des rubiz, 200¹ p., et les emeraudes ensemble 60¹, valent tout : 460¹; vendu au Roy et livré à lui par J. Billouart et P. des Essars le jour dessusdit.

9. Item, un autre doit où il a 5 rubiz d'Oriant, 3 emeraudes carrées et 3 diamans d'esmeraude entour un des rubiz en anneau, présié ce doit ensemble 200¹ par.; vendu au roi, livré à lui par les dessusdis le jour dessusdit.

10. Item, un autre doit ouquel a un gros daimant en anneau, et 3 petis daymans en un annel et 2 petis rubiz et un annel et un daymant ou millieu et 2 petites emeraudes; présié tout ensemble 60¹ vendu au Roy et livré à li par les dessusdis le jour dessusdit[1].

11. Item une belle emeraude en un annel, présié 20¹.

12. Item un annel où il a un cressant d'un rubi[2] et un d'une emeraude, présié 10¹ par. valent pour tout 30¹; vendu au Roy et livré à lui par les dessusd. au jour dessusdit.

13. Item, un escrin d'argent[3], esmallié; présié 20¹; vendu au Roy et livré à lui par les dessusd. au jour dessusd.

14. Item, uns tableaus d'or[4], semés de pierrerie; présié 100¹ par., vendus au Roy et livrés à lui par les dessusdis au jour dessusdit.

15. Item, une petite croix d'or où il a reliques et une émeraude ou millieu, 4 balois, 4 petites émeraudes,

1. Ce *doigt* se composait d'une bague d'un gros diamant, d'une autre de trois petits diamants, etc.
2. *Un cressant d'un rubi*, un rubis taillé en croissant?
3. Un très-petit coffre.
4. *Uns tableaus d'or*, un bas-relief d'or.

12 grosses perles et 6 petites : 260¹ par.; vendus au Roy et livrés comme dessus.

16. Item, 17 saphirs en un neu¹, donc il en y a un enchassonné, 70¹ par., vendu au Roy et livré comme dessus.

17. Item, une bourcete broudée d'or, semée de perles et de doublez²; et dedens la bourse a un saphir d'Oriant percié; présié tout 16¹ par., vendu au Roy et livré comme dessus.

18. Item, un doit ouquel est le gros balloy Madame³, présié 1000¹ par., vendu à la compagnie des Bardes, ledit pris.

19. Item, un petit annel d'un rubiet⁴, 8¹ par., vendu à la royne Johanne d'Evreus⁵.

Seconda somma alia . . . . 2380¹ par.

*Fermaux et autres choses*⁶.

20. Premièrement⁷. Un fermal à une grosse émeraude, 4 ballois, 4 petites émeraudes et 16 perles, 60¹ par., donné à mons. de Beaumont à qui Madame le lessa par son testament, et livré à lui, à Saint Ger-

---

1. En un nœud, c'est-à-dire dans un petit morceau d'étoffe nouée.
2. Par *doubles*, en terme d'orfévrerie, il faut entendre des imitations de pierres en verre.
3. *Le gros balloy Madame*, c'est-à-dire le gros rubis balais de la reine Clémence de Hongrie.
4. D'*un rubiet*, d'un rubis d'un feu moins vif?
5. Troisième femme de Charles le Bel.
6. Le *fermail* est une agrafe. Ce que nous appellerions aujourd'hui une *broche*.
7. Ces art. et les deux suivants sont en accolade, et on lit en marge : « Ces 3 fermaus ne sont pas comptés. »

main en Laye, xxiij jours en octobre, l'an XXVIII, par J. Billouart et P. des Essars.

21. Item, un autre fermal quarré, où il a un balay, 4 émeraudes et 16 perlez, présié 150¹, ballié à Johan Billouart pour ballier à mons. d'Alençon à qui Madame l'avoit lessié en son testament.

22. Item, un autre fermail où il a un saphir ou millieu, des armes de France, à 4 balais et 16 perles, prisié 50¹ par. Mons. de Bourbon l'a, pour ce que Madame li avoit lessié en son testament.

23. Item, un fermail ront à pent-à-col où il a une esmeraude parmi et 6, que balois que rubis, et 3 grosses perles, 50¹ par.; vendus au Roy et livrés à lui comme dessus.

24. Item, un autre fermail où il a un baloy, 2 saphirs et 8 perles d'Escosce, prisié 50¹ par.; vendu au Roy et livré comme dessus.

25. Item, un autre fermail à 6 balois, 6 perles et une émeraude, prisié 45¹ par.; vendu au Roy et livré comme dessus.

26. Item, un autre, en guise d'une M, où il a un ruby parmi et autre menue perrerie, prisié 30¹ par.; vendu au Roy et livré comme dessus.

27. Item, un fermail à une grosse émeraude, 4 rubis et 4 emeraudes, 12 perlez et 4 petis saphirs, présié 35¹ par.; vendu au Roy et livré comme dessus.

28. Item, un autre fermail où il a un saphir parmi, 4 balais et 12 perles, présié 24¹ par.; vendu au Roy et livré comme dessus.

29. Item, un autre fermail à 9 perles et 3 saphirs, présié 20¹ parisis; vendu au Roy et livré comme dessus.

30. Item, un autre fermail à deux papegaus[1], 6 perles et 1 baloy, présié 18¹ par.; vendu au Roy et livré comme dessus.

31. Item, un autre fermail, à deux pies, à un ballay et 7 perles et 2 emeraudes, présié 24¹ par.; vendu au Roy et livré comme dessus.

32. Item, un autre fermaillet à un camahyeu, et un poū de perrerie entour[2], présié 6¹ par.; vendu au Roy et livré comme dessus.

33. Item, un fermaillet en guise d'un B, et y a un Saint Johan, présié 8¹ par.; vendu au Roy et livré comme dessus.

34. Item, un A esmallié de France et de Hongrie[3], présié 60ˢ par.; vendu au Roy et livré comme dessus.

35. Item, un coc semé de perrerie à une perle de Compiègne[4], présié 7¹ par.; vendu au Roy et livré comme dessus.

36. Item, un autre petit fermaillet semé de perrière[5], présié 6¹; vendu au Roy et livré comme dessus.

37. Item, un Pent à col d'un saphir[6], dedens une

---

1. A deux perroquets.
2. C'est un petit fermail formé d'un camée entouré de menues pierreries.
3. *Hongrie* : fascé d'argent et de gueules de huit pièces.
4. *A une perle de Compiègne.* Dans les comptes de ce temps on ne voit généralement de distinctions d'établies entre les perles qu'entre celles d'Écosse et celles d'Orient. Il faut entendre ici une perle achetée aux foires de Compiègne, qui étaient alors célèbres, et où on allait souvent s'approvisionner pour l'Argenterie.
5. Semé de pierreries.
6. *Un pent-à-col d'un saphir.* Cela s'entend facilement. C'est comme nos croix à la Jeannette. C'était sans doute à un semblable usage que servaient ces rubis et ces diamants percés, dont il est si souvent fait mention dans les comptes. Ou bien encore pour fixer sur le front en manière de diadème.

boursete, présié 100¹ par.; vendu au Roy et livré comme dessus.

38. Item, une loupe de saphir grosse, encerclée en or, présié 60ˢ par.; vendu au Roy et livré comme dessus.

39. Item, un bien gros saphir à Pent à col, présié 100¹ par.; vendu au Roy et livré comme dessus.

40. Item, un gros saphir emprès à Pent à col¹, présié 10¹; vendu au Roy et livré comme dessus.

41. Item, une louppe de saphir² assis en argent, à Pent à col, présié 60ˢ par.; vendu au Roy et livré comme dessus.

42. Item, un autre saphir à Pent à col, présié 100¹ par.; vendu au Roy et livré comme dessus.

43. Item, un autre saphir cler, à Pent à col, présié 16¹ par.; vendu au Roy et livré comme dessus.

44. Item, un autre saphir à Pent à col, plat, présié 4¹ par.; vendu au Roy et livré comme dessus.

45. Item, une liace de perles où il a 24 fil et en chascun fil 20 perles, 2ˢ p. pour pièce, vault le fil 40ˢ par. : valent 42¹ par.; vendu au Roy et livré comme dessus.

46. Item, d'une autre liace où il a 7 filz et en chascun fil 20 perles, présié 3ˢ 6ᵈ la pièce, valent sur le tout 24¹ 10ˢ par.; vendus au Roy et livrés comme dessus.

47. Item, une autre liace où il a 9 fils, en chascun fil 20 perles, 18ᵈ pour pièce, valent sur le tout : 13¹ 10ˢ par.; vendus au roy et livrés comme dessus.

---

1. *Emprès à Pent-à-col*, c.-à-d. préparé pour faire un pent-à-col.

2. *Une louppe de saphir*. Loupe, en terme d'orfévrerie, se dit de toute pierre précieuse ou de perles, dont la forme arrondie est insolite et pour ainsi dire restée inachevée par la nature.

48. Item, une autre liace de perles où il a 8 fils et en chascun fil 20 perles, 3^s la pièce, valent 24^l par.; vendus au Roy et livrés comme dessus.

49. Item, unes paternostres où il a 48 grosses perles, 6 saphirs et 12 saigniaus d'or, et un nouel de perles, présié 100^l; vendu au Roy et livré comme dessus[1].

50. Item, unes paternostres où il a 92 perles, 5 baloys et 5 saphirs, présié 150^l par.; vendu au Roy et livré comme dessus.

51. Item, unes paternostres où il a 101 perles et 12 saigniaus d'or, présié 40^l par.; vendu au Roy et livré comme dessus.

52. Item, unes paternostres où il a 5 grosses perles d'Escosce[2] et saigniaux d'argent, présié 15^l par.; vendu au Roy et livré comme dessus.

53. Item, une pierre de Cassidoine aveques ce qui est pendant, 40^s par.; vendu au Roy et livré comme dessus.

54. Item, menues perles en un drapel[3], pesans 3 onces, 15 esterlins, 6^l l'once, valent 22^l 10^s par.; vendu au Roy et livré comme dessus.

55. Item, 47 perles en un neu, présié 24^l; vendu au Roy, livré comme dessus.

56. Item, 2 onces de perles en un neu de drapel, présié 30^l; vendu au Roy et livré comme dessus.

---

1. Ce chapelet était fait de perles, de saphirs, de grains d'or, et terminé par un petit gland de perles.

2. Faujas-Saint-Fond, dans son *Voyage en Angleterre, en Écosse et aux îles Hébrides* (Paris, 1797, in-8°), vol. 2. pag. 186, donne des détails intéressants sur les perles du lac de Tay, au comté de Perth en Écosse.

3. *Menues perles en un drapel* conservées dans un petit morceau d'étoffe. Les menues perles, ou perles de semence, se vendaient à l'once; les grosses, à la pièce.

57. Item, un petit escrin d'argent doré esmallié des armes de France et de Angleterre et de Hongrie[1] présié 8¹, vendu au Roy et livré comme dessus.

58. Item, plusieurs doublez et signiaus à paternostres 66¹ 10ˢ par.; vendus au Roy et livrés comme dessus.

59. Item, un escrin de cuir garni d'argent, 16¹ par.; vendu au Roy et livré comme dessus.

60. Item, un fermaillet donc le fons est esmallié de France, à 4 camahieuz, 4 perles et une émeraude, présié 20¹; vendu à la royne Johanne d'Evreux.

61. Item, un autre fermaillet de petite pierrerie, à un couronnement esmallié, présié 6¹ par.; vendu à la royne Johanne d'Evreux.

62. Item, unes paternostres où il y a 10 saphirs, et sont les paternostres d'or, prisié 48¹ par.; vendu à madame la royne Johanne d'Evreux.

63. Item, unes paternostres de geest à saigniaux d'or, où il a sainctuer[2] présié 12¹; vendu à madame la royne Johanne d'Evreux.

64. Item, un petit tableau d'or en guise de croissant, présié 10¹ par.; vendu à mons. de Beaumont.

65. Item, un grenat assis en une autre pierre, 40ˢ assis en cuvel[3]; vendu à Pierre Neelle.

66. Item, un escrin d'ivoire garni d'argent, une boueste d'ivoire dedens et deux vaissellès d'argent[4] dedens, vendu 40ˢ p.; à Pierre de Neelle.

---

1. *Hongrie* : fascé d'argent et de gueules de 8 pièces.

2. *Où il a sainctuer* : c'est-à-dire un petit ouvrage d'orfévrerie, renfermant des reliques.

3. *En cuvel* : petite cuve, cuvette.

4. *Deux vaissellès* : deux petits vases d'argent.

67. Item, 1100 de doubles d'argent[1] en un drapel, présiés 50ˢ par.; vendus à P. Neelle.

68. Item, une gravouere[2] de cristal garnie d'or, 40ˢ par.; vendue à Pierre de Neelle.

69. Item, un escrinet d'yvoère garni d'argent, à 1 pou de fretin dedens[3] 40ˢ p.; vendu à Pierre de Neelle.

70. Item, une petite boueste de cuir garnie d'argent 5ˢ; à Pierres de Neelle.

71. Item, une béricle[4] garnie de cuivre o tout un estui de cuir, 20ˢ par.; vendu à Pierre Neelle.

72. Item ung pou de frétin de perrière en un escrinet 8ˢ par.; vendu à P. Neelle.

Tercia somma ab alia........ 1200¹ 15ˢ par.

73. Item, une courte touaille de l'euvre d'Outremer 40ˢ par.

74. Item, une vielle bourse de soie et d'argent tret[5] 40ˢ par.

75. Item, une bourse de saye[6] sanz or, où il a sanctuaire et une petite touaille de l'euvre d'Outremer 60ˢ par.

76. Item, 12 grosses perles d'Escosce qui sont

---

1. Pièces de monnaie.
2. *La gravouère*, ou encore *gravière* et *gravoire*, était un petit instrument de toilette destiné à séparer les cheveux sur la tête.
3. C'est-à-dire renfermant un peu de débris de bijoux.
4. *Béricle*. Je crois que c'est le cristal de roche. Ce qu'il y a de certain c'est que l'on s'en servait pour lire. Témoin ce passage d'un compte de l'an 1454. « Une garniture (d'argent) en façon d'un sercle ront à garnir une pièce de béricle à lire sus un livre. » (KK. 55, fol. 72.)
5. *D'argent tret*, de fil d'argent.
6. *Saye*, pour soye, soie.

venues des deux manteaus Madame[1], présiés 24[l], balliés en garde à Pierre des Essars, vendues 30[l] par.

77. Item, uns tableaus de fust[2] paint pour chapelle présié 6[l] par.; vendus au Roy et livrés par Johan Billouart et Pierres des Essars.

78. Item, 4 florins d'or desguisés en une boueste d'argent esmalliée, présié tout 100[s] par.; vendu à Pierre des Essars.

79. Item, une bourse de soie de l'euvre d'Angleterre où il a sainctuers, 40[s]; vendue à Pierres des Essars.

80. Item, 20 florins de Florence présiés 21[l].

81. Item, 3 royauls présiés 4[l] 2[s] 6[d].

82. Item, 1 florin ou mouton 25[s].

83. Item, 1 mace 33[s].

Valent tout : 28[l] 6[d] par. balliés à missire Nicole.

84. Item, en un sac, en maallez blanches et en doubles, 18[l] 3[s], balliés à missire Nicole.

85. Item, un escrinet paint de France et de Hongrie, garni de cuivre, 40[s] par.; vendu à Pierre Neelle.

Quarta somma ab alia . . . . 97[l] 3[s] 6[d]

JOYAUX ET VESSELLE D'ARGENT.

86. Premièrement. Un ymage de saint Loys[3] à un entablement et à une mitre de perrerie, qui tient son doit en une main et une petite couronne en l'autre, pesant 20 mars et 2 onces. Non proisiée pour ce que Madame l'a lessié au Roy, livré à luy par Johan

---

1. Clémence de Hongrie.
2. *Uns tableaus de fust,* c'est-à-dire un tableau peint sur bois.
3. *Un ymage de saint Loys,* une statuette de saint Louis.

Billouart et Pierre des Essars le xxiije jour d'octobre l'an mil ccc xxviii.

87. Item, un ymage de saint Jehan à un entablement esmallié de Hongrie, pesant 24 mars, 3 onces, 18 esterlins et obole, 8¹ par. le marc, valent 195¹ 17ˢ 6ᵈ. Il est lessié à madame d'Arley par le testament.

88. Item, un tabernacle à une Annonciacion à un entaillement de cuivre, pesant 15 mars, 7 onces, sanz l'entaillement, 8¹ le marc, valent 127¹ par.; lessié à messire l'évesque par le testament Madame.

89. Item, uns tableaus que madame de Sezile envoia à Madame, prisié 180¹ par. laisié à madame la mère du Dalphin et livré aus gens du Dalphin par sa lettre donnée la veille de la S. Symon et S. Jude, l'an xxviii, livré à mons. Ymbert, son chancelier, et à un de ses chevaliers.

Nota. Ces quatre parties ne sont pas gectés[1].

90. Item, une crois d'argent sourorée[2], à deux ymages en costé, de Notre Dame et de Saint Johan, pesant 6 mars, 4 onces et 10 esterlins, 100ˢ le marc, valent 32¹ 3ˢ 9ᵈ par.; vendus à mons. de Beaumont.

91. Item, deux plateaux d'argent, pes. 6 mars, 2 onces, 4¹ 10ˢ le marc, valent 28¹ 2ˢ 6ᵈ par.; vendus à mons. de Beaumont.

92. Item, une sonnete d'argent de 45ˢ par.; vendue à mons. de Beaumont.

93. Item, deux chandeliers d'argent, pes. 10 mars, 4¹ 12ˢ le marc, valent 46¹ par.; vendus à mons. de Beaumont.

---

1. *Ne sont pas gectés*, c'est-à-dire ne sont pas comptées.
2. *D'argent sourorée*, d'argent vermeil.

94. Item, un orcel[1] d'argent à eaue benoiste et le getouer, pes. 3 mars, 2 onces, 4¹ 10ˢ le marc, valent 14¹ 12ˢ 6ᵈ; vendu à mons. de Beaumont.

95. Item, un vairre d'argent doré à coste, pes. 1 marc, 5 onces et demie.

96. Item, 25 hanas d'argent pour Eschançonnerie, pesant 24 mars et demi, 4¹ 9ˢ le marc, valent 109¹ 6ᵈ par.; vendus à mons. de Beaumont.

97. Item, un grant reliquaire à plusieurs reliques, où il a une grant pièce de la vraie Crois, et est ou pris de 800¹; vendu au Roy et livré par sire Johan Billouart et Pierre des Essars.

98. Item, un bel parement à touaille, à perles, prisié 400¹; vendu au Roy et livré comme dessus.

99. Item, deux grans chandeliers à 3 lyons esmalliés enmantelez, pes. 6 mars, 7 onces, 5 estellins, 8¹ le marc, valent 55¹ 5ˢ par.; vendus au Roy et livrés à lui le xxxᵉ jour d'octobre par J. Billouart et P. des Essars.

100. Item, un pastour[2], en entablement, esmallié, et 1 gobelet de cristal sus, pes. 9 mars, une once, 7¹ 9ˢ le marc, valent 68¹ 8ˢ 9ᵈ par.; vendu au Roy et livré xxxᵉ jour d'octobre par J. Billouart et P. des Essars.

101. Item, un broetier d'argent où il a escrin en la broete, pesant 5 mars, 6¹ 10ˢ le marc, valent 32¹ 10ˢ p.; vendu au Roy et livré xxxᵉ jour d'octobre par Johan Billouart et P. des Essars.

102. Item, 12 hanaps d'argent dorez, plains, à esmaus ou fonz de France et de Hongrie, dont les 10 vindrent de chiés les Bardes et le 2 de l'Eschançonne-

---

1. *Un orcel*, un bénitier. *Le getouer*, c'est l'aspersoir.
2. *Un pastour*, un pâtre.

rie, pesans 12 mars, une once, 5 esterlins, 100ˢ le marc, valent 60¹ 15ˢ 10ᵈ par.; vendus au Roy et livrés le xxxᵉ jour d'octobre par les dessusdiz.

103. Item, une galie d'argent[1] dorée à esmaus, pesant 22 mars, 5 onces, 4¹ 15ˢ le marc, valent 107¹ 9ˢ 4ᵈ ob.; vendu au Roy et livré comme dessus.

104. Item, une autre grant gallie dorée, esmalliée dehors sur 4 babouins, à 4 brochetes; pesant tout ensemble 37 mars, prisiée 110ˢ le marc, valent 203¹ 10ˢ par.; vendue au Roy et livrée comme dessus.

Quinta somma ab alia . . 1971¹ 3ˢ 2ᵈ ob. parisis.

Autres joyaux et vaissele présié par les dessusdiz orfèvres et vendue en la manière que il apparra en la fin de ces joyaux et de ceste vessele.

105. Premièrement. Un calice o tout la plateine[2] et la cuiller d'argent dorée à un pommeau esmallié de France et de Navarre, pes. 3 mars, 5 onces et 15 estellins, 110ˢ le marc, valent 20¹ 9ˢ ob. par.; vendu à Pierre Neelle et Guill. le Flament.

106. Item, une crois esmalliée toute sengle[3], pes. 6 mars, 1 once, 15 esterlins, 100ˢ le marc, valent 31¹ 22ᵈ ob. p.; vendue au diz P. et Guillaume.

107. Item, une crois esmalliée à deux ymages en costé de Nostre-Dame et de Saint-Jehan, pes. 7 mars, 7 onces et demie, 100ˢ le marc, valent 39¹ 13ˢ 9ᵈ; vendue au diz P. et G.

108. Item, un calice d'argent doré tout plain et la

---

1. *Une galie d'argent*, une nef ou salière d'argent.
2. *O tout la plateine*, c'est-à-dire avec sa patène.
3. *Toute sengle*, simple, sans travail.

plateine, pes. un marc, 6 onces, 100ˢ le marc, valent 8¹ 15ˢ par.; vendu au diz P. et Guillaume.

109. Item, deux buretes d'argent dorées, pes. 2 mars 3 onces. 100ˢ le marc, valent 11¹ 17ˢ 6ᵈ; vendues aus dessus diz.

110. Item, deux autres buretes d'argent blanc, pes. 1 mars, 5 onces, 15 estellins, 4¹ 8ˢ le marc, valent 7¹ 11ˢ 3ᵈ p.; vendues au diz P. et G.

111. Item, quatre chandeliers, pesans 10 mars, une once, 4¹ 12ˢ le marc, valent 46¹ 11ˢ 6ᵈ; vendus au diz P. et G.

112. Item, un encensier d'argent, pesant 2 mars, 4¹ 15ˢ le marc, valent 9¹ 10ˢ; vend. ou diz P. et G.

113. Item, un portepais d'argent, pesant 2 mars, 4¹ 16ˢ le marc, 9¹ 12ˢ; vend. au diz P. et G.

114. Item, un entablement, ouquel a Nostre Dame et deux angeles, à tableaux esmalliés d'armes, pes. 7 mars, une once, prisié, 8¹ le marc, valent 57¹ par.; vend. au diz P. et G.

115. Item, un ymage de Nostre Dame à une couronne de perles, pes. 5 mars, 5 onces, 6¹ le marc, valent 33¹ 15ˢ; vend. au dit P. et G.

116. Item, une crois à un crucefix, assis sur un entablement à quatre escus de France et de Hongrie[1], pesans 13 mars, 3 onces, 17 estellins et ob., 100ˢ le marc, valent 67¹ 8ˢ 7ᵈ ob. par.; vend. aus diz P. et G.

117. Item, un godet à un esmail ou fons, de France et de Hongrie, pes. 1 marc, 10 esterlins, 100ˢ le marc, valent 106ˢ 5ᵈ; vendu au dit P. et G.

---

1. *France* : d'azur semé de fleurs de lys d'or. *Hongrie* : fascé d'argent et de gueules de 8 pièces.

118. Item, un cerf enmantelé esmallié de France et de Hongrie, et un mirouer, pes. 11 mars, une once, 4^l 12^s le marc, valent 50^l 12^s p.; vend. aus diz P. et G.

119. Item, un hanap d'une coquille de perle à couvercle surs un pié esmallié, pesant 5 mars, 2 onces, présié 8^l par. le marc, valent 42^l par.; vend. aus diz P. et G.

120. Item, une damoisele d'argent en quatre pièces, pesant 7 mars, 10 esterlins, présié 4^l 8^s le marc, valent 31^l 18^d par.; vend. au diz P. et G.

121. Item, une salière d'argent dorée, pesant 9 onces, présié sur le tout 8^l par.; vendue au diz P. et G.

122. Item, deux esparjouers dorés à gicter eaue rose, pesant 2 mars, 10 esterlins, présié 100^s le marc, valent 10^l 6^s 3^d par.; vendus aus diz P. et G.

123. Item, une petite salière d'une perle, garnie d'argent, présiée 65^s; vendue aus diz P. et G.

124. Item, une coupe de cristal à un pié d'argent, pesant 3 mars, 8^l le marc, valent 24^l; vend. au dit P. et G.

125. Item, une salière esmalliée à trépié à trois serpenteles, pes. 4 mars, 10 esterlins, 8^l le marc, valent 32^l 10^s par.; vend. aus diz P. et G.

126. Item, un dragier de cristal à un pié esmallié, pes. 7 mars et demi et 5 esterlins, 10^l le marc, valent 75^l 6^s 3^d par.; vend. au diz P. et G.

127. Item, une noiz d'Inde sur un pié d'argent, pesant marc et demy, 10 esterlins, prisié pour tout 6^l par.; vend. aus diz P. et G.

128. Item, deux salières de deux cers[1], pes. 3 mars

---

1. *Deux salières de deux cers*, c'est-à-dire que chacune d'elles avait la forme d'un cerf.

7 onces, prisié 7^l le marc, valent 27^l 2^s 6^d; vend. au diz P. et G.

129. Item, 2 douzainnes de cuilliers d'argent blanc, pes. 2 mars, 7 onces, 15 esterlins, 4^l 10^s pour le marc, valent 13^l 6^s 2^d ob. par.; vend. ou dis P. et G.

130. Item, un coq d'une perle et une géline de perle de coquille, pes. ensemble 10 mars, une once, presié 7^l le marc, valent 70^l 17^s 6^d par.; vend. au dit P. et G.

131. Item, un estui d'argent à poudre [1], esmallié, et un tuiau d'argent à boire lait pour les yelz, tout prisié 50^s par.; vend. au diz P. et G.

132. Item, un hanap d'argent doré en guise de voirre à couvercle, pes. 2 mars, 5 onces, 7 esterlins et ob., 7^l le marc, valent 18^l 13^s 7^d ob. p.; vend. au dit P. et G.

133. Item, deux bouteilles d'argent esmalliées, pes. 17 mars, prisié 110^s le marc, valent 93^l 10^s; vend. au diz P. et G.

134. Item, deux barils d'argent vairré [2], pes. 10 mars et demi, 100^s le marc, valent 52^l 10^s par.; vendus au diz P. et G.

135. Item, deux petis barillès d'argent à mettre eaue rose, pes. 1 marc, 2 onces, 12 estellins ob., 110^s le marc, valent 7^l 6^s 1^d par.; vendus aus dis P. et G.

136. Item, 24 saussieres d'argent nuèves, pesans 15 mars, 4^l 10^s le marc, valent 67^l 10^s; vend. aus diz P. et G.

137. Item, 12 plaz à fruit d'argent nués, pesans 12 mars, une once, 4^l 10^s le marc, valent 54^l 11^s 3^d; vend. aus diz P. et G.

---

1. Sans doute une poudre pharmaceutique.
2. *D'argent vairré.* Voir à la Table des mots techniques.

138. Item, deux bacins d'argent dorés à esmaus de plice[1] au fons, pes. 14 mars, 15 esterlins, 110^l le marc, valent 77^l 10^s 4^d; vend. aus diz P. et G.

139. Item, deux bacins dorés à esmaux au fons, pes. 11 mars, 4 onces, 110^s le marc, valent 63^l 5^s par.; vend. aus diz P. et G,

139 *bis*. Item, deux bacins dorés, sanz esmaus, pes. 16 mars, 4 onces, 110^s le marc, valent 30^l 15^s par.; vendus aus diz P. et G.

140. Item, deux bacins d'argent vairrié, pes. 8 mars 6 onces, 15 esterllins, 4^l 16^s le marc, valent 42^l 9^s par.; vendus aus diz P. et G.

141. Item, 10 quartes d'argent dorées, pesans toutes ensemble 58 mars, 3 onces, prisié 110^s le marc, valent 321^l 15^d par.; vend. aus diz P. et G.

142. Item, un hanap d'argent à couvercle esmallié et de cristal, pes. 3 mars, 7 onces et 10 esterllins, 6^l 10^s le marc, valent 25^l 11^s 10^d ob. p.; vend. aus diz P. et G.

143. Item, une nef d'argent dorée esmalliée, pes. 21 mars, 3 onces, 6^l le marc, valent 128^l 5^s par,; vend. aus diz P. et G.

144. Item, deux flascons d'argent vairrié, pes. 25 mars, 4^l 10^s le marc, valent 112^l 10^s par.; vend. aus diz P. et G.

145. Item, un petit pot à eaue, d'argent doré cizelé, pesant 1 marc, 4 onces, 15 esterllins, 110^s le marc, valent 8^l 15^s 4^d; vendu aus diz P. et G.

145 *bis*. Item, un hanap de cristal à couvercle, à pié d'argent esmaillié, pes. 2 mars, 7 onces, 15 esterlins, 7^l le marc, valent 20^l 15^s 7^d ob.; vendu aus diz P. et G.

---

1. *Emaus de plice.* Voir à la Table des mots techniques.

146. Item, un gobelet de cristal à un petit pié esmaillié, pes. 2 mars, 3 onces, 7¹ 10ˢ le marc, valent 17¹ 16ˢ 3ᵈ par.; vend. aus diz P. et G.

147. Item, un gobelet à pié à couvercle, trois petis pos d'argent à biberon, un petit bacin à laver et un hanap à couvercle, tout lié en un drapel, pesant tout 1 marc 5 onces, 4¹ 10ˢ le marc, valent 7¹ 6ˢ 3ᵈ par.; vend. aus diz P. et G.

148. Item, un godet de cristal, présié 60ˢ p.; vend. aus dis P. et G,

149. Item, un hanap de madre[1] à pié d'argent, pesant un marc, 2 onces, pesant sur le tout 6¹ 10ˢ p.; vend. aus diz P. et G.

150. Item, une coupe de madre à pié d'argent, présié 6¹ 10ᵈ; vend. aus diz P. et G.

151. Item, deux petites coupes de madre sanz pié, prisié 4¹; vend. aus diz P. et G.

152. Item, un hanap de madre jaune, 10ˢ p.; vend. au diz P. et G.

153. Item, trois salières de cristal, 40ˢ pour pièce, valent 6¹ par.; vend. au diz P. et G.

154. Item, un mirouer d'argent esmallié, pesant marc et demi, présié 7¹ 10ˢ p. sur le tout; vend. aus diz P. et G.

155. Item, une escriptoire et un cornet d'argent[2] esmallié, pes. 5 onces, 15 esterlins, présié tout 100ˢ p.; vend. au dit P. et G.

156. Item, un pigne et mirouer d'yvoire, présié 6¹ par.; vend. aus diz P. et G.

---

1. Pour le mot *madre*, voir à la Table des mots techniques.
2. *Et un cornet d'argent*, pour l'encre.

157. Item, une fiole d'argent dorée à metre eaue rose, prisiée 56^s; vend. aus diz P. et V.

158. Item, deux barils de jaspre garnis d'argent, présié 10^1 p.; vend. aus diz P. et G.

159. Item, six plas d'argent dorez plains, pes. ensemble 30 mars, 6 onces, 15 esterlins, 110^s le marc, valent 169^1 12^s 9^d ob. par.; vend. au diz P. et G.

160. Item, six quartes d'argent plaines, pes. toutes ensemble 31 mars, 5 onces, 4^1 9^s le marc, valent 140^1 14^s 7^d ob. p.; vendus aus diz P. et G.

161. Item, une douzaine de cuilliers d'argent, pes. 1 marc, 4 onces, 4^1 10^s le marc, valent 6^1 15^s par.; vendus au diz P. et G.

162. Item, deux chopines à eaue, dorées, pes. 4 mars 3 onces, 100^s le marc, valent 21^1 17^s 6^d; vend. aus diz P. et G.

163. Item, deux bacins à laver, d'argent, pes. 12 mars, 4^1 8^s le marc, valent 54^1 par.; vend. aus diz P. et G.

164. Item, un gobelet d'argent à pié et à couvercle, pesant un marc, 7 onces, 4^1 15^s le marc, valent 8^1 18^s 1^d et ob. par.; vend. aus diz P. et G.

165. Item, 21 hanaps d'argent plains, pes. tout ensemble 20 mars, 3 onces, 4^1 9^s le marc, valent 90^1 13^s 4^d ob. par.; vendus aus diz P. et G.

166. Item, un pot à aumosne d'argent blanc, pesant 8 mars, 4 onces, 4^1 8^s le marc, valent 37^1 8^s par.; vendus au diz P. et G.

166 *bis*. Item, six quartes d'argent blanc, pes. ensemble 24 mars, 3 onces, 4^1 8^s le marc, valent 151^1 5^s par.; vendus aus diz P. et G.

167. Item, deux pos à eaue, blans, pes. 5 mars 7 on-

ches, 4ˡ 8ˢ le marc, valent 25ˡ 17ˢ par.; vend. au diz P. et G.

168. Item, onze platz à fruit et un grand à couvercle, pesant ensemble 15 mars, 5 onces, 4ˡ 9ˢ le marc, valent 69ˡ 10ˢ 7ᵈ ob. par.; vend. au diz P. et G.

169. Item, quatre chandeliers d'argent à mettre à table, pesans ensemble 11 mars, 4ˡ 9ˢ le marc, valent 48ˡ 19ˢ par.; vendus au diz P. et G.

170. Item, une nef d'argent et une langue de serpent aveques, pesans ensemble 15 mars, 4 onces, 10 esterlins, 4ˡ le marc, valent 70ˡ 9ᵈ par.; vend. au diz P. et G.

171. Item, six plas d'argent et 48 escueles, 2 cuilliers 2 pos à sausse, pes. tout ensemble 114 mars, 5 onces, présié 4ˡ 8ˢ le marc, valent 504ˡ 7ˢ par.; vend. au diz P. et G.

172. Item, uns gobéles d'argent, pes. 5 mars, 4ˡ 12ˢ le marc, valent 23ˡ par.; vend. au diz P. et G.

173. Item, deux plas à dragié et trois cuilliers dedens, pesant ensemble 9 mars, 4 onces, 10 esterlins, 4ˡ 12ˢ le marc, valent 43ˡ 19ˢ 9ᵈ par.; vend. au diz P. et G.

174. Item, trois bacins d'argent à laver chief, pes. 16 mars, 4ˡ 8ˢ le marc, valent 70ˡ 8ˢ par.; vend. aus diz P. et G.

175. Item, un orcel à eaue beneste à tout le gutineur[1] et un pou de fretin, pes. 2 mars, 5 onces, 4ˡ 8ˢ le marc, valent 11ˡ 11ˢ par.; vendus au diz P. et G.

176. Item, deux bacins à laver chief, pesans 20 mars; 4ˡ 10ˢ par. le marc, valent 90ˡ par.; vend. aus diz P. et G.

---

1. Un bénitier avec son aspersoir.

177. Item, un arbre de courail à langues de serpent, présié 40ˢ par.; vend. au diz P. et G.

Toute laquelle vesselle dessus dite, dont la somme monte 3654ˡ 5ˢ 3ᵈ par., fut vendue aus diz P. et Guillaume le Flament en la manière qu'il s'ensuit. C'est assavoir le marc d'argent blanc et vairié, l'un par l'autre, 4ˡ 10ˢ par. le marc. Le marc d'argent doré 110ˢ par. Le marc d'argent doré esmaillié, 6ˡ 10ˢ par. Et monta la somme toute de la vente 3661ˡ 10ˢ par. Et ainsi se creut du pris, 7ˡ 4ˢ 9ᵈ.

Sexta somma ab alia . . . . 3661ˡ 10ˢ par.

178. Item, une coupe de madre à pié d'argent, dorée, esmalliée, pes. tout 2 mars, 2 onces, 15 esterlins, 6ˡ le marc, valent 14ˡ par.; vendue à messire Nicole de Cailloue.

179. Item, un hanap de madre 20ˢ; vendu à messire P. de Villepereur.

180. Item, une summe, un bahu, une malle et deux coffres de soye[1] pour un chien, garnis d'argent, prisié tout 100ˢ; vend. à Pierres des Essars,

181. Item, une ceinture ferrée d'or et à perles, présié 40ˡ par.; vendue à messire Johan le mercier 45ˡ par.

182. Item, une ceinture ferrée d'or à perles et à croissans, présiée 20ˡ par.; vend. à P. Neelle.

183. Item, une bource à pelles broudée, en quoi Madame fut espousée[2]; vendue à P. des Essars 70ˡ.

184. Item, un escrin de fust garni d'argent entallié; vendu à P. Neelle.

---

1. *Deux coffres de soye*, il faut entendre doublés de soie.
2. Clémence de Hongrie, le mardi 19 août 1315.

185. Item, quatre petites cuilliers de cristal, 5 petites broches de courail et 2 fouez, présié tout 70^s; tout ce en un drapel; vendu à P. Neelle.

186. Item, 5 mars 6 onches d'argent de seaus et d'autres choses, et y a une bouëste et un mirouer, tout ensemble prisié 26^l par.; vend. à P. Neelle.

187. Item, un petit saigneau d'or à une pierre dedens et une petite chainnette d'argent; vend. à P. Nelle 60^s par.

Septima summa ab alia . . . . 195^l 10^s parisis.

JOYAUX D'OR.

188. Premièrement. Un hanap d'or à couvercle, séant sur un trépié d'un serpent, pesant 7 mars, 4 onces, 12 esterlins, ob., présié 64^l par. le marc, valent 485^l par.; vendu au Roy et livré le xxxme jour d'octobre par Johan Billouart et P. des Essars.

189. Item, une coupe d'or à pié; pesant 3 mars, 7 onces, 2 esterlins et ob., prisié 64^l le marc, valent 249^l par.; vend. au Roy et livré comme dessus.

190. Item, un hanap d'or à couvercle, sans pié; pes. 2 mars, une once, 2 estellins et ob., prisié 62^l par. le marc, valent 132^l 14^s 4^d ob. par.; vend. ou dit Pierre et Guillaume le Flament si comme il s'ensuit.

191. Item, une petite salière en guise de lyon, à couvercle, une petite fiole d'or et deux broches d'or; pesant tout 1 marc, 5 onces, 5 esterlins, prisié 62^l par. le marc, valent 100^l 53^s 9^d par.; vend. au diz P. et G. si comme dessus.

192. Item, un gobelet d'or à pié et à couvercle; pes. 2 mars, 5 esterlins, présié 60^l le marc, valent 120^l 37^s 6^d p.; vend. au diz P. et G.

193. Item, un hanap plain sans couvercle, pesant 11 onces, 60¹ par. le marc, valent 82¹ 10ˢ par.; vendus au diz P. et G.

194. Item, 3 onces, 15 esterlins d'or de seaus et autre fretin en un drapel, prisié 26¹ par.; vend. au diz P. et G. comme dessus.

195. Item, deux culliers et une fourchète d'or, qui vindrent de l'Eschançonnerie, pesant 4 onces, 62¹ le marc, valent 31¹ par.; vend. au diz G. et Pierre Neelle comme dessus.

Tout lequel or dessus dit, excepté celui qui a esté vendu au Roy, fut vendu ensemble au dessus dit P. Neelle et G. le Flament le mar 64¹ par. l'un par l'autre. Et pesa tout ensemble 8 mars, 30 esterlins. Monta la somme 524¹ parisis.

Octava summa ab alia, pro auro. . 1258¹ parisis.

LIVRES DE CHAPPELLE, ROUMANS ET AUTRES LIVRES.

Premièrement. *Livres de Chapelle.*

196. Un bréviaire où Madame disoit ses heures, à l'usage des Jacobins[1], à fermaus d'argent, présié 45¹; vendu au Roy, livré comme dessus.

197. Item, un autre bréviaire audit usage, nuef, 50¹ par. fermaus et tout; vendu au Roy et livré comme dessus.

198. Item, un beau sautier à lettres d'or et d'asur,

---

1. Clémence de Hongrie y fut enterrée. Sa sépulture était au milieu du chœur.

que le Pape li donna, présié 30¹ par.; vendu au Roy et livré comme dessus.

199. Item, unes heures couvertes d'ais esmalliés garnis de perrière, prisié ais et tout, 28¹ par.; vendus au Roy et livré comme dessus.

200. Item, un bréviaire des festes anuelz à l'us de Paris, à quatre fermaus d'argent, présié tout 20¹ par.; vendu à mons. de Beaumont.

201. Item, un petit bréviaire à l'us de Jacobins, où Marguerite aidoit à dire les heures Madame[1], présié 12¹; vend. à Johan Billouart.

202. Item, un autre bréviaire à l'us de Paris, à fermaus d'or, présié tout 60¹ par.; vendu à missire Thebaut de Meaux.

203. Item, deux greelz [2] notés, 6¹ par.; vendus, l'un à Pierres des Essars 50ˢ par., l'autre à missire P. de Villepercur 70ˢ par.

204. Item, un bréviaire en deux volumes notés, prisié, vendu à Pierre des Essars, 34¹ p.; pour S. Germain l'Auceurrois.

205. Item, un messel noté présié 16¹; vendu à Pierre des Essars pour S. Germain.

206. Item, un épistolier vendu à Pierres des Essars 40ˢ pour S. Germain.

207. Item, un ordinaire 4¹; vend. à Pierres des Essars.

208. Item, un prousessionnaire noté; vendu au dit Pierre des Essars 6ˢ.

209. Item, deux soutiers [3] présiés 4¹ par.; vendus à P. des Essars.

---

1. Clémence de Hongrie.
2. *Deux greelz*, deux graduels.
3. *Deux soutiers*, deux psautiers.

210. Item, sept caers[1] notez de pluseurs offices, présié 20ˢ; vendus à Pierres des Essars, 30ˢ par.

211. Item, un séquencier du Roy Charles, rendu à mons. l'évesque de Cornouaille[2] pour le rendre au Roy Robert[3], à cui il estoit, et l'a rendu.

Roumans.

212. Premièrement. Un grant roumans couvert de cuir vermeil de *Fables d'Ovide* qui sont ramoiées à moralité de la mort Jhesu Crist, présié 50ˡ p.; vendu au Roy et livré comme dessus.

213. Item, un grant roumans, où il a dix sept ystoires[4], et se commence de *l'anemallat aus juys*[5], présié 30ˡ par.; vendu au Roy et livré comme dessus.

214. Item, un roumant couvert de cuir vert *Des enfans Ogier*, présié 8ˡ·[6].

215. Item, un roumans *des X comandemens de la Loy*, 40ˢ p.

216. Item, un *de la Penthère*, présié 40ˢ.

217. Item, un petit *De la Trinité*, présié 20ˢ.

218. Item, un, couvert de cuir vermeil, du *Roumans de la Rose*, présié 50ˢ [7].

---

1. *Sept caers*, sept cahiers.
2. Jacques, évêque de Quimper.
3. Robert, roi de Naples, troisième enfant de Charles II, roi de Naples, et de Marie de Hongrie.
4. *Dix sept ystoires*, dix-sept miniatures.
5. L'almanach aux Juifs.
6. Cet article et les trois suivants sont en accolade, avec ces mots : « Vendus à la royne Johanne d'Evreux. »
7. Cet article et le suivant sont en accolade, avec ces mots : « Vendus à Johan Billouart. »

219. Item, un petit de l'*Advocacie Nostre Dame* présié 10ˢ.

220. Item, un petit roumant sans ais *de la Penthère*, 10ˢ p.; vendu à Johan Billouart.

221. Item, *la Bible en françois* en 2 volumes, présié 80¹ par.; vend. à mons. de Beaumont.

222. Item, un roumans de *la Vie de Sains*, présié 6¹¹.

223. Item, un livre en françois *De regimine Principum*, présié 100ˢ.

224. Item, un roumans *de la Conqueste de Césile*, présié 16¹.

225. Item, un chançonnier de mons. *Gasse Brulé*, présié 20ˢ.

226. Item, le roumans *des VII sages et d'Ysopet*, présié 100ˢ.

227. Item, un *Institute* en françois, présié 16ˢ.

228. Item, un roumans *du Reclus de Moliens*, présié 30ˢ.

229. Item, un petit livret en englais *et*² en françois, présié 5ˢ.

230. Item, un roumans *de la vie des Pères et de Balaham et de Josaphat*, présié 16¹.

231. Item, un *summate*³ ou code en françois, présié 4¹ ³.

232. Item, un roumans de *chançons* noté, présié 20ˢ.

Nona somma ab ulia 530¹ 13ˢ

---

1. Cet article et les huit suivants sont en accolade, avec ces mots : « Vendus à la royne Johanne d'Evreux. »

2. Le mot *et* est surchargé. Il y a plutôt *escrit*.

3. Cet article et le suivant sont en accolade, avec ces mots : « Vendus à missire P. de Coignières. »

VESTEMENS, DRAS ET AUTRES CHOSES DE CHAPELLE.

233. Premièrement. Trois chappes à mors d'argent esmalliées, chasuble, tunique et domatique, 2 estoles, 3 fanons, 3 aubes, 3 amiz parez, frontel, dossel, touaille parée de draps de fleur de liz; présié tout ensemble et vendu à Suplicet le chasublier, pour l'évesque de Chartres[1], 68¹ p.

234. Item, trois chapes sanz mors, chasuble, tunique et domatique, 2 estolles, 3 fanons, les paremens de 3 aubes et 3 amiz, frontel et dossel, tout de drap d'or; tout vendu à Eustace la chasublière 74¹.

235. Item, une aube parée de un autre drap d'or, pour les dimenches et le festes, de ix liçons, présié 16¹ par.; vendue à mons. François de Montflascon, 20ˢ.

236. Item, 3 sourceintes de soye vermeilles, 15ˢ par.; vendu à mons. Adan de Précy, les deux, 10ˢ, et une à mons. Nicole, 5ˢ.

237. Item, une touaille blanche de soye délyée, pour escomminger[2], 5ˢ; vendue à P. des Essars.

238. Item, deux draps d'or de petit pris, pour parer autel, 4¹ par.; vendus à Eustace la chasublière.

239. Item, quatre aumuces, 6 sourpelis; présié 4¹; vendus 6¹ à mestre Guillaume de Fourqueux.

240. Item, huit touailles à autel, présié 16¹; vendu à mons. de Beaumont.

241. Item, quatre touailles à essuyer mains, présié 4ˢ; vend. à mons. Francˢ.

---

1. Jean III.
2. Pour la communion.

242. Item, un petit oreillier à mettre souz le messel, 2ˢ par.; vend. à missire Nicole.

243. Item, un corporallier de samit vermeill à tous les corporauls, 4ˢ [1].

244. Item, un autre corporallier ouvré, à ymages, présié 16ˢ [2].

245. Item, quatre aubez, 3 amiz, des queles les 3 sont esartés des paremens dessus diz, dont les 3 aubes parées sont aveques la chapelle seconde escripte, demeure une aube desparée, présié 20ˢ; vendue à missire Franç., 24ˢ par.

246. Item, deux vielles custodes de cendal vermeil, présié 24ˢ; vend. à missire Franç., 30ˢ par.

247. Item, deux autres custodes de cendal, emble, 60ˢ; vend. à P. des Essars.

248. Item, un frontel, un dossier de viès draps de soye, 20ˢ; vend. à missire Franç.

249. Item, une petite touaille ouvrée, pour letrin, 5ˢ par.; vend. à Huistasce la chasublière.

250. Item, un esmouchouer de soye, broudé, 6ˢ par.; vendu à Pierre des Essars.

251. Item, une boueste d'yvière à mettre pain à chanter[3], garnie d'argent, 40ˢ; vend. à J. Billouart.

252. Item, pour les Mors : chasuble, domatique et tunique, 3 chapes à noyaux de perles, frontel et dossel, 2 estoles, 3 fanons, 3 colerez, les paremens de 3 aubes et les aubes et les amiz, le parement de la

---

1. Corporal, linge que le prêtre étend sur l'autel pour y poser le calice et l'hostie.

2. Cet article et le précédent sont en accolade, avec ces mots : « Vendus à P. des Essars. »

3. Une boîte d'ivoire à mettre les hosties non consacrées.

touaille d'autel, tout de drap noir dyaprez, présié 180¹ par.; vend. à missire P. de Condé, pour Nostre Dame de Paris.

253. Item, pour Nostre-Dame : 3 vies chapes blanches, et à chascune un mors d'argent, une chasuble blanche, tunique et domatique, frontel et dossel de drap d'or nuef, présié tout 64¹ par.; venduz à mons. de Nouyers.

254. Item, une chasuble, tunique et domatique de samit vermeil, vendue à Guillaume le frère Soupplicet, 23¹ par.

255. Item, deux bons draps d'or touz nuefs, présié 20¹ par.; vend. à Johan Billouart, 22¹ par.

256. Item, pour Caresme : deux devantiers vies, de drap encendrés, un frontel, un dossier nuef, de draps encendrez, fourrez de toille vermeille, et une chasuble de ce drap meismes, fourrée de cendal vermeil, présié tout 20¹; vendu à madame la royne Johanne de Evreux¹.

257. Item, une touaille à Apoustres et à arbres, de soye, présié 8¹ par.; vendue à mons. de Beaumont.

258. Item, un frontel, un dossier, de draps, fais à l'aguille ²; présié 12¹ par.; vendu à Pierres des Essars, 16¹ par.

259. Item, une aube, un amit, non parez, estole et fanons et paremens viez. Et sont les diz paremens de viez draps d'or remanens d'orfrais; tout ensemble vendu à Pierres des Essars, 60ˢ par.

260. Item, une touaille de viez paremens, présié 12ˢ; vend. à Pierres des Essars, 21ˢ par.

---

1. Troisième femme de Charles le Bel.
2. *De draps fais à l'aguille*, c'est-à-dire de broderie.

261. Item, deux sayeries de soye [1], l'une vert, l'autre vermeille, royées de travers, 30ˢ; vendus à missire Franç. pour le pris.

262. Item, une touaille parée, à Apostres, cointe, présié 100ˢ; vendue à Eustace la chasublière.

263. Item, cinq rochès; vendus à Pierre des Essars, 16ˢ.

264. Item, un tapis de chapelle, vendu à Huistace la chasublière, 20ˢ par.

265. Item, deux paremens à deux petis autiex, et 2 estolles et 2 fanons de petite value; vendu tout 6ˡ par. à missire François de Montflascon.

266. Item, une chapelle jaune, nuève, de samit, fourrée de cendal, en laquelle a trois chappes, chasuble, tunique et domatique; vendue à mons. P. de Villepereur, 80ˡ par., pour l'évesque de Chartres.

Decima somma ab alia 596ˡ 14ˢ

INVENTOIRE DES ROBES MADAME, livrées par Johanot, son tailleur.

267. Premierement. Une robe donnée à madame Pasque par le testament, laquele estoit de marbré vermeil, de 4 garnemens, fourrée de menu vair.

268. Item, une robe d'autre marbré plus vermeil, de 4 garnemens, fourrée de menu vair, la quele fut donné à Marguerite de Nantueil par le testament.

269. Item, une robe d'escarlate paonnecé, de 4 garnemens, fourrée de menu vair, donnée par le testament à Agnès de Boulonnoys.

---

1. *Deux sayeries de soye*, c'est-à-dire deux pièces d'étoffe de soie.

270. Item, une robe de marbré de Brouesselles, de 4 garnemens, fourrée de menu vair, donnée à Ysabeau de Til par le testament.

271. Item, une robe de pers, auques de 4 garnemens, fourrée de menu vair, donnée à Johanne, fame Perrotin de Napples, par le testament.

272. Item, deux cotes hardies, fourrées de menu vair, données à Marie et à Johannette, fille de ladite Marie.

273. Item, un mantel ront, fourré de menu vair, donné à la lavendière.

274. Item, une cote et un sercot de marbré violet, donc le sercot est fourré de menu vair, donné à la fame Johan de Gaangni le taillouer, fillole Madame [1].

Toutes ces robes dessus dites non getées [2], pour ce que elles furent données.

275. Item, une robe de veluau, fourrée de cendal violet, et est de 2 garnemens, présié 18^1 par., non getée, balliée de commandement aus exécuteurs à suer Marie de Coulencourt, quar Madame li avoit donnée.

276. Item, une robe de violet veluiau, de 5 garnemens, fourrée de menu vair, présié 120^1 par.; vendue à madame de Beaumarchès, 180^1 par.

277. Item, une robe de veluau encendrez, de 4 garnemens, fourrée de menu vair, présié 70^1 par.; vendue à Guillaume Pidouë Bouffart, 80^1 par.

278. Item, une robe de drap caignet, de 4 garnemens, fourrée de cendal noir, présié 28^1 par.; vendue à madame de Beaumarchès, 36^1 par.

279. Item, un corset ront et un mantelet de marbré

---

1. *Fillole madame*, c.-à-d. filleule de la reine Clémence de Hongrie.

2. *Non getées*, non comptées. Comme plus haut.

vermeillet, fourré de cendal ynde[1], présié 6^l; vendu à missire Adam de Précy (*ou* Pacy).

280. Item, un mantelet double, fons de cuve, présié 4^l 5^s; vendu à missire Thébaut de Meaux.

281. Item, un mantelet d'un marbré brun naïf sengle[2], présié 100^s par.; ballié à mons. Nicole; et fut donné à suer Ysabeau de Valoys[3].

282. Item, un corset sengle d'un marbré vermeillet, 4^l par.; vendu à missire P. de Villepereur.

283. Item, une robe de veluau noir, de 3 garnemens, sanz pennes[4], présié 20^l [5].

284. Item, une robe de soye d'Illande, de 3 garnemens, fourrée de cuissètes de lièvres blans, presié 10^l.

285. Item, une robe de soye d'Irlande violete, de 3 garnemens de menu vair, présié 20^l par.

286. Item, une robe de tiretaine noire de Saint-Marcel en graine, de 3 garnemens, fourré de taffetais[6], présié 8^l.

287. Item, une robe de tiretaine de Saint-Marcel tannée, de 2 garnemens, fourrée de tartaire violet, présié 4^l 10^s.

288. Item, une robe de tiretaine de Saint-Marcel toute vermeille, de 2 garnemens, fourrée de taffetas, présié 4^l 10^s par.

---

1. *Ynde*, bleu; de la coüleur du col et de la poitrine du paon.
2. *Sengle*, c.-à-d. non doublé.
3. Isabelle de Valois, sœur de Philippe de Valois, religieuse au couvent des dominicaines de Poissy.
4. *Sanz pennes*, sans fourrure.
5. Cet article et les cinq suivants sont en accolade, avec ces mots: « Vend. à Billouart. »
6. *Fourré de taffetais*, doublée de taffetas.

289. Item, une robe de camelin blanc, de 5 garnemens, fourrée de cendal noir, présié 32^1 p.[1].

290. Item, un corset ront de camoquois vyolet, fourré de menu vair à pourfil, présié 24^1 par.

291. Item, un autre corset de camoquois ynde, fourré de menu vair à pourfil, présié 20^1 par.

292. Item, une cote hardie de camelin caignet, fourré de cendal ynde, présié 70^s p.

293. Item, une robe de broissequin, de 2 garnemens, fourrée de cendal ynde, présié 6^1 p.

294. Item, un corset de camoquois sanz manches, violet, fourré de menu vair, présié 6^1 par.

295. Item, une fourreure de menu vair, à mantel, présié 11^1 par.

296. Item, un mantel à Alemant[2], ront, d'escarlate violet, fourré de menu vair, présié 12^1.

297. Item, un mantel à Alemant de escarlate noire, fourré de menu vair, présié 26^1.

298. Item, un mantelet sengle, de camelot, présié 20^s.

299. Item, une robe de tiretaine de Saint-Marcel, de 2 garnemens, fourrée de cendal ynde, présié 100^s.

300. Item, un mantelet ront et un chaperon de vyolet, fourré de menu vair; et vint de l'Escuerie; présié 24^1 par.

301. Item, cinq chapes pour damoiseles, de drap marbré, donc les chaperons sont fourrés de cendal, présié ensemble 30^1 par.

302. Item, cote et sercot de marbré brun, sengles, présié 10^1.

1. Cet article et les treize suivants sont en accolade, avec ces mots : « Vend. à Billouart. »

2. *A alemant*, c.-à-d. à la mode allemande.

Toutes les robes devant dites, qui sont à Billouart vendues, li furent vendues le pris qui est escript sur les présiées, et 20¹ oultre.

Remenans de draps⁴.

303. Premièrement. Une pièce de drap pers², tenant 7 aunes, présié 9¹ par.³.

304. Item, six aunes de drap royé, de la livrée aus Escuiers, présié 4¹ 10ˢ par.

305. Item, cinq aunes de mugelaine, présié 60ˢ par.

306. Item, cinq aunes et demie de noire burnete, présié 6¹ 10ˢ par.⁴.

307. Item, onze aunes d'escarlate blanche, présié 13¹.

308. Item, en deux pièces, de la livrée des Chevaliers de Penthecoste mil CCC XXVIII, 7 aunes, présié 7¹ 10ˢ p.⁵.

309. Item, une pièce de vert jaune, tenant 4 aunes et demie, présié 50ˢ par.

310. Item, 2 aunes et demie de drap vert, présié 40ˢ par.⁶.

311. Item, 8 aunes de camelin, présié 8¹ par.

---

1. C.-à-d. draps de reste.
2. *Drap pers*, drap de couleur vert de mer.
3. Cet article et les deux suivants sont en accolade, avec ces mots : « Vend. à missire Nicole. »
4. Cet article et le suivant sont en accolade, avec ces mots : « Ces 2 partiés furent balliés à missire Nicole pour faire robes à frère Roger à son compaignon, et ne sont mie getées. »
5. Cet article et le suivant sont en accolade, avec ces mots : « Vend. à Johanne la coustière et à Estienne Chevalier. »
6. Cet article et les deux suivants sont en accolade, avec ces mots : « Vend. à Johanne la Coustière et à Estienne Chevalier. »

312. Item, 3 aunes de drap en plusieurs pièces, 60ˢ par.

Undecima somma ab alia. . . . . . 648ˡ 5ˢ parisis.

Couvertures.

313. Premièrement. Un couverteur et demi de marbré violet, fourré de menu vair, présié tout ensemble pennes et drap, 140ˡ par.; vend. à madame de Bouloigne.

314. Item, un couvertouer et demi de marbré, fourré de gris, présié tout ensemble pennes et drap, 40ˡ par.[1].

315. Item, un couvertouer de drap pers, fourré de gris, présié tout ensemble penne et drap, 12ˡ par.

Duodecima somma ab alia . . . . . . 192ˡ parisis.

Coutetespoinctes et Tapis.

316. Premièrement. Une coutepoincte de cendal ynde, à fleur de liz, présié 25ˡ par. Et trois tapis de la sorte, présié 15ˡ par. Et le demourant de la chambre fut donné à l'Ostel-Dieu. Valent par le tout 40ˡ par.; ballié à l'Ostel-Dieu de Paris, et n'est pas geté.

317. Item, un ciel d'une salle de marramas, à une bordeure de marramas, armez de Hongrie, ballié à messire Nicole, pour ballier à metre sur la tombe Madame. Non geté.

---

1. Cet article et le suivant sont en accolade, avec ces mots : « Vend. à G. de Dicy. »

318. Item, quatre tapis de laine ouvrés de papegaus et à compas, présié 20^l par.[1]

319. Item, un dossier de sale et un suige (pour siége) à marguerites, présié 16^l par.

320. Item, un eschiquier, à eschas d'ivoire et d'ibernus ; vend. à mestre G. de Fourqueus, 40^s p.

321. Item, huit carreaux pour char, de camoquois taney et vermeillet, présié 12^l [2].

322. Item, neuf carreaux de laine vers, présié 60^s par.

323. Item, huit carreaux ; vendus Johan Billouart, c'est assavoir 2 grans et 6 petis, d'un camoquois plonquié, présié 8^l p.

324. Item, huit tapis d'une sorte, à parer une chambre, à ymages et à arbres, de la devise d'une Chace, dont il en y a six de 4 aunes de lonc, et un de 7 aunes de lonc, et un des 4 aunes de lonc, touz de 2 aunes de lé ; montent 68 aunes carrées, présié 64^l par. ; vend. à missire l'évesque de Laon.

325. Item, deux tapis velus d'outremer, présié 8^l ; vendus à Pierre des Essars.

326. Item, un viez materas brun, de bougueran ; vendu à Pierre Neelle, 30^s.

327. Item, une chambre de cendal ynde, où il a coutepoincte, ciel et ceveciel, deux tapis de meismes et courtines, présié 30^l par. ; vend. à Estienne Chevalier et Johanne la Coutière, si comme il est contenu cy après.

1. Cet article et le suivant sont en accolade, avec ces mots : « Vend. à G. de Dicy. »
2. Cet article et le suivant sont en accolade, avec ces mots : « Touz ces carreaux furent venduz à missire P. de Villepereur 20^l. »

328. Item, une chambre de bougueran blanc, où il a coutepoincte, ciel, cheveciel, courtines et une grant courtine, 3 tapis et 12 tayes à quarreaux, présié 45^l par. [1].

329. Item, une coutepoincte de bougueran blanc, 8^l par.

330. Item, un doublet de bougueran blanc, 5^l.

331. Item, un chiel et un chevet de cendal ynde, mauvais, présié 10^l.

332. Item, une coutepoincte dont le fons est de samit semé de dalphins, et la bourdeure des armes de Hongrie, présié 32^l par., et le chiel et le chevez de meismes entretenans, présié 22^l par.; valent pour tout 54^l.

333. Item, une chambre tané, où il a coutepointe, chiel, chevecier et courtines entour le ciel, de tartaire, tennée, et la chambre de cendal tenné, et 14 tapis de meismes la chambre, donc il en y a six de 5 aunes de lonc chascun, et huit de 4 aunes de lonc chascun, et sont touz de 2 aunes de lé. Montent les tapis 120 aunes, et 12 carreaux de meismes, c'est assavoir quatre grans et huit petis; présié toute la chambre ensemble, 160^l par.

334. Item, un cheveciel ynde plonquié de cendal, présié 100^s par.

335. Item, une coutepoincte de cendal ynde, fourrée de toile vert, et un ciel et les courtines de meismes, présié tout 16^l par.

336. Item, sept toyes (pour taies) de cendal pour carreaus, à fleurs de lis, présié 70^s.

1. Cet article et les onze suivants sont en accolade, avec ces mots : « Vend. à Johanne la coustière et Estienne Chevalier. »

337. Item, une chambre noire de cendal, ciel, chevecier, trois courtines et 3 pièces de viez chevès et de viez chiels, présié ensemble 20¹.

338. Item, une coutepoincte de bougueran pommetée, présié 16¹ par.

339. Item, un doublet de fusteine ridée royé, présié 10¹ p.

Toutes les choses dessus dites signées, vendues à Estienne Chevalier et Johanne la Coutière, donc la somme monte, du pris que elles furent prisées, 386¹ 10ˢ par.; furent venduz aus diz Estienne et Johanne le xiiij^e jour de novembre, l'an xxviii. Ensemble 420¹ par.

340. Item, trois courtines de cendal vermeil et blanc, présié tout ensemble, vendu aus diz Estienne et Johanne, 16¹ par.

Tercia decima somma ab alia. . . . 575¹ 10ˢ par.

Draps linges et linge nuef.

341. Premièrement. Une paire de draps de six lez de 6 aunes de lonc, tenant sur le tout 70 aunes, présié 40¹ p.

342. Item, une pièce de toile de Reinz, tenant 30 aunes, présié 12¹ par.

343. Item, une pièce de toille de Compiègne, tenant 10 aunes, présié 6¹ par.

344. Item, quatre cuevrechies en une pièce de toille de Compiègne, présié 48ˢ.

345. Item, une pièce de toile bourgoise, tenant 35 aunes, 3ˢ l'aune, 105ˢ par.

346. Item, une pièce de teille bourgoise, tenant 23 aunes, 2ˢ 6ᵈ l'aune, 57ˢ 6ᵈ p.

347. Item, une pièce de teille bourgoise, tenant 15 aunes, 3ˢ l'aune, 45ˢ par.

348. Item, une pièce de teille bourgoise, tenant 18 aunes, 3ˢ 6ᵈ l'aune, valent 64ˢ.

349. Item, une pièce de toille bourgoise, tenant 21 aunes, 3ˢ l'aune, valent 63ˢ.

350. Item, une pièce de teille, tenant 15 aunes, 4ˢ l'aune; 60ˢ par.

351. Item, une autre pièce, tenant 17 aunes, 3ˢ l'aune, valent 51ˢ par.

352. Item, une pièce de napes, tenant 43 aunes, 8ˢ par. l'aune, valent 17ˡ 4ˢ p.

353. Item, une douzainne de touailles, chascune de 2 aunes de lonc, 8ˢ p. pièce, valent 4ˡ 16ˢ par.

354. Item, une pièce de touailles, tenant autant, à celui pris, valent 4ˡ 16ᵈ.

355. Item, quatre draps de quatre lez, 40ˢ pour pièce, valent 8ˡ par.

356. Item, quatre draps de trois lez, 20ˢ pour pièce, valent 4ˡ p.

357. Item, neuf draps de deux lez, à baingneoères, 6ˢ pour pièce, 54ˢ par.

358. Item, 46 aunes de fustaine en trois pièces, 4ˢ l'aune, valent 9ˡ 4ˢ.

Tout ce linge jusques ci fut vendu tout ensemble à Erembour de Mousteruel, le viijᵉ jour de novembre l'an mil CCC XXVIII, 160ˡ parisis.

Inventoire de viez linge.

359. Premièrement. Dix nappes toutes entières,

chascun de 7 aunes, présié 20^s par. la pièce, valent 10^l par.

360. Item, 16 aunes de nappes, chascune de 5 aunes, présié sur le tout 7^l par.

361. Item, onze nappes, de 3 aunes et demie chascune, présié tout 72^s par.

362. Item, 62 touailles coupées de 2 aunes chascune, présié sur le tout 100^s.

363. Item, 22 touailles et 7 pesnes, présié 22^s.

364. Item, 45 nappes mauvoises, dépéciées, présiées sur le tout 4^l par.

365. Item, 12 nappes plaines, de plusieurs longueurs, présié sur le tout 36^s.

366. Item, un faisselet de très mauvaises nappes et très mauvaises touailles, toutes derromptez (ou derrompeez), et de pou de valeur, présié tout 5^s par.

Tout ce linge acolé, vendu à mons. de Nouyers, 32^l 15^s par., et livré à Johan Billouart pour lui.

Quarta decima summa ab alia . . . 192^l 15^s par.

Veluiaux ceinturés et autres choses, et Bourses.

367. Premièrement. Cinq pièces de veluaus coquès; vend. ensemble 196^l par.[1].

368. Item, un veluau noir et un violet, 45^l par.

369. Item, un nassis d'or de Cipre, présié 40^l.

370. Item, 2 nacez, demie aune mains, 20^l par.

371. Item, un marremas, présié 11^l.

---

1. Cet article et les huit suivants sont en accolade, avec ces mots : « Tout ce vendu à Laudebelon. »

372. Item, 3 aunes et demie de taffetais chingant[1], présié 60ˢ par.

373. Item, deux camelloz en 2 pièces et 3 demies pièces, touz encendrés, présié 21¹ par.

374. Item, 2 petites pièces de drap vert samit, présié ensemble 16¹ par.

375. Item, un camoquois ynde, présié 8¹ par.

376. Item, une touaille de soye eschiquetée, tenant 3 aunes et demie, pour faire un dossier, et une autéle[2] pour faire un frontel, présié 6¹ par.; vend. à l'évesque de Cornouaille.

377. Item, quatre tayes à oreilliés de saye, présié 60ˢ par.[3]

378. Item, une chaère de cuir garnie de fer et une dossière de fer, 7¹ par.

379. Item, 12 boutons d'yvoire, une surgenie? (ou surqenie) et 1 touaille à autel, 20ˢ par.

380. Item, deux taies à oreilliés et plusieurs choses de l'euvre d'Outremer, 100ˢ.

381. Item, uns couteaus à trenchier, 4¹.

382. Item, deux touailles d'autel, pour paremens, 100ˢ.

383. Item, 29 aunes de tartaire roy, et 2 pièces, présié 12¹ par.; vend. 7 aunes et demie, 8ˢ l'aune, à missire P. de Villepereur, et 21 aunes et demie à Johan Billouart, 9¹ par.

384. Item, une chaère de cuivre, garnie de veluau roy, 100ˢ p.; vendue à Gillet le Chasublier.

1. *Taffetais chingant*, taffetas changeant.
2. *Et une autele*, et une semblable.
3. Cet article et les cinq suivants sont en accolade, avec ces mots : « Tout ce vendu à l'évesque de Cornouaille le dit pris. »

385. Item, une pomme d'ambre, garnie d'or et à perrerie, présié 30¹ par.¹.

386. Item, une autre pomme d'ambre, garnie d'argent, présié 20¹.

387. Item, un escrin d'ivoire à ymages, garni d'argent, présié 10¹ par.

388. Item, un petit ponconnet de cristal, garni d'argent, à mectre sainctuères, présié 20ˢ par.

389. Item, uns pendens à une sèle de Hongrie, un cornet, une corne, un fer, tout présié, 20ˢ par.; vendu à Pierre des Essars.

390. Item, une ceinture des armes de Hongrie, 35ˢ par.; vendue à missire Nicole de Cailloue.

391. Item, une surceinte des armes de Hongrie, 35ˢ par.; vend. à mestre Guillaume de Fourqueus.

392. Item, une ceinture, une bourse et une gibecière, et une autre gibecière, 35ˢ par.; vend. à missire François de Montflacon.

393. Item, plusieurs pièces de cuevrecies, en un coffret, prisié tout ensemble o tout le coffre, 48¹ par.; vend. 60¹ à Johanne l'aumosnière.

394. Item, deux vielles ceintures, 4¹ par.².

395. Item, 2 livres de saye deffillée, de toutes couleurs, 6¹ p.

396. Item, une ceinture de cuir, une bourse tanée, et un aguillier, 10ˢ.

397. Item, une ceinture et une bourse jaune, 20ˢ p.

398. Item, une sourceinte de paon, une bourse et un aguillier, 50ˢ.

---

1. Cet article et les trois suivants sont en accolade, avec ces mots : « Tout vendu à la ròyne de France ledit pris. »

2. Cet article et les trente-trois suivants sont en accolade.

399. Item, une bourse garnie de perles, 6^1 par.

400. Item, un fournement et unes tables, 40^s par.

401. Item, une bourse de l'euvre d'Engleterre, où il a deux lyons à perles, 60^1 par.

402. Item, une petite boursete à rosetes, 50^s par.

403. Item, une petite gibecière de l'euvre d'Engleterre, 60^s par.

404. Item, une ceinture ferrée, à doublez vers, 60^s par.

405. Item, 5 ceintures, 2 blanches et 3 noires, présié 7^1.

406. Item, 3 fournemens, 60^s.

407. Item, une petite bourse, où il a les armes de Bar et d'Engleterre, présié 10^1 par.

408. Item, une ceinture à 3 boutons de perles, 4^1 par.

409. Item, 20 pièces, que bourses, que aguilliers, 11^1 par.

410. Item, un fournement ynde, garni d'or, 10^1 10^s par.

411. Item, unes paternostres de gest, et une bourse, 10^s.

412. Item, deux tréçons danbefain, et une surceinte, 24^s.

413. Item, 2 paère de ciseaux, 20^s par.

414. Item, un petit saint Johan d'ivoire, 60^s.

415. Item, uns viez orfrais de chasuble, 12^s par.

416. Item, un saint Estienne d'yvoire, 30^s par.

417. Item, 14 petites surceintes, 42^s par.

418. Item, une douzainne de petites bourses, 20^s p.

419. Item, une ceinture, 40^s par.

420. Item, un mirouer et une boueste, d'ivoire, 8^s.

6

421. Item, une ceinture viez, une gibecière et un cadran, un coutel; et tout viez, 4¹ par.

422. Item, uns couteaux à manche d'argent, 20ˢ.

423. Item, 2 fouès à chevaux, 10ˢ.

424. Item, une desvuidouère, une damoisele, et unes tables, et un estui[1].

425. Item, une ceinture noire, et unes tables d'yvoire, 100ˢ.

426. Item, deux gibecières, 4¹.

427. Item, deux renges d'espée[2], l'une vert, l'autre vermeille, et deux gaines, présié 10¹ par.

Toutes les parties acolées dessus dites furent vendues à Johanne l'Aumosnière, donc la somme monte 106¹ 16ˢ par., li furent vendues 112¹ par.

Quinta decima somma ab alia . . . . . 657¹ 5ˢ par.

Inventoire de coffres.

428. Premièrement. Une paire de coffres, de fust ferrés, vendu à mons. l'évesque de Cornouaille, 50ˢ par., et un petit coffre de cuir, 5ˢ; valent pour tout 55ˢ.

429. Item, un petit coffre, de fust ferré, 12ˢ par., vendu audit évesque de Cornouaille.

430. Item, six petis coffres, c'est assavoir 2 rouges, 2 noirs, un petit couvert de cuir, et un autre fustin, 9¹ par.; vend. à Pierres des Essars.

431. Item, huit escrins, 100ˢ par.; vend. à J. Billouart.

432. Item, une paere de coffres cloués, 60ˢ par.; vend. à mons. des Nouyers.

---

1. Cet article et le suivant sont en accolade, avec ces mots : « 100ˢ. »

2. Deux poignées d'épée.

433. Item, deux vies coffres de Chappelle; vendus à Pierres des Essars, 40ˢ par., pour Saint Germain.

434. Item, deux coffres de Chapelle, cloués, vies; vend. à Eustace la Chasublière, 30ˢ par.

435. Item, un coffre ferré, où les veluaus estaient[1], 30ˢ par.; vend. à mestre Guillaume de Fourquois.

436. Item, sept vies coffres de chambre, cloués; vend. à Gassot, 6¹ p.

437. Item, une paire de coffres; vendus à Pierre Neelle et à Guillaume le Flamenc, pour porter leur vesselle, 4¹ par.

Sexta decima somma ab alia. . . . . . 35ˢ 7ˢ par.

Vessellemente d'estain rendue par le Saussier.

438. Premièrement. 3 douzaines et demie d'escuèles, d'esteim nuèves, présié sur le tout 48ˢ.

439. Item, 100 autres escuelles d'esteim, et 12 mauvaises, depeciées, prisié sur le tout 4¹ 10ˢ.

440. Item, deux coffres où elles sont.

Tout prisié 8¹, pour escuèles et coffre; vendu à Gillet, de l'Aumosnerie.

441. Item, audit Gillet, vendu 30 escuelles brisées, et un scel, tout 24ˢ.

442. Item, un pennier blanc pour aumosne, 10ˢ p.; vendu à P. des Essars.

Septima decima somma ab alia . . . . 9¹ 14ˢ par.

Inventoire de la cuisine Madame par Pierre de Sentré.

443. Premièrement, 10 paeles à bouez, présié 15¹ p.

1. Le ms. porte bien *estaient* par un *a*.

444. Item, 2 grans chaudières à 4 anneaux chascune, présié 16^1 par. C'est assavoir la plus grant 10^1, et l'autre 6^1 par.

445. Item, un baquet à 4 anneaus, prisié 4^1 par.

446. Item, un autre baquet plus petit, prisié 40^s p.

447. Item, 4 autres baquès, 4^1 10^s par.

448. Item, 4 paeles à queue, 20^s par.

449. Item, 3 puisetes, 20^s par.

450. Item, 5 petis pos d'arain, 60^s par.

451. Item, 2 petites chaudières, et un grant pot d'arain, 70^s par.

452. Item, 3 broches et 2 contrerostiers, de fer, 40^s par.

453. Item, 2 guerils sengles et 1 double, 40^s par.

454. Item, 3 mortiers, 3 pestiaus, 2 penniers, et un coffre, 20^s par.

Tout ce vendu à mons. de Noyers, le pris de 55^1 p., et livré pour lui à Johan Billouart.

Octava decima summa ab alia . . . . 55^1 par.

Inventoire de plusieurs choses, Coffres et autres choses, qui estoient de l'Eschançonnerie et autres offices.

455. Premièrement, 2 coffres rons, ferrés, à porter vesselle; vendus 30^s par.

456. Item, une cuirie[1] pour le chariot, 8^1 par.

457. Item, 25 pos de cuir, 25^d.

458. Une chaudière pour fruicterie, 12^s.

---

1. *Une cuirie*, un grand cuir à couvrir le chariot; une bâche ou vache.

459. Item, deux sacs, unes balences, une cloyere et limaignon, 20ˢ par.

460. Item, une vielle somme, et une banne, 15ˢ par.

461. Item, deux coffres lons, pour torches, et deux autres coffres de cuir, ferrés, 4¹.

462. Item, un entonnouer de cuir, 3ˢ; vendu à Gillet de l'Eschançonnerie.

463. Item, quatre bouges[1], à tout la ferreure, pour forge, 60ˢ par.; vend. au mareschal.

464. Item, quatre paelles petites à queue, pour oignemens, un pot à laver mains, de cuivre, deux petis pos de cuivre, cinq chandelliers de cuivre. Tout ce vendu à mons. Franç., 32ˢ par.

465. Item, onze barils ferrés, 6¹ 12ˢ par.; vend. deux au grant Prieur, 24ˢ par.; à Johan Billouart quatre, 48ˢ par.; à Pierres des Essars quatre, 4ˢ par.; et à Johan Billouart un, 12ˢ par.

466. Item, quatre autres barils, 30ˢ par.; deux vendus à Pierre des Essars, 15ˢ, et à missire P. de Villepereur deux, 15ˢ.

Nona decima somma ab alia . . . . 29¹ 19ˢ par.

Sambues[2] et autres choses, qui sont venues de l'Escuerie, rendues par Johan de Bouchon.

467. Premièrement. Une sambue, à tout le lorain, garnie d'argent, donc la sambue est de veluau violet, et sont les escuex d'argent esmallié de Puille et de Hongrie.

---

1. *Bouges*, sacs de cuir, valises.
2. *Sambues*, sortes de selles.

468. Item, une autre sambue, sur violet, et sont les arçons d'argent tres, et est le siège d'un veluau noir, broudé de rosetes, et est le lorain garni d'argent, et la garnison de la sele aussi.

469. Item, une autre sambue de veluau encendré, et est le lorain et toute la garnison d'argent.

Ces trois sambues devant dites furent depeciées en la présence des exécuteurs, et présié l'argent, 65 mars, vend. à Jehan Poilevillain et P. Neelle, ensemble 290¹ par., et les fus et les veluaus à Guillaume de Meaux, 24¹ par.

470. Item, une vielle sambue de drap pers, donc les arçons sont de perles yndes, et est la garnison de la sele et le lorain de cuivre, présié 8¹ par.¹.

471. Item, une autre sambue pareille, excepté que les perles sont violés, prisié 8¹.

472. Item, quatre sambues pour damoiseles, présié 12¹ par.; vend. à Johanne la Coutière les trois, 8¹ par., et l'autre fut donnée à Johan de Bouchon pour sa fame.

473. Item, une sambue pareille, nuève, présié 8¹ ².

474. Item, une selle à paleffroy et le lorain, 4¹.

475. Item, un parement à paleffroy, d'un pers asuré, semé de fleurs de lis, 8¹ par.³.

476. Item, un tané, 60ˢ par.

477. Item, un autre, d'un pers noir, 50.ˢ par.

1. Cet article et le suivant sont en accolade, avec ces mots : « Vend. à Johanne la coutière et à Estienne Chevalier. »

2. Cet article et le suivant sont en accolade, avec ces mots : « Vend. à Johanne la coutière. »

3. Cet article et les deux suivants sont en accolade, avec ces mots : « Tout vendu à Estienne Chevalier et à Johanne la coutière. »

478. Item, le tapis du char Madame décendre, et 6 esois au bout; vend. à Estienne Chevalier et à Johanne la Coutière, 30ˢ p.

479. Item, une couverture de drap pers pour batel[1].

480. Item, une couverture de teile pour batel.

481. Item, un tapis velu de Roumenie; vendu à missire Franç., 60ˢ par.

482. Item, quatre flautees et 1 pou de toille grosse; vend. à Gassot le Peletier, 32ˢ par.

*xx*ᵐᵃ *somma ab alia* 378¹ 12ˢ

Inventoire des chevaux Madame, rendus par Johan de Bouchon, son escuier.

483. Premièrement, 1 grant cheval morel, qui n'a que 1 oel; et fu du char Madame; vendu à Johan de Bouchon, 120¹ par.

484. Item, un cheval morel[2].

485. Item, un cheval ferrant.

486. Item, un cheval lyart, qui fu du char[3].

487. Item, un paleffroy morel.

488. Item, un paileffroy liart.

489. Item, un pallefroy bay.

490. Item, un morel cheval, qui fut du char Madame; vendu à madame de Valois, à tout le colier, 40¹ par.

---

1. Cet article et le suivant sont en accolade, avec ces mots : « Vend. aus diz Est. et Johᵉ 8¹ p. »

2. Cet article et le suivant sont en accolade, avec ces mots : « Vendus au Roy 200¹ t., qui valent 180¹ par., et furent du char Madame. »

3. Cet article et les trois suivants sont en accolade, avec ces mots : « Vendus au Roy de Navarre, tout ensemble les 4, 272¹ p. »

491. Item, un cheval bay[1].

492. Item, un cheval ferrant.

493. Item, un cheval bay, qui estoit du chariot; vendu à Pierre des Essars, à tout le collier, 12^l par.

494. Item, un cheval bay baucen, qui estoit du char aus damoiseles; vend. à Philippe de Nantuel, o tout le colier, 10^l 10^s.

495. Item, 2 chevaux du char aus damoiseles; vendus à Godeffroy le Courratier, 24^l p.

496. Item, un cheval bay[2].

497. Item, un cheval gris.

498. Item, un cheval gris; vendu à Johanot le fourr^r, 4^l t., valent 64^s par.

499. Item, un cheval blanc du chariot. Il fut rendu à mons. l'évesque de Cornouaille, à qui il estoit, si comme missire Nicole de Cailloue et missire Thébaut de Meaux, le tesmoignèrent.

500. Item, un cheval blanc, qui fut d'un serjant des foires de Champaigne, qui mourut en la terre Madame. Il fut rendu à ses hoirs, pour ce que il avoit esté pris sans cause.

501. Item, un petit noir, rendu au Gratteur, ménesterel, à qui il estoit.

xxj^{ma} *somma ab alia* . . . . 692^l 14^s p.

Inventoire de Chars et de charios, et d'autre hernais.

502. Premièrement. Le char Madame, avec la cou-

---

1. Cet article et le suivant sont en accolade, avec ces mots : « Qui estoient du chariot; vend. à Johan Billouart, ou tout les colliers, 40^l par. »

2. Cet article et le suivant sont en accolade, avec ces mots : « Qui estoient du char aus damoiselles; vendus à Johanne la Coutière, o tout les coliers, 11^l par. »

verture de drap pers et de toile, vendu à mons. Pierres de Maucourt, chevalier, 115¹ par.

503. Item, les coliers et les trais de cinq chevaux dudit char, trois selles, l'avalouère et la dossière; vend. à Guillaume du Moustier, 12¹ par.

504. Item, le char aus damoiseles, donc la couverture est de drap et de toille, deux selles, une avalouère, et une dossière. Item, une letière sanz hernois et sanz courtine; vend. ensemble 36¹ par., à la dame de Beaumarchès.

505. Item, 2 charios; vendus à Pierres des Essars, 10¹ par.

$xxij^{ma}$ somma ab alia............ 173¹ par.

Inventoire de vins.

506. Premièrement. 14 queues de vin nouvel, venu à Paris du Mès le Mareschal[1], en Grève, et 10 queues de vin viez, venu de Fonteinebliaut des vins de Gastinois, et tenoient 5 sestiers, ovec la gauge; vendu par Dimenche le Courretier, demourant en la rue du Temple, à Robert le Paumier, 4¹ par. la queue, l'une par l'autre, valent 96¹ 8ˢ 4ᵈ par.

507. Item, 2 tonneaus de vin, venus de Corbuel[2] à Paris, des vignes Pierres d'Escharçon et Johan de Tigery; vendus à l'évesque de Cornouaille, 7¹ par. le tonnel, valent 14¹ par.

508. Item, d'icelles vignes meismes, 2 tonneaus; vendus à missire Nicole du Calloe, 14¹ par.

1. Le Mez (Seine-et-Marne).
2. Corbeil (Seine-et-Oise).

509. Item, d'icelles vignes meismes, 2 queues de vin; vendues à mons. François de Montflacon, 7¹ par.

510. Item, 2 queues de saugié, des vins du Mez; vend. en Grève, 10¹ par.

511. Item, 2 queues de vin viez, qui estoient eu chastel de Courbuel; vend. à Johanot de Saumur, 7¹ par.

512. Item, ou cellier du Temple, une queue de vin vermeil viez, et une queue de saugie blanc, viez vuidié environ demi pyé, et une bessière en une queue, où il a environ 1 muy de vin; vendu tout à Gillet, de l'Eschançonnerie, 8¹.

xxiij^ma *somma ab alia*. . . . . 156¹ 8ˢ 4ᵈ par.

Inventoire de Coutes, qui estoient en l'ostel du Temple.

513. Premièrement, une grant coucte et un coissin. présié 100ˢ par.¹.

514. Item, trois autres coute, présié chascune 4¹ p., valent 12¹ par.

515. Item, trois coutes, 60ˢ la pièce, valent 9¹.

516. Item, une coute, 40ˢ par.

517. Item, 17 coutes, 30ˢ la pièce, valent 25¹ 10ˢ p.

xxiiij^ma *somma ab alia* . . . . 60¹ par.

Inventoire de plusieurs autres choses qui estoient au Temple.

518. Premièrement. Ou cellier 23 queues vuides;

---

1. Cet article et les quatre suivants sont en accolade, avec ces mots : « Vend. ensemble à mons. des Noyers, 60¹ par. Et monte le pris 55¹ 10ˢ p. »

vendues ensemble à mons. Pierres de Villepereur, 40ˢ par.

519. Item, 7 quartes et demie d'uyle d'olive, pourrie et de nulle valeur, ne ne pout estre vendue.

520. Item, 2 sestiers et 6 bouesseaus de pois, le sestier 12ˢ, valent 30ˢ par.; vendus à l'évesque de Cornouaille, et à missire Nicole.

521. Item, 10 bouesseaus de fèves, 6ˢ 4ᵈ; vend. à Gieffroy de Breton.

522. Item, 2 sestiers de fèves viez, et 3 minos; vend. à Gieffroy le Breton, 13ˢ 9ᵈ.

523. Item, une chauffouere, 2ˢ 6ᵈ¹.

524. Item, 1 bacin ront, 6ˢ par.

525. Item, 1 bacin plat, 6ˢ par.

526. Item, 1 petit bacin ront, 2ˢ 6ᵈ.

527. Item, 1 chauderon d'estuves, 10ˢ.

528. Item, 1 chaudière, 10ˢ.

529. Item, 1 coquemart, 3ˢ.

530. Item, un bacin plat, 8ˢ ².

531. Item, 1 bacin ront, 6ˢ.

532. Item, une poche de fer, 3ˢ ³.

533. Item, uns fers à gauffres, et une autre paele, 5ˢ 6ᵈ.

534. Item, 2 coqmars, 6ˢ par.

535. Item, 24 tables, 15 paere de trétiaux, 2 dréçouers, 26 fourmes; vend. au Hospitaliers, 7¹ par.

---

1. Cet article et les six suivants sont en accolade, avec ces mots : « Vendu à Ysabeau de Til, 40ˢ. »

2. Cet article et le suivant sont en accolade, avec ces mots : « Vend. à Marie de la Chambre, 14ˢ. »

3. Cet article et les deux suivants sont en accolade, avec ces mots : « Vendu à Philippe de Nantuel, 14ˢ 6ᵈ. »

536. Item, 25 lars et demi, des quiex furent vendus 19 lars et demi à Johanot de Saint Marcel, 17¹ par.

537. Item, 6, vend. à plusieurs personnes, 6¹ par.

538. Item, 1 mortier et un pesteil à batre espices, ballié à Jaques de Boulonnois.

xxv^{ma} *somma ab alia* 37¹ 18ˢ 7ᵈ

539. Item, un drap d'escarlate morée, moullié et tondu, tenant 17 aunes; vend. 60¹ par.; vend. à Pierre des Essars, pour la Royne.

Somme toute de ces choses dessusdites jusques ci
. . . . 17,004¹ 16ˢ 7ᵈ ob. parisis.

Inventoire des choses qui estoient à Courbuel en l'ostel Madame.

540. Premièrement. 6 petites coutes et 6 coissins, présié 100ˢ par.¹.

541. Item, 10 draps petis, pour mesnie, et 4 viez nappes, prisié 30ˢ par.

542. Item, 4 viez tapis de lainne, et 2 dépeciés, 32ˢ par.

543. Item, 20 nappes, que plaines que ouvrées, et 2 touailles, en 1 penne, tout en un coffre, présié coffre et tout, 6¹ par.; vend. à mons. Adam de Préci, 8¹ par.

544. Item, une pièce de teille, tenant 32 aunes, 32ᵈ l'aune, valent 4¹ 5ˢ 4ᵈ par.².

---

1. Cet article et les deux suivants sont en accolade, avec ces mots : « Vendu à Johanne la Coutière. »

2. Cet article et les onze suivants sont en accolade, avec ces mots : « Vendu à mons. de Nouyers. »

545. Item, une pièce de toille, tenant 27 aunes, 3ˢ 6ᵈ l'aune, valent 4¹ 13ˢ 6ᵈ par.

546. Item, une pièce de toille, tenant 33 aunes, 3ˢ 6ᵈ l'aune, valent 115ˢ 6ᵈ par.

547. Item, une pièce de toille, tenant 10 aunes, 3ˢ 6ᵈ l'aune, valent 35ˢ par.

548. Item, 4 nappes, tenant 20 aunes en une pièce, présié 5ˢ l'aune, valent 100ˢ par.

549. Item, 4 nappes en une pièce, 100ˢ par.

549 *bis*. Item, un buscau, tenant 12 aunes, présié 48ˢ p.

550. Item, 1 buscau, tenant 13 aunes, présié 52ᵈ p.

551. Item, une pièce de touailles, tenant 30 aunes, présié 50ˢ p.

552. Item, une autre pièce de touailles, tenant 30 aunes, 60ˢ par.

553. Item, unes pièce de touailles, tenant 15 aunes, présié 22ˢ 6ᵈ.

554. Item, 5 touailles en une pièce, de 5 aunes chascune, 37ˢ 6ᵈ par.

555. Item, 4 touailles en une pièce, 32ˢ par.

556. Item, 2 pièces de petites touailles, tenant 24 aunes, 3ˢ l'aune, valent 72ˢ, donc Pierres des Essars prist la moitié, et mons. de Nouyers l'autre.

557. Item, 17 touailles en 4 pièces, tenant 5 aunes chascune, présié 2ˢ 6ᵈ l'aune, valent 10¹ 12ˢ 6ᵈ; vendu à mons. de Nouyers, donc Billouart eut une pièce, tenant 15 aunes, de 37ˢ 6ᵈ.

558. Item, une pièce de toille, tenant 32 aunes, 32ᵈ l'aune, valent 4¹ 5ˢ 4ᵈ par. Mons. Nicole, chapelain, mons. de Nouyers, les out vend. à lui.

559. Item, une pièce de toille, tenant 39 aunes, 3ˢ 6ᵈ l'aune, valent 6¹ 16ˢ 6ᵈ.

560. Item, 2 nappes en une pièce, 40ˢ.

561. Item, un buscau, tenant 14 aunes, présié 56ˢ [1].

562. Item, une pièce de toille, tenant 32 aunes, 3ˢ 6ᵈ l'aune, valent 112ˢ par.; vend. à P. des Essars.

563. Item, 2 napes en une pièce, présié 50ˢ par.[2].

564. Item, 2 nappes en une pièce, présié 60ˢ par.

565. Item, 3 orilliés, prisié 32ˢ par.

566. Item, uns grans tabliaus pour chappelle, et un eschiquier, vies, prisié 16ˡ par.; vend. à P. des Essars pour Madame la Roynne.

567. Item, 12 draps mauvais, petis, 4ˡ par.; vend. à mestre G. de Fourqueus.

568. Item, 17 draps mauvais, petis, 64ˢ par.; vend. à missire Nicole.

569. Item, une pièce de drap de Loviers, tenant 18 aunes, 10ˢ l'aune, valent 9ˡ par.[3].

570. Item, un drap de royé de Gant, entier, moullié et tendu, 10ˡ p.

571. Item, 2 vielles coustespointes, 1 petis couverteurs, 2 tapis, une flaxaye, et 2 mortiers, 4ˡ 16ˢ par.

572. Item, 3 viez pos de cuivre, 5 viez paeles, 4 petiz pos d'estain, 18 escuelles d'estain, tout vendu 70ˢ par.

573. Item, 2 seaus à eaue, 6ˢ par.[4].

---

1. Cet article et les deux précédents sont en accolade, avec ces mots : « Vend. à Johan Billouart. »

2. Cet article et les deux suivants sont en accolade, avec ces mots : « Vend. à P. des Essars. »

3. Cet article et les trois suivants sont en accolade, avec ces mots : « Tout vendu à Johanne la Coutière. »

4. Cet article et les trois suivants sont en accolade, avec ces mots : « Vendu tout à Philippot de Meaux. »

574. Item, un pié à bacin, 1 banc, 1 mortier et 1 péteil, 14ˢ par.

575. Item, une queue à vin aigre, où il a environ 1 muy, 25ˢ par.

576. Item, une huche longue, qui vint de Tigery, 16ˢ.

577. Item, 3 viez socz à chaine, 2 coutres et une cheville de fer; vend. à P. le Courant[1], 18ˢ; et 2 lieures, et 2 trais, 6ˢ par. S. à li 24ˢ p.

578. Item, 2 huches nuèves. présié 28ˢ; vend. à Jehan de Saumur.

579. Item, 1 grant Roumant viel, de plusieurs ystoires; non présié, non vendu, quar il est moult gastés.

580. Item, 1 drap marbré vermeillet, de Loviers, entier, rendu à la fame Johan de Tygery, à qui Madame commanda en son vivant que il li fust ballié, à la relacion Guillaume de Fourques et Nicole de Cailloue.

Somme . . . . 156ˡ 13ˢ 8ᵈ par.

Tygery[2].

581. Premièrement, 4 huches à buleter et à pestrin[3].

582. Item, une autre huche à metre lars.

583. Item, une petite huche.

584. Item, une petite table, une fourme, 2 trètes, et 3 chaères petites, présiées 4ˢ, et tout vendu.

---

1. Plutôt *Le Contant*.
2. Tigery (Seine-et-Oise), arr. de Corbeil.
3. Cet article et les deux suivants sont en accolade, avec ces mots : « Prisié tout 24ˢ par.; vend. à Johan le Mesnagier de Courbuel. »

585. Item, 2 chevaux qui furent Johan de Thygery et 2 qui furent Pierres d'Escharçon, 2 charètes, 1 tombereau, 2 viez chaines et tout le harnois des chevaux; vendu à Pierres le Contant, 32^l par.

586. Item, 3 queues où il a despense, présié 20$^{s\,l}$.

587. Item, 3 queues vuides, présié 6^s.

588. Item, 2 tones à fouler et 1 cuvier, 30^s.

589. Item, environ 200 de vèce, présié 32$^{s\,2}$.

590. Item, 300 d'autre vèce, présié 18^s.

591. Item, 18 sextiers du blé de Tygery, venu et vendu en Grève, à Paris, le sextier 12^s 6^d par., à Jehan de Saint Marcel; valent 11^l 5^d par.

592. Item, 8 sextiers d'avoine venus de Tigeray; vend. à mons. Nicole de Calloue, 13^s par., valent 104^s p.

593. Item, 8 rastelliers à brebis; vend. 12^s à Jehan le Mesnagier, de Corbüel.

594. Item, receu premier jour de février, de Robin l'Ostellier, serjant de Corbuel, pour deniers que il devoit par la fin de ses comptes, les partiez dudit Robin, 55^l 13^s 9^d par.

Somme, puis l'autre.......... 111^l 8^s 9^d par.

595. Item, 3 viez huches, un estal de cuisine, 2 trétiaux, 2 petites selles, une fourme petite à Escharçon, présié 16^s par.

596. Item, une petite table à piés, 2 viez ais, 2 petites fourmes, présié 5^s.

---

1. Cet article et les deux suivants sont en accolade, avec ces mots : « Vend. à Estienne de Corbuel. »

2. Cet article et le suivant sont en accolade, avec ces mots : « Vend. à Renier, du Séjour. »

597. Item, une queue où il a environ un pié de vin ; vendu à Tévenon Richon, 20.ˢ

598. Item, 2 queues de despense, présié 20ˢ.

599. Item, 3 cuves, que grans que petites, 4 cuviers? 2 tinneis? 2 mauvais entonneurs, 2 tonnelès à verjus, une civière et un lardier, 60ˢ p. (*Nota*. Pas de n° 600.)

601. Item, 200 ou environ de vèce, présié 32ˢ par.

Toutes ces choses vendues à Thevenon Richon, et à Guillaume de Saint Pers, et à plusieurs autres, par P. le Courant.

602. Item, 4 chartées de gros fain et 2 chartées d'autre ; vendu à Jehan Postellet, 4ˡ.

603. Item; viij ᵐ de fein, 80 bottaus mains, venus à Paris du chastel de Corbuel, et fut botelé du commandement les exécuteurs ; vendu à Symon de Lille, mons. François et autres, 50ˢ le millier, valent 19ˡ 16ˢ par.

Somme puis l'autre. . . . . 31ˡ 9ˢ par.

Inventoire des moebles qui estoient à Fonteinnebliaut.

604. Premièrement. Une grande coute pour Madame et le coissin ; vendus à Drion le chevalier, 8ˡ par.

605. Item, à Robin le Gastellier, vend. une autre coute. Item, 24 coutes et 24 coissins, 21 coute sans coinssins ; vend. ensemble 37ˡ par.

606. Item, à Pierres Maciquart, 10 coutes et 10 coissins ; vend. 9ˡ par.

607. Item, à Jehan d'Aubligny (on d'Anbligny), 3 coutes et 3 coissins, 54ˢ p.

608. Item, à Johan Rousseau, 4 coutes et 4 coissins, 64ˢ p.

609. Item, à Robin le Gastellier, 20 coutes, 20 coissins ; vend. 20¹ par.

610. Item, une queue de verjus et une autre queue plaine à moitié ; vend. à Drion le clerc, 4¹ par.

611. Item, x^m de pommes ; vend. à Robin le Gastellier, 40^s par.

612. Item, à lui une cuve et la chapelle pour estuve, 36^s p.

613. Item, à Philippot du Til ; vend. unes aumoires de fust qui estoient en la chambre, présié 24^s.

Somme de Fonteinebliaut . . . . 83¹ 18^s

Le rentage de Byère fut vendu pour l'aoust XXVIII à Drion le Queu, 37¹ par., et 37 m. d'aveine à la mesure de Gastinois, non paiés, et sont deus à l'Ascension prochain.

Inventoire des biens qui estoient à Moret[1].

614. Premièrement, 8 coutes et 7 coissins, lessés en garde à Sicaire? présié 10¹ par. ; vend. à Aagnesine, 11¹ par.

615. Item, 2 nascelles, présié 40^s [2].

616. Item, une saimme aveques les cordes, présié 60^s.

617. Item, les poissons qui sont en l'estanc de Mourcient et de toutes les eaues du domaine, furent

---

1. Moret en Gâtinais (Seine-et-Marne).
2. Cet article et le suivant sont en accolade, avec ces mots : « Vendus à Renart. »

vendus au Roy, ensemble 800¹ par., par marchié fait aus thrésoriers.

Somme pour Moret 816¹

*Inventoire des biens qui estoient à Flagi*¹.

618. Premièrement. Pour les terrages à la par Madame, 3 m. 1 sextier de grain à la mesure dou lyeu, pour l'aoust l'an XXVIII, c'est assavoir demi muy fourment, demi muy sègle, et 25 sextiers d'avene, présié par Regnaut le Munier et Johan de Launoy. Le blé 14ˢ par. le sextier l'un par l'autre, et l'avoine 8ˢ le sextier. Non vendu.

619. Item, Robin Gaudin doit 9 sextiers d'avoine pour l'aoust l'an XXVII, présié 8ˢ le sextier. Et ne sont pas vendu, quar il sont à poier à l'Ascension.

*Inventoire fait à Lorrez*².

620. Premièrement. Laurent Verreau doit pour l'aoust l'an XXVIII, pour les terrages à la part Madame, 14 muis que blé que avène, tel comme il y a en la granche, présié le blé 4ˢ 6ᵈ le sextier, et l'avoine 3ˢ 4ᵈ par. le sextier³.

621. Item, les miniaus⁴ ne sont pas cuillis juques à la mi-caresme, et pevent valoir par estimacion 15 sex-

---

1. Flagy en Gâtinais (Seine-et-Marne).
2. Lorrez-le-Bocage (Seine-et-Marne, arrondissement de Fontainebleau).
3. Cet article et le suivant sont en accolade, avec ces mots : « Et sont à paier à l'Ascencion proch. »
4. C.-à-d. les minages.

tiers de sègle à la mesure du lyeu, et peut valoir le sextier 4ˢ 6ᵈ par.

Inventoire fait à Grez[1].

622. Premièrement. Guillaume Patin tient les terrages, et doit pour ce 6 m. d'avoine à la mesure du lieu, présié la mine 20ᵈ par.[2].

623. Item, Gieffroy Vuide Bourse doit de terme passé 8 muis et demy avène, présié 20ᵈ la mine; vendue ensemble à Robin de Guye, et à Perot Jaoylier, 21ˡ par.

Inventoire fait à Nemox[3].

624. Premièrement. Jehan le Doyen, autrement des Vignes, et Johan Arnoul, tiennent les terrages à 26 muys, c'est assavoir 12 muis sègle et 14 muis avoine; de ce chiet pour les assignés 5 muys et demi de seigle, et demi muy avoine, demeure pour Madame 6 muis et demi de seigle et 13 muis et demi avene, présié le sègle 24ᵈ la mine, et l'avoine 20ᵈ la mine; vendu le sègle à Estienne Crestienne 2ˢ 6ᵈ la mine, valent 19ˡ 2ˢ par. et l'avoine 50ˢ le muy, valent 33ˡ 15ˢ par.

625. Item, 5 escuelles d'esteim, vend. au prévost 3ˢ par.

Somme de Nemox. . . . . 53ˡ 10ˢ par.

---

1. Grez en Gâtinais (Seine-et-Marne).
2. Cet article et le suivant sont en accolade, avec ces mots : « Ils sont à paier à l'Ascencion proch. »
3. Nemours en Gâtinais (Seine-et-Marne).

Inventoire faite au Mez le Mareschal.

626. Premièrement. En la grant sale 6 grans tables, présié 60^s [1].

627. Item, 14 tables mendres, présié 42^s.

628. Item, 22 fourmes, présiés 24^s.

629. Item, 33 trétiaus.

630. Item, 1 derecouer, présié 18^d.

631. Item, en la chambre dessous, où les escuiers gésaient, 5 grans tables fournies de cat., présiés 40^s par.

632. Item, 8 petites tables, présié avec les trétiaus, 16^s.

633. Item, 25 fourmes, que grans que petites, présié 25^s.

634. Item, 65 trétiaus, présié le remanant les tables fournies, 2^d la pièce.

635. Item, 8 coutes, 7 coissins, présié 7^l par.; vend. à missire Johan Cartaut, 7^l.

636. Item, 7 queues vuides, vend. à Johanot, 14^s p.

637. Item, 3 tonneaus vuis à despense, vend. à Jahot, 12^s par.

638. Item, ou pressouer 3 grans cuves [2].

639. Item, une en la tour.

640. Item, 3 autres cuves, présié 30^s [3].

---

1. Cet article et les huit suivants sont en accolade, avec ces mots : « Lessié au Roy tout; et sont au Mès le Mareschal. »

2. Cet article et le suivant sont en accolade, avec ces mots : « Présié chascune 13^s, valent 64^s, laissiés au Roy. »

3. Cet article et le suivant sont en accolade, avec ces mots : « Lessié au Roy. »

641. Item, en la tour, 4 fourmes, 2 tables et 7 trétiaus, présié 6ˢ.

642. Item, environ vij^c fagos, vend. à Jahot, 12ˢ.

643. Item, 5 escuelles d'estaim, présiés 5ˢ, vend. à Jahot.

644. Item, 5 muis et demi, moitié blé, moitié avène, des terrages; vendus pieçà par Jahot à Johan Caschier de Dourdines, le blé 2ˢ la mine, et l'avoine 16ᵈ la mine; et en a receu la monnoie li diz Jahos et mis en la réparation de l'ostel, si comme il dit. Monte la somme 11ˡ par.

645. Item, les muniers doivent blé pour le mouturage juques au jour du trespassement Madame.

646. Item, monnoie reçeue par Jahot de Montigny. Primo des misses Thierry, 40ˢ par.

647. Pour cens le jour Saint Leu, 6ᵈ.

648. Item, pour cens, le jour Saint Remy, 15ˡ 2ˢ 5ᵈ.

649. Item, pour autre cens dessus les vignes, 9ˢ 9ᵈ à ce terme.

650. Item, à ce terme pour les cens de la Gerville, 60ˢ.

651. Item, pour les cens du Mès à la saint Denys, 44ˢ 3ᵈ.

652. Item, de Dryon le clerc, 20ˢ.

Somme du Mez le Mareschal . . . . . 43ˡ 19ˢ 11ᵈ.

Lorrys en Gastinois.

653. Premièrement, 3 bonnes coutes et 3 coissins, présié, la meilleur 60ˢ par., et les autres 40ˢ pour pièce, valent 4ˡ par., valent pour tout 7ˡ par.

654. Item, 2 mendres coutes et 3 coissins[1].
655. Item, 2 coutes sans coissins, présié ensemble.
656. Item, 7 mauvais draps touz descirés[2].
657. Item, 4 nappes mauvaises.
758. Item, 1 tablier.
659. Item, 4 touailles, que bonnes que mauvaises.
660. Item, 2 oreilliers, présié 6^s.
661. Item, 1 couvertouer rouge, fourré de gris, tout pelé, présié 25^s.
662. Item, 1 autre de contrefille, fourré de connins et de chevriaux, présié 15^s.
663. Item, une coute poincte blanche, présié 8^s.
664. Item, 3 mauvais tapis royés, présié 20^s.
665. Item, 4 pos de cuivre, donc l'un est depeciés, une petite paele d'arain à 2 anneaus, une paelle de fer toute dépécié, et 1 pot d'estaim pour aumosne; présié tout 48^s par. Et y a un des pos de cuivre, le greigneur, à 24^s p.
666. Item, une petite chaudière, présié 8^s.

Tout ce vendu à Jaquemin le concierge; ensemble 18^l par. Somme par soy.

Somme par soy. . . . . 18^l par.

667. Item, les terrages et les minages sont vendus à Girart le Paignyé, 48 muys de grain, c'est à savoir 14 muys fourment, 14 muys sègle et 20 muys d'avène, donc les rentiers prennent les 14 muys fourment, et 6 muys de sègle, demeure que il doit 8 muys sègle et

---

1. Cet article et le suivant sont en accolade, avec ces mots : « 60^s par. »

2. Cet article et les trois suivants sont en accolade, avec ces mots : « Présié tout 16^s par. »

20 muys avoine. Et dit que il ne les doit juques à l'Ascencion. Présié le blé $2^s 4^d$ la mine, et l'avene 2^s la mine. Et sont à poier à l'Ascencion prochaine.

668. Item, 17 chièvres, que grans que petites, présié l'une par l'autre 20^s par., et sont données aux amis Madame.

Chasteauneuf[1].

669. Premièrement, une queue de verjus viez[2].
670. Item, une queue de verjus nouvel.
671. Item, 2 queues de vin des treilles.

Somme par soy . . . . 10^l par.

G. secunda. Somma grossa ab alia, $1324^l 19^s 4^d$ p.

Inventoire des biens qui estoient ès hostiex Madame en Normendie.

672. Premièrement. Au Plessis, 219 chiefs de brebis à leine et une pel d'aignel, vend. à Mahieu Gaudart 218, chascune beste 9^s par., valent $98^l 2^s$, et la 19e beste davantage.

673. Item, 58 pouceaus (sic), vend. à Thomas Hanon, du Pont St Pierre, 58^l par.

674. Item, une truie et 4 pourcelès petis[3].
675. Item, 10 petis pourceaus non vendus.
676. Item, 6 vaches et un torel, vend. à Robin le boucher, $16^l 10^s$ par.

---

1. Châteauneuf-sur-Loire (Loiret).
2. Cet article et les deux suivants sont en accolade, avec ces mots : « Vendu ensemble à Thevenin le Jordinier, 10^l par. »
3. Cet article et le suivant sont en accolade, avec ces mots : « Et en comptera J. de la Prée, et d'un petit cheval qui li est demouré. »

677. Item, 4 chevaux de charue, vendus les 3 (*sic*), aveques les colliers et leur harnois, à Guillebert Poline, 24¹ par.

678. Item, 2 selles à charetier, 2 dossières, l'une nuève et l'autre viez, 2 viez avalouères, 2 coliers de limons, 4 autres enhernechiés, une bonne cherète, 2 viez cherètes ferrées, 2 tumbereaus sans roez, 2 chérus à fers et à rouèles, et 4 herches. Tout vendu ensemble audit Guillebert Pooline, 9¹ par.

679. Item, les blez de la granche ne pevent estre présiés juques à tant que il soient vendus et les pois aussi. Et en comptera ledit Johan, et a ballié sur ce 39¹ 10ˢ.

680. Item, environ xij ͨ de vèce, vendu vij ͨ au balli de Gysors 8¹ 8ˢ par. Et le remenant est de la granche.

681. Item, environ 6 chartées de fain, vend. à Guillebert Pooline, 10¹.

682. Item, environ 28 acres de blez en terre, faiz aus coux Madame.

683. Item, 10 costes de poirreaus ou environ.

684. Item, la revenue du moulin juques au trespas Madame. Et des autres revenues de l'ostel, Johan de la Prée en comptera.

685. *Coutes*. Premièrement, 2 coutes de 2 lez et 2 coissins¹.

686. Item, 7 autres petites coutes et 7 coissins.

687. Item, 1 couvertouer ver, fourré de connins.

688. Item, un couvertouer rouge, fourré de connins.

1. Cet article et les dix suivants sont en accolade, avec ces mots : « Sont apresiés et à vendre, et en comptera J. de la Prée. »

689. Item, 1 couvertouer de pers banc? fourré de connins.

690. Item, 3 viez mauvaises coutespointes, qui furent de samit noir.

691. Item, 3 couvertouers de burel petis sans fourreure.

692. Item, un couvertouer de pers cler sengle.

693. Item, 1 couvertouer rouge tout dépécié.

694. Item, 6 carreaus à seoir, de bourre, touz viez.

695. Item, 2 petis orelliers à lit.

Hernoys de cuisine.

696. Premièrement, 2 pos d'arain à traire vaches[1].

697. Item, un grant bacin à laver mains.

698. Item, 1 autre mendre.

699. Item, 2 chaufeurs.

700. Item, 2 trépiés, l'un grant et l'autre petit.

701. Item, 1 grant chenet de fer et 2 petis.

702. Item, un bacin à laver testes.

703. Item, une lèchefrée d'arain à queue de fer.

704. Item, une viez paelle d'arain.

705. Item, 2 paelles de fer de nulle valleur.

706. Item, 4 plateaus d'estein mauvais.

707. Item, un petit potonnet (ou poçonnet) de cuivre.

708. Item, un pot de cuivre plus grant.

709. Item, 3 viez paelles d'arain à bouez.

710. Item, une autre à 2 anneaux.

711. Item, 3 viez chaudières.

1. Cet article et les vingt-trois suivants sont en accolade, avec ces mots : « Non vendu et en comptera J. de la Prée. »

712. Item, 1 grant pot de cuivre à 2 anneaus de fer.

713. Item, 20 escuelles d'esteim et 4 saussières.

714. Item, 9 pos d'estaim, que grans que petis.

715. Item, 1 grant mortier.

716. Item, 49 fourmes et 31 tables, 68 trétiaux et 5 chaères.

717. Item, 1 banc en la sale.

718. Item, une broche de fer et unes tenailles de fer, viès.

719. Item, 8 huches mauvaises, donc l'une est ferrée.

Chappelle.

720. Premièrement, 2 chasubles, une de samit rouge, et l'autre de drap de soye à oiselès jaunes, fourrées de teille taincte, et un corporalier viez de cendal vermeil, et 2 corporeauls dedens[1].

721. Item, une aube parée, estole et fanon de meismes. Et une aube et 2 amiz desparés.

722. Item, 1 calice d'argent doré.

723. Item, un oreillier de saye pour le messel.

724. Item, 2 messals, l'un nuef, l'autre viez.

725. Item, 1 rochet.

726. Item, 1 frontel et 1 dossel de cendal noir, de fleur de lis batus d'or, fourrés de toile.

727. Item, 4 mauvaises touailles d'autel.

728. Item, un viez chandellier de cuivre.

729. Item, 1 orcel d'estaim à eaue benoiste.

730. Item, une huche pour les aournemens.

1. Cet article et les dix suivants sont en accolade, avec ces mots : « Tout ce lessié à l'ostel, pour ço que il y a chappellain perpétuel. »

731. Item, du balli de Gisors, receu pour muy et demy d'avène vendu à li, 13¹ 10ˢ.

732. Item, de li pour vij^c de pesas et iiij^c fuerre d'avoine, 77ˢ.

733. De li pour vij^c fuerre de blé, 42ˢ.

Somme reçeue pour le Plessis . . . . 282¹ 19ˢ.

Maineville[1].

734. Premièrement, 26 coutes et 23 coissins, présié tout ensemble 12¹, lessié à mons. de Nouyers, pour 12¹ par.

735. Item, en la granche devant, environ 60 chertées de fain, présié 60¹, non vendu.

736. Item, de 60 mines d'aveine que les gens de la ville doivent, vendu à Estienne Flaquet et au neveu, au bailli de Gisors, 3ˢ la mine, valent 18¹ par.

737. Item, Ode de la Rue doit rendre à Noël ccc xxviii à Maineville, pour les 3 villes S. Denys, 190 mines d'avoine, non vend.

738. Item, 3 chenès de fer[2].

739. Item, une cloche pour moustier, gésant.

740. Item, 36 tables à trétiaus et 36 fourmes.

741. Item, 2 grans mortiers[3].

742. Item, 1 grant banc.

743. Item, viij^m de tuylle ou environ.

---

1. Maineville (Eure).

2. Cet article et les deux suivants sont en accolade, avec ces mots : « Donc il y a 12 tables noëves et 10 fourmes lessiés en l'ostel que Madame fist faire. »

3. Cet article et les sept suivants sont en accolade, avec ces mots : « Lessié à l'ostel. »

744. Item, 10 verveux, 2 trainaux, un trainel et une chausce à peeschier, qui valent environ 30ˢ.

745. Item, en la chapelle un messel.

746. Item, une chasuble.

747. Item, une aube, un amit, une estole, un fanon.

748. Item, un autel benoist et 3 touailles à autel.

Somme receu de Meineville. . . . . 30¹ par.

Item les debtes que Perceval Vincent, receveur Madame, a balliées à recevoir par les exécuteurs, partie receue et partie à recevoir.

Premièrement. La fame feu Philippon Guillebert pour son? compte des enchières de la vente de Mez, 29¹ 5ˢ.

Garcin de Chevigny, dit de Prégirmaut, pour 3 amendes, 120¹ p.

Guillaume d'Ampouville, pour partie d'une amende de 60¹ pour le remenant, 45¹ 10ˢ 4ᵈ p.

Mons. Johan d'Uisy, pour le restas de ses comptes, 24¹ 2ˢ 6ᵈ p.

La fame feu Estienne le Voussi, jadis receveur, pour son restas, 94¹ 9ˢ 3ᵈ p.

Estienne Bouteau, pour une amende, 200¹. poié 120¹.

Jehan Chamaillart, prévost de Chasteau Landon, pour le charroy d'Orfarville, que il a tenu puis la Saint Johan, 11ˢ 4ᵈ par.

Item, ledit prévost, pour les cens de la Saint Pierre et S. Pol. 4¹ 5ˢ 6ᵈ.

Item, ledit prévost, pour les cens de la Saint Remy, 101ˢ 9ᵈ.

Item, ledit prévost, pour les cens de la Saint Denys ensievant, 27ˢ 2ᵈ.

Item, Pierre le Convers de Baugency, pour le restat du compte que il a receu pouiz la Saint Johan, 60¹ 7ᵈ.

Item, ledit Pierre, pour 8 mines de noys et pour une livre de poivre, 29ˢ par.

Item, les fieffermes de Normendie, 194¹ 3ˢ 7ᵈ.

Mons. Pierres de Giroles, pour une amende, 20¹ p.

La Boulote de Nuefville, de la somme de 24¹, que elle devoit pour amende, 10¹ par.[1]

Thiesselot Quatressouls, dudit lieu, pour le remenant de 10¹ pour amende, 60ˢ.

La fame Renaut Pillastre, pour amende, 10¹.

Gillet Thion, pour 13 brebis d'espave, 59ˢ.

Missire Nicole de Challoue, pour 6 royés achatez à Prouvins pour la livrée des petis varlès, du terme de ceste Toussains, qui coustèrent 12¹ 8ˢ la pièce, et 6 autres qui coustèrent 11¹ 4ˢ, et pour 36ˢ que les draps coustèrent à amener de Prouvins à Paris, 143¹ 8ˢ par.

Mestre Johan de Herches, pour le droit que Madame avoit ès brebis de Thigery, 8¹ par.

Item, ladicte Royne devoit à Jehan de l'Ospital 11¹, lesquiex ledit Perceval a paiez pour lad. Dame, et li donne cour lieu.

Somme pour Perceval....... 988¹ 12ˢ 10ᵈ p.
De ce receu............. 550¹ 9ˢ 9ᵈ.
Reste à recevoir.......... 426¹ 3ˢ 2ᵈ.

Item, autres debtes deues à Madame au temps de son trespassement.

Premièrement. Guillaume le Tourneur, de Cour-

---

1. Cet article et le suivant sont en accolade, avec ces mots : « Madame leur quitta par ses lettres. »

buel, demourant pour amende de greigneur, somme, 60ˢ.

Item, vij jours en décembre, poié par Chardot Godart, pour le grillage des boys de Violete et de Cornouaille, en la chastellenie de Corbuel, 100ˢ.

Item, ce jour, pour le crois de 600 florins royals, pris la pièce pour 28ˢ et mis en Gastinois[1] pour 28ˢ 4ᵈ, 10ˡ par.

Item, pour 292 connins, vendus à Philippot le poullallier de Corbuel, à prendre en la garenne de Ferrières, 60ˡ le millier, du temps que Madame vivoit, 17ˡ 10ˢ.

Item, Gieffroy Challot, prévost de Samoys (ou Sainoys), pour 5 minaus d'aveine pris sus Henri le Queu, pour debte que il devoit à Madame, vendu à li, 12ˢ 6ᵈ.

Item, de li pour celle cause des biens dudit Henri, 30ˢ p.

Item, de l'appostolle de Moret, pour la vente de 15 queeus wides, prises à Fonteinebliaut, 60ˢ.

Item, de Aucher, le jour S. Luce, pour deniers que il devoit pour prest fait à li par Madame, 10ˡ p.

Item, de Renaut de Villers, prévost de Montargis, pour les cens de Poocourt, au terme de la S. Remy, 38ˢ p.

Item, de Pierre de Sourti, serjant de Chasteau Landon, pour le demourant des esplois Johan du Cimetière, jadis prévost de Chasteau Landon, 9ˡ 5ˢ 7ᵈ p.

Item, de Gieffroy, portier du Temple, pour les coutumes du Temple, depuis la Saint Denys l'an XXVII, juques à cel jour l'an XXVIII, 48ˡ.

---

1. Et *mis*, c.-à-d. *dépensés*, en Gastinois.

Item, de Martin de Villeines, pour les jardins du Temple et les prés du Temple, ascensés à lui depuis la Saint Martin l'an XXVII, juques à la S. Martin l'an XXVIII, 58¹ par., de ce chiet, pour ce que Madame ne vesqui pas l'an entier, et en vouloit porter le prieur de l'Ospital les porées et les poreaus, lesquiex devoient garantir li exécuteur pour ce 16¹ par., et de la somme de 58¹, a compté missire Thyerry, garde de la Chambre aus Deniers,

en ses receptes, 12¹ par. Restat receu 30¹ p.

De Guillaume Soufflet, pour deniers recouvrez de li qui li estoient paiez 2 foiz, 9¹ 3ˢ 4ᵈ.

De Johannot L'Ermite, tondeur, pour 8 aunes et demie de drap des escuiers, demourant de la livrée de la Toussains l'an XXVIII. 8¹ par.

Item, de li, pour 3 aunes et demie du drap des clers, de ce terme, 66ˢ.

Somme de ces parties .... 160¹ 5ˢ 2ᵈ.

Recepte des fieffermes de Normendie pour le terme de la S. Michel l'an XXVIII.

Premièrement. Du balli de Caen, 1516¹ 5ˢ 4ᵈ ob. tornois, valent 1213¹ 3ᵈ ob. par.

Item, en la ballie de Rouen, par la main du viconte d'Auge, 645¹ 5ˢ 11ᵈ t., valent 516¹ 4ˢ 9ᵈ par.

Somme pour les dix fieffermes .... 1729¹ 5ˢ ob.

Tertia Somma grossa ab alia, 2752¹ 18ˢ 11ᵈ ob. p.

Somme toute de cest présent inventaire .....
.... 21,082¹ 14ˢ 11ᵈ.

COMPTE

DE

L'ARGENTERIE DU ROI

POUR LE TERME DE LA SAINT-JEAN

1387 [1].

LE XVIIe COMPTE [2] Guillaume Brunel, trésorier et argentier du roy nostre sire, de la recepte et despense par lui faicte pour le fait de l'Argenterie dudit seigneur, depuis le premier jour de janvier, l'an mil CCC iiij[xx] et six, que son autre compte dudit fait finy, jusques au derrenier jour de juing ensuivant, CCC iiij[xx] et sept encloz. Dont les parties ont esté prinses, achatées et délivrées, tant aux gens et officiers dudit seigneur, comme aux gens et officiers de madame la Royne et de monseigneur le duc de Thouraine [3], en la fourme et manière qu'il est contenu en la despense de ce présent compte. En la présence de maistre Pierre Poquet, contrerolleur de ladicte argenterie, si comme il appert par son papier de contrerolle, baillié à Court en l'audicion de ce présent compte. Franc valent 16[s] par. pièce par ledit temps.

1. L'original de ce compte se trouve dans un registre gr. in-4° parch., conservé aux Archives nationales, sous la cote KK. 18, contenant 239 feuillets, où il occupe les fol. 1 à 91.
2. « Pro dimidio anno finito ad primam Julii CCC IIII[xx] VII°. Traditus XVI Martii CCC IIII[xx] VII°. »
3. *Le duc de Thouraine*, plus tard Louis, duc d'Orléans.

RECEPTE faicte par ledit trésorier et Argentier par le temps de ce présent compte.

Et premièrement.

Des trésoriers du roy nostresire, à Paris, par la main de Pierre de Sens, changeur du trésor dudit seigneur, à Paris, comptant[1] par Jehan de Brebant, receveur du Dalphiné, pour convertir ou fait de ladicte Argenterie, par lettre dudit argentier, donnée le xxij^e jour d'avril CCC iiij^{xx} et sept après Pasques.

1066^l 13^s 4^d p.[2].

Desdiz trésoriers, par la main dudit Pierre de Sens, changeur dudit trésor, pour convertir et emploier ou fait de ladicte Argenterie, comptant, par maistre Jehan Perdrier, maistre de la Chambre aux deniers de madame la Royne, par lettre dudit Argentier, donnée le xe jour de juing CCC iiij^{xx} et sept. En vj$^{xx l}$ t. 96^l p.

Desdiz trésoriers, par la main dudit changeur, comptant, à Paris, par Jehan Séjourne, receveur de Senlis, pour tourner et convertir ou fait de ladicte Argenterie, par lettre dudit Argentier, donnée le xj^e jour de juing CCC iiij^{xx} et sept. En plusieurs parties et en blans de 4^d p. pièce. 800^l p.

Desdiz trésoriers, par la main dudit changeur, comptant, à Paris, par Jehan de Brebant, receveur du Dalphiné, pour tourner et convertir ou fait de ladicte Argenterie, par lettre dudit Argentier, donnée le xij^e jour dudit mois de juing. 2133^l 6^s 8^d p.

Desdiz trésoriers, par la main dudit changeur,

---

1. *Comptant*; il y a au texte *compt.*, qu'on peut lire *compté*, ou *comptant*.

2. *Corrigitur in Thesauro*. Le mot *corrigitur* est écrit *cor*, surmonté d'un signe abréviatif.

comptant, à Paris, par Jehan le Riche, receveur de Vermendois, pour convertir et emploier ou fait de ladicte Argenterie, par lettre dudit Argentier, donnée le xij° jour de juing dessusdit. 1215ˡ 6ˢ 8ᵈ p.¹.

Summa . . . . 5311ˡ 6ˢ 8ᵈ parisis.

AUTRE RECEPTE faite par ledit trésorier et Argentier².

De Jehan Chanteprime, receveur général des aides ordonnez pour la guerre, pour tourner et convertir ou fait de ladicte Argenterie, 2200ˡ t. C'estassavoir, par la main de Jacques de Launoy, grenetier du grenier à sel de Chaalons, 400ˡ t. De Raoul de Montigny, grenetier du grenier à sel de Reims, 800ˡ t.³. De Jehan le Picart, grenetier du grenier de Sens, 400ˡ t.⁴. Et de Pierre le Clerc, grenetier du grenier à sel de Chasteau-thierry, 600ˡ t. Pour tout, par lettre dudit Argentier, donnée le xxij° jour de janvier l'an mil CCC iiij^{xx} et vj. En 2200ˡ t., comme dessus. 1760ˡ p.⁵.

Dudit receveur général, pour convertir et emploier ou fait de ladicte Argenterie, par lettre dudit Argentier, donnée le xvj° jour de février, l'an mil CCC iiij^{xx} et vj. 800ˡ p.⁶.

---

1. Ces cinq articles de recette sont, dans l'original, réunis par une accolade, et on lit en marge : *Capiuntur omnes iste partes per thesaurarium ad sanctum Johannem CCC IIII^{xx} VII. Et ibi corrigitur.*

2. *Corrigitur.*

3. *Dictus argentarius capit inferius de dictis viij^{cl} t. iij^{cl} t. pro denariis redditis et non acceptis de dicto Rodulpho. Et ibi corrigitur.*

4. *Dicte iiij^{cl} t. reddite de dicto Jo. Picardi capiuntur inferius causa qua supra.*

5. *Capiuntur per quintum compotum dicti Jo. finitum ad ult. Januarii CCC IIII^{xx} VI^{to}.*

6. Cet article et les cinq suivants sont en accolade, avec la note :

Dudit receveur général, comptant par lui, pour convertir et employer ou fait de ladicte Argenterie, par lettre dudit Argentier, donnée le xviij⁰ jour de mars, l'an mil CCC iiij^{xx} et vj. En blans de 4^d p. pièce.
$\qquad$ 1600^1 p.

Dudit receveur, pour tourner et convertir ou fait de ladicte Argenterie : C'est assavoir, en drap et la broderie de xxvj houppellandes de drap vert, que le Roy nostresire avoit ordonné estre faictes pour le premier jour de may derrenièrement passé. Pour ce, par lettre dudit Argentier, donnée le xe jour d'avril CCC iiij^{xx} et sept, après Pasques. En 500^1 t. $\qquad$ 400^1 p.

Dudit receveur général, comptant, à Paris, par la main Jaques Hémon, receveur des aides pour la guerre à Soissons, pour convertir et employer ou fait de ladicte Argenterie : C'est assavoir en draps et pannes pour les robes des maistres d'ostel du Roy nostre sire et des chappellains, clercs et sommelliers de la Chappelle dudit seigneur, par lettre dudit Argentier, donnée le xiiij^e jour de may, l'an mil CCC iiij^{xx} et sept. En blans de 4^d p. pièce. $\qquad$ 1893^1 17^s 4^4 p.

Dudit receveur général, pour convertir et employer ou fait de ladicte Argenterie, par lettre dudit Argentier, donnée le xiiij^e jour de may, l'an mil CCC iiij^{xx} et sept, comptant, à Paris, par la main de Jaques de Launoy, grenetier à sel de Chaalons. En 300^1 t.
$\qquad$ 240^1 p.

Dudit receveur général, pour convertir et employer oudit fait de l'Argenterie, par lettre dudit Argentier,

---

Iste vj partes accollate capiuntur per quintum compotum dicti Jo. finitum ad primam Julii CCC IIII^{xx} VI^{to}. Et ibi corrigitur.

DE L'ARGENTERIE DU ROI.   117

donnée le xiij⁰ jour de juing, l'an mil ccc iiij^{xx} et vij. En blans de 4^d p. pièce.   1600¹ p.

Dudit receveur général, pour convertir et employer ou fait de ladicte Argenterie : c'est assavoir en draps et pannes, pour avoir robes à maistre Lieger d'Angennes, secretaire du Roy nostresire, et Jehan de Condé, varlet de chambre dudit seigneur, du pris et valeur de 100¹ p. Pour ce, par lettre dudit Argentier, donnée le xx⁰ jour de septembre ccc iiij^{xx} et vj.   100¹ p.¹

Summa . . . . 8393¹ 17ˢ 4ᵈ p.

AUTRE RECEPTE EXTRAORDINAIRE faicte par ledit Argentier par ledit temps.

De maistre Guillaume Perdrier, maistre de la Chambre aux deniers du Roy nostresire, et de maistre Lorens Bourdon, contrerolleur de ladicte Chambre, pour certaine vaisselle d'argent blanc despeciée, qui avoit esté emblée en l'ostel dudit seigneur, et depuis rapportée et baillée aux diz maistre et contrerolleur; laquelle vaisselle estoit de plas et escuelles d'argent blanc. Pour ce, reçeu le xvj⁰ jour de février, l'an mil ccc iiij^{xx} et vj, quatre mars, une once d'argent du viez poinçon. Dont il chiet pour empérance à revenir au nouvel poinçon, une once d'argent. Demeure quatre mars, qui valent à 4¹ 16ˢ p. le marc.   19¹ 12ˢ p.

Summa per se. . . . . 19¹ 12ˢ p.

AUTRE RECEPTE, de garnisons.

De la défoureure d'une robe de v garnemens du

---

1. *Capiuntur per quintum compotum dicti Jo. finitum ad ultimam januarii CCC IIII^{xx} VI^{to}.*

Roy nostresire, la housse tenant vj^c hermines, seurcot clos iiij^c ij hermines, seurcot ouvert iij^c viij hermines, la garnache iij^c hermines, le mantel à parer iiij^c hermines. Pour tout   2010 hermines.

De la deffoureure d'un manteau de veluiau azur de la Royne estant en la garde de ......[1] fourré d'ermines. Lequel a esté deffourré pour reffourrer un autre grant manteau de veluiau vermeil en graine, pour ledit seigneur. Tenant la penne du manteau de veluiau azur.
           897 hermines.

De Jehan du Val, peletier, demeurant à Paris, pour certaine quantité de lettices, achatées de lui pour mettre èsdictes garnisons. Pour ce
       5 douzaines de lettices.

Summa totalis Recepte hujus compoti, 13724^l 16^s p.

Et . . . . 2907 hermines
Et . . . . . 5 douzaines de lettices } de garnison.

---

1. Le nom du gardien est resté en blanc.

MISES

FAITTES PAR LEDIT TRÉSORIER ET ARGENTIER,

DE LA RECEPTE DESSUSDICTE[1].

—

Et premièrement.

Draps de lainne pour le corps du Roy nostre sire, et de monseigneur le duc de Thouraine, bailliez aux gens et officiers desdiz seigneurs pour le temps de ce présent compte, en la présence dudit Contrerolleur.

A Aubelet Buignet, drappier, demourant à Paris, pour deniers à lui paiez, qui deubz lui estoient, pour xvj aulnes d'escarlate vermeille de Bruxelles, achettées de lui le viij^e jour de janvier, l'an mil ccc iiij^{xx} et vj, pour faire deux costes hardies et deux grans manteaulx à chevauchier, pour le Roy, nostredit seigneur, et monseigneur le duc de Thouraine, et baillées à Guillaume Climence, tailleur de robes desdiz seigneurs, pour ce faire. Pour ce, au pris de 4^l 16^s p. l'aulne, valent 76^l 16^s p. Pour ce, par quictance dudit Aubelet, donnée le xviij^e jour de juillet, l'an mil ccc iiij^{xx} et vij.   76^l 16^s p.

A Nicolas Alixandre, drappier, demourant à Paris, pour deniers à li paiez qui deubs lui estoient pour les parties qui ensuivent. C'est assavoir pour 5 aulnes de

---

1. *Collacio tocius expense presentis compoti facta fuit cum papiru contractulatoris P. Poquet, ipso presente.*

drap fin blanc de Bruxelles, de grant moison, achattés de li le xix⁰ jour de janvier, ccc iiij^xx et vj. C'est assavoir, iiij aulnes pour faire chausses à partir contre vermeilles, pour le Roy et monseigneur le duc de Thouraine, et une aulne pour faire chaussons pour ledit seigneur, et baillées audit Guillaume Climence. Pour ce, au pris de 64ˢ p. l'aulne, valent 16¹ p.

A lui, pour vj aulnes et un quartier d'escarlate vermeille de Brucelles, achattées de lui le xix⁰ jour dudit mois de janvier, pour faire chausses pour lesdiz seigneurs, et baillées audit Guillaume. Pour ce, au pris de 4¹ 16ˢ p. l'aulne, valent 30¹ p.

A lui, pour demie aulne d'escarlate rosée de Brucelles, achattée de li ce jour pour faire deux chapperons, l'un double et l'autre sangle, pour le Roy nostredit seigneur, pour ce qu'il avoit donné les chapperons d'une houppellande de ladicte escarlate; et baillié audit Guillaume Climence. Pour ce, au pris de 4¹ 16ˢ p. l'aulne, valent 48ˢ p.

A lui, pour une escarlate rosée entière de Bruxelles, contenant xxiiij aulnes, achattée de lui le xxij⁰ jour dudit mois de janvier, pour faire deux paire de robes, chascune de iiij garnemens, l'une pour le Roy nostredit seigneur, et l'autre pour monseigneur le duc de Thouraine, pour la feste de la Chandelleur, et baillée audit Guillaume Climence. Pour ce, 112¹ par. Pour tout ces dictes parties, par quictance dudit Nicolas, le xiiij⁰ jour de juing, ccc iiij^xx et vij. 160¹ 8ˢ p.

A Aubelet Buignet, drappier, demourant à Paris, pour deniers à lui paiez qui deubz lui estoient pour les parties qui s'ensuivent : C'est assavoir pour deux aulnes d'escarlate rosée toute preste, achattées de li le xxijᵉ jour de janvier, ccc iiijˣˣ et vj, et baillées à Guillaume Climence, tailleur de robes du Roy nostre sire, pour faire lesdictes robes pour ledit seigneur et monseigneur le duc de Thouraine, qu'ils orent à ladicte feste de la Chandeleur. Pour ce, au pris de 112ˢ p. l'aulne, valent . 11ˡ 4ˢ p.

A lui, pour iij aulnes d'escarlate de Bruxelles, de grant moison, toute preste, achattée de li le derrenier jour dudit mois de janvier et baillées audit Guillaume, pour doubler quatre petiz pourpoins de toille de Reims pour lesdiz seigneurs. Pour ce, audit pris de 112ˢ p. l'aulne, valent 16ˡ 16ˢ p.

A lui, pour v aulnes de drap vert brun de Broixelles, de grant moison, achattées de lui le iiijᵉ jour de février ensuivant, et baillées audit Guillaume, pour faire deux houppellandes courtes à chevauchier et chapperons doubles et sangles, pour lesdiz seigneurs. Pour ce, au pris de 40ˢ p. l'aune, valent 10ˡ p.

A li, pour iij aulnes d'escarlate vermeille de Bruxelles, de grant moison, achattées de li ce jour, pour faire iij chapperons doubles et iij sangles, pour affubler sus deux houppellandes longues de satin vermeil en graine, et deux petites jaquettes de veloux vermeil en grainne, pour les diz seigneurs. Pour ce, au pris de 4ˡ 8ˢ p. l'aulne, valent 13ˡ 4ˢ p.

A lui, pour vj aulnes d'escarlate vermeille de Bruxelles, de grant moison, achattées de li le xᵉ jour dudit mois de février, et baillées audit Guillaume, pour faire chaussés pour lesdiz seigneurs. Pour ce, au pris de 4ˡ 16ˢ p. l'aulne, valent 28ˡ 16ˢ p.

A lui, pour vj aulnes d'escarlate vermeille de Bruxelles, de grant moison, achattées de li le xxvjᵉ jour de février, et baillées audit Guillaume, pour faire chausses pour lesdiz seigneurs. Pour ce, au pris de 4¹ 16ˢ p. l'aulne, valent 28¹ 16ˢ p.

A lui, pour une aulne de fin drap blanc, achettée de li ce jour, pour faire chaussons pour ledit seigneur, et baillées audit Guillaume. Pour ce, 40ˢ p. Pour tout ès dictes parties, par quictance donnée le xxiiij^e jour de may, ccc iiij^{xx} et vij. 110¹ 16ˢ p.

A Jehan Davy, drappier, demourant à Paris, pour deniers à li paiez, qui deubz lui estoient, pour xv aulnes et demie de drap vert de Bruxelles, de grant moison, achattées de li le second jour de mars, ccc iiij^{xx} et vj, et baillées audit Guillaume Climence, tailleur de robes, pour faire deux manteaulx doubles, tout un à chevauchier, et chapperons doubles, l'un pour le Roy nostresire, et l'autre pour monseigneur le duc de Thouraine. Pour ce, au pris de 44ˢ p. l'aulne, valent 34¹ 2ˢ p. Pour ce, par quictance dudit Jehan, donnée le xviij^e jour d'avril après Pasques, l'an mil ccc iiij^{xx} et vij. 34¹ 2ˢ p.

A Aubelet Buignet, drappier, demourant à Paris, pour deniers à li paiez, qui deubz li estoient, pour les parties qui ensuivent : c'est assavoir, pour une aulne de drap gris de Broixelles, tout prest, achattée de li le xve jour de mars, ccc iiij^{xx} et vij, et baillée à Guillaume Climence, tailleur de robes et varlet de chambre du Roy nostresire, pour faire deux chapperons doubles et un sangle, pour monseigneur le duc de Thouraine, à vestir et mettre sus ses houppellandes. Pour ce 48ˢ p.

A lui, pour un fin drap pers entier de Broixelles, de grant moison, achatté de lui ce jour, et baillié audit Guillaume Climence, pour faire deux paires de robes, chascune de iiij garnemens, l'une pour le Roy nostredit seigneur, et l'autre pour monseigneur le duc de Thouraine, pour la feste de Pasques Flories, pour ce 51^l 4^s p. Et pour iij aulnes de semblable drap, pour fournir ycelles robes, au pris de 44^s p. l'aulne, valent 6^l 12^s p. Pour tout 57^l 16^s p.

A lui, pour viij aulnes d'escarlate vermeille de Bruxelles, de grant moison, achattées de lui ce jour, et baillées audit Guillaume Climence, pour faire chausses pour lesdiz seigneurs, pour ce, au pris de 4^l 16^s p. l'aulne, valent 38^l 8^s p. Pour tout ès dictes parties, par quictance donnée le iiij^e jour de juing, l'an mil ccc iiij^{xx} et vij. 98^l 12^s p.

A Nicolas Alixandre, drappier, demourant à Paris, pour deniers à li paiez, qui deubz li estoient : C'est assavoir, pour une escarlate vermeille entière de Broixelles, contenant xxiiij aulnes, et viij aulnes de semblable, achattées de li le xixe jour de mars, ccc iiij^{xx} vj, et baillées audit Guillaume Climence, pour faire les habis qui s'ensuivent : C'est assavoir, xx aulnes pour faire une robe entière de vj garnemens pour le Roy nostredit seigneur, pour le jour des Grans Pasques. Et xij aulnes pour faire une autre robe de iiij garnemens pour monseigneur le duc de Thouraine pour ledit jour. Pour ce, au pris de 4^l 16^s p. l'aulne, valent 153^l 12^s p.

A lui, pour xiiij aulnes et demie d'escarlate rosée sur le brun, achattées de li ledit jour, pour faire une robe de iiij garnemens pour le Roy, pour la veille des Grans Pasques. Pour ce, au pris de 4^l 16^s p. l'aulne, valent 69^l 12^s p.

Audit Nicolas Alixandre, pour xj aulnes d'escarlate rozée clère, achattées de li ledit xixe jour de mars, et baillées audit Guillaume Climence, pour faire deux grans manteaulx à pignier, et chapperons doubles pour le Roy nostredit seigneur, et monseigneur le duc de Thouraine. Pour ce, au pris de 4^l 16^s p. l'aulne, valent 52^l 16^s p.

A lui, pour viij aulnes d'escarlate violette de Broixelles, de grant moison, achattées de li le xxixe jour dudit mois de mars, et baillées audit Guillaume Climence pour faire deux houppellandes, pour le Roy et monseigneur le duc de Thouraine. Pour ce, au pris de 4^l 16^s p. l'aulne, valent 38^l 8^s p. Pour tout, ès dictes parties, par quictance dudit Nicolas, donnée le xviij^e jour de juing, l'an mil ccc iiij^{xx} et vij, 314^l 8^s p.

A Aubelet Buignet, drappier, demourant à Paris, pour deniers à li paiez, qui deubz lui estoient pour les parties qui ensuivent : c'est assavoir pour iiij aulnes et un quartier de drap vert brun de Broixelles, de grant moison, achattées de lui le premier jour d'avril, ccc iiij^{xx} et vj avant Pasques, pour faire deux courtes houppellandes et chapperons pour le Roy nostredit seigneur, et monseigneur le duc de Thouraine, et baillées à Guillaume Climence, tailleur des robes dudit seigneur. Pour ce, au pris de 44^s p. l'aulne, valent 9^l 7^s p.

A lui, pour viij aulnes d'escarlate vermeille de Bruxelles, achattées de li le iiij^e jour dudit mois d'avril, et baillées audit Guillaume Climence, pour faire chausses pour les diz seigneurs. Pour ce, au pris de 4^l 16^s p. l'aulne, valent 38^l 8^s p.

Audit Aubelet Buignet, drappier, pour iiij aulnes de drap fin blanc de Bruxelles, de grant moison, achattées ce jour et baillées audit tailleur, pour faire chausses pour lesdiz seigneurs, à partir contre lesdictes chausses d'escarlate vermeille. Pour ce, au pris de 44ˢ p. l'aulne, valent 8¹ 16ˢ p.

A lui, pour viij aulnes d'escarlate vermeille de Broixelles, de grant moison, achattées de li le ixᵉ jour d'avril, CCC iiij^{xx} et vij après Pasques, et baillées audit tailleur, pour faire deux longues houppellandes et chapperons doubles et sangles pour le Roy nostredit seigneur, et pour monseigneur le duc de Thouraine. Pour ce, au pris de 4¹ 16ˢ p. l'aulne, valent 38¹ 8ˢ p.

A lui, pour viij aulnes d'escarlate rosée de Bruxelles, de grant moison, achattées de lui ce jour, et baillées audit tailleur, pour faire deux semblables houppellandes et chapperons pour lesdiz seigneurs. Pour ce, audit prix de 4¹ 16ˢ p. l'aulne, valent 38¹ 8ˢ p.

A lui, pour xiiij aulnes de drap vert de Rouen, tout prest, achattées de li le xxᵉ jour d'avril, CCC iiij^{xx} et vij après Pasques, et baillées audit tailleur, pour faire xiiij malettes ; c'estassavoir, viiij pour bailler à servir aux officiers de la chambre du Roy nostresire, et vj autres pour bailler à servir aux officiers de la chambre monseigneur le duc de Thouraine. Pour ce, au pris de 16ˢ p. l'aulne, valent 11¹ 4ˢ p.

A lui, pour une aulne d'escarlate vermeille toute preste, achattée de li le xxiiijᵉ jour dudit mois d'avril, et baillée audit tailleur, pour faire iiij chapperons, deux doubles, et deux sangles, à mettre sur jaquettes de satin et de veloux vermeil, pour lesdiz seigneurs. Pour ce 112ˢ p.

A lui, pour vj aulnes d'escarlate vermeille de Broixelles, toute preste, achattées de lui le xxvijᵉ jour dudit mois d'avril, et baillées audit tailleur, pour faire chausses pour lesdiz seigneurs; pour ce, au pris de 112ˢ p. l'aulne, valent 39ˡ 4ˢ p. Pour tout, ès dictes parties, par quictance dudit Aubelet, donnée le xxiiije jour de septembre, l'an mil CCC iiij{xx} et vij. 189ˡ 7ˢ p.

A Nicolas Alixandre, drappier, demourant à Paris, pour deniers à li paiez qui deubz lui estoient pour les parties qui ensuivent : C'est assavoir pour une escarlate rozée entière de Broixelles, de grant moison, contenant xxiiij aulnes, et ij aulnes de semblable escarlate, achattées de li le xxixe jour d'avril après Pasques, CCC iiij{xx} et vij, et baillées à Guillaume Climence, tailleur et varlet de chambre du Roy nostresire, pour faire deux paires de robes longues, chascune de iiij garnemens, l'une pour le Roy nostredit seigneur, et l'autre pour monseigneur le duc de Touraine, pour la feste de l'Ascension. Pour ce, au pris de 112ˡ p. l'escarlate entière, valent 121ˡ 12ˢ p.

A lui, pour une autre escarlate violette de Bruxelles contenant xxiiij aulnes, et viij aulnes de semblable escarlate, achattées de lui ledit xxive jour d'avril, pour faire deux paires de robes entieres : c'est assavoir, l'une de vj garnemens pour le Roy nostredit seigneur, et l'autre de iiij garnemens pour monseigneur le duc de Thouraine, pour le jour de la Penthecouste. Pour ce, au pris de 112ˡ p. l'escarlate entière, valent 149ˡ 6ˢ 9ᵈ p.

A lui, pour une escarlate vermeille entière de Broixelles, contenant xxiiij aulnes, achattée de li le ixe jour de may, CCCiiij{xx} et vij, et baillée audit Guillaume Climence, pour faire les habiz qui s'ensuivent : c'est assavoir xiiij aulnes, pour faire une robe de iiij garnemens pour le Roy nostredit seigneur, pour la veille de Pen-

thecouste, et iiij aulnes pour faire deux courtes houppellandes à chevauchier pour ledit seigneur, et monseigneur le duc de Thouraine, et vj aulnes pour faire chausses pour lesdiz seigneurs. Pour ce, 112^l p. Pour tout, ès dictes parties, par quictance dudit Nicolas, donnée le xxiiij^e jour de juing, l'an mil CCC iiij^{xx} et vij.
382^l 18^s 8^d p.

A Jehan de Berron, drappier, demourant à Paris, pour deniers à lui paiez qui deubz lui estoient, pour xiij aulnes de drap vert de Broixelles, de grant moison, achattées de lui le xij^e jour de may, CCC iiij^{xx} et vij, pour faire iiij houppellandes, deux longues et deux courtes, pour le Roy nostredit seigneur, et pour monseigneur le duc de Thouraine, et baillées audit Guillaume Climence, tailleur de robes dudit seigneur. Pour ce, au pris de 48^s p. l'aulne, valent 28^l 12^s p. Pour ce, pour quictance dudit Jehan, donnée le xxj^e jour de juing, l'an mil CCC iiij^{xx} et vij. 38^l 12^s p.

A Aubelet Buignet, drappier, demourant à Paris, pour deniers à lui paiez qui deubz lui estoient, pour vij aulnes d'escarlate vermeille de Bruxelles, achattées de lui le xxve jour de may, CCC iiij^{xx} et vij, et baillées à Guillaume Climence, tailleur de robes, pour faire deux costes hardies à chevauchier, pour le Roy nostredit seigneur, et pour monseigneur le duc de Thouraine, au pris de 4^l 16^s p. l'aulne, valent 38^l 12^s p. Pour ce, par quictance dudit Aubelet, donnée le xiiij^e jour de juing l'an mil CCC iiij^{xx} et vij. 33^l 12^s p.

A Nicolas Alixandre, drappier, demourant à Paris, pour deniers à lui paiez qui deubz lui estoient pour les parties qui s'ensuivent : c'est assavoir, pour demie escarlate vermeille de Bruxelles, contenant xij aulnes, achattée de li le xj^e jour de may, ccc iiij^{xx} et vij, et baillée à Guillaume Climence, tailleur de robes et varlet de chambre du Roy nostre sire, pour faire chausses pour ledit seigneur, et monseigneur le duc de Thouraine. Pour ce 56^l p. Pour ce, par quictance dudit Nicolas, donnée le xiiij^e jour de juing, l'an mil ccc iiij^{xx} et vij. 56^l p.

A Aubelet Buignet, drappier, demourant à Paris, pour deniers à lui paiez, qui deubz lui estoient, pour les parties qui ensuivent : C'est assavoir, pour iiij aulnes et 1 quartier d'escarlate vermeille de Bruxelles, achattées de lui le xxixe jour dudit mois de may, et baillées à Guillaume Climence, pour faire chausses à partir contre autres chausses de drap blanc, pour le Roy nostredit seigneur, et pour monseigneur le duc de Thouraine, au pris de 4^l 16^s p. l'aulne, valent 20^l 8^s p.

A lui, pour iiij aulnes de fin drap blanc de Broixelles, de grant moison, achattées de li ce jour et baillées audit Guillaume, pour faire chausses à partir contre lesdictes chausses d'escarlate vermeille pour lesdiz seigneurs. Pour ce, au pris de 48^s p. l'aulne, valent 8^l 16^s p. Pour tout, par quictance dudit Aubelet, donnée le iiij^e jour de juillet, l'an mil ccc iiij^{xx} et vij.
29^l 4^s p.

A Jehan de Berron, drappier, demourant à Paris, pour deniers à li paiez qui deubz lui estoient, pour vij aulnes et demie de drap vert fin de Moustiervillier, achattées de lui le xiiij^e jour de juing, ccc iiij^{xx} et vij, pour faire deux longues houppellandes, l'une pour le Roy nostredit seigneur, et l'autre pour monseigneur le duc de Thouraine, et baillées à Guillaume Climence, leur tailleur de robes. Pour ce faire, au pris de 48^s p.

l'aulne, valent 18¹ p. Pour ce, par quictance de lui, donnée le xxj⁰ jour de juing, l'an mil ccc iiij˟˟ et vij. 18¹ p.

A Aubelet Buignet, drappier, demourant à Paris, pour deniers à lui paiez qui deubz lui estoient, pour les parties qui s'ensuivent : c'est assavoir pour vij aulnes d'escarlate vermeille de Bruxelles, achattées de li le xviij⁰ jour de juing, ccc iiij˟˟ et vij; et baillées à Guillaume Climence, pour faire chausses pour lesdiz seigneurs. Pour ce, au pris de 4.¹ 16ˢ p. l'aulne, valent
33¹ 12ˢ p.

A lui, pour une aulne d'escarlate vermeille de Broixelles, toute preste, achattée de li ce jour, et baillée audit Guillaume Climence, pour faire iiij chapperons doubles et sangles pour lesdiz seigneurs, à mectre et vestir sus ij longues houppellandes de camelot vermeil, à eulz donné par monseigneur le duc de Berry. Pour ce, 112ˢ p. Pour tout, par quictance dudit Aubelet, donnée le viij⁰ jour de juillet, l'an mil ccc iiij˟˟ et vij. 39¹ 4ˢ p.

Audit Aubelet Buignet, pour deniers à lui paiez, qui deubz lui estoient pour la vente et délivrance des parties de draps qui s'ensuivent, prins et achattés de li, et baillés à Guillaume Climence, tailleur et varlet de chambre du Roy nostre sire, pour faire xxvj houppellandes et xxvj chapperons de deux draps vers, que le Roy nostre sire a ordonné estre faictes le premier jour de May, pour lui et pour les seigneurs qui cy-après ensuivent : c'est assavoir le Roy nostredit seigneur, monseigneur le duc de Thouraine, nosseigneurs les ducz de Berry, de Bourgogne et de Bourbon, le conte de Nevers, messire Charles de Labrest, le connestable de France, l'admiral, le conte de Sanssoire, le mareschal de Cencerre, monseigneur de La Rivière, messire Guy de La Trémoille, le viconte de Melun, messire Hutin d'Omont, Le Bègue de Villaines, messire Guillaume de Montferrat, le sire de Raineval, messire Guillaume des Bordes, messire Jehan de Bueil, messire Hervé Le Coq, messire Guillaume de La Trémoille, le seigneur de Labrest, le conte de Saint-Pol, le sire de Coucy et le conte de La Marche. C'est assavoir, pour deux draps vers sur le brun de Bruxelles, de grant moison, achattés de lui le xij^e jour d'avril, CCC iiij^{xx} et vij après Pasques, pour mettre et emploier en la façon desdictes xxvj houppellandes et chapperons pour les diz seigneurs, pour ledit premier jour de May, au pris de 48^l p. la pièce, valent 96^l p. Item, pour deux draps vers clarés de Bruxelles, de courte moison, contenant chascun xx aulnes, achattées de lui ledit jour, pour mettre et emploier en la doubleure d'icelles houppellandes et chapperons, au pris de 30^l 8^s p. la pièce, valent 60^l 16^s p. Item, pour viij aulnes et demie de drap vert claret de Rouen tout prest, achattées de lui le xvij^e jour dudit mois d'avril : c'est assavoir, viij aulnes pour emploier en la doubleure d'icelles houppellandes et chapperons, et demie aulne pour faire une houppellande et chapperon pour Jehanniet, de Beauté, pour ce, au pris de 32^s p. l'aulne, valent 13^l 12^s p. Item, pour vj aulnes de drap vert brun prest, achatté de lui ce jour, pour emploier en la façon dessus dicte, au pris de 40^s p. l'aulne, valent 12^l p. Item, pour viij aulnes de drap vert brun de Broixelles, de grant moison, tout prest, achattées de li ce jour, pour emploier en la façon d'icelles houppellandes et chapperons, au pris de 40^s p. l'aulne, valent 16^l p. Et pour viij aulnes

d'autre drap vert claret tout prest, achattées de lui ledit xvij^e jour d'avril, pour emploier en la doubleure desdictes houppelandes et chapperons pour lesdiz seigneurs, pour ledit premier jour de May, CCC iiij^{xx} et vij, au pris de 32^s p. l'aulne, valent 12^l 16^s p. Pour ce, pour tout ès dictes parties, par quictance dudit Aubelet, donnée le xviij^e jour de juillet, CCC iiij^{xx} et vij.
211^l 4^s p.

A Nicollas Alixandre, drappier, demourant à Paris, pour deniers à li paiez, qui deubz lui estoient, pour iiij aulnes de drap vert brun de Rouen, achatté de lui le ixe jour de may, CCC iiij^{xx} et vij, pour faire deux houppellandes semblables à ceulz du Roy nostre sire du premier jour de May, l'une pour le conte de Dampmartin, et l'autre pour monseigneur le conte de Saint-Pol, à eulz données par ledit seigneur, au pris de 36^s p. l'aulne, valent 7^l 4^s p. Et pour iiij aulnes d'autre drap vert claret, tout prest, pour doubler ycelles houppellandes, au pris de 28^s p. l'aulne, valent 112^s p. Pour ce, ès dictes parties, par quictance dudit Nicolas, donnée le xviij^e jour de juillet, l'an mil CCC iiij^{xx} et vij. 12^l 16^s p.

A Aubelet Buignet, drappier, demourant à Paris, pour une aulne d'escarlate vermeille de Broixelles, achattée de lui le derrenier jour de juing, l'an mil CCC iiij^x et vij, pour faire iiij chapperons, ij doubles et ij sangles, pour mettre et vestir sur les houppellandes de satin et veluiau vermeil en graine, pour le Roy, et monseigneur le duc de Thouraine. Pour ce, par quictance de lui, donnée le viij^e jour de juillet, l'an mil CCC iiij^{xx} et vij. 112^s p.

Summa . . . . 1801^l 16^s 8^d parisis.

AUTRES DRAPS DE LAINNE, pour le corps de Madame la Royne, baillez et délivrez aux gens et officiers de ladicte dame, par le temps de ce présent Compte, en la présence dudit Contrerolleur.

A Aubelet Buignet, drappier, demourant à Paris, pour deniers à lui paiez qui deubz lui estoient pour les parties qui ensuivent : C'est assavoir, pour deux aulnes de drap vert, achatté de lui le viij^e jour de janvier, ccc iiij^{xx} et vj, pour faire deux malettes pour mettre et porter les robes de la Royne. Pour ce, au pris de 16^s p. l'aulne, valent   32^s p.

A lui, pour un quartier d'escarlate violette tout prest, achatté de li le ixe jour dudit mois de janvier, pour faire une paire de manches à une petite cote pour ladicte dame, et baillé à Pierre Estourneau, tailleur des robes de ladicte dame, pour ce faire. Pour ce   28^s p.

A lui, pour j quartier de drap pers tout prest, de Broixelles, achatté de li ce jour, pour faire une paire de manches à une petite cote à ceindre pour ladicte dame. Pour ce   12^s p.

A lui, pour iiij aulnes de drap vert, achatté de li le xxj^e jour dudit mois de janvier : C'est assavoir, ij aulnes pour faire malettes à mettre et poser les robes de ladicte dame, et ij aulnes pour couvrir la cage au pappegay d'icelle dame. Pour ce, à 16^s p. l'aulne, valent   64^s p.

A lui, pour ij aulnes d'escarlate morée de Bruxelles, achatté de lui le xxviij^e jour dudit mois de janvier, pour faire des chausses pour ladicte dame, et baillé audit Pierre pour ce faire. Pour ce, au pris de 4^l 8^s p. l'aulne, valent 8^l 16^s p. Pour tout, ès dictes parties,

par quictance dudit Aubelet, donnée le xv° jour d'aoust,
ccc iiij^xx et vij. 15^l 12^s p.

A Guiot de Besançon, demourant à Paris, pour deniers à li paiez qui deubz lui estoient, pour xxij aulnes et iij quartiers de escarlate sanguine de Broixelles, de grant moison, achatté de lui le xxviij^e jour de janvier, ccc iiij^xx et vj, pour faire une robe de cinq garnemens pour madame la Royne, pour le jour de la Chandeleur; pour ce, au pris de 4^l 16^s p. l'aulne, valent 109^l 4^s p. Pour ce, par quictance dudit Guiot, donnée le xxviij^e jour de février, l'an ccc iiij^xx et sept. 109^l 4^s p.

A Simon Bourdon, bourgois et drappier, demourant à Paris, pour deniers à lui paiez, qui deubz lui estoient, pour deux aulnes d'escarlate sanguine de Broixelles, achattée de li ledit xxviij^e jour de janvier, et baillié audit tailleur, pour faire le garde-corps d'une petite cote, pour parfaire ladicte robe de v garnemens pour ladicte dame; pour ce, au pris de 4^l 8^s p. l'aulne, valent 8^l 16^s p. Pour ce, par quictance dudit Simon, donnée le xxviij^e jour de juing, l'an mil ccc iiij^xx et vij. 8^l 16^s p.

A Aubelet Buignet, drappier, demourant à Paris, pour deniers à lui paiez qui deubz lui estoient pour les parties qui ensuivent : C'est assavoir, pour v quartiers de drap vert, prins et achatté de lui le viij^e jour de février, ccc iiij^xx et vj, pour faire une malette pour porter les espices de la Royne, délivrée à Jehan de Dreze, espicier et varlet de chambre de ladicte dame; au pris de 16^s p. l'aulne, valent 20^s p.

A lui, pour ij aulnes j quartier et demy de drap pers de Rouen tout prest, achatté de lui le xij^e jour dudit mois de février, et baillié audit Perrin Estourneau, tailleur de robes de ladicte dame, pour faire un garde-corps en lieu d'un peliçon pour ladicte dame. Pour ce, au pris de 36ˢ p. l'aulne, valent 4ˡ 5ˢ 6ᵈ p.

A lui, pour iij aulnes et demie d'escarlate violette sur le brun, toute preste, pour faire une cote hardie et ij paires de manches de relais, pour ladicte madame la Royne. Pour ce, au pris de 112ˢ l'aulne, valent 19ˡ 12ˢ p.

A lui, pour iij aulnes d'escarlate vermeille de Broixelles, toute preste, achatté de lui le second jour de mars, CCC iiij^{xx} et vj, et baillié audit tailleur, pour faire une cotte hardie et ij paires de manches, pour ladicte dame. Pour ce, audit pris de 112ˢ p. l'aulne, valent 16ˡ 16ˢ p.

A lui, pour iiij aulnes de drap vert de Bruxelles de grant moison, achatté de li ce jour, et baillié audit tailleur, pour faire une autre cote hardie pour ladicte dame. Pour ce, au pris de 44ˢ p. l'aulne, valent 8ˡ 16ˢ p.

A lui, pour une escarlate rosée entière de Broixelles, de grant moison, contenant xxiiij aulnes, achatté de lui le xve jour dudit mois de mars, et baillié audit tailleur, pour faire une robe à chappe de v garnemens, pour ladicte madame la Royne, pour le jour des Grans Pasques. Pour ce 115ˡ 4ˢ p.

A lui, pour x aulnes de drap vert de Broixelles, de grant moison, achatté de lui ce jour et baillié audit tailleur, pour faire une robe à relever pour ladite madame la Royne, pour le terme de Pasques : C'est assavoir, un grant mantel à fons de cuve, et une houppellande. Pour ce, au pris de 44ˢ p. l'aulne, valent 22ˡ p.

A lui, pour v aulnes de fin drap blanc de Broixelles, de grant moison, achatté de lui ledit xv⁰ jour de mars, et baillié audit tailleur, pour faire un mantel de chappelle, pour ladicte madame la Royne. Pour ce, au pris de 48ˢ p. l'aulne, valent 12¹ p.

A lui, pour deux aulnes d'escarlate morée de Rouen, toute preste, achatté de lui ce jour, et baillié audit tailleur, pour faire chausses pour ladicte madame la Royne. Pour ce, au pris de 4¹ 16ˢ p. l'aulne, valent
9¹ 12ˢ p.

A lui, pour iiij aulnes et demie d'escarlate rozée de Broixelles, de grant moison, pour faire une grant houppellande pour ladicte madame la Royne, et baillié audit tailleur pour ce faire. Pour ce, au pris de 4¹ 16ˢ p. l'aulne, valent 21¹ 12ˢ p.

A lui, pour ij aulnes j quartier et demy d'escarlate violette, de Moustiervillier, toute preste, achatté de lui le xxix⁰ jour dudit mois de mars, pour faire un peliçon à vestir dessoubz, pour ladicte madame la Royne, et baillié audit tailleur. Pour ce, au pris de 56ˢ p. l'aulne, valent 6¹ 13ˢ p.

A lui, pour une aulne et demie de blanchet, achatté de li le ix⁰ jour d'avril, CCC iiij** et vij après Pasques, pour alongier vj corsès de drap d'or pour ladicte madame la Royne, baillié audit tailleur. Pour ce 18ˢ p.

A lui, pour iiij aulnes d'escarlate vermeille de Broixelles, de grant moison, toute preste, achatté de lui le xvij⁰ jour dudit mois d'avril, et baillié audit tailleur, pour faire un corset ront pour ladicte madame la Royne; pour ce, au pris de 112ˢ p. l'aulne, valent 16¹ 16ˢ p. Pour tout, ès dictes parties, par quictance dudit Aubelet, donnée le xijᵉ jour de septembre, ccc iiijˣˣ et vij.   255ˡ 4ˢ 6ᵈ p.

A Jehan de Berron, drappier, demourant à Paris, pour deniers à lui paiez, qui deubz lui estoient, pour iiij aulnes de drap vert de Bruxelles, de grant moison, achatté de lui le xvijᵉ jour d'avril, ccc iiijˣˣ et vij, et baillié audit tailleur, pour un corset ront pour ladicte madame la Royne ; pour ce, au pris de 44ˢ p. l'aulne, valent 8ˡ 16ˢ p. Pour ce, par quittance dudit Jehan, donnée le xxjᵉ jour de juing, ccc iiijˣˣ et vij, 8ˡ 16ˢ p.

A Aubelet Buignet, drappier, demourant à Paris, pour deniers à lui paiez, qui deubz lui estoient, pour les parties qui ensuivent : C'est assavoir, pour une escarlate entière paonasse de Broixelles, entière, contenant xxiiij aulnes, achattée de lui le xxixᵉ jour d'avril, ccc iiijˣˣ et vij, et bailliée audit tailleur, pour faire robe à chappe de v garnemens pour ladicte madame la Royne, pour la feste de Penthecouste. Pour ce,   112ˡ p.

A lui, pour iij aulnes et demie de drap vert de Rouen tout prest, achatté de lui le vjᵉ jour de may, ccc iiijˣˣ et vij, et baillié audit tailleur, pour faire un courset ront pour ladicte Dame ; pour ce, au pris de 40ˢ p. l'aulne, valent 7ˡ p. Pour tout, par quittance dudit Aubelet, donnée le xxiiijᵉ jour de juillet, iiijˣˣ vij.
    119ˡ p.

A Nicolas Alixandre, drappier, demourant à Paris, pour deniers à li paiez, qui deubz li estoient, pour iij aulnes et demie d'escarlate violete, achatté de lui le ixᵉ jour de may, ccc iiijˣˣ et vij, et baillié audit tailleur, pour faire un courset ront pour ladicte dame ; pour ce, au pris de 4ˡ 16ˢ p. l'aulne, valent, par quittance

donnée le xviij° jour de juillet, l'an mil CCC iiij^{xx} et vij.
16^l 16^s p.

A Aubelet Buignet, drappier, demourant à Paris, pour deniers à li paiez, qui deubz lui estoient, pour iij aulnes et demie d'escarlate rosée de Bruxelles, achatté de li le ix° jour de may, CCC iiij^{xx} et vij, et baillé audit tailleur, pour faire un corset pour ladicte madame la Royne; pour ce, au pris de 4^l 10^s p. l'aulne, valent 16^l 16^s p. Par quittance dudit Aubelet, donnée le xviij° jour de juillet, l'an mil CCC iiij^{xx} et vij.
16^l 16^s p.

A Nicolas Alixandre, drappier, demourant à Paris, pour deniers à lui paiez, qui deubz lui estoient, pour les parties qui ensuivent : C'est assavoir, pour v aulnes et demie d'escarlate violette de Broixelles, de grant moison, achatté de lui le xxj° jour dudit mois de may, et baillié audit tailleur, pour faire un grant mantel de chappelle et un chapperon, tout fourrez de menu vair, pour ladicte madame la Royne. Pour ce, au pris de 4^l 16^s p. l'aulne, valent 26^l 8^s p.

A lui, pour demie aulne d'escarlate sanguine de Broixelles, achatté de li ledit jour, pour faire un chapperon fourré de cendal pour ladicte Dame, et baillié audit tailleur. Pour ce 48^s p.

A lui, pour viij aulnes de drap violet de Broixelles, tout prest, achatté de lui ce jour, et baillié audit tailleur, pour faire un mantel et chapperon doubles, et une longue cote hardie à chevaucher, pour ladicte madame la Royne; pour ce, au pris de 48^s p. l'aulne, valent 19^l 4^s p. Pour tout, ès dictes parties, par quittance dudit Nicolas, donnée le xviij° jour de juillet, CCC iiij^{xx} et vij. 48^l p.

A Aubelet Buignet, drappier, demourant à Paris, pour deniers à li paiez, qui deubz lui estoient, pour les parties qui ensuivent : C'est assavoir, pour deux aulnes d'escarlate morée sur le brun de Rouen, toute preste, achattées de lui le xxij° jour dudit mois de may, et baillié audit tailleur, pour faire vj paires de chausses pour ladicte madame la Royne. Pour ce, au pris de 4¹ p. l'aulne, valent . 8¹ p.

A lui, pour ij aulnes et demie d'escarlate sanguine de Broixelles, de grant moison, toute preste, achattées de lui le pénultième jour dudit mois de may, et bailliées audit tailleur, pour faire un manteau à chevaucher, qui a esté fourré de menu vair, pour ladicte Dame ; pour ce, au pris de 112ˢ p. l'aulne, valent 14¹ p. Pour ce, ès dictes parties, par quittance dudit Aubelet, donnée le xij° jour de juillet, l'an mil CCC iiij^{xx} et vij. 22¹ p.

Summa............... 620¹ 4ˢ 6ᵈ parisis.

TONTURES de touz lez draps dessusdiz, et aussi de touz les aultres draps de lainne donnez par le Roy, nostredit seigneur, et par madame la Royne, par le temps de ce présent compte.

A Guillaume Beaunier, tondeur des draps du Roy nostredit seigneur, pour deniers à lui paiez, qui deubz lui estoient, pour la tonture de tous les draps dessus diz, et autres tonduz à ce terme, tant pour le corps du Roy nostredit seigneur, comme pour madame la Royne et monseigneur le duc de Thouraine, et pour leurs dons faiz par ledit temps ; les parties contenues et escriptes en un roule seellé du seel dudit Guillaume, et transcriptes en la fin de ce compte[1]. Pour tout, avec la quittance, donnée le derrenier jour de juing, l'an mil CCC iiij^{xx} et sept. 64^l 18^s 8^d p.

Summa per se . . . . 64^l 18^s 8^d parisis.

FASSONS DES ROBES, pour le Roy nostredit seigneur, pour madame la Royne, monseigneur le duc de Thouraine, et pour autres estans en leur compaignie, par ledit temps.

A Guillaume Climence, tailleur de robes et varlet de chambre du Roy nostre sire, pour deniers à lui paiez, qui deubz lui estoient pour les façons et estoffes de toutes les robes ordinaires et autres garnemens par lui faictes, cousues, bailliées et délivrées, depuis le premier jour de janvier, l'an mil CCC iiij^{xx} et vj, jusques au derrenier jour de juing après ensuivant, CCC iiij^{xx} et vij, tant pour le corps du Roy nostredit seigneur, comme pour monseigneur le duc de Thouraine et autres estans en leur compaignie, et pour leurs folz. Et aussi pour plusieurs autres missions, voictures et portages qu'il falloit nécessairement estre faictes pour ledit fait. Et pour les despens d'icellui, ses gens, varlès et chevaulx, faiz en portant ycelles de Paris en divers et plusieurs lieux, esquelz lesdiz seigneurs estoient oudit temps. Les parties contenues et escriptes ou compte dudit Guillaume, seellé de son seel, et transcriptes en la fin de ce présent compte. Pour

---

1. *Vise fuerunt partes in quodam rotulo, in fine cujus confitetur habuisse dictam summam, sub sigillo suo.*

tout, et par sa quittance, donnée le xvj° jour d'aoust, l'an mil CCC iiij^{xx} et sept. 353^l 18^s p.[1].

A Perrin L'Estourneau, tailleur de robes et varlet de chambre de la Royne, pour deniers à lui paiez, qui deubz lui estoient, pour toutes les façons des robes ordinaires et autres garnemens que il a fais pour ladicte Dame. Et aussi pour les voiaages par lui faiz depuis le xv° jour de décembre, l'an mil CCC iiij^{xx} et six, qu'il fut ordené et institué oudit office[2], en lieu de feu Guillaume de Monteron, par avant tailleur de ladicte dame, jusques au darrain jour de juing ensuivant, CCC iiij^{xx} et vij. Les parties contenues et escriptes en un roole seellé de son seel, et transcriptes après en la fin de ce présent compte[3]. Pour tout, par quittance, donnée le xij° jour de septembre, l'an mil CCC iiij^{xx} et vij, tout rendu à court. 125^l 8^s p.

Summa . . . . 479^l 6^s parisis.

DRAPS D'OR ET DE SOIE, cendaulx et autres choses de mercerie, bailliés et délivrés à ce terme, tant pour le Roy nostredit seigneur, comme pour monseigneur le duc de Thouraine, aux gens et officiers desdiz seigneurs, en la présence dudit Contrerolleur.

A Robert Thierry, mercier, demourant à Paris, pour deniers à lui paiez, qui deubz lui estoient : C'est assavoir, pour une pièce de drap de soie de Damas taint en graine, prins et achatté de lui le viij° jour de

---

1. *Vise fuerunt partes ut supra.*
2. *Debet litteram institucionis — Reddidit.*
3. *Vise fuerunt partes ut supra.*

janvier, ccc. iiij^{xx} et vj, contenant ix aulnes et demie, et baillié à Guillaume Climence, tailleur de robes et varlet de chambre du Roy nostredit seigneur, pour faire deux longues houppellandes, pour ledit seigneur et monseigneur le duc de Thouraine. Pour ce, au pris de 8^1 16^s p. l'aulne, valent 83^l 12^s p.

A lui, pour une aulne de satin vermeil en graine, achattée de li ce jour et bailliée audit Guillaume, pour faire deux paires de manches, à petis pourpoins, pour lesdiz seigneurs; pour ce, 4^l 16^s p. Pour ce, ès dictes parties, par quittance dudit Robert, donnée le xij^e juillet, l'an mil ccc iiij^{xx} et sept. 88^l 8^s p.

A Pierre Pagant, mercier, demourant à Paris, pour deniers à lui paiez, qui deubz lui estoient : C'est assavoir, pour une pièce et demie de satin vermeil en graine des fors, achattée de lui le xxij^e jour de janvier, l'an ccc iiij^{xx} et vj : c'est assavoir, la pièce entière, pour faire deux jaquettes qui ont été ouvrées de broderie, l'une pour le Roy, et l'autre pour monseigneur le duc de Thouraine. Et la demie pièce, pour faire manches à iiij petis pourpoins de toile blanche pour lesdiz seigneurs, au pris de 25^l 12^s p. la pièce, valent 38^l 8^s p. Pour ce, par quittance donnée le xxviij^e jour de juillet, l'an mil ccc iiij^{xx} et vij. 38^l 8^s p.

A Robert Thierry, mercier, demourant à Paris, pour deniers à lui paiez, qui deubz lui estoient : C'est assavoir, pour une pièce et demie de satin vermeil des fors, achattée de lui le viij^e jour de février, l'an mil ccc iiij^{xx} et vj, pour faire deux courtes houppellandes larges et flottans, à chevauchier, pour le Roy nostredit seigneur, et monseigneur le duc de Thouraine, et bailliée audit tailleur. Pour ce, au pris de 25^l 12^s p. la pièce, valent 38^l 8^s p.

A lui, pour demie aulne de veloux azur Alexandrain sur fil oysel, achattée de lui le xxe jour dudit mois de février, et bailliée à Jehan de Troies, sellier, pour faire et garnir le siège d'une chaière à pigner le chef du Roy nostredit seigneur. Pour ce, 40^s p.

A lui, pour j quartier et demi de drap d'or de Damas, achatté de li le derrain jour dudit mois de février, pour faire deux couvertures à deux des livres du Roy nostre sire, 40^s p. Et pour j quartier de cendal vermeil à les doubler et garnir par dedens, 12^s p., pour ce, 52^s p. Pour tout, ès dictes parties, par quittance dudit Robert, donnée le xviij^e jour de juillet, CCC iiij^{xx} et vij. 43^l p.

A Pierre Bousdrac, dit Pagant, mercier, demourant à Paris, pour deniers à li paiez, qui deubz lui estoient : C'est assavoir, pour demie aulne de drap de soie de Lucques, des larges, achattée de lui le derrenier jour de février, CCC iiij^{xx} et vj, pour couvrir deux autres livres du Roy nostredit seigneur. Pour ce, 48^s p.

A lui, pour ij aulnes de satin vermeil en grainne, achattées de lui le second jour de mars ensuivant, CCC iiij^{xx} et vj, et bailliées audit tailleur, pour faire le dessoubz de deux jaquettes, pour le Roy et monseigneur le duc de Thouraine; pour ce, au pris de 4^l 16^s p. l'aulne, valent 9^l 12^s p. Pour ce, ès dictes parties, par quittance donnée le xviij^e jour de juillet, l'an mil CCC iiij^{xx} et vij. 12^l p.

A Jehan Hutin, mercier, demourant à Paris, pour deniers à li paiez, qui deubz lui estoient : C'est assavoir, pour les ij pars d'un drap de soie baudequin, achattée de lui le xxxᵉ jour de mars, l'an mil ccc iiij^{xx} et vij, et baillié à Guillaume Climence, tailleur de robes du Roy, pour faire deux peliçons au terme de Pasques, pour monseigneur le duc de Thouraine. Pour ce, au pris de 16¹ p. le drap, valent 12¹ p.

A lui, pour un drap de soie baudequin, achatté de li ledit jour, pour faire trois peliçons pour le Roy nostre sire, au terme de Pasques, et baillié audit tailleur pour ce faire. Pour ce, 17¹ 12ˢ p.

A lui, pour le quart d'un drap de soie baudequin, pour couvrir livres pour madame la Royne, et pour monseigneur le duc de Thouraine ; pour ce, 4¹ p. Pour tout, par quittance, donnée le xxvjᵉ de septembre, ccc iiij^{xx} et vij. 33¹ 12ˢ p.

A Pierre Bourdrac, dit Pagant, mercier, demourant à Paris, pour deniers à lui paiez qui deubz lui estoient : pour une pièce, une aulne et un quartier, de satin vermeil des foibles, achattée de lui le premier jour d'avril, ccc iiij^{xx} et vij avant Pasques, et bailliée audit tailleur, pour housser par dedans deux petites houppellandes courtes de satin vermeil en graine, brodées à branches de genestres, pour le Roy nostredit seigneur, et monseigneur le duc de Thouraine. Pour ce, par quittance dudit Pierre, donnée le xxiijᵉ jour de juillet, ccc iiij^{xx} et vij. 8¹ 16ˢ p.

A Robert Thierry, mercier, demourant à Paris, pour deniers à li paiez, qui deubz lui estoient : C'est assavoir, pour demie pièce de drap de soie baudequin sur champ vermeil, achattée de lui le premier jour d'avril, ccc iiij^{xx} et vj avant Pasques, et bailliée à Guillaume Climence, tailleur de robes, pour parfaire trois peliçons pour le Roy nostredit seigneur, au terme de

Pasques. Pour ce, au pris de 17¹ 12ˢ p. la pièce, valent 8¹ 16ˢ p.

A lui, pour demy satin vermeil en graine, achatté de lui le xij⁰ jour dudit mois d'avril après Pasques CCC iiij^xx et vj, et baillié audit tailleur, pour faire manches à pourpoint, pour le Roy, et pour monseigneur le duc de Thouraine. Pour ce, 14¹ 8ˢ p.

A lui, pour une pièce et une aulne de veloux vermeil en graine, achatté de lui le xvij⁰ jour dudit mois d'avril, et baillié audit tailleur, pour faire deux courtes houppellandes flottans à chevauchier, pour le Roy nostredit seigneur, et monseigneur le duc de Thouraine; pour ce, au pris de 40¹ p. la pièce, valent 46¹ 13ˢ 4ᵈ p. Pour tout, ès dictes parties, par quittance donnée le xxviij⁰ jour de novembre, CCC iiij^xx et vij.
69¹ 17ˢ 4ᵈ p.

A Thevenin de Dours, mercier, demourant à Paris, pour deniers à li paiez, qui deubz lui estoient : pour deux satins vermeulx des foibles, achattés de lui le xxiij⁰ jour dudit mois d'avril, CCC iiij^xx et sept, et bailliés audit tailleur, pour housser et garnir par dedens quatre jaquettes, deux de veloux vermeil, et deux de satin, pour le Roy nostredit seigneur, et monseigneur le duc de Thouraine; pour ce, au pris de 6¹ 8ˢ p. la pièce, valent 12¹ 16ˢ p. Pour ce, par quittance, donnée le derrenier jour de juing, l'an mil CCC iiij^xx et sept. 12¹ 16ˢ p.

A Robert Thierry, mercier, demourant à Paris, pour deniers à lui paiez, qui deubz lui estoient, pour les parties qui ensuivent : c'est assavoir, pour xviij pièces de cendaulx vermeulx tiercelins, achatté de lui le xviij⁰ jour de may CCC iiij^xx et vij, pour fourrer une robe de escarlate, de vj garnemens, pour le Roy nostredit seigneur, et une autre robe de iij garnemens, pour monseigneur le duc de Thouraine, pour la feste de Penthecouste. Pour ce, au pris de 6¹ 8ˢ p. la pièce, valent . . . . 115¹ 4ˢ p.

A lui, pour iiij pièces de cendal blanc tiercelin, achattées de lui le xxije jour dudit mois, pour fourrer deux longues houppellandes d'escarlate vermeille, l'une pour le Roy nostredit seigneur, et l'autre pour monseigneur le duc de Thouraine. Pour ce, au pris de 6¹ 8ˢ p. la pièce, valent . . . . 25¹ 12ˢ p.

A lui, pour iiij pièces de cendal vermeil tiercellin, achattées de lui ce jour, pour fourrer deux autres longues houppellandes de drap vert, pour lesdiz seigneurs; pour ce, audit pris, valent 25¹ 12ˢ p. Pour ce, pour tout, ès dictes parties, par quittance donnée le derrenier jour de juillet, ccc iiij{xx} et vij. 166¹ 8ˢ p.

A Pierre Bousdrac, dit Pagant, à lui paié, qui deu lui estoit, pour une pièce de satin vermeil en graine des très fors, achattée de lui le xxixe jour de may, ccc iiij{xx} et vij, pour faire deux jaquettes, [l'une] pour le Roy, et l'autre pour monseigneur le duc de Thouraine, qui sont ouvrées de broderie. Pour ce, par quittance, donnée le xxviije jour de juillet, ccc iiij{xx} et vij. . . . . 28¹ 16ˢ p.

A Dine Rapponde, marchant, demourant à Paris, pour deniers à lui paiez qui deubz lui estoient, pour trois pièces de satin vermeil en graine, achattées de lui le viije jour de juing, ccc iiij{xx} et vij, pour faire deux longues houppellandes, l'une pour le Roy nostredit seigneur, et l'autre pour monseigneur le duc de Thouraine, au pris de 28¹ 16ˢ p. la pièce, valent 86¹

8ˢ p. Pour ce, par quittance donnée le xiiij° jour de septembre, ccc iiij^{xx} et vij. 86¹ 8ˢ p.

A Robert Thierry, mercier, demourant à Paris, pour deniers à lui paiez, qui deubz lui estoient, pour demie pièce de satin vermeil en graine, achattée de lui le xiiij° jour dudit mois de juing, pour faire quatre paires de manches à quatre petis pourpoins, pour le Roy et monseigneur le duc de Thouraine. Pour ce, par quittance donnée le xviij° jour de juillet, ccc iiij^{xx} et vij. 14¹ 8ˢ p.

A Pierre Bousdrac, dit Pagant, mercier, demourant à Paris, pour deniers à lui paiez, qui deubz lui estoient, pour deux onces de soie vermeille et azurée, achattées de li le xx° jour de juing, ccc iiij^{xx} et vij, pour les neccessitez de la garde-robe de monseigneur le duc de Thouraine. Pour ce, au pris de 8ˢ p. l'aulne, valent 16ˢ p.

A Hervy de Brie, rubannier, demourant à Paris, pour deniers à lui paiez, qui deubz lui estoient, pour les parties qui s'ensuivent : C'est assavoir, pour une pièce de ruban d'or de Chippre, achattée de lui le xxviij° jour de janvier, ccc iiij^{xx} et vj, pour mettre en la cloche de monseigneur le duc de Thouraine, pour ce, 16ˢ p. Item, pour une pièce de ruban d'or de Chippre, pour mettre en la cloche dudit seigneur, pour le jour de Noël précédent, 16ˢ p. Item, pour deux petis rubans pour lesdictes cloches, 6ˢ p. la pièce, valent 12ˢ p. Item, pour un ruban d'or de Chippre et un petit ruban, pour mettre en la cloche dudit seigneur, pour le jour des Grans Pasques, ccc iiij^{xx} et vij, 32ˢ p. Item, pour une pièce de ruban d'or de Chippre, achattée de lui le xxj° jour de may, pour porfiller la cloche dudit seigneur, pour la feste de l'Ascension, 16ˢ p. Item, pour une pièce de ruban de soye vermeil, pour le mantel à parer du Roy nostredit seigneur, 6ˢ p. Et pour un autre ruban d'or de Chippre pour la cloche monseigneur le duc de Thouraine, et une pièce de ruban, pour les robes de la Penthecouste, 21ˢ p. Pour tout, ès dictes parties, par quittance dudit Hervy, donnée le derrenier jour de juing, l'an mil CCC iiij×× et vij.   109ˢ p.

Summa . . . . 609ˡ 2ˢ 4ᵈ parisis.

AUTRES DRAPS D'OR ET DE SOYE, cendaulx et autres choses de mercerie pour le corps de madame la Royne, baillées et délivrées aux gens et officiers de ladicte dame, par le temps de ce compte, en la présence dudit contrerolleur.

A Robert Thierry, mercier, demourant à Paris, pour deniers à lui paiez, qui deubz lui estoient : C'est assavoir, pour une aulne et demie de cendal tiercelin, achattée de li le xxjᵉ jour de janvier, CCC iiij×× et vj : C'est assavoir, demie aulne azurée, demie aulne vermeille, et demie aulne tennée, pour faire bourrelès, pour mettre ès couronnes et chappeaulx de ladicte dame. Au pris de 24ˢ p. l'aulne, valent   36ˢ p.

A lui, pour demie aulne de satin azur des foibles, achattée de lui le xxiiijᵉ jour dudit mois, pour faire des jartières à lier les chausses de ladicte dame ; pour ce, 16ˢ p. Pour tout, par quittance donnée le xviijᵉ jour de juillet, CCC iiij×× et vij.   52ˢ p.

A Pierre Bousdrac, dit Pagant, mercier, demourant à Paris, pour demie aulne de drap de soye de Damas, achattée de lui le tiers jour de mars, CCC iiij×× et vj, et baillée à Jehan Saudubois, varlet de garderobe de madame la Royne, pour porter et bailler à ladicte dame, pour faire bources. Pour ce, par quittance donnée le xviij^e jour de juillet, CCC iiij^{xx} et vij. 48^s p.

A Robert Thierry, mercier, demourant à Paris, pour deniers à lui paiez, qui deubz lui estoient, pour les parties qui ensuivent : C'est assavoir, pour un quartier de satin azur des foibles, achatté de lui le xvij^e jour d'avril, CCC iiij^{xx} et vij, pour faire jarretières à lier les chausses de ladicte dame. Pour ce, 8^s p.

Audit Robert, pour une aulne de cendal tiercelin, achattée de lui le iij^e jour de may, CCC iiij^{xx} et vij : C'est assavoir, demie aulne de blanc, pour faire ungs poingnès et pendens à unes manches d'un seurcot d'escarlate vermeille pour ladicte madame la Royne, et demie aulne d'azur, pour faire unes semblables manches à un seurcot d'escarlate violette pour ladicte dame. Pour ce, 24^s p.

A lui, pour quatre pièces de cendaulx tiercelins, achattées de lui le vj^e jour dudit mois de may, pour fourrer deux corsès cours pour ladicte dame : c'est assavoir, deux pièces de vers, et deux pièces de blans. Pour ce, au pris de 6^l 8^s p. la pièce, valent 25^l 12^s p. Pour tout, ès dictes parties, 27^l 4^s p.

A Pierre Bousdrac, dit Pagant, pour une aulne de satin azur des foibles, achattée de lui le ixe jour de may, pour faire coussinès pour emplir de lavende, pour ladicte dame. Pour ce, par quittance dudit Pierre, donnée le xviij^e jour de juillet, CCC iiij^{xx} et vij.
28^s p.

A Robert Thierry, mercier, demourant à Paris, pour deniers à lui paiez, qui deubz lui estoient, pour les parties qui ensuivent : C'est assavoir, pour neuf pièces de cendal vermeil tiercelin, achattées de lui le xj° jour de may, ccc iiij^xx et vij, pour fourrer une robe à chappe de cinq garnemens, pour ladicte madame la Royne, pour le jour de la Penthecouste. Pour ce, au pris de 6¹ 8ˢ p. la pièce, valent   57¹ 12ˢ p.

A lui, pour quatre aulnes de satin vermeil, achattées de lui le xvij° jour dudit mois de may, pour couvrir deux grans quarreaulx plains de duvet, l'un pour le Roy nostresire, et l'autre pour ladicte madame la Royne; au pris de 22ˢ p. l'aulne, valent   6¹ 8ˢ p.

A lui, pour une aulne de velóux azur Alexandrain sanz destaindre, achattée de lui ce jour, pour couvrir le siège d'une chaière de retrait, pour ladicte dame. Pour ce,   24ˢ p.

A lui, pour une aulne de cendal tenné, achattée de lui le xviij° jour dudit mois, pour faire bourrelès pour les chappeaulx et couronnes de ladicte dame. Pour ce,   24ˢ p.

A lui, pour trois pièces de cendal vermeil tiercelin, achattées de lui le xxij° jour dudit mois, pour fourrer un grant mantel de chappelle pour ladicte dame. Pour ce, au pris de 6¹ 10ˢ p. la pièce, valent   19¹ 4ˢ p.

A lui, pour demie aulne de samit azur, achattée de lui le xxiv° jour dudit mois, et baillée à Jehan Saudubois, varlet de garderobe de ladicte dame, pour porter devers ycelle dame, pour faire ouvrer de broderie dessus. Pour ce,   8ˢ p.

A lui, pour un quarteron de soye de plusieurs colleurs, achatté de lui ledit jour, et baillé audit Jehan Saudubois, pour les necessitez de ladicte garderobe de ladicte dame. Pour ce,   32ˢ p.

A lui, pour deux aulnes de cendal tiercelin, c'est assavoir, une aulne de vermeil et une de azur, achattées de li le xiv° jour de juing, ccc iiij^{xx} et vij, pour faire et fourrer les manches et pongnès de ladicte madame la Royne. Au pris de 24^s p. l'aulne, valent
48^s p.

A lui, pour une once et deux trezeaulx de soye tennée, baillée à Gillebert Guérart, somelier de corps de ladicte dame, pour la neccessité de ladicte garde-robe. Pour ce, 10^s p. Pour tout, ès dictes parties, par quittance donnée le derrenier jour de juillet, ccc iiij^{xx} et vij. 90^l 10^s p.

Audit Robert Thierry, pour un quartier de satanin azur, achattée de lui pour faire jartières à lier les chausses de madame la Royne. Pour ce, 8^s p.

Summa.................... 124^l 10^s parisis.

CHENEVACERIE, pour le Roy nostresire, et pour monseigneur le duc de Thouraine; baillée et délivrée aux gens et officiers desdiz seigneurs, par le temps de ce compte, en la présence dudit Contreroleur.

A Guillaume Gallande, marchant de toilles, demourant à Paris, pour deniers à lui paiez, qui deubz lui estoient, pour xij aulnes de fine toille de Reims, achattées de lui le derrenier jour de janvier, ccc iiij^{xx} et vj, pour faire quatre petis pourpoins, pour le Roy nostresire, et monseigneur le duc de Thouraine, et baillées à Guillaume Climence, tailleur de robes du Roy nostredit seigneur; pour ce, au pris de 10^s p. l'aulne, valent 6^l p., par quittance dudit Guillaume, donnée le xij° jour de juillet, l'an mil ccc iiij^{xx} et vij. Pour ce, 6^l p.

A Guiot Remy, demourant à Paris, à lui paié, qui

deu lui estoit, pour vj fines touailles de Reims, contenant chascune deux aulnes, achattées de li le xxe jour de février, ccc iiij^{xx} et vj; pour servir d'espices en l'ostel du Roy nostresire, et baillées à Lorancin, somelier des espices dudit seigneur. Pour ce, par quittance dudit Guiot, donnée le xe jour d'avril, ccc iiij^{xx} et vij après Pasques. 112^s p.

A Jehanne de Brie, marchande de toilles, demourant à Paris, pour deniers à lui paiez, qui deubz lui estoient, pour les parties qui ensuivent : C'est assavoir, pour xxv aulnes de toile bourgoise, achattées de lui le iiij^e de mars, ccc iiij^{xx} et vj, pour faire deux paires de draps à lit, chascune paire de x aulnes, font xx aulnes de toille. Et ij aulnes pour essuer la vaisselle de la Chambre aux joyaulx du Roy nostresire. Et iij aulnes pour faire deux queuvrechielz (lisez : queuvrechiefs), pour affubler par nuit le clerc de ladicte chambre. Pour ce, prix de 4^s p. l'aulne, valent c^s p.

A ladicte Jehanne, pour deux nappes, contenant chascune trois aulnes, achattées de lui le iiij^e jour dudit mois de mars, pour servir en ladicte Chambre; pour ce, au pris de 6^s p. l'aulne, valent 36^s p. Et pour iiij touailles pour servir en icelle chambre, contenant chascune iiij aulnes, font xvj aulnes, au pris de 3^s p. l'aulne, valent 48^s p. Pour tout, 4^l 4^s p. Pour ce, ès dictes parties, par quittance donnée le xviij^e jour de juillet, l'an mil ccc iiij^{xx} et vij. 9^l 4^s p.

A Guillaume Gallande, marchant de toilles, demourant à Paris, pour deniers à lui paiez, qui deubz lui estoient : C'est assavoir, pour xij aulnes de fine toille de Reims, achattées de lui le xij^e jour d'avril, ccc iiij^{xx} et vij après Pasques, pour faire quatre petiz pourpoins, pour le Roy et monseigneur le duc de Thouraine. Au pris de 10ˢ p. l'aulne, valent 6¹ p.

A lui, pour ij aulnes de fine toille de Reins, achattées de li le xxij° jour dudit mois, pour faire chaussons pour les diz seigneurs; au pris de 8ˢ p. l'aulne, valent 16ˢ p.

A lui, pour iij aulnes de fine toille de Reins, achattées de li le vj° jour de may, CCC iiij^{xx} et vij, pour faire un patron à un petit pourpoint, pour monseigneur le duc de Thouraine, pour envoier en Allemaigne, pour faire et forger unes plates d'acier pour son corps; pour ce, au pris de 8ˢ p. l'aulne, valent 24ˢ p. Pour ce, ès dictes parties, par quittance donnée le derrenier jour de juillet, CCC iiij^{xx} et vij. 8¹ p.

A Jehanne de Brie, marchande de toilles, demourant à Paris, pour deniers à li paiez, qui deubz lui estoient, pour une aulne de fine toille de Reins déliée, pour faire coiffe à affubler par nuit le chief de monseigneur le duc de Thouraine. Pour ce, 12ˢ p.

A Guillaume Gallande, marchant de toilles, demourant à Paris, pour deniers à lui paiez, qui deubz lui estoient : C'est assavoir, xiiij aulnes de fine toille de Reins, achattées de lui le xxix° jour de may, CCC iiij^{xx} et vij, pour faire quatre petiz pourpoins, deux pour le Roy, et deux pour monseigneur de Thouraine. Au pris de 10ˢ p. l'aulne, valent 7¹ p.

A lui, pour iij aulnes de fine toille de Reins, achattées de li le xxij° jour de juing ensuivant, pour faire chaussons pour lesdiz seigneurs, des deux aulnes; et de l'autre aulne, pour fourrer unes bottes de cuir pour madame la Royne. Pour ce, au pris de 8ˢ p. l'aulne, valent 24ˢ p. Pour tout, par quittance dudit

Guillaume, donnée le derrenier jour de septembre, ccc iiij^xx et vij. 8^l 4^s p.

Summa............................ 37^l 12^s parisis.

AUTRE CHANEVACERIE, pour madame la Royne, baillée et délivrée aux gens et officiers de ladicte dame, par le temps de ce présent compte, en la présence dudit contrerolleur.

A Guillaume Gallande, marchant de toilles, demourant à Paris, pour deniers à lui paiez qui deubz lui estoient : C'est assavoir, pour une aulne de fine toille de Reins, achattée de li le xxiiij^e jour de janvier, ccc iiij^xx et vj, pour fourrer et garnir par dedens unes botes de cuir, pour madame la Royne. Pour ce, 8^s p.

A lui, pour ij aunes de fine toille de Reins, achattées de li le derrenier jour dudit mois, pour garnir par dedens deux petites cotes pour ladicte dame. Au pris de 8^s p. l'aulne, valent 16^s p.

A lui, pour xx aulnes de toille bourgoise, achattées de li ce jour, pour faire six chemises à mettre six corsès de draps d'or pour ladicte dame. Pour ce, au pris de 3^s 6^d l'aulne, valent 70^s p.

A lui, pour xiiij aulnes de fine toille de Reims, achattées de li le viij^e jour de février, ccc iiij^xx et vj, pour faire deux doubles à vestir pour ladicte dame. Au pris de 8^s p. l'aulne, valent 112^s p.

A lui, pour xij aulnes de ladicte toille, achattées de lui le xxj^e jour dudit mois, pour faire six chemises à vestir pour ladicte dame. Au pris de 8^s p. l'aulne, valent 4^l 16^s p.

A lui, pour xx aulnes de plus fine toille de Reins, achattées de lui ledit jour, pour faire seize queuvrechielz¹ pour ladicte madame la Royne. Pour ce, au pris de 10ˢ p. l'aulne, valent 10¹ p. Pour ce, ès dictes parties, par quittance dudit Guillaume, donnée le derrenier jour de septembre, ccc iiij^xx et vij, 25ˡ 2ˢ p.

A Jehanne de Brie, marchande de toilles, demourant à Paris, pour deniers à lui paiez, qui deubz lui estoient, pour xij aulnes de grosse toille bourgoise, achattées de lui le xxjᵉ jour de février, ccc iiij^xx et vj, pour cirer et empeser, pour mettre dedens et garder les cueuvrechiez et atours de ladicte madame la Royne. Au pris de 2ˢ 4ᵈ p. l'aulne, valent, par quittance de ladicte Jehanne, donnée le xviijᵉ jour de juillet, ccc iiij^xx et vij. 28ˢ p.

A Guillaume Gallande, marchant de toilles, demourant à Paris, pour iiij aulnes de grosse toille, achattées de li le xiiijᵉ jour de mars, ccc iiij^xx et vj, pour envoleper (sic) un berseil à parer, qui avoit esté paint et ordonné pour feu monseigneur le Dalphin, et lequel est mis en garde et garnison au Louvre en la Chambre aux joieaulx. Pour ce, au pris de 2ˢ 6ᵈ p. l'aulne, valent 10ˢ 8ᵈ p.

A lui, pour x aulnes de toille de Reins, achattées de lui le xxviijᵉ jour dudit mois de mars : C'est assavoir, vij aulnes pour faire un doublet à vestir pour ladicte madame la Royne, et iij aulnes pour garnir par le corps cotes simples pour ladicte dame. Pour ce, au pris de 8ˢ p. l'aulne, valent 4ˡ p. Pour tout, par quittance donnée le viijᵉ jour de juillet, ccc iiij^xx et vij.
4ˡ 10ˢ 8ᵈ p.

A Jehanne de Brie, marchande de toilles, pour iiij

---

1. Voy. plus haut, page 151.

aulnes de grosse toille, achattées de lui le viij^e jour de may, CCC iiij^{xx} et vij, pour enveloper un grant berseil et la berssouere à parer, pour feu monseigneur le Dalphin, rapporté du Bois de Vinciennes, et délivré par Billequin. Pour ce, au pris de 2^s p. l'aulne, valent 8^s p.

A Guillaume Gallande, marchant de toilles, demourant à Paris, pour deniers à lui paiez, qui deubz lui estoient, dont les parties ensuivent : C'est assavoir, pour xx aulnes de fine toille de Reins, achattées de li le xxj^e jour de may, CCC iiij^{xx} et vij, pour faire dix chemises à vestir pour madame la Royne. Pour ce, au pris de 8^s p. l'aulne, valent 8^l p.

A lui, pour ix aulnes et demie de ladicte toille, achattées de li le xxij^e jour dudit mois : C'est assavoir, vij aulnes et demie pour faire un doublet à vestir pour ladicte dame; et ij aulnes pour garnir deux de ses petites cotes. Pour ce, audit pris, valent 76^s p.

A lui, pour xxiiij aulnes de grosse toille bourgoise, achattées de lui ledit jour, pour faire huit chemises à enveloper huit corsès de drap d'or pour ladicte dame. Au pris de 3^s 6^d p. l'aulne, valent 4^l 4^s p.

A lui, pour iij aulnes de fine toille de Reins, achattées de li le xxvj^e jour de juing, CCC iiij^{xx} et vij, et baillées à Jehan Saudubois, varlet de garderobe de ladicte dame, pour doubler par dedens deux cotes simples pour ladicte dame. Pour ce, au pris de 8^s p. l'aulne, valent 24^s p.

A lui, pour xxij aulnes de plus fine toille de Reins, achattées de lui ledit jour, pour faire huit chemises, huit béguins et pleurouers pour ladicte dame. Au pris de 10^s p. l'aulne, valent 16^l p. Pour tout, ès dictes parties, par quittance dudit Guillaume, donnée le derrenier jour de juillet, l'an CCC iiij^{xx} et vij. 33.^{l} p.

A Margot la Bourcière, cousturière du Roy nostre sire, demourant à Paris, pour deniers à lui paiez, qui deubz lui estoient, pour tout le linge qu'elle a taillié, fait et cousu, par le temps de ce compte, pour le Roy nostredit seigneur, les parties contenues ou compte de ladicte Margot, seellé de son seel, rendu à court et transcript en la fin de ce compte, avec quittance pour tout. 20^s 4^d p.

A Robinette Brisemiche, cousturière de la Royne, pour deniers à lui paiez, qui deubz lui estoient, pour tout le linge qu'elle a fait, taillié et cousu, tant pour ladicte dame, comme pour monseigneur le duc de Thouraine, par ledit temps. Les parties contenues et escriptes ou compte de ladicte Robinette, seellé de son seel, et transcript en la fin de ce compte rendu à court, avec quittance de ladicte Robinette. Pour ce, pour tout 4^l 4^s p.

Summa . . . . 69^l 17^s parisis.

PANNES ET FOURREURES, pour le corps du Roy nostre sire, pour madame la Royne et pour monseigneur le duc de Thouraine, baillées et délivrées à Jehan Pinchon, varlet peletier et fourreur des robes du Roy nostredit seigneur, et commis à compter et recevoir ladicte peleterie, pour fourrer les robes ordinaires et autres garnemens desdiz seigneurs et dame, depuis le premier jour de janvier, CCC iiij^{xx} et vj, jusques au derrenier jour de juing, CCC iiij^{xx} et vij après ensuivant.

Et premièrement, pour le corps du Roy nostre sire, par ledit temps.

A Jehan Mandole, peletier et varlet de chambre du Roy nostredit seigneur, pour deniers à lui paiez, qui deubz lui estoient : C'est assavoir, pour la fourreure d'une robe d'escarlate vermeille, de quatre garnemens, pour ledit seigneur, qu'il ot le jour de la Chandeleur, ccc iiij^{xx} et vj : C'est assavoir, pour la housse, elles et ellettes, 858 ventres de menu vair; pour le seurcot clos, 598 ventres; pour le seurcot ouvert, 466 ventres; pour le chapperon, 82 ventres; pour le chappeau de bièvre, 52 ventres, et pour un autre chappeau de bièvre 36 hermines. Pour tout, 2112 ventres de menu vair, au pris de 36^1 p. le millier, valent 76^1 6^d p. Et 36 hermines neufves, au pris de 5^s 4^d p. la pièce, valent 9^1 12^s p. Pour tout
85^1 12^s 6^d p.

Ledit Mandole, pour la fourreure d'une longue houppellande de satin vermeil pour ledit seigneur, le xxvij^e jour de janvier, brodée à roses et à seinctures et plumes entrelacées et annelées d'or et d'argent, 656 ventres de menu vair. Audit pris, valent
23^1 12^s 4^d p.

Et pour les gez de dessoubz et pour le colet, de garnison, sans pris. xvj lettices.

Ledit Mandole, pour la fourreure d'un mantel à fons de cuve d'escarlate vermeille. pour ledit seigneur, le vij^e jour de février, oudit an, 1012 ventres de menu vair. Audit pris, valent 36^1 8^s 6^d p.

Audit Jehan Mandole, peletier et varlet de chambre du Roy nostredit seigneur, pour la fourreure des manches de ladicte cote hardie[1], pour le Roy nostredit

---

1. L'article de cette cotte hardie qui précède, est barré dans

seigneur, contenant 100 ventres de menu vair, et pour le chapperon de mesmes, 84 ventres. Pour les manches de la cote hardie dudit monseigneur le duc, 80 ventres, et pour son chapperon de mesmes 80 ventres. Pour tout, 344 ventres de menu vair, audit pris de 36^l p. le millier, valent 12^l 7^s 2^d p.

Ledit Mandole, pour la fourreure d'une robe de drap pers de quatre garnemens, que ledit seigneur ot le jour de Pasques Flories : C'est assavoir, pour la housse, elles et ellettes, 872 ventres de menu vair; pour le seurcot clox 560 ventres; pour le seurcot ouvert 482 ventres; pour le chapperon 84 ventres; pour les manches de cote 60 ventres; pour le chappeau de bièvre 50 ventres, et pour un autre chappeau de bièvre 36 hermines. Pour tout, 2098 ventres de menu vair; audit pris, valent 75^l 10^s 5^d p. Et 36 hermines, au pris de 5^s 4^d p. la pièce, valent 9^l 12^s. Pour tout
85^l 2^s 6^d p.

Ledit Mandole, pour la fourreure d'une robe d'escarlate violette, que ledit seigneur ot la veille des Grans Pasques : C'est assavoir, pour la housse, elles et elletes, 858 ventres de menu vair; pour le seurcot clos 594 ventres; pour le seurcot ouvert 484 ventres; pour le chapperon 84 ventres; pour les manches de cote 60 ventres; pour le chappeau de bièvre 36 hermines, et pour un autre chappeau de bièvre 60 ventres de menu vair. Pour tout, 2140 ventres de menu vair, audit pris de 36^l p. le millier, valent 77^s 4^d p. Et 36 hermines, audit pris de 5^s 4^d p. la pièce, valent 9^l 12^s p. Pour tout 86^l 12^s 4^d p.

l'original, avec la note marginale *quære inferius*. Effectivement il se retrouve à la fin du chapitre.

Ledit Mandole, pour la fourreure d'une robe d'escarlate vermeille de vj garnemens, que ledit seigneur ot le jour des Grans Pasques, ccc. iiij{xx} et vij, laquelle est fourrée de hermines de garnison : C'est assavoir, pour la housse, elles et ellettes, 676 hermines de garnison; pour le seurcot clos 438 hermines; pour le seurcot ouvert 336 hermines; pour la garnache 320 hermines; pour le mantel à parer 490 hermines; pour le dedens du chapperon 32 hermines, et pour la visagière dudit chapperon, deux douzaines de lettices d'achat; pour le chappeau de bièvre 36 hermines d'achat; pour les manches de petite cote 60 ventres de menu vair d'achat. Et pour la fourreure d'un mantel à pignier, fait d'escarlate vermeille, que ledit seigneur ot ledit jour, 1010 ventres de menu vair d'achat. Pour tout 2328 hermines, c'est assavoir, de garnison 2292 hermines, et d'achat 36 hermines, qui valent audit pris de 5{s} 4d p. la pièce, 9{l} 12{s} p. Et deux douzaines de lettices, qui valent 4{l} p. Et 1070 ventres de menu vair, audit pris de 36{l} p. le millier, valent 38{l} 10{s} 4d p. Pour tout ce, pour tout l'achat de ceste robe,

52{l} 2{s} 4d p.

Et de garnison, sans pris, ij{m} ij{c} iiij{xx} xij hermines.

Ledit Mandole, pour la fourreure de trois pelicons de drap de soie baudequin, que ledit seigneur ot le jour des Grans Pasques, 900 ventres de menu vair, audit pris de 36{l} p. le millier, valent 32{l} 8{s} p.

Ledit Mandole, pour la fourreure d'une longue houppellande d'escarlate violette, que ledit seigneur ot oudit mois d'avril, 746 ventres de menu vair, audit pris de 36{l} p. le millier, valent 26{l} 16{s} 6d p.

Ledit Mandole, pour la fourreure d'une aulmuce

d'escarlate vermeille, pour le premier queux du Roy, pour le jour de Pasques, 32 ventres de menu vair, qui valent 22ˢ 8ᵈ p.

Ledit Mandole, qu'il a baillié et délivré à Guillaume Climence, tailleur de robes et varlet de chambre du Roy nostre sire, pour porter devers ledit seigneur, pour eslargir certaines houppellandes et autres habis, pour ledit seigneur, et pour monseigneur le duc de Thouraine, 100 dos de gris, valent. 7ˡ 4ˢ p.

Ledit Mandole, pour la fourreure d'une courte houppellande de drap vert, ouvrée de broderie à une branche de geneste, que ledit seigneur ot le xiij ͤ jour d'avril, 338 ventres de menu vair, audit pris, valent
12ˡ 2ˢ 10ᵈ p.

Ledit Mandole, pour la fourreure d'une longue houppellande d'escarlate rosée, que ledit seigneur ot le xxiiij ͤ jour dudit mois, 746 ventres de menu vair, audit pris, valent 26ˡ 16ˢ 6ᵈ p.

Ledit Mandole, pour la fourreure d'une autre longue houppellande d'escarlate vermeille, ouvrée de broderie à une branche de geneste, 728 ventres de menu vair, audit pris de 36ˡ p. le millier, valent 26ˡ 3ˢ 10ᵈ p.

Pour la fourreure d'un grant mantel de veloux vermeil en graine, que le Roy nostredit seigneur ot le iiij ͤ jour de may, lequel a esté fourré de hermines de garnison. Pour ce, xj ͨ iiij hermines.

Ledit Jehan Mandole, pour la fourreure d'une robe de iiij garnemens, d'escarlate vermeille, que ledit seigneur ot le jour de l'Ascension : C'est assavoir, pour la housse, elles et ellettes, 876 ventres de menu vair ; pour le seurcot clos 558 ventres ; pour le seurcot ouvert 492 ventres ; pour le chapperon 84 ventres ;

pour les manches de petite costé 60 ventres; pour le chappeau de bièvre 50 ventres; et pour un autre chappeau 36 hermines. Pour tout, 2120 ventres de menu vair, audit pris de 36^l p. le millier, valent 76^l 6^s 2^d p. Et 36 hermines, au pris de 5^s 4^d p. la pièce, valent 9^l 12^s p. Pour tout 85^l 18^s 2^d p.

Ledit Mandole, pour la fourreure d'une courte houppellande de veluiau vermeil en grainne, que ledit seigneur ot ledit jour, ouvré à losanges de broderie, 314 ventres de menu vair; audit pris, valent 11^l 5^s 10^d p.

Ledit Mandole, pour la fourreure d'une robe d'escarlate rosée, de iiij garnemens, que ledit seigneur ot la veille de la feste de Penthecouste : C'est assavoir, pour housse, elles et ellettes, 864 ventres; pour le seurcot clox, 584 ventres; pour le seurcot ouvert, 516 ventres; pour le chapperon, 84 ventres; pour les manches de petite cote, 60 ventres; pour le chappeau de bièvre, 50 ventres; et pour un autre chappeau, 36 hermines. Pour tout, 2158 ventres de menu vair, audit pris, valent 77^l 13^s 8^d p. Et 36 hermines, qui valent 9^l 12^s p. Pour ce, pour tout 87^l 5^s 8^d p.

Ledit Mandole, pour deux genestes, et 12 dos de vair, pour faire carcailles, pour le Roy nostre sire et monseigneur de Thouraine. Pour ce 56^s p.

Ledit Mandole, pour la fourreure d'une courte houppellande de drap d'or, que ledit seigneur ot le viij^e jour de juing, ouvrée à genestes de broderie sur la manche, 358 ventres de menu vair, audit pris, valent 12^l 17^s 8^d p.

Ledit Mandole, pour la fourreure d'une autre courte houppellande d'escarlate vermeille, que ledit seigneur ot ledit jour, ouvrée à genestes de broderie, 362 ventres de menu vair. Audit pris, valent 13ˡ 6ᵈ p.

Ledit Mandole, pour la fourreure d'une coste hardie à chevauchier, d'escarlate vermeille, que ledit seigneur ot le xxiiij° jour dudit mois de juing, 628 ventres de menu vair, et pour le chapperon de mesmes, 84 ventres. Pour tout, 712 ventres de menu vair. Audit pris, valent 25ˡ 12ˢ 6ᵈ p.

Ledit Mandole, pour la fourreure d'une longue houppellande de drap vert, que ledit seigneur ot le derrenier jour de juing, ouvrée à une branche de geneste de broderie, 752 ventres de menu vair. Audit pris, valent 27ˡ 1ˢ 6ᵈ p.

Ledit Mandole, pour la fourreure d'une autre longue houppellande de satin vermeil, que ledit seigneur ot ledit jour, ouvrée de broderie à une branche de geneste, 822 ventres de menu vair. Audit pris, valent
29ˡ 11ˢ 6ᵈ p.

Ledit Mandole, pour 860 queues de hermines, par lui livrées, pour mettre et asseoir sur un manteau de veluiau vermeil en graine, fourré d'ermines. Pour ce,
20ˢ p.

Pour toutes les parties de pelleterie prinse et achattée dudit Mandole, par sa quittance donnée le xxiiij° jour de juillet, l'an mil ccc iiij^xx et sept.
811ˡ 1ˢ 4ᵈ p. (*bona*).

À Berthaut du Val, pelletier, demourant à Paris, pour deniers à lui paiez, qui deubz lui estoient, pour la fourreure de deux costes hardiez à chevauchier, faictes d'escarlate vermeille, pour le Roy nostre dit seigneur, et pour monseigneur le duc de Thouraine, qu'ilz orent le xxij° jour de février; contenant 970 dos

de raiz, achattées de lui au pris de 7¹ 4ˢ p. le cent¹.
Valent, par quittance donnée le derrenier jour de
juillet, l'an iiij^xx et vij.   69¹ 16ˢ 6ᵈ p.

    Summa................880¹ 17ˢ 8ᵈ parisis.
    Et............3396 hermines de garnison.
    Et........................16 lettices.

PANNES ET FOURREURES, pour madame la Royne, par ledit temps, baillées et délivrées audit Jehan Pinchon, comme dessus.

A Simon de Lengres, peletier et varlet de chambre de madame la Royne, pour deniers à lui paiez, qui deubz lui estoient : C'est assavoir, pour la fourreure de unes bottes de cuir, que ladicte ot le xxij^e jour de janvier, ccc iiij^xx et vj, 60 dos de raiz. Au pris de 4¹ p. le cent, valent   48ˢ p.

Ledit Simon, pour la fourreure d'un seurcot court de drap blanc, que ladicte dame ot ledit jour, 566 ventres de menu vair. Au pris de 26¹ p. le millier, valent   20¹ 7ˢ 6ᵈ p.

Et pour les pourfilz de dessoubz, manches, tours de bras et amigaux, de garnison, sans prix,

                    xiiij douzaines x lettices.

Ledit Simon, qu'il a baillié et délivré à Jehan Saudubois, varlet de garderobe de ladicte Dame, une douzaine de lettices, valent 40ˢ p.; et 25 ventres de menu vair, qui valent 28ˢ p. Pour tout   58ˢ p.

Ledit Simon, pour la croissance de la fourreure d'un peliçon de drap pers, lequel a esté fourré de la fourreure d'un autre peliçon, le xvj^e jour de février.

---

1. *Debet quittanciam-Reddidit.*

Pour ce, pour croissance de ladicte fourreure, 100 ventres de menu vair. Audit pris, valent 72ˢ p.

Ledit Simon, pour la fourreure d'une coste hardie d'escarlate morée, que ladicte dame ot le premier jour de mars, 640 ventres de menu vair; et pour les pourfilz de dessoubz, poignès et amigaux, quattre douzaines de lettices. Item, pour la fourreure de unes paires de manches de mesmes, 60 ventres de menu vair; et pour les poingnès, deux lettices. Pour tout, 708 ventres de menu vair, audit pris, valent 25ˡ 9ˢ 8ᵈ p.; et quatre douzaines, deux lettices, au pris de 40ˢ p. la douzaine, valent 8ˡ 6ˢ 8ᵈ p. Pour tout
33ˡ 16ˢ 4ᵈ p.

Ledit Simon, pour la fourreure de une autre cote hardie d'escarlate vermeille, que ladicte dame ot ledit jour, 604 ventres de menu vair; et pour les pourfilz de dessoubz, poignès et amigaulx, quatre douzaines de lettices. Item, pour la fourreure de unes manches de mesmes, 60 ventres de menu vair; et pour les poignès deux lettices. Pour tout, 664 ventres de menu vair. Au pris dessus dit, valent 24ˡ 17ˢ 11ᵈ p. Et quatre douzaines, deux lettices, valent au pris de 5ˢ 4ᵈ p., 8ˡ 6ˢ 8ᵈ p. Pour tout 32ˡ 4ˢ 8ᵈ p.

Ledit Simon, pour la fourreure d'une autre cote hardie de drap vert, que ladicte dame ot ledit jour, 608 ventres de menu vair; et pour les pourfilz de dessoubz, poingnès et amigaulx, quatre douzaines de lettices. Item, pour la fourreure de unes manches de mesmes, 60 ventres de menu vair, et pour les poignès, deux lettices. Pour tout, 668 ventres de menu vair, audit pris, valent 24ˡ 9ᵈ p., et quatre douzaines, deux lettices, valent 8ˡ 6ˢ 8ᵈ p. Pour tout 32ˡ 7ˢ 5ᵈ p.

Ledit Simon, pour la fourreure d'une robe à chappe de v garnemens, d'escarlate violette, que ladicte dame ot le jour de Pasques Flories : C'est assavoir, pour la chappe 556 ventres de menu vair; et pour les manches eschantres, et pour le chapperon, sept douzaines, quatre lettices; pour le seurcot lonc, 422 ventres; pour les manches, tours de bras et amigaulx, quatre douzaines de lettices; pour le seurcot ouvert, 386 ventres, et pour les eschantres, deux douzaines, quatre lettices; pour le mantel à parer, 432 ventres; pour les manches de cote simple, 66 ventres, et pour les poingnès, deux lettices. Pour ce, pour tout, 1862 ventres de menu vair, audit pris de 36^s p. le millier, valent 67^s 6^d p. Et treize douzaines, dix lettices, audit pris de 40^s p. la douzaine, valent 27^l 13^s 4^d p. Pour tout 94^l 13^s 10^d p.

Ledit Simon, pour la fourreure d'une longue houppellande d'escarlate rosée, que ladicte dame ot le xxiiij^e jour de mars, 644 ventres de menu vair; audit pris de 36^l p. le millier, valent 23^l 3^s 2^d p. Et pour le gect de dessoubz, colet et poingnès, trois douzaines, huit lettices; au pris dessusdit, valent 7^l 6^s 8^d p. Pour tout 30^l 9^s 10^d p.

Ledit Simon, pour la fourreure d'un mantel de chappelle, fait de drap vert, que ladicte dame ot le xxviij^e jour dudit mois de mars, 870 ventres de menu vair. Item, pour la fourreure d'une houppellande de mesmes, 672 ventres de menu vair; et pour les gez de dessoubz, colet et poingnès, trois douzaines dix lettices. Pour tout, 1542 ventres de menu vair, audit pris, valent 55^l 9^s 8^d p. Et trois douzaines, dix lettices, au pris dessusdit, valent 7^l 13^s 4^d p. Pour ce 63^l 3^s p.

Ledit Simon, pour la fourreure d'une robe à chappe de vj garnemens, d'escarlate rosée, que ladicte dame ot le jour des Grans Pasques, ccc iiij^{xx} et sept : C'est assavoir, pour le mantel à parer, 410 ventres de menu vair; pour la chappe 537 ventres; pour les paremens, eschancres, poingnès et chapperon, sept douzaines, six lettices; pour le seurcot ouvert 412 ventres; pour les eschantres deux douzaines, quatre lettices; pour le seurcot long 456 ventres; pour les pourfilz, manches, tours de bras et amigaux, quatre douzaines de lettices; pour les manches de cote simple 58 ventres, et pour poingnès, deux lettices. Pour tout 1872 ventres de menu vair. Audit pris, valent 67¹ 7ˢ 6ᵈ p.

Et de garnison, sans pris, 14 douzaines de lettices.

Ledit Simon, pour la fourreure d'un mantel de drap blanc, que ladicte dame ot ledit jour des Grans Pasques, 828 ventres de menu vair. Au pris dessusdit, valent 29¹ 15ˢ 10ᵈ p.

Ledit Simon, pour la fourreure d'un pelliçon d'escarlate rosée, que ladicte dame ot ledit jour, 342 ventres de menu vair. Audit pris, valent 12¹ 5ˢ 9ᵈ p.

Ledit Simon, pour la croissance d'un seurcot court d'escarlate violette, lequel a esté deffourré et reffourré. Pour ce, pour la croissance du pourfil de dessoubz, quatorze lettices, qui valent 46ˢ 8ᵈ p.

Ledit Simon, pour la croissance de la fourreure d'un autre seurcot court de drap sur champ vert à K et à E, qui a esté deffourré et reffourré, 48 ventres de menu vair, valent 33ˢ 9ᵈ p.; et seize lettices pour le pourfil de dessoubz, valent 53ˢ 4ᵈ p. Pour tout
4¹ 7ˢ 9ᵈ p.

Ledit Simon, pour la croissance d'un autre seurcot

court de drap d'or sur champ azur à testes de lyons, qui a esté deffourré et refourré; pour ce, pour croistre le pourfil, dix lettices, vàlent 33ˢ 4ᵈ p.; et pour eslargir la penne, 42 ventres de menu vair, valent 29ˢ 9ᵈ p. Pour tout 64ˢ 1ᵈ p.

Ledit Simon, pour la croissance de la fourreure d'un autre seurcot de drap d'or sur champ azur à fleurs de lis et à couronnes, qui a esté deffourré et reffourré, 40 ventres de menu vair, valent 28ˢ 4ᵈ p.; et pour le pourfil de dessoubz, lequel estoit dérompu, deux douzaines, quatre lettices, valent 4ˡ 13ˢ 4ᵈ p. Pour tout 6ˡ 1ˢ 8ᵈ p.

Ledit Simon, pour la croissance du pourfil de dessoubz et amigaulx d'un seurcot court de drap pers, lequel a esté deffourré et refait, deux douzaines, quatre lettices. Et pour avoir refait le pourfil, tours de bras et amigaulx d'un autre seurcot court de drap gris brun, douze lettices. Pour tout trois douzaines de lettices, valent 6ˡ 13ˢ 4ᵈ p.

Ledit Simon, pour la fourreure de deux paires de manches, les unes de drap vert, et les autres d'escarlate vermeille, tenant la penne de chascune paire, 62 ventres de menu vair, et pour les poingnès, deux lettices; font 124 ventres de menu vair au pris dessusdit, valent 4ˡ 9ˢ p. Et quatre lettices, valent 13ˢ 4ᵈ p. Pour tout 102ˢ 4ᵈ p.

Ledit Simon, pour la fourreure d'un seurcot court de drap vert, que ladicte dame ot le xxvijᵉ jour d'avril, ccc iiijˣˣ et vij; 608 ventres de menu vair, audit pris, valent 21ˡ 17ˢ 8ᵈ p. Et pour les pourfilz de dessoubz, manches, tours de bras et amigaux, quinze douzaines, huit lettices, valent 31ˡ 6ˢ 8ᵈ p. Pour tout 53ˡ 4ˢ 4ᵈ p.

Ledit Simon, pour la fourreure d'un autre seurcot court d'escarlate vermeille, que ladicte dame ot le xxvij® jour d'avril, 604 ventres de menu vair, valent 21¹ 14ˢ 10ᵈ p. Et pour les pourfilz de dessoubz, manches, tours de bras et amigaulx, quinze douzaines, quatre lettices, valent 30¹ 13ˢ 4ᵈ p. Pour tout 52¹ 8ˢ 2ᵈ p.

Ledit Simon, pour la fourreure d'un seurcot court d'escarlate violette, que ladicte dame ot le xxj® jour de may, 548 ventres de menu vair, audit pris de 36¹ p. le millier, valent 19¹ 14ˢ 6ᵈ p. Et pour les pourfilz de dessoubz, manches, tours de bras et amigaux, quinze douzaines, quatre lettices, audit pris de 40ˢ p. la douzaine, valent 30¹ 13ˢ 4ᵈ p. Pour tout 50¹ 7ˢ 10ᵈ p.

Ledit Simon, pour la fourreure d'un autre seurcot court d'escarlate rosée, que ladicte dame ot ledit jour, 556 ventres de menu vair, audit pris, valent 20¹ 4ᵈ p. Et pour les pourfilz de dessoubz, manches, tours de bras et amigaux, quinze douzaines, huit lettices, au pris dessusdit, valent 31¹ 6ˢ 8ᵈ p. Pour tout 51¹ 6ˢ 11ᵈ p.

Ledit Simon, pour la fourreure de deux paires de manches, les unes d'escarlate rosée, et les autres de drap de soye sur champ blanc semé de rosettes, tenant la penne de chascune paire, 72 ventres ; et deux lettices pour les poingnès, font 124 ventres de menu vair, audit pris, valent 4¹ 9ˢ 3ᵈ p. Et quatre lettices, valent 13ˢ 4ᵈ p. Pour tout 102ˢ 7ᵈ p.

Ledit Simon, pour la fourreure de un chappeau de bièvre, que ladicte ot le xxj® jour de may, 66 ventres de menu vair, audit pris, valent 47ˢ 4ᵈ p.

Ledit Simon, pour la fourreure des manches de la

cote simple de la robe de Penthecouste de ladicte dame, 60 ventres de menu vair, valent 43ˢ 3ᵈ p. Et pour les poingnès, deux lettices, valent 6ˢ 8ᵈ p. Pour tout   49ˢ 9ᵈ p.

Ledit Simon, pour la fourreure d'un mantel à chevaucher, d'escarlate rosée, que ladicte dame ot le vij^e jour de juing, 476 ventres de menu vair, audit pris, valent   17ˡ 2ˢ 8ᵈ p.

Ledit Simon, pour la fourreure d'une cote à chevaucher, d'escarlate rosée, que ladicte dame ot le vij^e jour de juing, 376 ventres de menu vair, audit pris, valent   17ˡ 2ˢ 8ᵈ p.

Ledit Simon, pour la fourreure d'une cote à chevaucher d'escarlate rosée, que ladicte dame ot le xxiij^e jour de juing, 200 ventres de menu vair, valent 7ˡ 4ˢ p. Et pour les poingnès, 2 lettices, valent 6ˢ 8ᵈ p. Pour tout   7ˡ 10ˢ 8ᵈ p.

Pour ce, pour toutes les parties de la pelleterie prinse et achattée dudit Simon, pour sa quittance donnée le xxviij^e jour de juillet, l'an mil CCC iiij^{xx} et vij.   695ˡ 4ˢ 9ᵈ p. (*bona*).

Summa . . . . 695ˡ 4ˢ 9ᵈ parisis.
Et . . . . . 28 douzaines et 10 lettices de garnison.

PANNES ET FOURREURES pour monseigneur le duc de Thouraine, par le temps dessusdit, baillées et délivrées audit Jehan Pinchon, comme dessus.

A Jehan Mandole, peletier et varlet de chambre du Roy nostre sire, pour deniers à lui paiez, qui deubz lui estoient : C'est assavoir, pour la fourreure d'une longue houppellande d'escarlate violette, que ledit seigneur ot ou mois de janvier, CCC iiij^{xx} et vj, 538 dos de gris, au pris de 72¹ p. le millier, valent 38¹ 13ˢ 10ᵈ p.

Ledit Jehan Mandole, pour la fourreure d'une robe d'escarlate vermeille de iiij garnemens, que ledit seigneur ot le jour de la Chandeleur : C'est assavoir, pour la cloche, 654 ventres de menu vair, et pour les pourfilz, 9 lettices; pour le seurcot clox 464 ventres ; pour le seurcot ouvert 340 ventres; pour le chapperon 80 ventres ; pour les manches de petite cote 50 ventres; et pour le chappeau de bièvre, 48 ventres. Pour ce, pour tout 1636 ventres de menu vair, audit pris de 36¹ p. le millier, valent 58¹ 17ˢ 6ᵈ p. Et 9 lettices, 30ˢ p. Pour tout :   60¹ 7ˢ 6ᵈ p.

Ledit Mandole, pour la fourreure d'une longue houppellande de satin vermeil à roses et à ceintures de broderie et plumes entrelacées et annelés d'or et d'argent, que ledit seigneur ot le xxvij⁰ jour de janvier, 584 ventres de menu vair. Audit pris, valent
                  20¹ 19ˢ 6ᵈ p.

Et pour les gez de dessoubz, colet et poingnès de ladicte houppellande, de garnison, sans pris.
                  14 lettices.

Ledit Mandole, pour la fourreure d'un manteau lonc à fons de cuve, d'escarlate vermeille, que ledit seigneur ot le vj⁰ jour de février, 754 ventres de menu vair. Audit pris, valent   27¹ 2ˢ 10ᵈ p.

Audit Jehan Mandole, pour la fourreure d'une robe de drap pers de iiij garnemens, que ledit seigneur ot le jour de Pasques Flories : C'est assavoir, pour la cloche 648 ventres de menu vair; pour les pourfilz 9 lettices; pour le seurcot clos 406 ventres; pour le seurcot ouvert 356 ventres; pour le chapperon 80 ventres; pour les manches de cote 50 ventres; et pour

DE L'ARGENTERIE DU ROI.   171

le chappeau de bièvre 40 ventres. Pour tout 1580 ventres de menu vair, au pris dessusdit, valent 56¹ 16ˢ 8ᵈ p. Et 9 lettices, qui valent 30ˢ p. Pour tout
58¹ 6ˢ 8ᵈ p.

Ledit Mandole, pour la fourreure d'une longue houppellande violette, que ledit seigneur ot ou mois de mars, 642 ventres de menu vair. Audit pris de 36¹ p. le millier, valent   23¹ 7ˢ 6ᵈ p.

Ledit Mandole, pour la fourreure d'une robe d'escarlate vermeille de iiij garnemens, que ledit seigneur ot le jour des Grans Pasques : C'est assavoir, pour la cloche 616 ventres de menu vair, et pour les pourfilz 9 lettices ; pour le seurcot ouvert 352 ventres ; pour le seurcot clos 456 ventres ; pour le chapperon 80 ventres ; pour les manches de petite cote 50 ventres ; pour le chappel de bièvre 50 ventres ; et pour le mantel à pignier 908 veutres. Pour tout 2512 ventres de menu vair, audit pris, valent 90¹ 8ˢ 6ᵈ p. Et pour 9 lettices 30ˢ p. Pour tout   91¹ 18ˢ 6ᵈ p.

Ledit Mandole, pour la fourreure de deux peliçons de drap de soye baudequin, que ledit seigneur ot ledit jour des Grans Pasques, 500 ventres de menu vair. Audit pris, valent   18¹ p.

Ledit Mandole, pour la fourreure d'une houppellande courte de drap vert brun, ouvrée de broderie à une branche de geneste, que ledit seigneur ot le xiiij^e jour d'avril, ccc iiij^{xx} et vij, 266 ventres de menu vair. Audit pris, valent   9¹ 11ˢ 4ᵈ p.

Ledit Mandole, pour la fourreure d'une longue houppellande d'escarlate violette, que ledit seigneur ot le xxiiij^e jour d'avril, ccc iiij^{xx} et vij, 572 ventres

de menu vair. Audit pris de 36¹ p. le millier, valent
20¹ 11ˢ 6ᵈ p.

Ledit Mandole, pour la fourreure d'une longue houppellande d'escarlate vermeille, que ledit seigneur ot le xxvᵉ jour dudit mois d'avril, 572 ventres de menu vair. Audit pris, valent 20¹ 11ˢ 6ᵈ p.

Ledit Mandole, pour la fourreure d'une robe d'escarlate vermeille de iiij garnemens, que ledit seigneur ot le jour de l'Ascension : C'est assavoir, pour la cloche 612 ventres de menu vair, et pour les pourfilz 9 lettices; pour le seurcot clos 428 ventres; pour le seurcot ouvert 366 ventres; pour le chapperon 80 ventres; pour les manches de petite cote 50 ventres, et pour le chapperon de bièvre 48 ventres. Pour tout, 1584 ventres de menu vair, audit pris, valent 56¹ 19ˢ 6ᵈ p. Et pour 9 lettices, 30ˢ p. Pour tout 59¹ 9ˢ 6ᵈ p.

Ledit Mandole, pour la fourreure d'une houppellande courte de veluiau vermeil en graine, ouvrée à louzanges de broderie, que ledit seigneur ot le xvᵉ jour de may, ccc iiij^{xx} et vij, 254 ventres de menu vair. Audit pris, valent 9¹ 2ˢ 10ᵈ p.

Ledit Mandole, pour la fourreure d'une autre houppellande courte de drap vert, ouvrée de broderie à une branche de geneste sur la manche, que ledit seigneur ot le viijᵉ jour de juing, 258 ventres. Audit pris, valent 9¹ 5ˢ 8ᵈ p.

Ledit Mandole, pour la fourreure d'une autre houppellande courte d'escarlate vermeille, ouvrée de broderie à une branche de geneste, que ledit seigneur ot ledit jour, 252 ventres. Audit pris, valent 9¹ 1ˢ 5ᵈ p.

Ledit Mandole, pour la croissance de la penne d'une courte houppellande de drap vert brun, ouvré de broderie à une branche de geneste, laquelle a esté deffourrée et refourrée. Pour ce, 8 ventres de menu vair, audit pris, valent   5ˢ 8ᵈ p.

Ledit Mandole, pour la fourreure d'une cote hardie à chevaucher, d'escarlate violette, que ledit seigneur ot le xxiij ͤ jour de juing, 458 ventres de menu vair; et pour le chapperon de mesmes 80 ventres. Pour tout, 538 ventres. Audit pris, valent 19ˡ 6ˢ 10ᵈ p.

Ledit Mandole, pour la fourreure d'une longue houppellande de drap vert, ouvrée de broderie à une branche de geneste, 616 ventres de menu vair. Audit pris, valent   22ˡ 3ˢ 8ᵈ p.

Ledit Mandole, pour la fourreure d'une autre houppellande longue de satin vermeil en graine, ouvrée de broderie à une branche de geneste, que ledit seigneur ot le derrenier jour de juing, 554 ventres de menu vair. Audit pris, valent   19ˡ 18ˢ 10ᵈ p.

Pour ce, pour toutes les parties dessusdictes, par quittance dudit Mandole, donnée le xxiiij ͤ jour de juillet ccc iiij ͯˣ et vij.   537ˡ 5ˢ 1ᵈ parisis.

A Simon de Lengres, peletier et varlet de chambre la Royne, pour deniers à lui paiez, qui deubz lui estoient : C'est assavoir, pour deux bièvres achattés de lui pour faire carcailles, pour le Roy nostresire et pour monseigneur le duc de Thouraine. Au pris de 10ˢ p. la pièce, valent   20ˢ p.

Ledit Simon, pour la fourreure de unes bottes de cuir à relever pour ledit monseigneur le duc de Thouraine, 100 dos de rais, valent   4ˡ p.

Ledit Simon, pour la fourreure de unes autres bottes de cuir à relever pour monseigneur Philippe de Florigny, chevalier, chambellan dudit monseigneur le duc de Thouraine. Pour ce 120 dos de raiz, audit pris, valent 4¹ 16ˢ p.

Pour tout, par quittance dudit Simon, donnée le xxiiij ͤ jour de juillet, ccc iiij ˣˣ et vij. 9¹ 16ˢ p.

A Jehan du Val, peletier, demourant à Paris, pour 5 douzaines de lettices nuefves, achattées de lui pour mettre ès garnisons de l'Argenterie, dont il est fait recepte ci-devant. Pour ce, au pris de 40ˢ p. la douzaine, valent 10¹ p.

A Jehan Pinchon, varlet pelletier et fourreur des robes du Roy nostre sire, et commis à recevoir et compter la pelleterie d'icellui seigneur, pour deniers à lui paiez, qui deubz lui estoient, pour les façons d'avoir fourré toutes les robes ordinaires et autres garnemens, que le Roy nostre dit seigneur, la Royne et monseigneur le duc de Thouraine ont euz à ce terme. Et pour leurs dons faiz par ledit temps; les parties contenues ou compte dudit fourreur[1] et transcriptes en la fin de ce présent compte. Tout rendu à court, avec quittance de lui, donnée le derrenier jour de juillet, l'an mil ccc iiij ˣˣ et vij. 166¹ 6ˢ p.

A Berthaut du Val, pelletier, demourant à Paris, pour la fourreure d'une courte houppellande de drap vert, à une ceinture de broderie, que ledit seigneur ot le xij ͤ jour de mars, 52 martres. Item, pour la fourreure d'un chapperon d'escarlate vermeille, que ledit seigneur ot le xxiiij ͤ jour dudit mois, 30 martres. Et pour la fourreure d'un chappeau de bièvre, que ledit seigneur ot ledit jour, 8 martres. Pour tout 90 martres : C'est assavoir, d'achat 37 martres, au pris

---

1. *Vise et examinate fuerunt partes.*

de 8ˢ p. la pièce, valent 14ˡ 16ˢ p. Et de garnison, 53 martres. Pour ce, par lettre de recongnoissance dudit Bertaut, donnée le xxiiij° jour du mois d'aoust, l'an mil CCC iiij^{xx} et vij[1]. . . . . 14ˡ 16ˢ p.

   Et de garnison, sans pris . . . . 53 martres.
   Summa. . . . . 738ˡ 3ˢ 1ᵈ parisis.
   Et. . . . . 53 martres.
   Et. . . . . 14 lecticie.
PRIMA GROSSA : *Summa*. . . . . . . 6121ˡ 6ˢ 10ᵈ parisis.
   Et. . . . . 3396 ermyne.
   Et. . . . . 53 martres.
   Et. . . . . . . 31 douzaines 4 lecticie.

CHAMBRES, pour le Roy nostre sire, pour madame la Royne et monseigneur le duc de Thouraine, par le temps de ce présent compte.

A Martin Didele, coustepointier, demourant à Paris, pour deniers à lui paiez, qui deubz lui estoient : C'est assavoir, pour avoir appareillié et mis à point une chambre de satin blanc pour madame la Royne, où il avoit ciel, dossier, coustepointe et trois courtines, de taffetas blanc. En laquelle il avoit trois grans K de broderie, assis et rapportez sus ladicte coustepointe, les roses et armoirie pourfillées de soye, ycelles rubannées, et mis anneaulx et franges. Et rappareillez plusieurs trous qui estoient en ladicte chambre et courtines. Pour ce, pour la paine et sallaire dudit Martin, satin, soie et autres étoffes à ce faire. Pour tout . . . . 4ˡ 16ˢ p.

---

1. Les dates du jour et du mois sont ici en blanc. Mais elles se trouvent au même article porté plus haut, dans l'original, et biffé avec la note *Fit inferius*.

A lui, pour avoir appareillié et mis à point une chambre de satin vermeil d'estive : C'est assavoir, dossier et coustepointe, laquelle il a rubannée et d'icelle fait six quarreaus pour servir en ladicte chambre. Laquelle a été délivrée à monseigneur le duc de Thouraine le xvj^e jour d'avril, ccc iiij^{xx} et vij après Pasques. Pour ce, pour paine, sallaire et estoffes. 4^l 18^s p.

A lui, pour sa paine et sallaire d'avoir appareillié et mis à point la chambre de satin vert, au Cerf volant, du Roy nostre sire, de laquelle il a rapparcilliées les trois courtines, le ciel et dossier, pour ce 8^s p. Pour tout, ès dictes parties, par quittance dudit Martin, donnée le xxviij^e jour de septembre, l'an mil ccc iiij^{xx} et sept. 10^l 2^s p.

A Henriet Gontier, brodeur, demourant à Paris, pour deniers à li paiez, qui deubz lui estoient, pour xxxij escussons de broderie faiz de sortail, des armes de monseigneur le duc de Thouraine, faiz par lui pour yceulx mettre et asseoir en et sur viij sarges vermeilles, pour tendre en une chambre de satin vermeil d'estive, ordonnée pour ledit monseigneur de Thouraine. Laquelle chambre estoit en la garde de Jehan Moynat, varlet de chambre du Roy nostre sire. Pour ce, par quittance dudit Henriet, donnée le xxij^e jour de juillet, l'an mil ccc iiij^{xx} et vij. 24^l p.

Summa . . . . 34^l 2^s parisis.

TAPISSERIE, pour le Roy nostre sire, pour madame la Royne, et pour monseigneur le duc de Thouraine, par ledit temps.

A Jehan de Jaudoine, tappissier, demourant à Paris, pour deniers à li paiez, qui deubz lui estoient, pour sa peine et sallaire d'avoir rappareilliées et misés à point xij sarges blanches, grans et petites, d'une chambre de satin blanc, ouvrée de broderie et armoriée des armes de France, à une grant rose ou milieu, et ycelles avoir lavées et nettoiées. Et laquelle chambre a esté délivrée à madame la Royne. Pour ce, pour paine et sallaire, fil et estoffes, pour tout, par quittance dudit Jehan de Jaudoine, donnée le xviij° jour de mars, l'an mil ccc iiij^{xx} et sept. 4^l 16^s p.

A Nicolas Bataille, tappissier, demourant à Paris, pour deniers à li paiez, qui deubz lui estoient : C'est assavoir, pour viij sarges vermeillés, achattées de lui le xvj° jour d'avril, ccc iiij^{xx} et vij après Pasques, garnies de rubans, pour tendre avec une chambre de satin d'estyve pour monseigneur le duc de Thouraine : C'est assavoir, iiij petites sarges et iiij grans; pour chascune sarge des petites 56^s p., valent 11^l 4^s p.; et pour chascune sarge des grandes 72^s p., valent 14^l 8^s p. Pour tout 25^l 12^s p.

A lui, pour une autre sarge de iiij roies, achattée de lui ledit jour, pour servir et tendre en la chambre de retrait pour madame la Royne. Pour ce 48^s p.

A lui, pour ij tappiz vers, en chacun quatre compas des armes de madame la Royne, achattés de li le xxj° jour de may, ccc iiij^{xx} et vij, pour mettre sus ij sommiers de la chambre de ladite dame; contenant chascun tappis ij aulnes de lonc et ix quartiers de large, fait chascun tappiz iiij aulnes et demie quarrées. Font yceulx ij tappis ix aulnes quarrées, au pris de 16^s p. l'aulne, valent 7^l 4^s p.

A lui, pour iiij tappis azurez à sommiers, en chascun quatre escussons des armes monseigneur le duc de

Thouraine, achattés de lui le xxviij^e jour dudit mois de may, pour les quatre sommiers dudit seigneur, contenant chascun tappis ij aulnes et j quartier de long et ij aulnes de large; fait chascun tappis iiij aulnes et un quartier, et pour les quatre tappis xvij aulnes quarrées, au pris de 16^s p. l'aulne, valent 13^l 12^s p. Pour tout, ès dictes parties, par quittance dudit Nicolas, donnée le xxiiij^e jour de juillet, l'an mil CCC iiij^{xx} et vij. 48^l 16^s p.

Summa................ 53^l 12^s parisis.

DRAPS D'OR ET DE SOIE, à faire offrandes, pour le Roy nostredit seigneur, pour madame la Royne et monseigneur le duc de Thouraine, et bailliés et délivrés à leurs gens et officiers, par le temps de ce présent compte.   Néant à ce terme.

COFFRERIE, MALES ET BAHUS, pour le Roy nostredit seigneur, pour madame la Royne, pour monseigneur le duc de Thouraine, bailliés et délivrés aux gens et officiers desdiz seigneurs et dame, par le temps de ce présent compte, en la présence dudit contrerolleur.

A Pierre du Fou, coffrier, demourant à Paris, pour déniers à li paiez, qui deubz lui estoient : C'est assavoir, pour unes bouges de cuir fauve, garnie de grosse toile par dedens et de courroies, achatté de li le xve jour de janvier, CCC iiij^{xx} et six, pour mettre et porter une chaière pour le Roy nostre sire, qui lui fut donnée le premier jour de l'an. Pour ce   64^s p.

A lui, pour un coffre de bois, couvert de cuir, fermant à clef, ferré et cloué ainsi qu'il appartient, achatté de lui le xj[e] jour dudit mois, pour mettre et porter en chariot *les livres et romans* de la Royne ; pour ce, 4[l] p. Pour tout, ès dictes parties, par quittance dudit Pierre, donnée le iiij[e] jour de septembre, CCC iiij[xx] et vij. 7[l] 4[s] p.

A Perrin Bernart, gaingnier, demourant à Paris, pour deniers à li paiez, qui deubz lui estoient : C'est assavoir, pour un estuy de cuir boully, poinçonné et ouvré à devises d'ennelès entretenans, achatté de lui le xxj[e] jour de janvier, CCC iiij[xx] et vj, pour mettre et porter une aiguière d'or, que monseigneur le duc de Bourgogne donna au Roy nostre sire. Pour ce 16[s] p.

A lui, pour un grant estuy de cuir boully, achatté de lui ce jour, pour mettre et porter ungs tableaux que a faiz *Jehan d'Orléans, peintre* et varlet de chambre du Roy nostre sire ; pour ce, 32[s] p. Pour ce, ès dictes parties, par quittance donnée le xviij[e] jour de septembre, CCC iiij[xx] et vij. 48[s] p.

A Jaquet Aux Connins, bouteillier, demourant à Paris, pour deniers à lui paiez, qui deubz lui estoient, pour vj estuiz de cuir boully, poinçonnez et armoiez aux armes de madame la Royne : C'est assavoir, l'un pour mettre la coppe de madre de ladicte dame, les deux autres pour mettre deux hanaps couvers, l'un de madre, et l'autre de caillier, le quatriesme pour mettre et porter une aiguière, et les deux autres pour mettre et porter xij cailliers et une douzaine de tasses d'argent de l'Eschançonnerie de ladicte dame. Achattés de lui le xxiiij[e] de janvier, CCC iiij[xx] et vj, au pris de 12[s] p. la pièce, valent 72[s] p. Pour ce, par quittance dudit Jaquet, donnée le xxiiij[e] jour de juillet, CCC iiij[xx] et vij. 72[s] p.

A Pierre du Fou, coffrier, demourant à Paris, pour deniers à lui paiez, qui deubz lui estoient : C'est assavoir, pour deux grans coffres de bois, couvers de cuir, ferrez et clouez ainsi qu'il appartient, chascun à une clef fermant; achattés de lui le xxv⁰ jour de janvier, ccc iiij^{xx} et vj, pour mettre et porter le linge de relais et la vaisselle d'or et d'argent de madame la Royne. Pour ce, au pris de 4¹ 8ˢ p. la pièce, valent

8¹ 16ˢ p.

A lui, pour un autre coffre de bois, couvert de cuir, ferré et cloué ainsi qu'il appartient, fermant à clef; achatté de lui ledit jour, pour mettre et porter le linge de relais pour monseigneur le duc de Thouraine; pour ce, 64ˢ p. Pour ce, ès dictes parties, par quittance dudit Pierre, donnée le derrenier jour de juillet, l'an mil ccc iiij^{xx} et vij. 12¹ p.

A Jehan de Drezes, espicier et varlet de chambre de la Royne, pour deniers à lui paiez, qui deubz lui estoient : C'est assavoir, pour un coffre de bois, couvert de cuir, ferré et cloué ainsi qu'il appartient et fermant à clef, pour mettre certaines apoticarries pour ladicte dame, pour ce, 36ˢ p. Et pour deux livres de coton, pour mettre entre les reliquaires de ladicte dame, 6ˢ p. Pour tout, par mandement de ladicte dame et quittance dudit Jehan, donnée le viij⁰ jour de février, ccc iiij^{xx} et vj. 42ˢ p.

A Pierre du Fou, coffrier, demourant à Paris, pour deniers à li paiez, qui deubz lui estoient : C'est assavoir, pour une grant male de cuir fauve, garnie de toille par dedens, de courroies et de bloques, ainsi qu'il appartient, à tout un grant bahu à mettre par dessus ycelle malle. Achattée de lui le xv⁰ jour de mars, ccc iiij^{xx} et vj, pour mettre et porter le lit de madame la Royne. Pour ce, 8.^{l} p.

A lui, pour deux coffres de bois, couvers de cuir de truye, fermans à clefs, ferrés et clouéz ainsi qu'il appartient; achattés de li le xxve jour dudit mois de mars, pour mettre et porter le linge de ladicte dame, bailliés à Gillebert Guérart, varlet de chambre d'icelle dame. Pour ce, 8^l p.

A lui, pour une grant bouge de cuir de vache, garnie et estoffée de courroies de cuir et de cros de fer ainsi qu'il appartient; achattée de lui ce jour, pour mettre et porter la chaière de retrait de ladicte dame. Pour ce 6^l p. Pour tout, ès dictes parties, par quittance dudit Pierre, donnée le derrenier jour de juillet, l'an mil ccc iiij^{xx} et vij. 22^l p.

A Jaquet Aux Connins, boteillier, demourant à Paris, pour deniers à lui paiez, qui deubz lui estoient, pour deux grans estuys de cuir boully, poinçonnez et armoiez des armes de France, garnis chascun de deux courroies de cuir et de cros de fer; achattés de lui le second jour d'avril, ccc iiij^{xx} et vj avant Pasques, pour mettre et porter les deux grans barils d'argent à porter l'eaue en l'Eschançonnerie du Roy nostre sire; pour chascun estuy 32.^{s} p. Pour tout, par quittance dudit Jaquet, donnée le viij^e jour de septembre, l'an mil ccc iiij^{xx} et vij. 64^s p.

Audit Jaquet Aux Connins, pour deniers à lui paiez qui deubz lui estoient : C'est assavoir, pour un grant estuy de cuir boully, poinçonné et armoié des armes de France; achatté de lui le iiij^e jour d'avril, ccc iiij^{xx} et vj avant Pasques. Pour ce, 64^s p.

A lui, pour un autre estuy de cuir boully, poinçonné

et armoié comme dessus; achatté de lui ce jour, pour mettre et porter un gobelet d'or couvert pour ledit seigneur; pour ce, 16ˢ p. Pour ce, ès dictes parties, par quittance donnée le iiijᵉ jour de juillet, l'an mil ccc iiijˣˣ et vij. 4ˡ p.

A Pierre du Fou, coffrier, demourant à Paris, pour deniers à li paiez, pour un gros coffre de bois, couvert de cuir, fermant à clef, ferré et cloué ainsi qu'il appartient; achatté de li le iiijᵉ jour de may, ccc iiijˣˣ et vij, pour porter les petites cotes à ceindre et les doubles de madame la Royne, baillié à Jehan Saudubois, varlet de garderobe de ladicte dame. Pour ce, par quittance dudit coffrier, donnée le xviijᵉ jour de juillet, l'an mil ccc iiijˣˣ et vij. 4ˡ p.

A Jaquet Aux Connins, bouteillier, demourant à Paris, pour deniers à lui paiez, qui deubz lui estoient : C'est assavoir, pour un grant estuy de cuir boully, poinçonné et armoié des armes de France; achatté de lui le xijᵉ jour de may, ccc iiijˣˣ et vij, pour mettre et porter une grant nef d'argent dorée, de laquelle on sert continuellement le Roy nostre sire, délivrée en la Chambre des napes dudit seigneur. Pour ce, 4ˡ p.

A lui, pour un autre estuy de cuir boully double, à mettre et porter les orinaulx de la Royne, ycellui poinçonné et armoié des armes de ladicte dame, et fermant à clef; achatté de lui le xxjᵉ jour dudit mois de may. Pour ce, 32ˢ p.

A lui, pour un grant estui de cuir boully, poinçonné et armoié des armes de ladicte dame, pour mettre et porter une nef d'argent dont ladicte dame est servie continuelment; pour ce, 64ˢ p. Pour tout, ès dictes parties, par quittance dudit Jaquet, donnée le xxiiij[e] jour de juillet, l'an mil ccc iiij[xx] et vij.

8[l] 16[s] p.

A Pierre du Fou, coffrier, demourant à Paris, pour deniers à lui paiez, qui deubz lui estoient, pour les parties qui ensuivent : C'est assavoir, pour une grant male de cuir fauve, à tout le bahu, achattée de lui le xxviij[e] jour de may, ccc iiij[xx] et vij, pour mettre et porter, sus un sommier, les robes et chambres de monseigneur le duc de Thouraine. Pour ce, 6[l] 8[s] p.

A lui, pour deux courroies de cuir de vache, garnies de grosses blouques de fer, pour estraindre et lier l'une des grans males dudit seigneur. Pour ce,

4[s] p.

A lui, pour une male de cuir de vache, achattée de lui ce jour, pour mettre et porter les robes, houppellandes et autres choses neccessaires, pour Haincelin et Coquinet, folz du Roy et de monseigneur le duc de Thouraine. Pour ce, 48[s] p.

A lui, pour une paire de coffres à sommier, achattée de lui le xxj[e] jour de juing, ccc liij[xx] et vij, pour mettre et porter certaine artillerie : C'est assavoir, arbalestes et viretons, en ce présent voyaage de la mer ; bailliée et délivrée à monseigneur le chastellain de Beauvais et à messire Hutin d'Omont, chambellans du Roy nostre sire. Pour ce, 6[l] 8[s] p. Pour tout, ès dictes parties, par quittance dudit Pierre, donnée le xxiiij[e] jour de juillet, l'an mil ccc iiij[xx] et vij. 15[l] 8[s] p.

Summa. 84[l] 14[s] parisis.

ORFAVERIE, pour le Roy nostre sire, pour madame la Royne et pour monseigneur le duc de Thouraine, bailliée et délivrée aux gens et officiers des diz seigneurs et dame, par le temps de ce compte, en la présence dudit contrerolleur.

A Simonnet le Bec, orfèvre, demourant à Paris, pour deniers à lui paiez, qui deubz lui estoient, pour les parties qui ensuivent : C'est assavoir, pour avoir appareilliées et mises à point deux quartes d'argent, un bire et une aiguière d'argent blanc, de l'Eschançonnerie du Roy nostre sire : C'est assavoir, avoir refait, ressoudé et rassis les ances et couvescles desdictes quartes, bire et aiguière, ycelles avoir redreciées, rebrunies et sablonnées ; et avoir refait et forgé l'une des pates desdictes quartes, où il a mis iij onces xij esterlins d'argent, valent 43^s p. Et pour sa paine et salaire de ce faire, 52^s p.; délivré le xxij^e jour de janvier, l'an mil ccc iiij^{xx} et vj. Pour tout, 4^l 15^s p.

A lui, pour avoir rappareillié, redrécié et nectoié un gobelet d'or pour madame la Royne, et pour avoir desassis la ferreure d'or d'un demy ceint qui est à ladicte dame, et ycelle ferreure d'or avoir rassise sur un tissu de soie nuef, où il a mis un esterlin, obole d'or. Pour ce, pour or, sallaire et façon, 32^s p.

A li, pour avoir rappareillié et mis à point une quarte d'argent blanc de l'Eschançonnerie de madame la Royne : C'est assavoir, ressoudé l'ance et le couvescle, yceulx avoir ressoudez et rassis, où il a mis une once, vij esterlins, obole d'argent, pour ce, 16^s p.; et pour façon, 24^s p. Item, pour avoir appareilliées et ressoudées une aiguière d'argent dorée, et une aiguière d'argent blanc, de ladicte Eschançonnerie, ycelles avoir rebrunies, redréciées et mises à point ; pour ce, 24^s p. Pour tout, 64^s p.

DE L'ARGENTERIE DU ROI. 185

A lui, pour sa paine et sallaire d'avoir appareillié et mis à point une quarte d'argent blanc de la Chambre aux joyaux du Roy nostre sire, en [l]aquelle il a ratouppé deux troux qui estoient en la pensse, et mis de son argent viij esterlins, obole; ycelle redréciée, nectoiée et mise à point. Pour argent et façon, 12ˢ p.

A lui, pour v onces, iiij esterlins d'argent doré, par lui mis et emploié en la fourreure d'un grand collier pour le chien de madame la Royne, délivré à Gillebert Guérart, varlet de chambre de ladicte dame, le xxixᵉ jour de janvier, ccc iiij^{xx} et vij. Pour ce, au pris de 28ˢ p. l'once, valent 7ˡ 5ˢ 8ᵈ p.

A lui, pour avoir rappareillié et mis à point une coppe d'or de madame la Royne, en laquelle il a refait la pate, le pié et le tuyau; où il a mis demie once d'or, qui vault 48ˢ p. Et pour paine et salaire d'icelle mettre à point, rebrunie et redréciée, 40ˢ p. Pour tout, 4ˡ 8ˢ p.

A lui, pour avoir rappareillié et mis à point un drageoir d'argent doré pour ladicte dame : C'est assavoir, avoir fait un claveau d'argent, icellui avoir rivé à trois grosses pointes d'argent doré, où il a mis une once et demie d'argent, qui vault 18ˢ p. Et pour paine et salaire, 14ˢ p. Pour tout, 32ˢ p.

A lui, pour vj douzaines d'aguillettes de dain d'Angleterre, ferrées d'argent doré, achattées de lui le xijᵉ jour de février, ccc iiij^{xx} et vj, pour le Roy nostre sire et monseigneur le duc de Thouraine, au pris de 24ˢ p. la douzaine pour argent et façon, et 2ˢ p. pour le cuir de chascune douzaine. Pour tout, 7ˡ 16ˢ p.

A lui, pour un marc, iiij onces d'argent, par lui mis et emploié à faire et forger une escuelle d'argent pour la Chambre aux deniers du Roy nostre sire : Laquelle escuelle a esté faicte de certain argent receu par ledit Argentier, de maistre Guillaume Perdrier, maistre de la Chambre aux Deniers dudit seigneur, dont il est fait recepte cy-devant. Pour ce, pour argent et façon, au pris de 104ˢ p. le marc, valent 7¹ 16ˢ p.

A lui, pour avoir ferré d'argent doré les bous de ix las de soie : C'est assavoir, iiij laz de soie blanche, et v laz de soie azurée, pour lassier les cotes simples et doublez de madame la Royne, baillié à Jehan Saudubois, varlet de garderobe de ladicte dame, le xxj^e jour de février, CCC iiij^{xx} et vj ; au pris de 16^d p. la pièce, valent 12ˢ p. ; et pour les laz de soie, 12ˢ p. Pour tout, 24ˢ p.

A lui, pour xx paires de blouquettes d'argent dorées, pesans un marc, iiij onces, v esterlins d'argent, par lui faictes et forgées : C'est assavoir, viij paires pour le Roy nostre sire, vj paires pour madame la Royne, et vj paires pour monseigneur le duc de Thouraine, délivrées aux officiers des diz seigneurs et dame. Pour ce, au pris de 11¹ 4ˢ p. le marc, valent 17¹ 4ˢ p.

A lui, pour vj douzaines d'aguillettes de dain d'Engleterre, achattées de lui le iiij^e jour d'avril avant Pasques, CCC iiij^{xx} et vj, pour atacher les chausses du Roy nostre sire et de monseigneur le duc de Thouraine, pour ce, au pris de 2ˢ p. la douzaine, valent 12ˢ p. Et pour avoir ferré les bous d'icelle d'argent doré, au pris de 24ˢ p. la douzaine, valent 7¹ 16ˢ p. Pour tout, ès dictes parties, par quittance dudit Simonnet, donnée le premier jour de juillet, l'an mil CCC iiij^{xx} et vij. 55.¹ 4ˢ 8^d p.

A Jehan du Vivier, orfèvre et varlet de chambre du

Roy nostre sire, pour deniers à li paiez, qui deubz lui estoient, pour argent doré et façon de xv mos de lettres tailliées, qui dient ESPÉRANCE : C'est assavoir, les ix lettres, la moitié blanches et dorées, et les autres lettres bleues, pour faire et atacher ensemble par manière de broderie en une ceinture qui est assise sur une houppellande courte de chamois, par Estienne Bièvre, dit le Hongre, brodeur, pour monseigneur le duc de Thouraine. Pour ce, pour chascun mot d'argent, argent, or et façon, avec l'émail, 15^s p. Valent pour tout, 11^l 15^s p.[1].

A Simon Soulas, orfèvre, demourant à Paris, pour deniers à li paiez, qui deubz lui estoient, pour j marc, v onces, xv esterlins d'argent et obole, par lui mis et emploiez en la façon de 943 paillettes d'argent dorées, par lui faictes et forgées en manière de losanges et un petit annelet au bout de chascune paillette, pour ycelles mettre et asseoir sur deux courtes houppellandes flottens, faictes de veluiau vermeil en graine, l'une pour le Roy nostre sire, et l'autre pour monseigneur le duc de Thouraine; achattées de lui le xxve jour d'avril, l'an mil ccc iiij^{xx} et vij après Pasques. Pour ce, au pris de 28^s p. l'once, valent pour tout, par quittance dudit Simon, donnée le derrenier jour d'avril, ccc iiij^{xx} et sept. 19^l 5^s 6^d p.

A Simonnet le Bec, orfèvre, demourant à Paris, pour deniers à li paiez, qui deubz lui estoient, pour les parties qui ensuivent : C'est assavoir, pour v laz de soie, ferrez d'argent aux boux, pour lacier les cotes et doublez de madame la Royne, et yceulx avoir

---

1. *In debitis*.

ferrez les bous d'argent doré; bailliés à Saudubois, varlet de garde robe de ladicte dame. Pour tout, 12ˢ p.

Audit Simonnet le Bec, pour vj douzaines d'aguillettes de dain de Engleterre, achattées de lui le premier jour de may, CCC iiij^{xx} et vij, pour atacher les chausses du Roy et de monseigneur le duc de Thouraine, au pris de 2ˢ p. la douzaine, valent 12ˢ p. Et pour avoir ferré les bous d'icelles à aguillettes d'argent doré, au pris de 24ˢ p. la douzaine, valent 7ˡ 4ˢ p. Pour tout, 7ˡ 16ˢ p.

A lui, pour vj douzaines de semblables aguillettes de dain d'Engleterre, pour atacher les chausses desdiz seigneurs, les bous d'icelles ferrez d'argent doré, comme dessus. Audit pris, valent 7ˡ 16ˢ p.

A lui, pour v laz de soye vermeille, ferrez aux bous d'argent doré, achattés de li ledit premier jour de may, CCC iiij^{xx} et vij, pour lassier les petites cotes et doubles de madame la Royne; bailliés à Jehan Saudubois, varlet de garderobe de ladicte dame. Pour ce, pour argent, laz et façon. Pour tout, 12ˢ p.

A lui, pour avoir rappareillié et mis à point la navette d'argent dorée de madame la Royne. En laquelle il a refait, ressoudé et redrécié la pate et ressoudé le fretelet du couvescle, ycelle sablonnée et rebrunie, en laquelle façon il a mis v esterlins, obole d'argent. Pour ce, pour argent, paine, sallaire et façon, 8ˢ p.

A lui, pour avoir rappareillié et mis à point un bacin d'argent doré à laver mains, pour la chambre de madame la Royne, ouquel il a ressoudé et redrécié les bors, ycelluy rebruny et nettoyé. Et aussi, pour avoir appareillié une grant juste et une quarte de l'Eschançonnerie de ladicte dame : C'est assavoir les ances et les cliches reffonduz et rassis, ycelles burnies et sablonnées, où il a mis demie once d'argent. Pour ce, pour argent, paine et façon, 48ˢ p.

Audit Simonnet le Bec, pour une douzainne de blouquettes d'argent dorées, pesans v onces, x esterlins d'argent, par lui faictes et forgées : C'est assavoir, vj paires pour mettre ès solers du Roy nostre sire, et vj paires pour mettre ès solers de monseigneur le duc de Thouraine; bailliées à Jaquet de Canlers et à Aubelet de Lestre, premiers sommeliers de corps desdiz seigneurs, le xᵉ jour de juing, CCC iiij^{xx} et vij. Pour ce, au pris de 28ˢ p. l'once, valent 7ˡ 14ˢ p.

A lui, pour iiij onces d'argent doré fin vermeil, par lui mis et emploié ès blouques et mordans et en plusieurs clox d'argent dorez pour la ferreure de ij jartières de satin azur, pour lier les chausses de madame la Royne. Lesquelz cloux, blouque et mordant sont esmailliés à K et à E. Pour ce, pour argent, dorer et façon, au pris de 32ˢ p. l'once, valent 6ˡ 8ˢ p.

A lui, pour le cuir de vj douzainnes d'aiguillettes de dain d'Engleterre, au pris de 2ˢ p. la douzaine, valent 12ˢ p. Et pour avoir ferré les bous d'icelles aguillettes pour atacher les chausses du Roy nostre sire, au pris de 24ˢ p. la douzaine, valent 7ˡ 4ˢ p. Pour tout, 7ˡ 16ˢ p.

A lui, pour xv laz de soye azurez, vermeils et blans, et pour avoir ferré les bous d'iceulz, pour lassier les cotes simples et doublez de madame la Royne; pour ce, 48ˢ p. Pour tout, ès dictes parties, par quittance dudit Simonnet le Bec, donnée le viijᵉ jour de septembre, l'an mil CCC iiij^{xx} et vij. 43ˡ 48ˢ p.

A Jehan du Vivier, orfèvre et varlet de chambre du Roy nostre sire, pour deniers à lui paiez, qui deubz lui estoient, pour les parties qui ensuivent : C'est assavoir, pour la garnison d'argent doré fin vermeil de deux cousteaulx, l'un pour le Roy et l'autre pour monseigneur le duc de Thouraine, faictes en façon de plumes entrelacées, délivrez devers lesdiz seigneurs, le xij^e jour de janvier, CCC iiij^{xx} et vj. Pour argent dorer et façon, 64^s p.

A lui, pour avoir fait et forgié un eaubenoistier et espargès d'argent doré pour la chapelle du Roy nostre sire, delivré le ve jour de mars, iiij^{xx} et vj, pesant iiij mars, vj onces, xvj esterlins, au pris de 6^l 16^s p. le marc, valent 32^l 19^s 2^d ob. p. Lequel a esté fait d'un viez eaubenoistier, receu par ledit orfèvre, de messire Climent, premier chappellain du Roy nostre sire, pesant v mars, j once, xvij esterlins d'argent ; dont il chiet pour soudures et déchet, ij onces, x esterlins, demeure iiij mars, vij onces, vij esterlins ; à 4^l 16^s p. le marc, valent 22^l 12^s p. Ainsi demeure pour argent et façon dudit nuef eaubenoistier et espargès,
9^l 7^s 2^d ob. p.

A lui, pour la garnison d'argent doré fin vermeil de deux cousteaulx, l'un pour le Roy, et l'autre pour monseigneur le duc de Thouraine, faictes en manière de plumes entrelacées, délivrées le vj^e jour d'avril, veille de Pasques. Pour argent, dorer et façon, 64^s p.

A lui, pour la garnison d'argent doré fin vermeil de deux autres cousteaulx, faicte en manière de plumes entrelacées, pour lesdiz seigneurs ; délivrée le xj^e jour de may, CCC iiij^{xx} et vj. Pour ce, pour argent, dorer et façon, 4^l p.

A lui, pour avoir fait et forgé les garnisons d'argent doré fin vermeil de deux autres cousteaulx et d'une dague, faictes en ladicte devise de plumes entrelacées, pour lesdiz seigneurs; délivrées le xij⁰ jour dudit mois de may : pour la garnison desdiz deux cousteaulx, 4ˡ p.; et pour la garnison de ladicte dague, 24ˢ p. Pour tout, 104ˢ p.

A lui, pour la garnison d'argent doré fin vermeil de deux grans cousteaulx appellés *taillebois*, l'un à plumes entrelacées et ennelès pendans, et l'autre à genestes, pour lesdiz seigneurs; délivrée le xxij⁰ jour dudit mois de may. Pour ce, pour argent, dorer et façon, 64ˢ p.

A lui, pour avoir fait et forgé les garnisons d'argent doré fin vermeil de cinq cousteaux appellés *taillebois*, pour lesdiz seigneurs, faictes en façon de genestes, pour lesdiz seigneurs, délivrées devers lesdiz seigneurs le derrenier jour de juillet, ccc iiij^xx et vij, pesans vij onces, x esterlins, au pris de 12ˡ 16ˢ p. pour marc, valent pour argent, dorer et façon. Pour tout, 12ˡ p.

A lui, pour la garnison d'argent doré fin vermeil de quatre grans cousteaulx appellez *taillebois*, pour le Roy nostre sire, délivrée le viij⁰ jour de juing, ccc iiij^xx et vij; pesant v onces, xviij esterlins d'argent doré, au pris de 12ˡ 16ˢ p. le marc, valent, pour argent, dorer et façon, 9ˡ 12ˢ p. Pour tout, ès dictes parties, audit Jehan du Vivier, 49ˡ 15ˢ 2ᵈ obole parisis.[1]

A Simonnet le Bec, orfèvre, demourant à Paris, pour sa paine et salaire d'avoir rappareillié et mis à point une nef d'argent doré du Roy nostre sire, en laquelle il a ressoudé les quatre chesnes qui soustien-

---

1. *In debitis.*

nent ladicte nef, en chascun desquelz il a mis une grosse cheville d'argent; et avoir ressoudé et redrécié l'un des chiens du bout d'icelle nef. Pour ce, pour argent, dorer et façon, par quittance donnée le premier jour de juillet, l'an mil CCC iiij^{xx} et vij.   48^s p.

Audit Simonnet, pour sa paine et salaire d'avoir appareillié une des roes de la nef d'argent dorée de madame la Royne, et avoir ressoudé et rassiz un lyon d'argent emmantelée, sur un des bous de ladicte nef. Pour argent et façon,   12^s p.

Summa .... 192^l 18^s 4^d ob. parisis.

OUVRAIGES DE BRODERIE, pour le Roy nostre sire, pour madame la Royne, et pour monseigneur le duc de Thouraine, faiz et délivrez par le temps de ce présent compte.

A Robert de Varennes, brodeur, armeurier et varlet de chambre du Roy nostre sire, pour deniers à lui paiez, qui deubs lui estoient, pour les parties de broderie qui ensuivent : C'est assavoir, pour la broderie faicte par lui sus deux longues houppellandes de satin vermeil en graine, l'une pour le Roy nostredit seigneur, et l'autre pour monseigneur le duc de Thouraine. En chascune desquelles a batons doubles appellés *copeis*, faiz au travers d'icelles houppellandes tout du lonc et au travers des manches, entre lesquelz bastons sont faictes de broderie, ceintures et lettres qui dient ESPERANCE, et plumes aux bouz avecques annelès faiz de broderie de fil d'or et d'argent de Chypre, et fleurettes de mars semés parmy. Toute ladicte broderie faicte d'or et d'argent de Chippre, et de plusieurs soyes. Pour ce, pour façon et estoffes de chascune houppellande, par marchié à li faict, 96¹ p., valent 192¹ p.

A lui, pour la broderie faicte par lui en et sur deux houppellandes courtes faictes de drap vert, l'une pour le Roy, et l'autre pour monseigneur le duc de Thouraine : C'est assavoir, en chascune une ceinture de broderie d'or, cousue de vert, et les lettres qui dient ESPERANCE, d'or cler, et les blouques et mordans de fil d'or et d'argent de Chippre. Pour ce, pour la broderie de chascune houppellande, par marchié à lui fait, 112ˢ p., valent 11¹ 4ˢ p.

A lui, pour la broderie par lui faicte en et sur deux jaquettes de veluiau vermeil en graine, l'une pour le Roy nostredit seigneur, et l'autre pour monseigneur le duc de Thouraine : C'est assavoir, avoir fait de broderie deux grans bandes de fil d'or trait de Damas, du large de une palme, qui se prennent au costé destre au dessoubz desdictes jaquettes, et vont par dessus l'espaule tout autour, et se lassent les derreniers bous au laz du costé senestre, et est en manière d'un grant annel ouquel il a un autre petit annel pendant, fait et ouvré de semblable broderie, dedens lesquelz il a fait grosses lettres faictes de fil d'or trait, qui dient ESPÉRANCE, et entre chascune lettre grosses frèzes ou boutons, ouvrez et fais de fil d'or trait. Et pour lassier pardevant lesdictes jaquettes, sont fais et ouvrez de broderie gros boutons d'or trait, et sont yceulz annelès ouvrez par dedens de fin or de Chippre et de soyes menuement ouvré, et lesdiz anneaulx bordez sur le hault, tout autour, de fil d'or trait de Damas. Pour ce, pour ladicte broderie faicte par ledit brodeur, pour peine, or de Chippre, soyes et autres estoffes, excepté fil d'or trait qui lui a esté délivré de garnison. Pour ce faire, pour chascune jaquette 36¹ p., valent 72¹ p.

Et de garnison, sans pris, de fil d'or trait de Damas, x onces.

Audit Robert de Varennes, pour la broderie par lui faicte en et sur deux autres jaquettes de satin vermeil en graine, pour lesdiz seigneurs, en chascune desquelles il a fait huit ceinctures de broderie, faictes et ouvrées de fil d'or de Chippre et de soie de plusieurs coleurs ; dont les quatre ceinctures sont assises par derrière, et sont faictes lettres dedens ycelles ceinctures qui dient ESPÉRANCE, et menuz poins entre les lettres, faiz et ouvrez de fil d'or de Chippre, les blouques et mordans desdictes ceinctures faiz et ouvrez de fil d'or et d'argent de Chippre, et en chascune jaquette huit autres ceinctures semblables sus les manches, font xxxij ceinctures : C'est assavoir, pour chascune ceincture faire, ouvrer et asseoir par la manière que dit est, et pour estoffes 40ˢ p., valent 64¹ p.

Ycelles jaquettes délivrées devers lesdiz seigneurs, le tiers jour de mars, ccc iiij^{xx} et vj.

Audit Robert de Varennes, pour la broderie par lui faicte en et sur deux manteaulx de drap vert, doubles, à chevaucher, l'un pour le Roy nostredit seigneur, et l'autre pour monseigneur le duc de Thoraine : C'est assavoir, sur chascun d'iceulz manteaulx une tige de geneste, faicte et ouvrée de broderie d'or cousue de soye vert et d'autres colleurs et les costes faictes d'or nue, ycelles tiges contenans chascune deux aulnes et plus, et assises sur les diz manteaulx ; et s'étent ladicte tige ou costé destre et va tout autour par dessus l'espaule et se ferment ou costé senestre. Pour ce, pour peine, sallaire, façon et toutes autres estoffes, pour chascune 20¹ p., valent   40¹ p.

A lui, pour deux semblables tiges, faictes et ouvrées de la divise dessusdicte, mises et assises, comme dessus, sus deux houpellandes pointes de satin vermeil en graine, pour lesdiz seigneurs. Pour chascune, 20¹ p. comme dessus, valent   40¹ p.

Yceulz manteaulx et houppellandes délivrées devers lesdiz seigneurs, le xxiij⁰ jour de mars, CCC iiij^{xx} et vj.

A lui, pour deux longues ceinctures de broderie, faictes par lui de fil d'or de Chippre et de fil d'or trait, en chascune desquelles sont faictes au lonc lettres qui dient ESPÉRANCE, et petites plumes faictes de broderie entrelacées èsdictes ceinctures ; et les blouques et mordans d'icelles ceinctures faictes de semblable divise, et dedens chascune un cerf volent, de fil d'argent blanc et brodé de fil d'or trait, et testes de lyons et annelès de fil d'or et d'argent entretenans. Lesquelles ceinctures sont mises et assises en et sur un manteau de veluiau vermeil en graine : C'est assavoir, l'une par devant, qui se prent en la poictrine du costé destre et descent tout au lonc dudit manteau, et l'autre par derrière, semblablement assise, et avec ce deux renges d'annelès de fil d'or et d'argent de Chippre, assises semblablement sur ledit mantel. Ouquel ouvrage de broderie a esté mis 5 onces d'or trait de Damas, de garnison, à lui bailliées par l'Argentier. Pour ce, pour peine, sallaire, fil d'or et d'argent de Chippre, soye et autres estoffes, pour chascune ceincture, 36¹ p., valent   72¹ p.

Et de garnison de fil d'or trait de Damas, sanz pris, v onces.

A lui, pour la broderie par lui faicte sur deux courtes houppellandes de drap vert, et deux chapperons, pour le Roy nostredit seigneur et pour monseigneur le duc de Thouraine : C'est assavoir, en chascune une tige ou branche de geneste de fil d'or cousue de soye vert, et les cosses faictes de fil d'or de Chippre. Lesquelles branches sont assises entour le collet des dictes houppellandes. Pour chascune 8¹ p., valent 16ˢ p. Et pour deux autres petites branches de genestes, faictes de semblable broderie, mises et assises en la pate de chascun desdiz chapperons, la pièce 20ˢ p., valent 40ˢ p. Pour tout 18¹ p.

Yceulx manteau, houppellandes et chapperons délivrés devers lesdiz seigneurs, le vj⁰ jour d'avril avant Pasques, l'an mil CCC iiij{xx} et vj.

Audit Robert de Varennes, pour quatre branches ou tiges de genestes, faictes et ouvrées de broderie d'or cousues de soye vert, avec les costes faictes et ouvrées de fil d'or de Chippre, et la graine, de soye noire. Ycelles mises et assises : C'est assavoir, deux sur l'une des manches d'une longue houppellande d'escarlate vermeille, pour le Roy nostredit seigneur, et les deux autres sur une semblable manche d'une longue houppellande de mesmes pour monseigneur le duc de Thouraine. Pour ce, pour chascune manche garnie et brodée comme dit est, délivrée devers lesdiz seigneurs, le xx⁰ jour d'avril, CCC iiij{xx} et vij, 104ˢ p. Valent 10¹ 8ˢ p.

Et de garnison d'or trait, une once.

Audit Robert, pour la broderie faicte par lui en et

sur xxvj houppellandes de drap vert, faictes et ordonnées par le Roy nostre sire, et pour xxv autres seigneurs pour le premier jour de May : en et sur chascune desquelles il a fait, mis et assis une grant branche de geneste de broderie d'or, cousues de soye vert, avec les cosses de fil d'or de Chippre. Laquelle branche est assise et se prent la racine en l'espaule destre par derrière, et desent par dessoubz le bras senestre et se lace ou quartier devant en la poitrine. Pour ce, pour peine, salaire et façon, avec toutes estoffes, au pris de 6^l 8^s p. la pièce, valent 86^l 8^s p.

A lui, pour la broderie faicte par lui en deux courtes houppellandes de veloux vermeil en graine, l'une pour le Roy nostredit seigneur, et l'autre pour monseigneur le duc de Thouraine : C'est assavoir, en chascune houppellande, grans losanges larges, ouvrées de broderie d'or de Chippre, à un point au travers d'icelles et aussi au travers des manches ; et en chascun coing desdictes losanges sont atachées et tenant une petite pallette d'argent dorée fin vermeil, faicte d'orfaverie en manière d'une losange. Esquelles houppellandes et en ladicte broderie sont entrées environ 900 desdictes losanges. Pour ce, pour salaire, façon, avec fil d'or de Chippre et autres estoffes sanz l'orfaverie, pour tout, 84^l p.

Et de garnison, d'or trait, une once.

A lui, pour avoir garny de fil d'or de Chippre et d'or soudis environ viij^c lx queues d'ermines, mises et assises sur un grant mantel de veloux vermeil en graine, fourré de hermines ; pour ce, pour peine, sallaire, fil d'or de Chippre, or soudis et autres estoffes, pour le Roy nostredit seigneur, pour tout, 16^l p.

Ycelles houppellandes et manteau délivrées devers lesdiz seigneurs, le xviij[e] jour de may, l'an mil CCC iiij[xx] et sept.

A lui, pour la broderie faicte par lui en et sur deux longues houppellandes de drap vert, l'une pour le Roy et l'autre pour monseigneur le duc de Thouraine : C'est assavoir, une branche ou tige de geneste en chascune d'icelles, faictes d'or de Chippre, cousues de vert. Lesquelles se prennent et se noent sur les espaules en dessendant tout contreval par la fante d'icelles. Et les boutons, faiz de semblable broderie. Ycelles houppellandes délivrées devers lesdiz seigneurs, le pénultime jour de may, CCC iiij[xx] et vij. Pour ce, pour peine, sallaire, façon et estoffes de chascune houppellande, 19[l] 4[s], valent 38[l] 8[s] p.

A lui, pour la broderie faicte par lui en et sur deux longues houppellandes faictes d'escarlate vermeille, l'une pour le Roy nostredit seigneur et l'autre pour monseigneur le duc de Thouraine : C'est assavoir, en la manche senestre, en chascune, une branche de genestre ouvrée de broderie de fil d'or cousue de rouge et de soye vert. Lesquelles branches vont autour desdictes manches, et parmy entrelacées deux ceinctures de broderie et lettres qui dient ESPÉRANCE. Délivrées devers les diz seigneurs le derrenier jour de may, CCC iiij[xx] et vij. Pour ce, pour peine, façon et estoffes de chascune 10[l] p., valent 20[l] p.

A lui, pour la broderie par lui faicte en et sur deux courtes houppellandes d'escarlate vermeille, l'une pour le Roy nostredit seigneur, et l'autre pour monseigneur le duc de Thouraine : C'est assavoir, en chascune six branches de geneste de fil d'or, cousues de vert. Lesquelles sont mises et assises sur les coustures des corps et des manches d'icelles houppellandes. Pour ce, pour paine, sallaire, façon et estoffes desdictes houppellandes, 51¹ 4ˢ p.

A lui, pour la broderie faicte par lui en et sur deux autres courtes houppellandes de drap vert, l'une pour le Roy nostredit seigneur, et l'autre pour monseigneur le duc de Thouraine. En chascune desquelles il a fait une branche de geneste de broderie, faicte et ouvrée de broderie de fil d'or, cousue de vert. Lesquelles se noent sur les espaules d'icelles houppellandes et vont tout autour du colet, et se lacent par devant. Pour ce, pour façon et estoffes de chascune houppellande, 8¹ p. Valent 16¹ p. Pour ce, ès dictes parties de broderie faictes par ledit temps, par quittance dudit Robert, donnée le viij⁰ jour de juillet, CCC iiij ͯͯ et sept. 111¹ 12ˢ p.

A Colin le Roy, brodeur, demourant à Paris, pour deniers à lui paiez, qui deubz lui estoient. En et sur ungs gans de parement pour le Roy nostresire, lesquelz il a brodez autour et fait en chascun un gros bouton de perles. En laquelle broderie il a mis deux onces de perles de plusieurs sortes et une pièce de bisète de fil d'or de Chippre. Pour ce, pour peine, salaire et façon, perles et autres estoffes, par marché à lui fait et par sa quittance donnée le xxiiij⁰ jour de juing, l'an mil CCC iiij ͯͯ et vij. 19¹ 4ˢ p.

A Robert de Varennes, brodeur, armurier et varlet de chambre du Roy nostre sire, pour deniers à li paiez, qui deubz lui estoient, pour les parties de broderie qui ensuivent : C'est assavoir, pour la broderie faicte par lui sur deux manches de deux houppellandes de satin vermeil en graine, pour le Roy et monseigneur le duc de Thouraine : C'est assavoir, en chascune manche deux branches de geneste de broderie, mises et assises au travers desdictes manches. Pour chascune manche, 11^l 4^{s} p. Valent 22^l 8^s p.

A lui, pour la broderie faicte par lui sus un grant manteau de veluiau vermeil en graine pour le Roy nostresire : C'est assavoir, dessasis deux longues renges d'annelès de broderie et en lieu d'icelles avoir fait et assis branches de genestes de broderie, entrelacées au lonc dudit manteau. Pour ce, 19^l 4^s p.

A lui, pour la broderie faicte par lui sur deux longues houppellandes de drap vert, pour le Roy et monseigneur le duc de Thouraine : C'est assavoir, en chascune une branche de geneste de broderie, assise au dessoubz de la manche senestre en manière d'un croissant. Pour chascune houppellande, 6^l 8^s p., valent 12^l 16^s p. Pour tout, ès dictes parties, par quittance donnée le viij^e jour de septembre, l'an mil ccc iiij^{xx} et sept. 54^l 8^s p.

A Estienne Bièvre, dit le Hongre, brodeur et varlet de chambre de monseigneur le duc de Thouraine, pour deniers à lui paiez, qui deubz lui estoient, pour la broderie par lui faicte en manière d'une ceincture de broderie, par li mise et assise sur une hoppellande de chamois pour ledit seigneur. Pour ce, par quittance dudit Estienne, donnée le viij^e jour du mois de may, mil ccc iiij^{xx} et vij. 19^l 4^s p.

Et de garnison, d'or trait de Damas mis et employé en ladicte ceincture, sans pris, une once et demie.

Audit Estienne, pour la broderie d'une petite ceincture de plusieurs coleurs et lettres qui dient ESPÉ-

RANCE, par lui mise et assise sur un chappeau de bièvre pour monseigneur le duc de Thouraine, et bloques et mordans de fil d'or de Chippre. Pour ce, par quittance donnée le xxxᵉ jour du mois de mars, l'an mil ccc iiij^{xx} et sept. 6ˡ 8ˢ p.

Summa . . . . 1010ˡ 16ˢ parisis.
Et . . . . 2 marcs, 2 onces, 10 esterlins argenti deaurati tracti de Damasco.

MADRES ET CAILLIERS, pour le Roy nostre sire, pour madame la Royne et pour monseigneur le duc de Thouraine[1].

JOYAULX D'OR ET D'ARGENT, pour le Roy nostre sire, pour madame la Royne et pour monseigneur le duc de Thouraine, baillés et délivrés par le temps de ce compte.

A Jehan du Vivier, orfèvre et varlet de chambre du Roy nostre sire, pour deniers à lui paiez, qui deubz lui estoient, pour les parties qui ensuivent : C'est assavoir, pour avoir fait et forgé une verge d'or fin et d'argent blanc, partie pour deux moitiez, l'une moitié d'or, et l'autre d'argent nest, esmaillée par dedens à lettres blanches et par dehors à K et à E entrelaciez tout autour dudit annel. Délivré devers la Royne, le xijᵉ jour de janvier, ccc iiij^{xx} et vj. Pour ce, or, argent et façon dudit annel, pour tout, 6ˡ 8ˢ p.

A lui, pour avoir fait et forgié une autre verge d'or fin pour ladicte madame la Royne, en laquelle il a mis un dyamant de son Inventoire, fait et mis en ladicte

---

1. Il n'y a rien pour ce chapitre.

verge en façon d'un oeul, et dedens est esmaillié le mot de la Royne deux fois, et dehors est esmaillié à K et à E tout plain. Délivré devers ladicte dame, le xvj^e jour du mois de janvier, CCC iiij^{xx} et vj. Pour ce, pour l'or mis en ladicte verge, 32^s p., et pour la façon d'icelle 64^s p. Pour tout, 4^l 16^s p.

Audit Jehan du Vivier, pour avoir fait et forgié une ceincture d'or en façon de losanges et de genestes, la moitié de haulte taille et l'autre néellée, en laquelle il a fait xxij clos et iiij barres d'or à ceindre, avec blouque et mordant pour le Roy nostre sire, délivrée le derrenier jour d'avril, CCC iiij^{xx} et vij, pesant l'or de ladicte ceincture, en ce comprins le déchiet et sans le tixur, vj onces, xviij esterlins, à 44^l 16^s p. le marc, valent 38^l 12^s p. Et pour la façon d'icelle ceincture et néeller, 17^l 12^s p. Pour tout 56^l 4^s p. De ce, reçeu par ledit orfèvre, le xviij^e jour dudit mois, en l'or d'une vielle ceincture du Roy, néellée, à annelès, pesant, rabatu le déchet, j marc, j once, iij esterlins d'or, à 44^l 16^s p. le marc, valent 51^l 4^s p. Ainsi demeure, pour l'or et façon de ladicte ceinture, 100^s p.

A lui, pour avoir fait et forgié une petite blouque, mordant et trois barres d'or à ceindre, pour faire un chappel pour le Roy nostre sire, et à li délivré le vij^e jour de may, pesant, en ce comprins le déchiet, ix esterlins, obole d'or, qui valent 53^s 4^d ob. p.; et pour la façon de ladicte besoingne, 36^s p. Pour tout, 4^l 9^s 4^d ob. p. De ce, reçeu par ledit orfèvre, en iij clox de la ceincture d'or à losanges dudit seigneur, pesans xj esterlins d'or, valent 61^s 4^d ob. p. Ainsi demeure, pour l'or et façon desdictes blouque, mordant et barres d'or, 28^s p.

A lui, pour avoir refait et mis à point une croix d'embre garnie d'or, pour madame la Royne, laquelle estoit rompue en deux pièces, ycelle avoir sarty et reffait; pour ix esterlins d'or en ce mis, 51ˢ p.; et pour la façon de ladicte besoingne et de la assembler, délivré devers ladicte dame le viij⁰ jour de juing, CCC iiij^{xx} et vij, 48¹ p. Pour tout, 4¹ 19ˢ p.

A lui, pour avoir rappareillié et mis à point un fermail d'or à tout une teste de balaiz[1], que monseigneur de Berry donna au Roy, et pour avoir fait en yceulx, nouveaulx castrons, et avoir rivé toute la pierrerie, ressoudé et mis à point. Pour ce, pour croissance d'or mis par ledit orfevre et façon, pour tout 4¹ p.

Audit Jehan du Vivier, pour avoir fait et forgé iij anneaux d'or pour monseigneur le duc de Thouraine : C'est assavoir les deux anneaulx, chascun garny d'un fin rubis, mis plantif en bisel, dont les verges sont néellées, et le tiers annel d'or, esmaillé de blanc. Lequel tiers annel est garny d'une esmeraude. Lesquelz ont esté faiz et forgiez de iij viez anneaulx. Pour croissance d'or mis en yceulx anneaulx, 26ˢ p., et pour peine, sallaire et façon d'iceulx anneaulx, pour chascun 48ˢ p., valent 7¹ 4ˢ p. Délivrés devers ledit seigneur le viij⁰ jour de juing, CCC iiij^{xx} et vij. Pour tout, 8¹ 10ˢ p.

A lui, pour avoir fait et forgié iij autres anneaulx d'or fin pour ledit monseigneur de Thouraine : C'est assavoir, l'un d'iceulx garny de iij petis dyamans, et la verge de l'annel néellée tout autour. Et l'autre annel d'or, garny de un diamant, et la verge de l'annel esmaillée de rouge cler tout autour. Et le tiers annel,

---

1. C'est-à-dire, une petite tête sculptée dans un rubis balais.

garny d'un autre dyamant, esmaillié de blanc tout autour. Lesquelz anneaulx ont esté faiz et forgiez de iij autres viez anneaulx d'or. Pour ce, pour croissance de l'or mis en yceulx par ledit orfèvre, 16ˢ p. Et pour façon, paine et sallaire desdiz iij anneaulx, faiz de grant peine, 9ˡ 16ˢ p. Délivrés devers ledit seigneur, le viij° jour de juing. Pour tout, 10ˡ 12ˢ p.

A lui, pour avoir remis et assis la ferreure d'une petite ceincture d'or pour monseigneur le duc de Thouraine, sur un autre tixu nuef de soye noire, où il a reffait autres poinctes aux barres, où il a mis, en river et mettre à point, j esterlin, obole d'or, qui vault 7ˢ 8ᵈ ob. p. Item, pour paine, sallaire et façon, 16ˢ p. Et pour le tixu de soye noire, 20ˢ p. Délivré devers ledit seigneur, le derrenier jour dudit mois de juing. Pour tout, 43ˢ 4ᵈ ob. p.

A lui, pour avoir rappareilliée et mise à point la ceincture d'or à boutons rons et à ennelès d'or et d'argent blanc pour ledit monseigneur de Thouraine. En laquelle il a fait deux annelès doubles, et un tuyau d'or à ceindre; et pour avoir ressoudé et reffait la blouque et le mordant d'icelle ceinture qui estoient rompuz en quatre pièces, ycelle avoir ressoudée et reburnie et rassise sur le tixu comme toute nuefve. Pour ce, pour croissance d'or mise par ledit orfèvre en ycelle ceincture, xvj esterlins, obole d'or, qui valent 4ˡ 12ˢ 4ᵈ p. Et pour la façon d'icelle ceincture, et pour avoir houssé le tixu par dedans de satin nuef, pour ce, 4ˡ 16ˢ p. Pour tout, 9ˡ 8ˢ 4ᵈ p.[1]

57ˡ 4ˢ 8ᵈ op. p.

Summa per se .... 57ˡ 4ˢ 8ᵈ ob. parisis.

---

1. *In debitis.*

COUSTELLERIE, pour le Roy nostresire, pour madame la Royne et pour monseigneur de Thouraine, par le temps de ce compte.

A Pierre Willequin, coustellier, demourant à Paris, pour deniers à lui paiez, qui deubz lui estoient, pour les parties qui ensuivent : C'est assavoir, pour une paire de cousteaulx à trancher, garnis de petit coustel et de parepain, engaignez ainsi qu'il appartient, pour trancher devant le Roy nostresire, le premier jour de Karesme, et baillés à Regnault d'Angennes, premier escuier tranchant dudit seigneur. Pour ce, 12^l 16^s p.

A lui, pour une autre paire de cousteaulx, à manches d'ivoire et garnis d'argent esmaillé aux armes de France, et pour le parepain et le petit coustel ; achattée de lui pour trancher devant le Roy nostredit seigneur, le jour des Grans Pasques, et bailliée audit escuier. Pour ce, 12^l 16^s p.

A lui, pour une autre paire de cousteaulx à trancher, garnis de parepain et de petit coustel, engaignez ainsi qu'il appartient ; achattés de lui pour trancher devant le Roy nostredit seigneur, le jour de la feste de Penthecouste. Pour ce, 12^l 16^s p.

A lui, pour une autre paire de cousteaulx à trancher, garnis de parepain et de petit coustel, engaingnez ainsi qu'il appartient ; achattés de lui ledit jour, pour trancher devant la Royne, à ladicte feste de Penthecouste. Pour ce, 9^l 12^s p.

A lui, pour une autre paire de cousteaulx à trancher, garniz comme dessus ; achattés de lui ce jour, pour trancher devant monseigneur le duc de Thouraine à ladicte feste de Penthecouste. Pour ce, 9^l 12^s p.

Pour tout, èsdictes parties de cousteaulx, par quittance dudit Willequin, donnée le derrenier jour de juing, l'an mil ccc iiij^{xx} et sept.   57^l 12^s p.

Summa per se. . . . . 57^l 12^s parisis.

Chappeaulx de bièvre et autres, pour le Roy nostre sire, pour madame la Royne et pour monseigneur le duc de Thouraine, bailliez et délivrez aux gens et officiers desdiz seigneurs et dame, si comme il appert par leurs certificacions, par le temps de ce compte.

A Denisot Homo, chappelier, démourant à Paris[1], pour deniers à lui paiez, qui deubz lui estoient, pour les parties de chappeaulx achattés de lui par ledit temps : C'est assavoir, pour iiij chappeaulx de fin bièvre brun fors, frangés de franges de fin or et d'argent de Chippre, de la façon nouvelle, bailliez et délivrez à Jaquet de Canlers, premier somelier du corps du Roy nostresire, le iij^e jour de janvier, l'an mil ccc iiij^{xx} et vij. Pour ce, au pris de 64^s p. la pièce, valent
                                                12^l 16^s p.

A lui, pour ij autres chappeaulx de fin bièvre brun des fors, garnis d'or et d'argent de Chippre, lesquelz furent fourrez de gris et de martres, pour ledit seigneur, et bailliez audit Jaquet de Canlers, le xviij^e jour dudit mois de janvier. Pour ce, au pris de 48^s p. la pièce, valent   4^l 16^s p.

A lui, pour ij chappeaulx de fin bièvre blanc, pour fourrer, pour ledit seigneur, pour le jour de la Chandelleur. Pour ce, au pris de 32^s p. la pièce, valent
                                                64^s p.

1. *Vise fuerunt partes et examinate.*

A lui, pour iiij autres chappeaulx de fin bièvre brun des fors, frangés de franges de fin or et d'argent de Chippre tout autour, pour ledit seigneur, et baillez audit de Canlers, le iiij® jour de février, CCC iiij^xx et vij. Pour ce, audit pris de 64^s p. la pièce, valent 12^l 16^s p.

A lui, pour iij paires de chausses de fine escarlate faictes à l'esguille, achattées de lui ce jour, et baillées audit Jaquet de Canlers pour le Roy nostredit seigneur. Pour ce, au pris de 8^l p. la pièce, valent   24^l p.

Audit Denisot, pour ij chappeaulx de fin bièvre brun fors, garniz de fin or et d'argent de Chippre, pour ledit seigneur, et baillés audit Jaquet le xij® jour de février. Pour ce, au pris de 48^s p. la pièce, valent
4^l 16^s p.

A lui, pour iiij chappeaulx de fin bièvre brun fors, frangez de franges d'or et d'argent de Chippre tout autour, pour ledit seigneur, et baillés audit Jaquet le premier jour de mars, CCC iiij^xx et vj. Pour ce, au pris de 64^s p. la pièce, valent   12^l 16^s p.

A lui, pour iiij pareilz chappeaulx délivrez audit Jaquet pour ledit seigneur, le x® jour dudit mois de mars. Pour ce, au pris de 48^s p. la pièce, valent
9^l 12^s p.

A lui, pour iiij autres chappeaulx de fin bièvre brun fors, sanz garnison, pour ledit seigneur, et baillez audit Jaquet le xx® jour dudit mois. Pour ce, au pris de 32^s p. la pièce, valent   6^l 8^s p.

A lui, pour ij chappeaulx de fin bièvre blanc, pour fourrer, pour ledit seigneur pour le jour de Pasques Flories. Pour ce, audit pris de 32^s p. la pièce, valent
64^s p.

A lui, pour deux autres pareilz chappeaulx pour

ledit seigneur, pour le jour des Grans Pasques, CCC iiij^{xx} et vij. Audit pris, valent 64^s p.

A lui, pour iiij chappeaulx de fin bièvre brun des fors, frangés de franges de fin or et d'argent de Chippre tout autour, pour ledit seigneur, et bailliez audit Jaquet le xij^e jour d'avril, CCC iiij^{xx} et vij après Pasques. Pour ce, au pris de 64^s p. la pièce, valent
12^l 16^s p.

A lui, pour iiij autres chappeaulx de fin bièvre brun fors, garniz d'or et d'argent de Chippre, pour ledit seigneur, et bailliez audit Jaquet le viij^e jour de may ensuivant. Au pris de 48^s la pièce, valent 9^l 12^s p.

A lui, pour ij autres chappeaulx de fin bièvre blanc, pour fourrer, pour ledit seigneur pour le jour de l'Ascension. Pour ce, au pris de 32^s p. la pièce, valent
64^s p.

A lui, pour j grant chappeau de fin bievre brun, pour soleil, fourré de cendal tierçain en graine et garny d'or et d'argent de Chippre, et d'un laz de soye et de houppes et boutons, ainsi qu'il appartient; pour ledit seigneur, et baillié audit Jaquet le xij^e jour dudit mois de may. Pour ce, 4^l 16^s p.

A lui, pour ij autres chappeaulx de fin bièvre brun fors, dont l'un fut brodé et l'autre garny d'or et d'argent de Chippre; pour ledit seigneur, et baillié audit Jaquet le xvj^e jour dudit mois. Pour ce, au pris de 48^s p. la pièce, valent 4^l 16^s p.

A lui, pour ij autres chappeaulx de fin bièvre blanc, pour fourrer; pour ledit seigneur, pour le jour de Penthecouste. Pour ce, au pris de 32^s p. la pièce, valent 64^s p.

A lui, pour j autre grant chappeau de fin bièvre

brun fort, pour soleil, pour ledit seigneur. Ycellui fourré de cendal tierselin en graine et garny d'or et d'argent de Chippre, pendent à un laz de soye et de houppes et boutons, pour ce, baillié audit Jaquet le vj⁰ jour de juing, ccc iiij^{xx} et vij. Pour ce 4^l 16^s p.

A lui, pour iiij chappeaulx de fin bièvre brun, garnis d'or et d'argent de Chippre ; pour ledit seigneur, bailliez audit Jaquet ce jour. Au pris de 48^s p. la pièce, valent 9^l 12^s p.

A lui, pour ij chappeaulx de fin bièvre brun fort, garnis d'or et d'argent de Chippre ; pour ledit seigneur et bailliez audit Jaquet de Canlers le xviij⁰ jour de juing. Pour ce, au pris de 48^s p. la pièce, valent
4^l 16^s p.

A lui, pour iiij chappeaulx de fin bièvre brun fort, garniz d'or et d'argent de Chippre ; pour ledit seigneur, bailliez audit Jaquet le xxvij⁰ jour dudit mois de juing. Pour ce, audit pris de 48^s p. la pièce, valent 9^l 12^s p.

Pour ma dame la Royne [1].

A Denisot Homo, pour ij chappeaulx de fin bièvre brun, fort, garnys d'or et d'argent de Chippre ; pour ladicte dame, et bailliez à Gillebert Guérart, son varlet de chambre, le xj⁰ jour de janvier, l'an mil ccc iiij^{xx} et vj. Pour ce, au pris de 48^s p. la pièce, valent
4^l 16^s p.

A lui, pour ij chappeaulx de fin bièvre blanc, pour fourrer ; pour ladicte dame pour le jour de la Chandeleur. Pour ce, au pris de 32^s p. la pièce, valent 64^s p.

---

1. Isabeau de Bavière, mariée à Amiens le 17 juillet 1385, à l'âge de 14 ans.

A lui, pour ij autres chappeaulx pareilz, pour fourrer; pour ladicte dame, pour le jour de Pasques Flories. Pour ce, audit pris, valent 64^s p.

A lui, pour ij autres chappeaulx pareilz, pour fourrer; pour le jour des Grans Pasques, iiij^{xx} et vij; pour ladicte dame. Pour ce, audit pris, valent 64^s p.

A lui, pour ij autres chappeaulx pareilz, pour ladicte dame, pour fourrer, pour le jour de l'Ascencion. Pour ce, audit pris, valent 64^s p.

A lui, pour ij autres chappeaulx pareilz; pour ladicte dame, pour le jour de Penthecouste. Audit pris, valent 64^s p.

POUR MONSEIGNEUR LE DUC DE THOURAINE[1].

Audit Denisot Homo, pour ij chappeaulx de fin bièvre brun des fors, frangés de franges tout autour, de fin or et d'argent de Chippre; pour ledit seigneur, et bailliez à Aubelet de Lestre, premier somellier de corps dudit seigneur, le viij^e jour de janvier, CCC iiij^{xx} et vj. Pour ce, au pris de 64^s p. la pièce, valent 6^l 8^s p.

A lui, pour ij autres chappeaulx de fin bièvre brun, garnis d'or et d'argent de Chippre; pour ledit seigneur et bailliez audit Aubelet le xviij^e jour dudit mois. Pour ce, au pris de 48^s p. la pièce, valent 4^l 16^s p.

A lui, pour j chappeau de fin bièvre blanc, pour fourrer; pour ledit seigneur pour le jour de la Chandeleur. Pour ce, 32^s p.

A lui, pour ij chappeaulx de fin bièvre brun fort,

---

1. Louis de France, frère puîné du roi Charles VI, duc d'Orléans en 1392.

DE L'ARGENTERIE DU ROI. 211

garnis d'or et d'argent de Chippre; pour ledit seigneur, bailliez audit Aubelet le xvij° jour de février ensuivant. Pour ce, audit pris de 48ˢ p. la pièce, valent 4ˡ 16ˢ p.

A lui, pour iiij chappeaulx de fin bièvre brun des fors, frangés de franges d'or et d'argent de Chippre; pour ledit seigneur, et bailliez audit Aubelet le iij° jour de mars ensuivant. Pour ce, au pris de 64ˢ p. la pièce, valent 12ˡ 16ˢ p.

A lui, pour iij chappeaulx de fin bièvre brun fort, garnis de fin or et d'argent de Chippre; pour ledit seigneur et bailliez audit Aubelet le xij° jour de mars. Pour ce, à 48ˢ p. la pièce, valent 7ˡ 4ˢ p.

A lui, pour j chappeau de fin bièvre blanc, pour fourrer; pour ledit seigneur, pour le jour de Pasques Flories. Pour ce, 32ˢ p.

A lui, pour iiij chappeaulx de fin bièvre brun fort, garnis de fin or et d'argent de Chippre; pour ledit seigneur, et bailliez audit Aubelet le iiij° jour d'avril avant Pasques. Pour ce, à 48ˢ p. la pièce, valent
9ˡ 12ˢ p.

A lui, pour j chappeau de fin bièvre blanc, pour fourrer de menu vair; pour ledit seigneur pour le jour des Grans Pasques. Pour ce, 32ˢ p.

A lui, pour iiij chappeaulx de fin bièvre brun fort, pour ledit seigneur, yceulx garnis d'or et d'argent de Chippre, et bailliez audit Aubelet le xxvij° jour d'avril, ccc iiij^{xx} et vij. Pour ce, au pris de 48ˢ p. la pièce, valent 9ˡ 12ˢ p.

A lui, pour iiij autres chappeaulx pareilz; pour ledit seigneur, et bailliez audit Aubelet le viij° jour de may, ccc iiij^{xx} et vij. Pour ce, audit pris, valent 9ˡ 12ˢ p.

A lui, pour j chappeau de fin bièvre blanc, pour

fourrer de menu vair; pour ledit seigneur pour le jour de l'Ascension. Pour ce, 32ˢ p.

A lui, pour j chappeau de fin bièvre brun double, fourré de cendal, pour affubler pour ledit seigneur par le solleil, et baillié audit Aubellet le xij° jour dudit mois. Pour ce, 4ˡ 16ˢ p.

A lui, pour ij chappeaulx de fin bièvre brun, garnis d'or et d'argent de Chippre; pour ledit seigneur, et bailliez audit Aubelet le xij° jour de juing, ccc iiij^{xx} et vij. Pour ce, au pris de 48ˢ p. la pièce, valent 4ˡ 16ˢ p.

A lui, pour ij autres chappeaulx pareilz; pour ledit monseigneur le duc de Thouraine, et bailliez audit Aubelet le xxiij° jour dudit mois de juing. Pour ce, 4ˡ 16ˢ p.

Et pour escripre les parties dudit Denisot Homo en parchemin, pour ce, 4ˢ p.

Pour tout, ès dictes parties, par quittance dudit Denisot, donnée le viij° jour d'aoust, ccc iiij^{xx} et sept. 284ˡ 4ˢ p.

Summa per se . . . . 284ˡ 4ˢ parisis.

COFFRERIE, PINGNES, GAINGNES, TABLIERS et autres menues choses, tant pour le Roy, la Royne et monseigneur le duc de Thouraine, par ledit temps.

A Jehan Girost, pignier, demourant à Paris, pour deniers à li paiez, qui deubz lui estoient, pour un pigne et une broche d'ivoire, achattés de lui le derrenier jour de janvier, l'an mil ccc iiij^{xx} et vj, pour pignier le chief de madame la Royne, en lieu d'un autre de ses pignes qui avoit esté despéciez. Par quittance de li, donnée le tiers jour de juing, l'an mil ccc iiij^{xx} et sept. 32ˢ p.

A Pierre Boileaue, mercier, demourant à Paris, pour deniers à li paiez, qui deubz lui estoient, pour xij pièces de toille de soie, achattées de lui le xxj^e jour de février, ccc iiij^{xx} et vj, et baillées à Gillebert Guérart, varlet de chambre de ladicte dame, pour faire cueuvrechielz pour elle. Pour ce, au pris de 12^s p. la pièce, valent 7^l 4^s p. Dont il a esté paié par sa quittance, donnée le xxiiij^e jour de juing, l'an mil ccc iiij^{xx} et sept.   7^l 4^s p.

A Jehannette la Gilleberde, pour deniers à lui paiez, qui deubz lui estoient, pour une douzaine de fronteaulx, achattée de elle le xxve jour dudit mois et baillée audit Gillebert pour ladicte dame. Pour ce,
                                           16^s p.

A Jehan Girost, pigniér, demourant à Paris, pour deniers à li paiez, qui deubz lui estoient, pour un petit miroir d'ivoire avec l'estuy, pendent à un laz de soye. Achatté de li le xvj^e d'avril, iiij^{xx} et vij, pour ladicte madame la Royne. Pour ce, par quittance rendue cy-devant   10^s p.

A Henry des Gres, pignier, demourant à Paris, pour deniers à li paiez, qui deubz lui estoient, pour un estuy de cuir boully, poinsonné et armoié des armes de mons. le duc de Thouraine, pendent à un gros las de soie, garny de trois pignes, une broche et un miroir, pour pignier le chief dudit seigneur, et baillé à Sallomon, son barbier. Pour ce, par quittance dudit Henry, donnée le tiers jour de may, ccc iiij^{xx} et vij.   112^s p.

A Pierre Boilleaue, mercier, demourant à Paris, pour deniers à li paiez, qui deubz lui estoient : C'est assavoir, pour deux douzaines de coiffes de soie, la moitié longues et l'autre courtes et rondes, achattées de li le xx⁰ jour de may, CCC iiij^xx et vij, pour l'atour de madame la Royne. Pour ce, au pris de 32ˢ p. la douzaine, valent 64ˢ p.

A lui, pour vj couvrechiés de fine toille de lin, achattés de li ce jour, et bailliez à Colinet de Lisle, premier barbier et varlet de chambre du Roy nostre sire, pour servir ledit seigneur pour pignier son chief, et bailliez audit Collinet de Lille. Pour ce, 72ˢ p. Pour tout, ès dictes parties, par quittance dudit Pierre, donnée le xxiiij⁰ jour de juing, l'an mil CCC iiij^xx et vij, rendu cy devant. 6¹ 16ˢ p.

A Jehan de Coilly, pignier, demourant à Paris, pour deniers à li paiez, qui deubz lui estoient, pour un estuy de cuir boully, pendent à un gros laz de soye, garny de trois pignes d'ivoire, d'une broche et d'un mirouer; achatté de lui le xx⁰ jour de may, l'an mil CCC iiij^xx et vij, et baillié à Colinet de Lille, premier barbier du Roy nostre sire, pour pignier le chief dudit seigneur. Pour ce, par quittance donnée le xx⁰ jour de may, l'an mil CCC iiij^xx et vij. 4¹ 16ˢ p.

A Pierre Boilleaue, mercier, demourant à Paris, pour deniers à li paiez, qui deubz lui estoient, pour iiij cuvrechielz déliez de fine toile de Laon, prins et achattés de lui le iij⁰ jour de juing, CCC iiij^xx et vij, et bailliez à Salemon, barbier de mons. le duc de Thouraine, pour servir à pignier le chief dudit seigneur. Pour, au pris de 12ˢ p. la pièce, valent, par quittance de li, donnée le xxiiij⁰ jour de juing, l'an mil CCC iiij^xx et vij, rendu cy devant. 48ˢ p.

A Jehan de Coilly, pignier, demourant à Paris, pour deniers à li paiez, qui deubz lui estoient, pour un estuy de cuir boully, poinssonné et armoié aux armes de la Royne, pendent à un gros laz de soye, garny de trois pignes, un mirouer et d'une broche; achatté de lui le xxij^e jour de juing, pour pignier le chief de ladicte dame. Pour ce, par quittance donnée le xxiiij^e jour de juillet, l'an mil CCC iiij^{xx} et sept. 4^l 16^s p.

Summa . . . . 34^l 10^s parisis.

GANTTERIE, pour le Roy nostre sire, pour madame la Royne et pour monseigneur le duc de Thouraine, et pour leurs dons faiz en ce terme, les parties contenues et escriptes en un roule soubz le seel secret dudit seigneur, rendu à court sur ce compte :

Et premièrement, pour le Roy nostre sire.

A Jehanne de Dompmartin, gantière du Roy nostre dit seigneur[1], pour deniers à lui paiez, qui deubz lui estoient, pour les parties qui ensuivent : C'est assavoir, le jour de la Tiphaine, pour une douzaine de gans doubles de chevrotin, pendans et brodés à boutons d'or. Au pris de 6^s p. la paire, valent 72^s p.

Item, pour vj paire de gans doubles de chevrotin bruns. Audit pris, valent 36^s p.

Item, ce jour, pour une paire de gans de chamois fourrez de gris, pendans. Pour le cuir, penne et façon, 48^s p.

Item, pour iij paire de gans doubles de chevrotin bruns. Audit pris de 6^s p. la paire, valent 18^s p.

Item, pour j gant senestre à fauconnier. Pour ce 12^s p.

---

1. *Vise et examinate fuerunt partes.*

Item, ce jour, pour une paire de gans de chevrotin pendans et doubles, 6ˢ p.

Item, le viij^e jour dudit mois de janvier, pour ij paire de gans pour ledit seigneur, doubles, pendans et brodez. Audit pris de 6ˢ p. la paire, valent 12ˢ p.

Item, pour ij paire de gans, l'une de chamois fourrée de gris, qui vault 24ˢ p., et l'autre paire, de chevrotin, doubles et brodez, 6ˢ p. Pour ce, 30ˢ p.

Item, ij autres paire de gans doubles de chevrotin brodez, 6ˢ p. la paire, valent 12ˢ p.

Item, le ixe jour dudit mois, iiij paire de gans de chevrotin doubles de louveteaulx. La paire 6ˢ p., valent 24ˢ p.

Item, ce jour, vj paire de gans de chamois fourrez de gris, pour les chambellans. A 64ˢ p. la paire, valent 19ˡ 4ˢ p.

Item, pour une paire de gans de chamois fourrée de gris. Pour ce, 32ˢ p.

Item, le xij^e jour dudit mois, pour vj paires de gans tennez, sengles et brodez, à 4ˢ p. la paire, valent 24ˢ p.

Item, le xiiij^e jour de février, pour une paire de gans de chamois baillée à Jaquet de Canlers, et lesquelz sont grans, pendans et fourrez de martres. Pour ce, pour le cuir, martres, peine, broderie, façon et boutons de soye, pour tout, 12ˡ p.

Item, ce jour baillié audit Jaquet vj paires de gans doubles de chevrotin pendans, à boutons d'or et brodez, pour les chambellans, 6ˢ p. la paire, valent 36ˢ p. Et vj paires de gans doubles et brodez pour le Roy, audit pris, valent 36ˢ p. Pour tout, 72ˢ p.

Item, le mardi, jour de Karesme, baillié pour le

Roy une paire de gans chamois pendans et fourrez de gris. Pour le cuir, boutons de soie, peine et façon, pour tout, 56ˢ p.

Item, le premier jour de mars ensuivant, baillié audit Jaquet pour le Roy, une paire de gans de chamois grans, fourrez de gris fin. Pour le cuir, peine, boutons de soie et façon, pour tout, 4ˡ 16ˢ p.

Item, le ijᵉ jour de mars, pour ij paire de gans de chevrotin doubles de chien tenné, pendans et brodez à boutons d'or, et une autre paire doubles de chevrotin, pendans et brodez à boutons d'or. La paire 6ˢ p., valent 18ˢ p.

Item, le vijᵉ jour dudit mois, pour vj paire de gans tennez et brodez, rons. La paire 4ˢ p., valent 24ˢ p.

Item, pour vj paire de gans de chien tenné et brodez, et une autre paire de chevrotin doubles de chien tenné, pendans. Délivrées le xvᵉ jour de mars pour ledit seigneur; au pris de 6ˢ p. la paire, valent 42ˢ p.

Item, pour xij paire de gans de chevrotin doubles et pendans et brodez, à bottons d'or, pour les chambellans. Audit pris, valent 72ˢ p.

Item, pour vj paire de gans de chevrotin doubles de chien tenné, pendans et brodez, à boutons d'or, délivrés le xvijᵉ dudit mois. Pour ce, audit pris, valent 36ˢ p.

Item, pour ij paire de gans de chevrotin, l'une double de chien, brodée, et l'autre doubles de louveteaux tennez et brodez. Pour ce, la paire de chevrotin double de chien, 6ˢ p., et l'autre paire de louvetaux, 8ˢ p. Valent pour tout, 14ˢ p.

Item, pour une paire de gans de chien tennez, brodez et sengles. 4ˢ p.

Item, pour iiij paire de gans de chevrotin doubles de louveteaux, délivrées le xxix⁰ jour dudit mois de mars. 32ˢ p.

Item, le Venredi Aouré[1], pour vj paire de gans tennez et brodez. 24ˢ p.

Item, ce jour, pour ij paire de gans de chevrotin doubles de louveteau tenné, brodez, et une paire de gans de chevrotin doubles, pendans et brodez à boutons d'or. Les ij paire de louveteau 8ˢ la paire, valent 16ˢ p., et l'autre paire 6ˢ p. Valent pour tout 22ˢ p.

Item, le samedi veille de Pasques, une paire de gans de chevrotin doubles de louveteaulx, tennez et brodez, pour ce 8ˢ p. Et vj paire de gans de chevrotin doubles de chien, pendans et brodez, la paire 6ˢ p., valent 42ˢ p. Pour tout, 50ˢ p.

Item, le ix⁰ jour d'avril, pour vj paire de gans doubles, pendans et brodez. 36ˢ p.

Item, le xij⁰ dudit mois, pour iij paire de gans de chevrotin doubles, à 6ˢ p. la paire. Valent 18ˢ p.

Item, le xx⁰ jour dudit mois, pour xij paire de gans de chevrotin doubles et pendans. Audit pris de 6ˢ p. la paire, valent 72ˢ p.

Item, le darrain jour dudit mois d'avril, pour xij paire de gans, dont il y en a vj paire de chevrotin doubles de chien tenné, pendans et brodez à botons d'or, et vj paire sengles, pendens, à botons d'or; desquelz les iiij paire sont de chien et les autres de chevrotin. Pour ce, pour les vj paire doubles de chien, à 6ˢ p. la paire, valent 36ˢ p.; et les iiij paire de chien, sengles, à 4ˢ p. la paire, valent 16ˢ p.; et les deux autres

---

1. Le Vendredi-Saint.

paire de chevrotin, à 6ˢ la paire, valent 12ˢ p. Pour tout, 58ˢ p.

Item, le premier jour de may, pour v paire de gans : C'est assavoir, iij paires de chevrotin doubles de chien tenné, à 6ˢ p. la paire, valent 18ˢ p. Et une paire de chevrotin doubles, pendans, 6ˢ p. Et l'autre paire de chevrotin sangles, pendans, brodée, à botons d'or, 3ˢ p. Pour tout, 27ˢ p.

Item, le samedi iiijᵉ jour dudit mois, pour xij paire de gans : C'est assavoir, vj paire de chevrotin doubles de chien tennez, pendans et brodez, à botons d'or, à 6ˢ p. la paire, valent 36ˢ p. Item, iiij paire des diz gans de chien sangles, rons et brodez, à 3ˢ p. la paire, valent 16ˢ p. Et ij paire de chevrotin sengles et brodez, à 3ˢ p. la paire, valent 6ˢ p. Pour tout, 58ˢ p.

Item, pour xij paire de gans de chevrotin doubles, pendans et brodez, audit pris de 6ˢ p. la paire, délivrés le xᵉ jour dudit mois, valent 72ˢ p.

Item, xviij paire de gans, délivrées le xvjᵉ jour dudit mois : C'est assavoir, xij paire de chevrotin sangles, pendans, brodez, à boutons d'or, à 3ˢ p. la paire, valent 36ˢ p. Et les autres vj paire, rons et brodés, à 4ˢ p. la paire, valent 24ˢ p. Pour tout, 60ˢ p.

Item, ce jour, pour vj paires d'autres gans tennez, sangles et brodez, à 4ˢ p. la paire, valent 24ˢ p.

Item, le xvᵉ jour de juing ensuivant, deux douzaines et demie de gans : C'est assavoir, vij paire pour le Roy, et vij paire de chevrotin doubles de chien tennez, pendans et brodez d'or. Les vij paire pour le Roy, qui ne sont pas de chien, 4ˢ p. la paire, valent 28ˢ p. Et les autres, vij paire, au pris de 6ˢ p. la paire, valent

42ˢ p. Item, et pour les xvj paire sangles de chevrotin, à 3ˢ p. la paire, valent 48ˢ p. Pour tout, 118ˢ p.

Item, pour iiij paire de gans, dont il y en a ij paire de chevrotin doubles de chien tennez et brodez, au pris de 6ˢ p. la paire, valent 12ˢ p. Et les deux autres paires, de chien tenné, brodez, sangles, au pris de 4ˢ p. la paire, valent 8ˢ p. Délivré le xvjᵉ jour dudit mois, pour le fol du Roy. Pour ce, 20ˢ p.

Item, le xxᵉ jour ensuivant, pour iiij autres paires de gans doubles de chevrotin, audit pris de 6ˢ p. la paire, valent 34ˢ p.

Item, pour vij paire de gans à fauconnier : C'est assavoir, une paire de chamois fourré de gris pour le maistre Fauconnier, pour ce 48ˢ p. Item, une paire doublés d'iraingne de Malines, 48ˢ p. Et les autres v paire sont tous senestres, à fauconnier, et a chascun gant vj longes ; à 16ˢ p. le gant, valent 12ˡ 16ˢ p. Pour ce, pour les diz gans à fauconnier, 17ˡ 17ˢ p.

Pour tout, ès dictes parties de gans pour le Roy, 117ˡ 15ˢ parisis.

Pour la Royne, le xijᵉ jour de janvier, pour deux paires de gans de chamois fourrez de menu vair, la pièce 24ˢ p., valent 48ˢ p. Item, le xvijᵉ jour dudit mois, pour deux paire de gans de chevrotin doubles et brodez, à 8ˢ p. la paire, valent 16ˢ p.

Item, pour iiij paire de gans délivrées le xxᵉ jour de février : C'est assavoir, deux paires de tennez doubles de louveteaulx, brodez à 8ˢ p. la paire, valent 16ˢ p. Et les deux autres paire doubles, de chevrotin doubles de chien tenné, à 6ˢ p. la paire, valent 12ˢ p.

Item, le ixᵉ jour de mars, v paire de gans : C'est

assavoir, deux de chevrotin doubles de chien et iij paire doubles de chevrotin, pendans, à 6ˢ la paire, valent 30ˢ p.

Item, le xxviijᵉ jour dudit mois, pour viij paire de gans de chien : C'est assavoir, iiij paire doubles, à 6ˢ p. la paire, valent 24ˢ p. Et les autres iiij paire de sengles, à 4ˢ p. la paire, valent 16ˢ p.

Item, pour viij autres paires de gans délivrées le xᵉ jour d'avril, moitié doubles et l'autre sengles, audit pris, valent 40ˢ p. Et pour viij autres paires de gans, dont les vj paires sont doubles et pendans, et les autres deux paires sont rons, qui valent, à 6ˢ p. la paire, 48ˢ p. Délivré devers ladicte dame le xijᵉ jour de juing ensuivant. Pour ce, pour tout, ès dictes parties de gans pour la Royne, 12¹ 10ˢ p.

Pour monseigneur le duc de Thouraine. Et premièrement le vᵉ jour de janvier, pour une paire de gans de chamois, fourrez de fin gris, pendans et brodez, à boutons de soye. Pour ce, 64ˢ p.

Item, ce jour, ij paire de gans doubles de chevrotin, rons, brodez, à 6ˢ p. la paire, valent 12ˢ p.

Item, le vijᵉ jour ensuivant, pour vij paire de gans de chevrotin, pendans, les uns bruns, les autres blans, pour ledit seigneur et pour ses chambellans. Au pris de 6ˢ p. la paire, valent 42ˢ p.

Item, le xiiijᵉ jour dudit mois, iiij paire de gans bruns doubles, pendans et garnis comme dessus. Audit pris, valent 24ˢ p.

Item, le xvijᵉ jour dudit mois, pour iiij autres paires de gans pareilz. Audit pris, valent 24ˢ p.

Item, le xixᵉ jour dudit mois, pour iiij autres paires

de gans doubles, bruns et garnis comme dessus. Audit pris, valent 24ˢ p.

Item, le xxjᵉ jour dudit mois, pour iiij paire d'autres gans pareilz. Audit pris, valent 24ˢ p.

Item, le xiijᵉ jour de février ensuivant, pour une paire de grans gans de chamois, pendans, fourrez de martres; pour ce, pour cuir, martres et façon, 9ˡ 12ˢ p. Et pour xij paire de gans de chevrotin doubles et pendans, brodés à boutons d'or, pour ledit seigneur et pour ses chambellans, au pris de 6ˢ p. la paire, valent 72ˢ p. Et pour deux grans gans senestres à fauconnier; tout délivré ce jour, pour ce 24ˢ p. Pour tout, 14ˡ 8ˢ p.

Item, le xvjᵉ jour dudit mois de février, pour ij paires de gans de chevrotin doubles, rons et brodez comme dessus. Pour ce, 12ˢ p.

Item, le ijᵉ jour de mars ensuivant, pour une paire de gans de chevrotin doublés de chien, pendans et brodés de botons d'or, pour ce 6ˢ p. Et pour un grant gant senestre à fauconnier, à tout iij longes, de chamois, pour ce 15ˢ p. Pour tout 21ˢ p.

Item, le xvᵉ jour dudit mois de mars, pour une paire de grans gans de chamois fourrez de menu vair, et une paire de gans de chevrotin doubles, brodez à boutons d'or, pour ledit seigneur. Pour ce, 70ˢ p.

Item, le Venredi Aouré, pour une paire de gans de chevrotin doubles de chien tenné, pendans et brodez comme dit est. Pour ce, 6ˢ p.

Item, le xvijᵉ jour dudit mois d'avril, pour vj paires de gans, desquelz il y a ij paire doubles de chevrotin, pendans et brodez à boutons d'or; et iiij paire de chevrotin doubles de chien tenné pendans et brodez à boutons d'or. Au pris de 6ˢ p. la pièce, valent 36ˢ p.

Item, le premier jour de may ensuivant, pour iiij paires de gans de chevrotin doubles, pendans et brodez à boutons d'or. Audit pris, valent 24ˢ p.

Item, le xᵉ jour dudit mois, pour iiij autres paires de gans pareilz. Audit pris, valent 24ˢ p.

Item, le xvjᵉ jour dudit mois, pour iiij paire d'autres gans pareilz. Valent 24ˢ p.

Item, le iiijᵉ jour de juing ensuivant, pour iiij autres paire de gans pareilz. Audit pris, valent 24ˢ p.

Item, le xiiijᵉ jour dudit mois, pour vj paire de gans, desquelz il y a deux paire de chien tennez, doubles de louveteaulx, qui valent 12ˢ p. Et les autres de chien tenné sangles, à 4ˢ p. la pièce, valent 16ˢ p. Pour tout, 28ˢ p.

Item, le xixᵉ jour de juing, pour iiij paire de gans de chevrotin doubles, pendans, brodez à boutons d'or; et deux paire d'autres gans doubles de louveteaulx, au pris de 6ˢ p. la paire, valent les six paire 36ˢ p.

Pour ce, pour tout, ès dictes parties de gans de monseigneur le duc de Thouraine, 40ˡ 7ˢ p.

Pour tout, ès dictes parties, ycelles contenues en un roole séellé du séel secret du Roy nostredit seigneur, avec quittance donnée le xxiiijᵉ jour de février, l'an mil ccc iiijˣˣ et sept. 170ˡ 12ˢ p.

Summa per se............ 170ˡ 12ˢ parisis.

COMMUNES CHOSES, pour le Roy nostre sire, pour madame la Royne et pour monseigneur le duc de Thouraine, bailliées et délivrées par le temps de ce compte, en la présence dudit contrerolleur.

A Jehan le Huchier, charpentier, demourant à Paris, pour deniers à lui paiez, qui deubz lui estoient, pour le fust d'une chaière de bois de noyer, appellée *faulx d'estueil*, achattée de lui le xxv° jour de janvier, ccc iiij^{xx} et vij, pour faire une chaière à pignier le chief du Roy nostre sire; bailliée à Jehan de Troyes, sellier, pour ycelle garnir et estoffer. Pour ce, par quittance donnée le xxvij° jour de janvier, l'an mil ccc iiij^{xx} six.
48^s p.

A Jehan le Braconnier, espinglier, demourant à Paris, pour deniers à lui paiez, qui deubz lui estoient: C'est assavoir, pour iiij milliers d'espingles, achattées de lui le xxvj° jour de janvier, l'an mil ccc iiij^{xx} et vj, pour l'atour de madame la Royne, bailliées à Gillebert Guérart, son varlet de chambre. Pour ce, au pris de 6^s p. le millier, valent
24^s p.

A lui, pour iiij milliers d'espingles, achattées de lui le ix° jour de may, ccc iiij^{xx} et vij, bailliées audit Gillebert pour l'atour de ladicte dame. Pour ce, audit pris, valent
24^s p.

A lui, pour iiij milliers d'espingles, achattées de lui le xiiij° jour de juing ensuivant, et bailliées audit Gillebert Guérart pour l'atour de ladicte madame la Royne, audit pris de 6^s p. le millier, valent
24^s p.

Pour tout, ès dictes parties, par quittance dudit espinglier, donnée le iiij° jour de juillet, l'an mil ccc iiij^{xx} et vij.
72^s p.

A Climent de Messy, chauderonnier, demourant à Paris, pour deniers à lui paiez, qui deubz lui estoient, pour ij bacins de laicton, achattés de lui le xxvj° jour de janvier, ccc iiij^{xx} et vj, pour mettre dessoubz la chaière de retrait du Roy nostre sire; bailliés à Jaquet de Canlers, premier sommelier du corps du Roy nostre sire. Pour ce, au pris de 16ˢ p. la pièce, valent 32ˢ p., par quittance donnée le derrenier jour de janvier, CCC iiij^{xx} et [vj].   32ˢ p.

A Jehan Le Fèvre, hennapier, demourant à Paris, pour denier à li paiez, qui deubz lui estoient, pour avoir appareillié et lié de fil d'or le couvercle du hennap de madre de madame la Royne, qui avoit esté despecié et fendu à cheoir, ouquel il a mis un petit membret d'argent doré, et refferré le fruitelet. Pour ce,   6ˢ p.

A Thevenin Troillart, varlet de garde robe du Roy nostre sire, pour deniers à lui paiez, qui deubz lui estoient, pour ij paire de geux de tables et d'eschetz, l'un de bois et l'autre de fresne, achattés par lui pour garnir les tabliers dudit seigneur, 12ˢ p. Item, pour une bourse de cuir, pour mettre et porter les diz geuz avec les tabliers dudit seigneur, 10ˢ p. Et pour avoir fait ferré un tablier de bois aux quatre cornes d'icellui, 4ˢ p. Pour tout, par quittance de lui, donnée le xxixe jour de mars, l'an mil CCC iiij^{xx} et six.   26ˢ p.

A Jehan Qui-va-là, demourant à Paris, pour une livre de fil de pluseurs couleurs, achattée de lui le iiij^e jour d'avril avant Pasques, CCC iiij^{xx} et vj, pour la nécessité de la garderobe de madame la Royne, bailliée à Jehan Saudubois, varlet de ladicte garderobe. Pour ce,   16ˢ p.

A Jehan de Troies, sellier, demourant à Paris, pour deniers à li paiez, qui deubz lui estoient, pour avoir garnie une chaière appellée *faulx d'estueil*, pour pignier le chief du Roy nostre sire : C'est assavoir, le siège de velours azur, et clouée de cloux dorez. Pour ce, par quittance de lui, donnée le xiiijᵉ jour de juillet, l'an mil CCC iiij^{xx} et vij.   6ˡ 8ˢ p.

A Sainte, femme Nicolas Ferrebouc, cousturière, demourant à Paris, pour deniers à lui paiez, qui deubz lui estoient, pour xxviij livres de duvet naif, achatté de elle le xxiijᵉ jour d'avril, CCC iiij^{xx} et vij après Pasques, pour emplir vj quarreaulx de satin d'estive pour la chambre de satin vermeil d'estive de monseigneur le duc de Thouraine. Pour ce, au pris de 3ˢ 6ᵈ p. la livre, valent, par quittance donnée le xiijᵉ jour de juing, CCC iiij^{xx} et vij.   4ˡ 18ˢ p.

A Martin Didele, coustepointier, demourant à Paris, pour deniers à li paiez, qui deubz lui estoient, pour sa peine et sallaire d'avoir appareillié et mis à point le bancquier de drap d'or de madame la Royne : C'est assavoir, y avoir reffait plusieurs trouz qui estoient despeciez, et recousu en plusieurs lieux. Pour ce,   8ˢ p.

A lui, pour avoir fait, taillé et cousu deux grans quarreaulx, l'un pour la Chambre des nappes du Roy nostre sire et l'autre pour la Chambre des nappes de la Royne, contenans chascun une aulne de lonc : C'est assavoir, pour les tayes d'iceulx qu'il a livrées et mises en yceulx, 16ˢ p. Et pour sa peine et sallaire d'avoir fait yceulx quarreaulx, 16ˢ p. Pour tout, 32ˢ p. Pour ce, ès dictes parties, par quittance dudit Martin Didele, donnée le viijᵉ jour de juillet, l'an mil CCC iiij^{xx} et sept,   40ˢ p.

A Jehan le Huchier, charpentier, demourant à Paris, pour deniers à lui paiez, qui deubz lui estoient, pour les parties qui ensuivent : C'est assavoir, pour le fust d'une grande chaière achattée de lui le xvjᵉ jour de may, CCC iiij^{xx} et vij, pour le retrait de madame la Royne. Pour ce, 48^s p.

A lui, pour le fust d'une autre chaière, fait et taillié de vj membreures, achatté de lui ce jour, pour le retrait du Roy nostre sire. Pour ce, 48^s p.

A lui, pour le fust d'une autre chaière à dossier, révestue à boullons de la divise du Roy nostresire par devant, et par derrière, d'autre divise, achatté de lui ce jour pour ledit seigneur. Pour ce, 4^l p.

A lui, pour xij paire d'aissellettes de bort d'Illande, achattées de li le xxve jour dudit mois de may, pour mettre et presser vj paires de manches de vj corsès pour madame la Royne; bailliées à Perrin L'Estourneau, tailleur des robes de ladicte dame. Pour ce, au pris de 4^s p. la pièce, valent 36^s p. Pour tout, ès dictes parties, par quittance dudit Jehan le Huchier, donnée le vij^e jour du mois de mars, l'an mil CCC iiij^{xx} et vij. 10^l 12^s p.

A Jehan de Troies, sellier, demourant à Paris, pour deniers à lui paiez, qui deubz lui estoient, pour sa peine et sallaire d'avoir garnye et estoffée une chaière appellée *faulx d'estueil*, à pignier le chief de madame la Royne : C'est assavoir, le siège d'icelle de veluiau vermeil sur fil oysel, de franges de soye ardant et de cloux dorez, et ycelle painte fin vermeil, et le dossier à jour et fermant à deux chayennes de laicton, semée partout des armes de ladicte dame et à K. et E. Pour ce, pour paincture, façon et autres estoffes, pour tout, par quittance donnée le xxiiij^e jour de juillet, l'an mil CCC iiij^{xx} et vij. 12^l 16^s p.

A Saincte, femme Nicolas Ferrebouc, coustière, demourant à Paris, pour deniers à lui paiez, qui deubz lui estoient, pour xxiiij livres de duvet naif, achattées de elle le xxve jour de may, ccc iiij^{xx} et vij, pour garnir et emplir deux grans quarreaulx, l'un pour la Chambre des nappes du Roy nostre sire, et l'autre pour la Chambre des nappes de madame la Royne; lesquelz sont couvers de satin vermeil. Pour ce, au pris de 3^s 6^d p. la livre; valent, par quittance donnée le xiij^e jour de juing, l'an mil ccc iiij^{xx} et vij. 4^l 4^s p.

A Jehan Qui-va-là, demourant à Paris, pour deniers à lui paiez, pour demie livre de fil de plusieurs couleurs, achattée de lui le xxe jour de juing, ccc iiij^{xx} et vij, pour les nécessitez de la garderobe de monseigneur le duc de Thouraine; bailliée à Huet, varlet de ladicte garderobe. Pour ce, 8^s p.

Summa . . . . 51^l 6^s parisis.

AUTRE DESPENSE, faicte par ledit trésorier et argentier, *pour le fait des chappellains et des chappelles du Roy nostre sire, de madame la Royne et de monseigneur le duc de Thouraine*, par le temps de ce présent compte.

A Alips la Coiffissière, bourcière, demourant à Paris, pour deniers à li paiez, qui deubz lui estoient, pour sa peine et sallaire d'avoir fait, taillié et cousu, brodé et estoffé deux couvertures de drap d'or pour deux des Heures du Roy nostre sire; bailliées à Raoulet le Gay, clerc de la Chappelle dudit seigneur. Pour ce, 12^s p.

A Guillaume Gallande, marchant de toilles, demourant à Paris, pour deniers à lui paiez, qui deubz lui estoient, pour ix aulnes de toille de Reins, achattées de lui le iiij^e jour d'avril, ccc iiij^{xx} et vj avant Pasques, et bailliées à Briçonnet, clerc de la chappelle de monseigneur le duc de Thouraine, pour faire iij nappes d'autel pour la chappelle dudit seigneur. Pour ce, au pris de 8ˢ p. l'aulne, valent 72ˢ p. Et pour ij aulnes de ladicte toille, pour faire touailles d'autel pour ladicte chappelle, audit pris, valent 16ˢ p. Pour ce, par quittance dudit Guillaume, donnée le viij* jour de juillet, l'an mil CCC iiij^{xx} et vij.   4^l 8ˢ p.

A Pierre Bernart, gaingnier, demourant à Paris, pour deniers à li paiez, qui deubz lui estoient : C'est assavoir, pour j estuy de cuir bouïlly, poinçonné et armoié des armes de France, achatté de li le vj* jour d'avril, CCC iiij^{xx} et vj, veille de Pasques, pour mettre et porter un eaubenoistier d'argent pour ladicte chappelle. Pour ce,   32ˢ p.

A lui, pour un autre estui de cuir boulli, poenssonné et armoié des armes de France, achatté de li, comme dit est, ce jour, pour mettre et porter les bacins de ladicte chappelle. Pour ce,   32ˢ p.

A lui, pour j autre estui de cuir boully, poinçonné et armoyé des dictes armes, achatté de lui ce jour, pour mettre et porter le galice de ladicte chappelle. Pour ce,   16ˢ p.

A lui, pour deux autres estuis de cuir boully, poinssonnez et armoiez comme dessus, achattés de lui ce jour, pour mettre et porter deux burettes d'argent de ladicte chappelle. Pour ce, 16ˢ p. Pour tout, ès dictes parties, par quittance dudit Perrin, donnée le xviij* jour de septembre, l'an mil CCC iiij^{xx} et vij.   4^l 16ˢ p.

A Jehan du Vivier, orfèvre et varlet de chambre du Roy nostre sire, pour deniers à lui paiez, qui deubz lui estoient, pour avoir burny, nectoié, redrécié et mis à point une croix d'or de la chappelle dudit seigneur. Par quittance de li, donnée le... jour de ...[1], ccc iiij^{xx} et vij. 32^s p.[2]

A Simonnet le Bec, orfèvre, demourant à Paris, pour deniers à lui paiez, qui deubz lui estoient, pour sa peine et sallaire d'avoir appareillié, redrécié et mis à point un gallice d'or de la chappelle madame la Royne : C'est assavoir, redrécié le dedens d'icelluy et la pate. Pour ce, 4^s p.

Et pour avoir appareillié, reburny et mis à point un encencier et chaiennes (sic) de ladicte chappelle, laquelle chaienne estoit brisiée en deux lieux, et en ycelle avoir mis demie once d'argent blanc. Et aussi avoir appareillié l'ance d'un petit flascon d'argent blanc à mettre et porter eau benoite. Pour ce, pour argent et façon, 20^s p. Pour tout, par quittance dudit Simonnet, donnée le xviij^e jour de juillet, l'an mil ccc iiij^{xx} et vij. 24^s p.

A Perrin Bernart, gaingnier, demourant à Paris, pour deniers à lui paiez, qui deubz lui estoient, pour deux estuiz de cuir boully, poinçonnés et armoiez des armes de France, achattés de lui le derrenier jour d'avril, l'an mil ccc iiij^{xx} et vij, pour mettre et porter deux piez ou sièges de deux croix d'or de la chappelle du Roy nostre sire, bailliés à Raoulet le Gay, clerc de la chappelle dudit seigneur. Pour ce, par quittance de li, donnée le xviij^e jour de septembre, l'an mil ccc iiij^{xx} et vij, rendu cy-devant. 32^s p.

A Pierre du Fou, coffrier, demourant à Paris, pour

---

1. Les dates en blanc.
2. *In debitis.*

deniers à lui paiez, qui deubz lui estoient, pour deux coffres de bois, couvers de cuir de truye, fermans à clefs, ferrez et clouez ainsi qu'il appartient, achattés de lui le vij⁰ jour de may, CCC iiij^xx et vij, pour mettre et porter les aornemens de la chappelle de madame la Royne. Pour ce, 8ˡ p. Et pour un coffre à mettre et porter les torches de ladicte chappelle, 32ˢ p.; délivrés à Jehannin Colet, somelier de ladicte chappelle. Pour tout, par quittance donnée le iiij⁰ jour de juillet, l'an mil CCC iiij^xx et vij.   9ˡ 12ˢ p.

A Raoulet Le Gay, clerc de la Chappelle du Roy nostre sire, pour deniers à lui paiez, qui deubz lui estoient, pour les parties qui s'ensuivent : C'est assavoir, pour un petit *Livre pour ennuillier*[1], pour ladicte Chappelle, pour ce, 32ˢ p. Item, pour un estuy de cuir boully pour mettre et porter une cagette d'argent à mettre oyselès de Chippre, 12ˢ p. Item, pour un laz de soie à pendre ledit estui, 4ˢ p. Item, pour trois boursses de cuir estoffées : C'est assavoir, l'une pour mettre et porter les petites Heures du Roy nostredit seigneur, et la seconde pour mettre et porter unes grans Heures données à mons. de Bourbon, et la tierce pour mettre et porter les tableaux dudit seigneur, 32ˢ p. Item, pour toille vermeille, achatté de lui pour doubler une couverture de siège où le Roy se agenoille, 30ˢ p. Item, pour la façon de ladicte couverture, 20ˢ p. Item, pour un estuy pour mettre et porter le flacon au cresme, 16ˢ p. Item, pour faire rappareillier la paix de la petite messe, et deux burettes d'or, 14ˢ p. Pour tout, ès dictes parties, par

---

1. C'est-à-dire un cérémonial pour l'extrême-onction.

mandement dudit seigneur, donné le xxiv⁰ jour de janvier, CCC iiij^{xx} et vj, par quittance de lui, donnée le xxij^e jour du mois de may, CCC iiij^{xx} et vij. 8^l p.

A Pierre du Fou, coffrier, demourant à Paris, pour deniers à lui paiez, qui deubz lui estoient, pour une paire de coffres de cuir, à sommier, fermans à clefs, ferrez et clouez ainsi qu'il appartient, garnis de crox et de courroies, achattés de li le xxj^e jour de may, CCC iiij^{xx} et vij, pour mettre et porter reliquaires, croix, aornemens et autres choses de la Chappelle de ladicte madame la Royne. Pour ce, par quittance donnée le iiij^e jour de juillet, l'an mil CCC iiij^{xx} et vij. 8^l p.

Summa. . . . . 39^l 16^s parisis.

CHAUCEMENTE, pour le Roy nostre sire, pour madame la Royne, pour monseigneur le duc de Thouraine, et pour Haincelin Coq, fol du Roy, et Coquinet, fol de mondit seigneur le duc, et autres estans en la compaingnie des diz seigneurs et dame, par le temps de ce compte, bailliée aux gens et officiers d'iceulz seigneurs et dame, si comme il appert par leurs certificacions, rendues sur ce compte.

A Jehan de Saumur, cordouannier et varlet de chambre du Roy nostre sire, pour deniers à lui paiez, qui deubz lui estoient, pour les parties qui s'ensuivent : C'est assavoir, pour xxj douzaines et iiij paires de bottines haultes, plaines, découppées, escorchées et noires, pour le Roy nostredit seigneur, au pris de 6^s p. la paire, valent 76^l 16^s p. Item, pour ij douzaines et v paires de sollers, blans, roges, découppés et escorchez, pour ledit seigneur, au pris de 4ˢ p. la paire, valent 116ˢ p. Item, pour xxvij paires de sollers pour robe longue, pour ledit seigneur, au pris de 4ˢ p. la paire, valent 108ˢ p. Item, pour vij douzaines et viij paires de chausses semelées pour ledit seigneur, au pris de 6ˢ p. la paire, valent 27¹ 12ˢ p. Item, pour xxviij paires de houseaulx pour ledit seigneur, à 32ˢ p. la paire, valent 44¹ 16ˢ p. Tout délivré par ledit Jehan de Saumur à Jaquet de Canlers, premier somelier de corps du Roy nostredit seigneur, par le temps de ce présent compte, si comme il appert par sa certificacion, donnée le premier jour de juillet, l'an mil CCC iiij^xx et sept. Pour ce, pour tout, 160¹ 8ˢ p.[1].

Audit Jehan de Saumur, qu'il a baillié et délivré par ledit temps pour ledit corps de madame la Royne, si comme il appert par la certifficacion de Gillebert Guérart, varlet de chambre de ladicte dame, donnée le premier jour de juillet, CCC iiij^xx et vij, rendue sur ce compte : C'est assavoir, x douzaines et x paires de sollers, escorchez, decouppez, fourrez et plains, au pris de 5ˢ p. la paire, valent 32¹ 10ˢ p. Et pour deux paires de haultes bottes, doublées de toille de Reins, au pris de 16ˢ p. la paire, valent 32ˢ p. Pour ce, pour tout, pour ladicte dame, par ledit temps, 34¹ 2ˢ p.

A lui, pour avoir baillié et délivré par ledit temps pour le corps de monseigneur le duc de Thouraine, à Aubelet de Lestre, son premier sommelier de corps, si comme il appert par sa certificacion, donnée le premier jour de juillet, CCC iiij^xx et vij : C'est assavoir,

---

1. *Vise fuerunt partes et examinate et certificate per summularios.*

xvj douzaines et vj paire de bottines, haultes, plaines, decouppées, escorchées et noires, au pris de 5ˢ p. la paire, valent 49ˡ 10ˢ p. Item, vj douzaines et deux paires de sollers, blans, rouges, découppés, et escorchez, au pris de 4ˢ p. la paire, valent 14ˡ 16ˢ p. Item, xxvj paires de sollers pour robe longue, sanz poullaine, decouppés et escorchiez, audit pris de 4ˢ p. la paire, valent 104ˢ p. Item, pour vj douzaines et iiij paires de chausses semelées, au pris de 6ˢ p. la paire, valent 22ˡ 16ˢ p. Item, pour xxvj paires de houseaux, au pris de 28ˢ p. la paire, valent 36ˡ 8ˢ p. Pour ce, pour tout, ès dictes parties, pour le corps dudit monseigneur le duc de Thouraine, par ledit temps,

128ˡ 14ˢ p.

A lui, pour avoir baillié et délivré par ledit temps, pour Haincellin Coq, fol du Roy, si comme il appert par la certificacion de .....[1], varlet et garde dudit fol, donnée le premier jour de juillet, l'an mil ccc iiij^{xx} et vij : C'est assavoir, viij douzaines et ix paires, tant bottines, sollers, comme chausses semelées, au pris de 4ˢ p. la paire, valent 21ˡ p. Et trois paires de houseaulx, au pris de 16ˢ p. la paire, valent 48ˢ p. Pour ce, pour tout, pour ledit fol, 23ˡ 8ˢ p.

Audit Saumur, qu'il a baillié et délivré par ledit temps, pour Coquinet, fol de monseigneur le duc de Thouraine, si comme il appert par la certificacion de Colin Castille, varlet et garde dudit fol, donnée le premier jour de juillet, ccc iiij^{xx} et vij : C'est assavoir, vj douzaines et ix paires, tant bottines, sollers, comme

---

1. Le nom en blanc. On voit plus bas, page 239, qu'il se nommait Jehan Faucon.

chausses semelées, au pris de 4ˢ p. la paire, valent 16¹ 4ˢ p. Et ij paires de houseaulx, au pris de 16ˢ p. la paire, valent 32ˢ p. Pour ce, pour tout, pour ledit fol, par ledit temps. 17¹ 16ˢ p.

Audit Saumur, pour un voiaage par lui fait de Paris à Pontoise, le ij⁰ jour de février, CCC iiij^xx et vj, par devers lesdiz seigneurs, pour porter sollers, bottines, houseaulx, chausses semelées et autres choses touchans le fait de son office; où il a vacqué par deux jours. Pour ce, au pris de 12ˢ p. par jour, valent 24ˢ p.

Item, pour autre voiaage par lui fait de Paris à Senlis, le xiiij⁰ jour dudit mois, par devers les diz seigneurs, pour y avoir porté comme dessus. Ouquel voiaage il a vacqué par trois jours. Audit pris, valent 36ˢ p.

Item, pour un un autre voiaage par lui fait de Paris à Senlis, le viij⁰ jour de mars ensuivant, où les diz seigneurs estoient, pour y avoir porté comme dessus. Ouquel voiaage il a vacqué par trois jours. Audit pris, valent 36ˢ p.

Item, pour un autre voiaage par lui fait de Paris à Arsu emprès Neelle, le xv⁰ jour dudit mois, où lesdiz seigneurs estoient, pour y avoir porté comme dessus, et y a vacqué par l'espace de vj jours. Audit pris, valent 72ˢ p.

Item, pour un autre voiaage par lui fait de Paris à Compieingne le premier jour de may, CCC iiij^xx et vij, où les diz seigneurs estoient, pour y avoir porté comme dessus, où il a vacqué par quatre jours. Audit pris, valent 48ˢ p.

Item, pour un autre voiaage par lui fait de Paris à Maubuisson le jour de la Penthecouste, où lesdiz seigneurs estoient, pour y avoir porté comme dessus, et y a demouré par deux jours. Audit pris, valent 24ˢ p.

Item, pour un autre voiaage par lui fait de Paris à Mante, où lesdiz seigneurs estoient, le jour de la Saint Sauveur, pour y avoir porté comme dessus, où il a vacqué par trois jours. Audit pris, valent 36ˢ p.

Item, pour un autre voiaage par lui fait de Paris à Gisors, où les diz seigneurs estoient, le xiiij^e jour de juing ; pour y avoir porté comme dessus. Ouquel voiaage il a vacqué par quatre jours. Audit pris, valent
48ˢ p.

Item, pour un autre voiaage par lui fait de Paris à Rouen, le xxviij^e jour dudit mois de juing, où lesdiz seigneurs estoient, pour y avoir porté comme dessus. Ouquel voiaage il a vacqué par quatre jours. Audit pris de 12ˢ p., valent 60ˢ p.

Et pour escripre ce présent compte en parchemin, et pour parchemin à ce faire. Pour tout, 4ˢ p.

Pour tout, èsdictes parties de Chaucemente avec les diz voiaages, ycelles contenues et escriptes en un roule séellé du séel dudit Saumur, avec les certifficacions des diz officiers et quittance sur ce donnée le iij^e jour de aoust, l'an mil CCC iiij^{xx} et sept, tout rendu à court. Pour tout, 383ˡ 16ˢ p.

Summa per se . . . . 383ˡ 16ˢ parisis.

AUTRE DESPENSE[1].

Pour deniers rendus en la recepte de ce compte et non reçeuz par ledit trésorier et Argentier : C'est assa-

---

1. *Corrigitur superius in recepta.*

voir, de Jehan Chanteprime, receveur général des aides ordonnées pour la guerre, duquel ledit Argentier fait recepte en ce présent compte, par sa lettre donnée xxij^e de janvier, l'an mil CCC iiij^{xx} et vj, en plusieurs parties, de plusieurs receveurs et grenetiers, la somme de 1760^l p. En laquelle somme est comprins, de Raoul de Montigny, grenetier du grenier à sel à Rains, 800^l t. De laquelle somme ledit Raoul n'a peu paier, par son estat, feny au derrenier jour de janvier, CCC iiij^{xx} et vj, veu par nosseigneurs les généraulx, que 400^l t. Pour le demourant du non receu par ledit Argentier, de ladicte somme, par certifficacion dudit Raoul, donnée le xviij^e jour d'avril, CCC iiij^{xx} et viij, 400^l t., valent . . . . 320^l p.

Et pour semblables deniers rendus par ledit Argentier et non receuz, en ladicte somme de 1760^l p. De Jehan le Picart, grenetier de Senz, de la somme de 400^l t. comprins en ladicte somme, de laquelle ledit grenetier n'a peu aucune chose paier, pour la cause dessus dicte. Pour ce prins cy par vertu de la cédule de Nosseigneurs les généraulx et certifficacion dudit grenetier rendue à court, 400^l t., valent . . 320^l p.

Summa . . . . 640^l parisis.

SECUNDA GROSSA *Summa* . . . . 3095^l 3^s 1^d parisis.
Et . . . 2 marci, 2 oncie, 10 esterlini
argenti deaurati tracti de Damasco.

DONS EN CE TERME, fais pour (*sic*) le Roy nostredit seigneur, par madame la Royne et par monseigneur le duc de Thouraine, par ledit temps.

Dons ordinaires de draps de laine, fais par le Roy nostredit seigneur, par le temps de ce compte, délivrez en la présence dudit contrerolleur.

A Aubelet Buignet, drappier, demourant à Paris, pour deniers à lui paiez, qui deubz lui estoient, pour vj aulnes de deux draps : C'est assavoir, iij aulnes d'iraingne, et iij aulnes de vert de Rouen, achatté de lui le second jour de mars, l'an mil CCC iiij^{xx} et vj, pour faire deux longues houppellandes pour Haincelin Coq, fol du Roy nostresire, et pour Coquinet, fol de mons. le duc de Thouraine. Au pris de 24^s p. l'aulne, valent
7^l 4^s p.

A lui, pour vij aulnes de drap vert tout prest, achattées de lui le iiij^e jour d'avril, CCC iiij^{xx} et vj avant Pasques, pour faire deux longues houppellandes et chapperons pour les maistres et gardes des folz du Roy nostredit seigneur, et de mons. le duc de Thouraine. Pour ce, au pris de 24^s p. l'aulne, valent 8^l 8^s p.

A lui, pour ij aulnes d'iraingne, achattées de lui ce jour, pour faire chausses pour les diz folz. Pour ce, au pris de 24^s p. l'aulne, valent 48^s p.

A lui, pour une aulne de drap blanc, achattée de li ce jour, pour faire chausses pour les diz fols. Pour ce,
24^s p.

Audit Aubelet Buignet, pour iij draps roiez de ceinteron[1] achattés de li le vj^e jour d'avril, CCC iiij^{xx} et vj avant Pasques, pour faire les bureaulx pour servir le Roy nostredit seigneur, en salle, à ce terme de Pasques, contenant chascun drap x aulnes, font xxx aulnes, au pris de 16^s p. l'aulne, valent 24^l p.

---

1. C'est Saint-Tron, au pays de Liège.

DE L'ARGENTERIE DU ROI. 239

A lui, pour ij autres draps roiez de ceinteron, contenant chascun x aulnes, achattés de li ledit jour, pour faire les bureaulx à servir en salle pour madame la Royne, audit terme de Pasques. Audit pris, valent 16ˡ p.

A lui, pour une aulne d'iraingne, preste, achattée de li le xvij° jour d'avril, ccc iiij^{xx} et vij après Pasques, pour faire une petite cote pour Jehan Faucon, varlet et garde de Haincelin Coq. Pour ce, 24ˢ p.

A lui, pour v aulnes de drap vert, achattées de li ce jour, pour faire une houppellande et chapperon, pour Guillaume Fouel, fol de madame la Royne. Et ij aulnes pour faire un courset pour la naine de ladicte dame. Au pris de 20ˢ p. l'aulne, valent 100ˢ p.

A lui, pour iij aulnes et demie de drap vert de Rouen, tout prest, achattés de lui le xiij° jour de may, pour faire une cote simple pour le fol de la Royne, et une houppellande pour le varlet dudit fol. Au pris de 20ˢ p. l'aulne, valent 70ˢ p.

A lui, pour v aulnes de drap roié appellé *ribaudeau* de Rouen, achattées de li le x° jour de juing, ccc iiij^{xx} et vij, pour faire deux longues houppellandes et chapperons pour Haincelin Coq et Coquinet, folz du Roy et de mons. le duc de Thouraine. Pour ce, au pris de 18ˢ p. l'aulne, valent 7ˡ p.

A lui, pour v aulnes d'iraingne de Malines, achattées de li ledit jour : C'est assavoir, iij aulnes, pour partir encontre ledit royé de Rouen, pour faire ladictes houppellandes pour lesdiz folz, et ij autres pour faire chausses pour lesdiz folz. Pour ce, au pris de 28ˢ p. l'aulne, valent 7ˡ p.

Audit Aubelet, pour une aulne de blanchet achattée de li ledit jour, pour faire chausses à partir contre lesdictes chausses d'iraingne, pour lesdiz folz. Pour ce, 28ˢ p.

A lui, pour demie noire de Bruxelles, de grant moison, contenant xij aulnes, achattée de lui le xxviij^e jour de juing, ccc iiij^{xx} et sept, pour faire manteaulx à chevaucher, pour le confessor du Roy et son compaignon, qu'ils prennent chascun an au terme de Pasques. Pour ce, pour le terme de Pasques précédent, pour ce, 24^l p.

Pour tout, par quittance dudit Aubelet, donnée le iiij^e jour de juillet, l'an mil ccc iiij^{xx} et sept, 108^l 6ˢ p.

Audit Aubelet Buignet, pour ij aulnes d'iraigne de Malines, toute preste, achattées de lui, pour faire chausses pour Haincelin Coq, fol du Roy, et pour Coquinet, fol de mons. de Thouraine, au pris de 24ˢ p. l'aulne, valent 48ˢ p. Pour ce, par quittance donnée le premier jour d'aoust, l'an mil ccc iiij^{xx} et sept. 48ˢ p.

Summa . . . . 110^l 14ˢ parisis.

Dons de Mercerie et d'Orfaverie, faiz par le Roy nostredit seigneur, par ledit temps.

A Thevenin de Dours, mercier, demourant à Paris, pour deniers à li paiez, qui deubz lui estoient : C'est assavoir, pour un camelot de Reins, vermeil, achatté de lui le xxj^e jour de may, ccc iiij^{xx} et vij, pour doubler une houppellande de drap vert pour le varlet et garde de la Royne. Pour ce, 20ˢ p.

A lui, pour xij aulnes de sarge azurée, achattées de lui le xxij^e jour de juing, ccc iiij^{xx} et vij, pour doubler deux houpellandes de drap vert pour Haincelin Coq et Coquinet, folz dudit seigneur et de mons. le duc de

Thouraine; pour ce, au pris de 5ˢ p. l'aulne, valent 60ˢ p. Pour ce, par quittance de lui, donnée le derrenier jour de juing, l'an mil CCC iiij^{xx} et vij.   4ˡ p.
   Summa per se. . . . . 4ˡ parisis.

Dons de Chenevacerie, faiz par le Roy nostredit seigneur, par le temps de ce présent compte.

A Jehanne de Brie, marchande de toilles, demourant à Paris, pour iiij aulnes de toille bourgoise, achattées de lui le vjᵉ jour d'avril, CCC iiij^{xx} et vj, veille de Pasques, pour faire draps linges pour Coquinet, fol de mons. le duc de Thouraine. Pour ce, au pris de 4ˢ p. l'aulne, valent   16ˢ p.
   Summa . . . . 16ˢ parisis.

Dons de draps de lainne et autres, faiz par le Roy nostredit seigneur, de grâce espécial, qui se prennent par mandemens dudit seigneur.

A Nicolas Alixandre, drappier, demourant à Paris, pour deniers à lui paiez, qui deubz lui estoient, pour deux escarlates vermeilles de Broixelles, contenans chascune xxiiij aulnes, achattées de lui le xiijᵉ jour de février, CCC iiij^{xx} et vj, pour faire robes à quatre maistres d'ostel du Roy : C'est assavoir, à messire Nicolas Braque, messire Pierre de Chévreuse, messire Jehan le Mercier, et messire Taupin de Chantenelle, chevaliers et maistres d'ostel dudit seigneur. Auxquelz le Roy nostredit seigneur, par ses lettres données le xxᵉ jour de décembre, l'an mil CCC iiij^{xx} et vj, signées : par le Roy, à la relacion de mons. le duc de Berry, Y de Monteacuto[1], les a données : C'est assavoir, à chascun demie escarlate et v^c ventres de menu vair. Pour ce, par vertu desdictes lettres, certifficacions desdiz chevaliers et lettre de recognoissance dudit drappier, donnée le iiij^e jour de juing, CCC iiij^{xx} et sept, au pris de 104^l p. l'escarlate, valent 208^l p.

A Pierre L'Ermite, drappier, demourant à Paris, pour deniers à li paiez, qui deubz lui estoient, pour demie escarlate vermeille de Broixelles, contenant xij aulnes, achattée de lui le xxiiij^e jour de mars, CCC iiij^{xx} et vij, pour faire robe pour messire Guy de Cousant, chevalier, grant maistre d'ostel du Roy nostre sire, à li donnée par ledit seigneur, et par sesdictes lettres rendues cy-dessus, avec M. v^c ventres de menu vair pour fourrer ladicte robe. Pour ce, par vertu desdictes lettres, certifficacion dudit grand maistre d'ostel, et lettre de recognoissance dudit drappier, donnée le iiij^e jour d'avril, CCC iiij^{xx} et vj, avant Pasques. 52^l p.

A Hennequin de Brusquen, drappier de Bruxelles, pour iiij escarlates vermeilles de Broixelles, contenans chascune xxiiij aulnes, achattées de lui le second jour d'avril, CCC iiij^{xx} et vj, pour faire des robes à huit des maistres d'ostel du Roy nostre sire, à chascun demie escarlate : C'est assavoir, à messire Robert du Boissay, messire Ernoul de Puisieux, messire Gauvain de Dreux, messire Jehan Braque, messire Philippe des Essars, messire Gilles Malet, messire Guillaume de

---

1. Il y a bien un *y* pour un *i* ou un *j*. C'est Jean de Montaigu, comme on le voit à la page 243.

Gaillionnel, et messire Philippe d'Aunoy, chevaliers et maistres d'ostel dudit seigneur. Pour ce, par vertu desdictes lettres rendues cy-devant, certifficacion des dis maistres d'ostel, et lettre de recognoissance, donnée le iij ͤ jour de avril avant Pasques, CCC iiij^{xx} et six, au pris de 94^l 15^s p. l'escarlate, valent 364^l 16^s p.

A Nicolas Alixandre, drappier, demourant à Paris, pour deniers à lui paiez, qui deubz lui estoient, pour iij draps sanguins de Broixelles, de grant moison, contenans chascun xxiiij aulnes, achattés de li le xix ͤ jour de mars, l'an mil CCC iiij^{xx} et vj, pour faire robes à six des chappellains du Roy nostre sire : C'est assavoir, à chascun demi drap de Broixelles, à eulz donné par ledit seigneur et par ses lettres, données le xij ͤ jour de mars, l'an mil CCC iiij^{xx} et v, signées : par le Roy à la relacion de mons. le duc de Bourgoigne *J. de Monteacuto*. Et pour fourrer lesdictes robes, à chascun iiij pennes et demie de gros vair. Pour ce, par vertu desdictes lettres et lettre de recognoissance dudit drappier, donnée le tiers jour du mois de juing, CCC iiij^{xx} et sept, au pris de 48^l p. le drap, valent 144^l p.

A Aubelet Buignet, drappier, demourant à Paris, pour deniers à li paiez, qui deubz lui estoient, pour ij draps et demi sanguins de Broixelles, de grant moison, contenans chascun xxiiij aulnes, achattés de li le xix ͤ jour de mars, CCC iiij^{xx} et vj, pour faire robes à cinq des chappellains du Roy nostre sire, à eulz données par ledit seigneur et par ses lettres rendues cy-devant, à chascun, demi drap de Broixelles avecques iij pennes et demie de gros vair pour fourrer leurs dictes robes. Pour ce, par vertu desdictes lettres et lettre de recognoissance dudit drappier, donnée le viij^e jour de juillet, l'an mil ccc iiij^xx et vj, au pris de 48^l la pièce, valent   120^l p.

A Colin Brun, drappier, demourant à Paris, pour deniers à lui paiez, qui deubz lui estoient, pour deux draps et xiij aulnes de drap pers de Malines, contenans chascun xx aulnes, achattés de li le xixe jour de mars, ccc iiij^xx et vj, pour faire robes à quatre clers et trois sommeliers de la Chappelle du Roy nostredit seigneur, et par ses lettres rendues cy-devant. Pour ce, par vertu desdictes lettres et lettre de recognoissance dudit drapier, donnée le xxvj^e jour de juing, l'an mil ccc iiij^xx et sept, au pris de 28^l 16^s p. le drap, valent   76^l 16^s p.

A Estienne Eirant, marchant, demourant à Paris, pour deniers à lui paiez, qui deubz lui estoient, pour lxx aulnes de drap de Broixelles de grant moison, achattées de lui le xxij^e jour de may, ccc iiij^xx et vij, pour faire robes pour maistre Jehan Perdrier, maistre de la Chambre aux Deniers de la Royne, et pour maistre Jehan de Chastenoy, contrerolleur de ladicte chambre, du pris et valeur chascune robe pour les dessusdiz, de 60 francs d'or. A eulz données par le le Roy nostre sire et par ses lettres, données le xxiij^e jour de décembre, l'an mil ccc iiij^xx et vj, signées par le Roy à la relacion de messeigneurs les ducz de Berry et de Bourgoingne, *R. d'Angeul*, pour eulz vestir et estre plus honnestement ou service de ladicte dame. Pour ce, par vertu desdictes lettres, certificaçons (*sic*) desdiz maistres et contrerolleur, et lettre de recognoissance dudit marchant, donnée le xxij^e jour de may, ccc iiij^xx et vij, au pris de 40^s p. l'aulne, valent 40^l p.

A Aubelet Buignet, drappier, demourant à Paris, pour deniers à lui paiez, qui deubz lui estoient, pour un drap sanguin entier de Bruxelles, contenant xxiiij aulnes, achatté de lui le xviij° jour de juing, ccc iiij^{xx} et vij, pour faire robes pour maistre Jehan de Montagu, et maistre Jehan Hue, secrétaires du Roy nostre sire. A eulx données par ledit seigneur et par ses lettres, données le iiij° jour de janvier, l'an mil ccc iiij^{xx} et vj, signées : par le Roy à la relacion de monseigneur le duc de Berry, *J. de Bétizac*. Et à chascun vij pennes de gros vair pour fourrer leursdictes robes, à eulz vestir et estre plus honnestement ou service dudit seigneur. Pour ce, par vertu desdictes lettres, certifficacions desdiz secrétaires, et lettre de recognoissance dudit drappier, donnée le xx° jour de juing, l'an mil ccc iiij^{xx} et vij. 48^1 p.

Audit Aubelet Buignet, pour deniers à lui paiez, qui deubz lui estoient, pour un drap entier sanguin de Broixelles, contenant xxiiij aulnes, achatté de lui le xviij° jour de juing, l'an mil ccc iiij^{xx} et vij, pour faire robes pour Guillaume Brunel, trésorier et Argentier du Roy nostre sire, et Pierre Poquet, contreroleur de ladicte Argenterie : C'est assavoir, à chascun, demi drap et vij pennes de gros vair, à eulz donné par le Roy nostredit seigneur, et par ses lettres, données le iiij° jour de janvier, ccc iiij^{xx} et vj, signées : par le Roy, à la relacion de mons. le duc de Berry, *J. de Bétizac*. A eulz vestir pour estre plus honnestement ou service dudit seigneur. Pour ce, par vertu desdictes lettres, certifficacions des dessusdiz, et lettre de recognoissance dudit drappier, donnée le iiij° jour de septembre, ccc iiij^{xx} et vij. 51^1 4^s p.

Audit Aubelet Buignet, pour deniers à lui paiez, qui deubz lui estoient, pour un drap entier sanguin de Broixelles, de grant moison, achatté de lui le xxiiij^e de juing, ccc iiij^{xx} et vij, pour faire robes pour maistre Ligier d'Engiennes, secretaire du Roy nostre sire, et pour Jehan de Condé, varlet de chambre dudit seigneur. A eulx donné, du pris et valeur de 100^l p., par le Roy nostredit seigneur, et par ses lettres, données le xij^e jour de janvier, ccc iiij^{xx} et vij, signées : par le Roy, à la relacion de messeigneurs les ducz de Berry et de Bourgoingne, *G. Barrau.* Et les pennes pour fourrer icelles, à eulz vestir pour estre plus honnestement ou service dudit seigneur. Pour ce, par vertu desdictes lettres et lettre de recognoissance desdiz secrétaire et varlet de chambre, et quittance dudit drappier, donnée le viij^e jour de septembre, ccc iiij^{xx} et vij. 48^l p.

Audit Aubelet Buignet, drappier, pour deniers à lui paiez, qui deubz lui estoient, pour demi drap sanguin de Broixelles, de grant moison, contenant xij aulnes, achatté de lui le derrenier jour de juing, ccc iiij^{xx} et vij, pour faire robe entière pour maistre Guillaume de La Fons, secretaire du Roy nostre sire, à li donnée par ledit seigneur et par ses lettres, données le xxiij^e jour de may, l'an mil ccc iiij^{xx} et vij, signées : Par le Roy, à la relacion de monseigneur le duc de Bourgoingne, *L. Blanchet.* Pour les bons et agréables services qu'il a fais et fait chascun jour audit seigneur. Pour ce, par vertu desdictes lettres, certifficacion dudit maistre Guillaume, et lettre de recognoissance dudit drappier, donnée le iiij^e jour de juillet, l'an mil ccc iiij^{xx} et sept. 24^l p.

Summa .... 1176^l 16^s parisis.

Autres dons de pannes.

Dons ordinaires de pannes et fourreures, fais par le Roy nostredit seigneur, par le temps de ce compte.

A Jehan Mandole, peletier et varlet de chambre du Roy nostresire, pour deniers à lui paiez, qui deubz lui estoient : C'est assavoir, pour la fourreure d'une houppellande de drap vert et de rouge, à eschiquiers, pour Haincelin Coq, fol du Roy nostredit seigneur, qu'il ot le xxvje jour de mars, CCC iiij{xx} et vj, tenant la penne iiij{c} viij dos de gris rouge, au pris de 64{s} p. le cent, valent 9{l} 17{s} p. Et pour le chapperon de mesmes, tenant la penne lxx ventres de menu vair, valent 54{s} 7d p. Pour tout, 12{l} 8{s} 7d p.

A lui, pour la fourreure d'une aulmuce d'escarlate vermeille pour ledit fol, qu'il ot le jour des Grans Pasques, tenant la penne xxij ventres de menu vair, valent 15{s} 8d p.

A lui, pour la fourreure d'une autre aulmuce d'escarlate vermeille pour Coquinet, fol de mons. le duc de Thouraine, qu'il ot ledit jour de Pasques, tenant la penne xviij ventres de menu vair, valent 12{s} 9d p.

Pour ce, esdictes parties, par quittance dudit Jehan Mandole, donnée le iiije jour de juillet, l'an mil CCC iiij{xx} et vij. 13{l} 17{s} p.

A Simon de Lengres, peletier et varlet de chambre de madame la Royne, pour deniers à lui paiez, qui deubz lui estoient : C'est assavoir, pour la fourreure d'une longue houppellande de drap vert, pour le varlet Haincelin Coq, fol du Roy nostresire, tenant iij pennes blanches, qu'il ot le jour des Grans Pasques, au pris de 16ˢ p. la penne, valent 48ˢ p.

A lui, pour la fourreure d'une longue houppellande de drap vert et de rouge, à eschiquiers, pour Coquinet, fol de mons. le duc de Thouraine, qu'il ot le xxvjᵉ jour de mars, ccc iiij^{xx} et vj, tenant la penne iiᶜ xviij dos de gris rouge, au pris de 64ˢ p. le cent, valent 6ˡ 18ˢ 6ᵈ p. Et pour le chapperon de mesmes, tenant la panne lviij ventres de menu vair, valent 41ˢ 8ᵈ p. Pour tout, 9ˡ 2ᵈ p.

A lui, pour la fourreure d'une autre houppellande de drap vert, pour ledit Coquinet, qu'il ot le jour des Grans Pasques, tenant la fourreure iiij pannes d'angneaulx, au pris de 16ˢ p. la penne, valent 64ˢ p.

A lui, pour la fourreure d'un seurcot court de drap vert, pour dame Alips, nayne de la Royne, qu'elle ot le xxvijᵉ jour d'avril, ccc iiij^{xx} et vij, tenant la panne ij fourreures de poulaine, au pris de 56ˢ p. la pièce, valent 112ˢ p. Pour le pourfilz de dessoubz, xij chas, valent 48ˢ p. Et pour les manches, tours de bras et amigaulx, deux douzaines deux lettices, valent 4ˡ 6ˢ 8ᵈ p. Pour tout 12ˡ 6ˢ 8ᵈ p.

A lui, pour la fourreure d'une longue houppellande de drap vert, pour Guillaume Foiret, fol de ladicte madame la Royne, qu'il ot ledit xxvijᵉ jour d'avril, tenant la penne iiij fourreures d'angneaulx blans, au pris de 20ˢ p. la pièce, valent 4ˡ p.

Pour ce, pour tout, ès dictes parties, par quittance de lui, donnée le viijᵉ jour de juillet, l'an mil ccc iiij^{xx} et vij. 30ˡ 18ˢ 2ᵈ p.

Summa............ 44ˡ 15ˢ 2ᵈ parisis.

Autres dons de pannes et fourreures, fais par le Roy nostredit seigneur, à plusieurs gens et officiers, de grâce espécial, qui se prennent par mandemens dudit seigneur.

A Pierre du Four, peletier, demourant à Paris, pour deniers à lui paiez, qui deubz li estoient, pour vj milliers de menu vair, achattés de lui pour fourrer les robes de quatre maistres d'ostel du Roy nostre sire, à chascun un millier et demi : C'est assavoir, monseigneur Guy, seigneur de Cousant, grant maistre d'ostel, messire Nicolas Braque, messire Pierre de Chevreuse et messire Jehan le Mercier. A eulz donnés par le Roy nostredit seigneur, et par ses lettres rendues cy-devant en semblable chappitre de dons de drap de lainne. Pour ce, au pris de 28 l p. le millier, valent, par quittance dudit peletier, donnée le ive jour du mois d'aoust, l'an mil CCC iiij^{xx} et vij. 168 l p.

A Berthaut du Val, peletier, demourant à Paris, pour deniers à lui paiez, qui deubz lui estoient, pour vj^m de menu vair, achattez de lui pour fourrer les robes de quatre des maistres d'ostel du Roy nostre sire, à chascun un millier et demi : C'est assavoir, messire Thaupin de Chantemelle, messire Robert du Boissay, messire Arnoul de Puisieux et messire Gauvain de Dreux, chevaliers, maistres d'ostel du Roy nostredit seigneur. A eulz donnés par ledit seigneur et par ses lettres rendues cy-devant, en semblable Chappitre de dons de draps de laine. Pour ce, audit pris de 28 l p. le millier, valent, par quittance dudit peletier, donnée le xxiiij^e jour du mois de may, l'an mil CCC iiij^{xx} et ....[1]. 168 l p.

[1]. Le reste en blanc.

A Jehan de Meaulx, peletier, demourant à Paris, pour deniers à lui paiez, qui deubz li estoient, pour vij milliers et demy de menu vair, achattés de lui pour fourrer les robes de cinq des maistres d'ostel du Roy nostre sire, à chascun un millier et demi de menu vair : C'est assavoir, messire Jehan Bracque, messire Guillaume de Gaillionnel, messire Philippe d'Aunoy, messire Philippe des Essars et messire Gilles Malet, chevaliers et maistres d'ostel du Roy nostredit seigneur. A eulz donné par ledit seigneur et par ses lettres rendues cy-devant en semblable chapitre de Dons de draps de laine. Pour ce, au pris de 28^l p. le millier, valent, par quittance dudit peletier, donnée le xxiij^e jour de juing, l'an mil CCC iiij^{xx} et sept. 210.^{l} p.

A Guillaume de La Voirrière, peletier, demourant à Paris, pour deniers à lui paiez, qui deubz lui estoient, pour xxviij pannes et demie de gros vair, achattées de lui pour fourrer les robes de onze chappellains du Roy nostre sire : C'est assavoir, à chascun iij pannes et demie, à eulz données ceste présente année par ledit seigneur et par ses lettres rendues cy devant en semblable chappitre de Dons de draps de laine. Pour ce, au pris de 100^s p. la pièce, valent 192^l 10^s p. Et pour 880 ventres de menu vair espuré, pour fourrer les chapperons desdiz onze chappellains, à chascun 80 ventres ; pour ce, au pris de 32.^{l} p. le millier, valent 28^l 2^s 8^d p. Item, pour xvj pennes blanches de Chasteau de Vire, pour fourrer les robes des quatre clers et trois sommeliers de ladicte Chappelle, au pris de 16^s p. la pièce, valent 12^l 16^s p. Et pour xvj pannes blanches d'avorton, pour fourrer les chapperons desdiz clers et sommeliers, au pris de 12^s p. la pièce, valent 9ˡ 12ˢ p. Pour ce, et pour tout, par quittance dudit peletier, donnée le xxjᵉ jour de juing, l'an mil CCC iiij*xx* et ...¹. 243ˡ p.

A Jehan Le Clerc, marchant, demourant à Paris, pour deniers à lui paiez, qui deubz lui estoient, pour vij pannes de gris et d'escureux, contenans 2100 dos, achattées de li le xᵉ jour de may, CCC iiij*xx* et vij, pour fourrer les robes de maistre Jehan Perdrier, maistre de la Chambre aux Deniers de la Royne, et maistre Jehan de Chastenay, contreroleur de ladicte Chambre, à eulz données par le Roy et par ses lettres rendues cy-devant en semblable chappitre de Dons de draps de laine. Pour ce, par lettre de recognoissance donnée ledit xᵉ jour de may, CCC iiij*xx* et vij, pour tout, 56ˡ p.

A Jehan Thouroude, peletier, demourant à Paris, pour deniers à lui paiez, qui deubz lui estoient, pour vij pannes de gros vair de six tires, achattées de li pour fourrer la robe de maistre Jehan de Montagu, secretaire du Roy nostre sire, à li donnée par ledit seigneur et par ses lettres rendues cy-devant en semblable chappitre de Dons de draps de laine. Pour ce, au pris de 4ˡ 16ˢ p. la pièce, valent, par sa lettre de recognoissance donnée le xxᵉ jour de juing, en l'an mil CCC iiij*xx* et vij. 33ˡ 12ˢ p.

A Jehan Thourode, peletier, demourant à Paris, pour deniers à li paiez, qui deubz lui estoient, pour vij pannes de gros vair de six tires, achattées de li pour fourrer la robe de maistre Jehan Hue, secretaire du Roy nostre sire, à li donnée par ledit seigneur et par ses lettres dont cy dessus est fait mencion. Pour ce,

---

1. Le reste de la date en blanc.

au pris de 4ˡ 16ˢ p. la pièce, valent, par quittance dudit Jehan Toroude, donnée le xxvᵉ jour de juing, l'an ᴍ ᴄᴄᴄ iiijˣˣ et vij. 33ˡ 12ˢ p.

A Berthaut du Val, peletier, demourant à Paris, pour deniers à li paiez, qui deubz lui estoient, pour 2000 dos de gris et d'escureux de Alemaingne, achattés de lui pour fourrer les robes de maistre Ligier d'Angiennes, secretaire du Roy nostre sire, et de Jehan de Condé, varlet de chambre dudit seigneur. A eulz données par ledit seigneur et par ses lettres rendues cydevant en semblable chappitre de Dons de draps de laine. Pour ce, par lettre de recognoissance donnée le iiijᵉ jour de juillet, l'an mil ᴄᴄᴄ iiijˣˣ et vij. 52ˡ p.

Audit Bertaut, pour deniers à lui paiez, qui deubz lui estoient, pour xiiij pannes de gros vair, achattées de li pour fourrer les robes de Guillaume Brunel, trésorier et Argentier du Roy nostre sire, et de Pierre Poquet, contreroleur de ladicte Argenterie. A eulz données par ledit seigneur et par ses lettres rendues cy devant en semblable chapitre de Dons de draps de laine. Pour ce, par lettre de recognoissance dudit Berthaut, donnée le derrenier jour de septembre, l'an mil ᴄᴄᴄ iiijˣˣ et vij, au pris de 4ˡ 16ˢ p. la pièce, valent
67ˡ 4ˢ p.

Audit Berthaut, pour deniers à lui paiez, qui deubz lui estoient, pour vj pannes de gros vair de sept tires, achattées de li pour fourrer la robe maistre Guillaume de La Fons, secretaire du Roy nostre sire, à lui donnée par ledit seigneur et par ses lettres rendues cy-devant en semblable chapitre de Dons de draps de laine. Pour ce, par lettre de recognoissance dudit Berthaut, donnée le viijᵉ jour de juillet, l'an mil ᴄᴄᴄ iiijˣˣ et

vij, au pris de 112ˢ p. la pièce, valent 33ˡ 12ˢ p.
Summa................. 1065ˡ parisis.

Dons du Roy nostre sire, de couppes et hannaps de madre à pié, et autres choses de Mercerie et d'Orfâverie, faiz par le Roy nostredit seigneur, et par madame la Royne ; à ce terme   Néant.

Autres Dons de Coffrerie et de Ganterie.   Néant.

Dons de communes choses, faiz par le Roy nostredit seigneur, par le temps de ce compte.

A monseigneur de Labrest, chevalier, chambellan de France, pour xxiiij platelles à fruit, d'argent blanc et dorez, à lui appartenans de son droit à cause de son dit office de chambellan, desquelz le Roy nostredit seigneur fu servy le premier jour de Quaresme, l'an mil CCC iiij^{xx} et vj. Lesquelz xxiiij plateles il a délaissiez en l'ostel dudit seigneur pour son service. Pour lesquelz il lui a esté paié du mandement du Roy nostre dit seigneur, donné le vᵉ jour de septembre, l'an mil CCC iiij^{xx} et vij, signé : par le Roy, à la relacion de mons. le duc de Berry, *G. de La Fons,* et par sa lettre de recongnoissance donnée le tiers jour de janvier, l'an mil CCC iiij^{xx} et vij, dessusdit 192ˡ t., valent
153ˡ 12ˢ p.

A Robert de Pontaudemer, pennetier du Roy nostre sire ; pour don à lui fait par le Roy nostredit seigneur et par ses lettres données le ijᵉ jour de juing, CCC iiij^{xx} et vj, signées : par le Roy, *G. d'Aunoy :* C'est assavoir, demi drap de Brucelles de grant moison et 600 dos d'escureux du pris de 48¹ p., et une ceinture ferrée d'argent, du pris de 48¹ p. Pour ce, ès dictes parties, par vertu desdictes lettres et quittances des marchans de qui les choses dessusdictes ont esté achattées, rendues à court. Pour tout, 96¹ p.[1].

Dons de Chaucemente. Néant cy, pour ce que les dons fais à ce terme sont ou chapitre de Chaucemante avecques les parties du Roy nostre sire.

Summa. . . . . 249¹ 12ˢ parisis.

GAIGES ET PENSIONS D'OFFICIERS par le temps de ce présent compte, qui contient vj mois entiers.

A Guillaume Brunel, trésorier et Argentier du Roy nostre sire, pour ses gaiges déservis èsdiz offices par le temps de ce présent compte. Néant cy, pour ce que il prent ses gaiges au trésor d'icellui seigneur.

A maistre Pierre Poquet, contrerolleur de ladicte Argenterie, pour deniers à li paiez pour ses gaiges déservis oudit office par ledit temps de ce compte, qui est de vj mois entiers. Au pris de 100¹ p. par an, valent, par quittance de li, donnée le xvᵉ jour de juillet, l'an mil CCC iiij^{xx} et vij. 50ˢ p.

A Jehan Moynat, varlet de chambre et garde des chambres et tappis du Roy nostredit seigneur, pour ses gaiges de 4ˢ p. par jour dont il est assignez sur ladicte Argenterie, déservis par ix^{xx} ij jours que con-

---

1. *Debet quittanciam a dicto Roberto quod habuerit contenta in serie.*

Tradidit quittanciam a dicto Roberto et ponitur cum litteris hujus compoti.

tient le temps de ce présent compte. Pour ce, audit pris, valent 36¹ 8ˢ p. A lui paiez par sa quittance donnée le xij⁰ jour de juillet, l'an mil ccc iiij^{xx} et vij. Pour ce, 36¹ 8ˢ p.¹

A Guillaume Siguier, garde des lyons du Roy nostre sire, pour deniers à lui paiez, qui deubz lui estoient, tant à cause de ses gaiges, comme pour la garde et gouvernement d'iceulx lions : C'est assavoir, pour chascun mois 60 frans, qui valent 48¹ p., à lui ordonnez et tauxez par le Roy nostredit seigneur, et par ses lettres données le xxviij⁰ jour de may, ccc iiij^{xx} et iiij, rendues par le xj⁰ compte dudit Argentier, en semblable chappitre, à prendre et avoir chascun mois par ledit Guillaume sur le fait de ladicte Argenterie. Pour ce, pour les gaiges dudit Guillaume et gouvernement desdiz lyons, lesquels gaiges de 48¹ p. par mois, ont esté amodérez et ramenez par l'Argentier et contreroleur de ladicte Argenterie, et du consentement dudit Guillaume, à la somme de 32¹ p. par mois. Pour ce, pour le mois de janvier, ccc iiij^{xx} et vij, par quittance de li, donnée le ... jour de ... ccc iiij^{xx} et ...². 32¹ p.³

A li, pour semblable, pour le mois de février ensuivant, par quittance de li, donnée le xv⁰ jour dudit mois de février, ccc iiij^{xx} et vj. 32¹ p.⁴

A lui, pour semblable, pour le mois de mars ensui-

---

1. *Corrigatur hic pro IIII*ˢ *p. captis hic nimis pro una die.*
2. Des blancs au texte.
3. *In debitis pro prima parte.*
4. *Pro quittancia de LX. fr. tamen serviunt hic de XL fr. solum, propter moderacionem de qua superius fit mencio.*

vant, par quittance de li, donnée le iiij° jour de mars, ccc iiij^{xx} et vj. 32^l p.

A lui, pour semblable, pour le mois d'avril ensuivant, par quittance de li, donnée le xv° jour dudit mois d'avril, ccc iiij^{xx} et vij. 32^l p.

A lui, pour semblable, pour le mois de may ensuivant, par quittance de li, donnée le xiij° jour dudit mois de may, ccc iiij^{xx} et vij. 32^l p.

A lui, pour semblable, pour le mois de juing ensuivant, par quittance de li, donnée le xv° jour dudit mois de juing, ccc iiij^{xx} et vij. 32^l p.

A Jehan Pinchon, varlet peletier et fourreur des robes du Roy nostre sire, pour ses gaiges de 18^d p. par jour, pour batre, escourre et apecier la peleterie pour fourrer les robes ordinaires et autres garnemens du Roy nostredit seigneur, de la Royne et de monseigneur le duc de Thouraine : C'est assavoir, depuis le premier jour de janvier, l'an mil ccc iiij^{xx} et vj, jusques au derrenier jour de juing, l'an mil ccc iiij^{xx} et vij après ensuivant, par le temps de ce compte, qui contient ix^{xx} j jours[1]. Pour ce, audit pris, valent 13^l 11^s 6^d p.[2].

Summa .... 291^l 19^s 6^d parisis.

Autre Despense, pour deniers paiez au Trésor du Roy nostredit seigneur.

Audit Trésor, par cédule, donnée le xxviij° jour de décembre, l'an mil ccc iiij^{xx} et vij. 380^l p.[3]

Summa per se .... 380^l parisis.

---

1. *Corrigatur pro una die, quam capit hic nimis.*
2. *In debitis.*
3. *Corrigatur in thesauro.*

Deniers paiez en acquit du Roy[1].

Autre despense, faicte par ledit trésorier et Argentier pour deniers par lui paiez aux personnes qui cy après s'ensuivent, ausquelz il estoit deu pour certaines causes et dont ilz avoient esté mis en debte par ledit Argentier en la fin d'aucuns de ses comptes. Et ycelles, paiées par vertu de l'ordonnance de Nosseigneurs des comptes arrestée et escripte sur le chapitre desdictes debtes le jour de l'audicion dudit compte[2].

A Digne Rapponde, marchant, demourant à Paris, pour deniers à lui paiez, qui deubz lui estoient, pour toutes les parties de draps d'or et de soye, cendaulx et autres choses de Mercerie, par lui bailliez et délivrez pour le Roy nostre sire, et pour mons. le duc de Thouraine, depuis le premier jour de juillet, ccc iiij^{xx} et v, jusques au derrenier jour de décembre après ensuivant, 118^l 12^s p. Il estoit mis en debte par le xiiij^e compte dudit Argentier, fény au derrenier jour de décembre dessusdit. Pour ce, par lettre de recongnoissance dudit Digne, donnée le viij^e jour de janvier, l'an mil ccc iiij^{xx} et vj.   118^l 12^s p.

A Girart Brahier, peletier, demourant à Paris, pour deniers à lui paiez, qui deubz lui estoient, pour plusieurs parties de pelleterie prinses et achattées de lui par le fait de ladicte Argenterie, pour le fait et ordonance de la gésine de la Royne, et de monseigneur le Dalphin, pour ce, 97^l 1^s 8^d p. De laquelle somme il

---

1. Ce titre est de la Chambre des comptes, et non du comptable.
2. *Corrigatur pro toto capitulo.*
   Omnes iste partes corriguntur in debitis a quibus descendunt.

est mis en debte par le xvj⁰ compte de l'argenterie, finy au derrenier jour de décembre, l'an mil CCC iiij^{xx} et vj. Pour ce, par sa lettre de recognoissance donnée le xvij⁰ jour de septembre, l'an mil CCC iiij^{xx} et sept.
97^l 1^s 8^d p.

A Nicolas Alixandre, drappier, demourant à Paris, pour deniers à lui paiez, qui deubz lui estoient, pour deux escarlates entières de Brucelles, contenans xxiiij aulnes chascune, achattées de lui le xxiij⁰ jour de juillet, CCC iiij^{xx} et vj ; l'une vermeille, et l'autre violette, pour faire deux robes à chappe, chascune de vj garnemens, pour les noces et espousailles de madame Katherine de France[1]. Au pris de 115^l 4^s p. la pièce, valent 230^l 8^s p. De laquelle somme ledit Nicolas estoit mis en debte par le xvj⁰ compte dudit Argentier, feny au derrenier jour de décembre, CCC iiij^{xx} et vj. Pour ce, par quittance donnée le ij⁰ jour de janvier, CCC iiij^{xx} et vj.
230^l 8^s p.

Audit Nicolas, pour deniers à lui paiez, qui deubz lui estoient, pour le demourant à paier de toutes les parties de draps de laine par lui baillées et délivrées pour le Roy nostredit seigneur, pour la Royne, pour mons. de Thouraine, et madame Katherine de France, au terme feny au derrenier jour de juing, CCC iiij^{xx} et vj, 325^l 16^s p. De laquelle somme ledit Nicolas estoit mis en debte par le xv⁰ compte dudit Argentier, feny au derrenier jour de juing. Pour ce, par quittance donnée le viij⁰ jour de janvier, CCC iiij^{xx} et vj.
325^l 16^s p.

---

1. Catherine de France, fille de Charles V, et sœur de Louis, duc de Touraine (plus tard duc d'Orléans), épousa en 1386 Jean, duc de Berri. Elle mourut en 1388.

A Aubelet Buignet, drappier, demourant à Paris, pour deniers à lui paiez, qui deubz lui estoient, pour le demourant à paier de toutes les parties de draps de laine par lui livrés au terme finy au derrenier jour de juing, ccc iiij^{xx} et vj, pour le Roy nostre sire, pour la Royne, pour mons. de Thouraine, et pour madame Katherine de France, 605^l 13^s p. De laquelle somme il estoit mis en debte par le xve compte dudit Argentier, fény au derrenier jour de juing. Pour ce, par lettre de recongnoissance dudit Aubelet, donnée le viij^e jour de janvier, ccc iiij^{xx} et vj. 605^l 13^s p.

A Pierre Pagant, mercier, demourant à Paris, pour deniers à lui paiez, qui deubz lui estoient, pour le demourant à paier de toutes les parties de Draps d'or et de soie, cendaulx et autres choses de mercerie, par lui baillées et délivrées au terme fény au derrenier jour de juing, ccc iiij^{xx} et vj, pour le Roy nostredit seigneur, pour madame la Royne, pour mons. le duc de Thouraine, et madame Katherine de France, 432^l 8^s 8^d p. De laquelle somme ledit Pierre estoit mis en debte par le xve compte dudit Argentier, fény audit jour. Pour ce, par lettre de recongnoissance donnée le vj^e jour de janvier, l'an mil ccc iiij^{xx} et vj. 432^l 8^s 8^d p.

A Robert Thierry, mercier, demourant à Paris, pour deniers à lui paiez, qui deubz lui estoient, pour le demourant à paier de toutes les parties de Draps d'or et de soye, cendaulx et autres choses de mercerie, par lui livrées au terme fény au derrenier jour de juing, ccc iiij^{xx} et vj, pour le Roy nostredit seigneur, pour madame la Royne, pour monseigneur de Thouraine, et pour madame Katherine de France, 581^l 16^s p. De laquelle somme ledit Robert estoit mis en debte par le xvå compte dudit Argentier, fény ledit jour. Pour ce, par quittance donnée le vjå jour de janvier, ccc iiij£ et vj. 581¹ 16ˢ p.

A Jehanne de Brie, marchande de toilles, demourant à Paris, pour deniers à lui paiez, qui deubz lui estoient, pour le demourant à paier de toutes les parties du Linge par elle baillé et délivré au terme fény le derrenier jour de juing, ccc iiij£ et vj, pour le Roy nostredit seigneur, pour madame la Royne, pour mons. le duc de Thouraine, et pour madame Katherine de France, 102¹ 16ˢ p. De laquelle somme ladicte Jehanne estoit mise en debte par le xvå compte dudit Argentier, fény ledit jour. Pour ce, par lettre de recongnoissance de Colin Marc, mari de Jehannette[1], fille et héritière de ladicte Jehanne, donnée le viijå de janvier, ccc iiij£ et vj. 102¹ 16ˢ p.

A Jehan Pinchon, varlet pelletier et fourreur des robes du Roy nostre sire, pour deniers à lui paiez, qui deubz lui estoient, pour le demourant à paier de toutes les parties des façons d'avoir Fourré toutes les robes ordinaires et autres garnemens pour le Roy nostredit seigneur, pour la Royne, pour mons. de Thouraine, et pour madame Katherine de France, au terme fény au derrenier jour de juing, ccc iiij£ et vj, 25¹ 10ˢ p. De laquelle somme ledit Jehan estoit mis en debte par le xvå compte dudit Argentier, fény ledit jour. Pour ce, par quittance donnée le xvjå jour de janvier, ccc iiij£ et vj. 25¹ 10ˢ p.

A Denisot Homo, chappellier, demourant à Paris,

---

[1]. Remarquer que la mère s'appelle Jehanne, et la fille Jehannette.

pour deniers à lui paiez, qui deubz lui estoient, pour le demourant à paier de tous les Chappeaulx de bièvre et autres, par lui baillés et délivrés au terme fény le derrenier jour de juing, ccc iiij^{xx} et vj, pour le Roy nostredit seigneur, pour la Royne, pour mons. de Thouraine, et pour madame Katherine de France, 77^l 5^s p. De laquelle somme ledit Denisot estoit mis en debte par le xve compte dudit Argentier, fény ledit jour. Pour ce, par lettre de recongnoissance donnée le xvj^e jour de janvier, ccc iiij^{xx} et vj. 77^l 5^s p.

A Robert Thierry, mercier, demourant à Paris, pour deniers à lui paiez, qui deubz lui estoient, pour le demourant à paier de toutes les parties de Draps d'or et de soye, cendaulx et autres choses de mercerie par lui baillées et délivrées au terme fény le derrenier jour de décembre, ccc iiij^{xx} et vij, pour le Roy, pour la Royne, pour mons. de Thouraine, et madame Katherine de France, 1176^l 16^s p. De laquelle somme il estoit mis en debte par le xvj^e compte dudit Argentier, fény ledit jour. Pour ce, par quittance donnée le viij^e jour de janvier, ccc iiij^{xx} et vj. 1176^l 16^s p.

A Jehan Mandole, pelletier et varlet de chambre du Roy nostre sire, pour deniers à lui paiez, qui deubz lui estoient, pour le demourant à paier de toute la Pelleterie par lui livrée au terme fény le derrenier jour de décembre, iiij^{xx} et vj, pour le Roy nostredit seigneur, 705^l 1^d ob. p. De laquelle somme il estoit mis en debte par le xvj^e compte dudit Argentier, fény ledit jour. Par lettre de recongnoissance de lui, donnée le iiij^e jour de janvier, l'an mil ccc iiij^{xx} et vj.
705^l 1^d ob. p.

A Simon de Lengres, pelletier et varlet de chambre

de la Royne, pour deniers à lui paiez, qui deubz lui estoient, pour toutes les parties de Pelleterie par lui livrée au terme fény le derrenier jour de décembre, ccc iiij^{xx} et vj, pour le corps du Roy nostre sire, 376^l 10^s 4^d p. De laquelle somme ledit Simon estoit mis en debte par le xvj^e compte dudit Argentier, fény ledit jour. Pour ce, par lettre de recongnoissance dudit Simon, donnée le xe jour de janvier, ccc iiij^{xx} et vj.

376^l 10^s 4^d p.

Audit Simon, pour deniers à lui paiés, qui deubz lui estoient, pour toutes les parties de Pelleterie par lui baillée et délivrée au terme fény le derrenier jour de décembre ccc iiij^{xx} et vj, pour la Royne, et monseigneur le Dalphin, 647^l 5^s 2^d p. De laquelle somme ledit Simon estoit mis en debte par le xvj^e compte dudit Argentier, fény ledit jour. Pour ce, par lettre dudit Simon, donnée le xij^e jour de janvier, l'an mil ccc iiij^{xx} et vj. 647^l 5^s 2^d p.

A Antoine Brun, drappier, demourant à Paris, pour deniers à lui paiez, qui deubz lui estoient, pour le demourant à paier de tous les Draps de laine prins et achattés de lui au terme fény le derrenier jour de décembre, ccc iiij^{xx} et iij, pour le Roy, pour monseigneur de Thouraine, et pour madame Katherine de France, 200^l p. De laquelle somme il estoit mis en debte par le xvj^e compte dudit Argentier, fény ledit jour. Pour ce, par quittance donnée le premier jour de janvier, ccc iiij^{xx} et vj. 200^l p.

A Guillaume Brunel, trésorier et Argentier du Roy nostre sire, pour deniers qui deubz lui estoient, pour cause de Prest par lui fait audit seigneur, pour l'armée et passage de la mer, par cédulle de maistre Nicolas de Plancy, clerc, conseiller et maistre des comptes dudit seigneur, commis au gouvernement de la recepte généralle des empruns et autres finances ordonnées pour ledit passaige, donnée xxij° jour de septembre, CCC iiij^{xx} et vj, et quittance donnée viij° de mars, CCC iiij^{xx} et vij, 500^l t., valent   400^l p.[1].

Summa. . . . . 6102^l 17^s 11^d ob. parisis.

Commune Despense.

A Pierre de Chambly, messaigier, demourant à Paris, pour son salaire d'un voiaage par lui fait de Paris à Meleun, le xxj° jour de janvier, CCC iiij^{xx} et vj, pour porter lettres dudit Argentier au receveur des aides pour la guerre audit lieu; faisans mencion que il apportast le résidu de l'assignacion sur lui faicte pour le fait de ladicte Argenterie. Lequel messaigier ne trouva pas ledit receveur audit lieu, et lui porta lesdictes lettres à Estampes. Pour ce, à lui paié, 16^s p.

A Denysot de Chésy, messaigier, demourant à Paris, pour deniers à lui paiez, qui deubz lui estoient : C'est assavoir, pour un voiaage par lui fait de Paris à Sens, le xxviij° jour de janvier oudit an, pour porter lettres de nosseigneurs les Généraulz conseillers ordonnez sur le fait des aides pour la guerre, et dudit Argentier au grenetier dudit lieu, faisans mencion de l'assignacion faicte sur ledit Grenier de la somme de 400^l t., pour tourner et convertir ou fait de ladicte Argenterie. Pour ce, 26^s p. Item, pour un autre voiaage par lui fait de Paris audit lieu de Sens, pour

---

1. *Concordat*, et au-dessous *corrigitur*.

porter lettres dudit Argentier au grenetier dudit lieu, le iiij⁰ jour de février ensuivant, comment il apportast tout l'argent que ledit Grenier avoit valu pour les mois de décembre et janvier, pour convertir ou fait de ladicte Argenterie. Pour ce, 26ˢ p. Item, pour un voiaage par lui fait de Paris à Chasteau Thierry, le xviij⁰ jour de may, ccc iiij ͯˣ et sept, pour porter lettres dudit Argentier au receveur de Soissons, comment il envoiast l'argent de la foire de l'Ascension, pour tourner ou fait des Robes des maistres d'ostel du Roy nostre sire, et des chappellains de sa Chappelle. Pour ce 20ˢ p. Pour tout, ès dictes parties, par quittance dudit Denisot, donnée le vij⁰ jour de mars, l'an mil ccc iiij ͯˣ et vij. 72ˢ p.

A Odin Rousseau, clerc dudit trésorier et Argentier, à li paié, qui deu lui estoit, pour avoir porté lettres de messeigneurs les Généraulx conseilliers sur le fait des aides ordonnées pour la guerre et dudit Argentier, à Reins, à Chaalons et à Chasteau Thierry, aux grenetiers desdiz lieux, faisans mencion que toute la revenue desdiz Greniers pour les mois de décembre et janvier, ccc iiij ͯˣ et vj, ils feissent apporter et envoier par devers ledit Argentier, pour tourner et convertir ou fait de ladicte Argenterie. Ouquel voiaage ledit Odin a vacqué, tant en alant de Paris ès diz lieux, comme demourant là pour savoir la revenue desdiz Greniers pour lesdiz deux mois et pour conduire l'argent à Paris, par l'espace de xij jours. Pour ce, au pris de xˢ p. par jour, valent, par quittance de lui donnée le tiers jour de juing, l'an mil ccc iiij ͯˣ et sept. 6¹ p.

A deux varlès qui ont apporté mil livres tournois de l'ostel Jehan Chanteprime, receveur général, en l'ostel dudit Argentier, le xxe jour de février, ccc iiij^{xx} et vj. 16^d p.

A trois porteurs d'afeustreure, pour avoir aporté 2000 livres tournois en blans de 5^d t. pièce, de l'ostel dudit receveur en l'ostel dudit Argentier, le xxixe jour de mars ccc iiij^{xx} et vj. 2^s p.

A Perrin Richevillain, clerc dudit Argentier, pour deniers à li paiez, pour avoir fait apporter 2000 livres tournois en blans de 4^d p., de l'ostel dudit Jehan Chanteprime en l'ostel dudit Argentier, le xixe jour de juing, ccc iiij^{xx} et vij. 2^s p.

A Jehan de Mante, lieutenant dudit Argentier, pour les despens de li troisiesme, à tout trois chevaulx, faiz en un voiaage qu'il fist à aller de Paris à Compiengne, pour recevoir l'assignation de mil cinq cens livres tournois, que messeigneurs les Généraulx sur le fait des aides avoient fait audit Argentier, sus Jaques Hémon, receveur des diz aides à Soissons, sur la revenue de la Foire dudit lieu de Compiengne. Ouquel voiaage il a vacqué, alant, besongnant là, comme en retournant à Paris, depuis le xxixe jour de mars jusques au ij^e jour d'avril, ccc iiij^{xx} et vj inclus, qui font quatre jours. Pour ce au pris de 16^s p. par jour[1], valent, par quittance donnée le derrenier jour d'avril iiij^{xx} et vij. 64^s p.

A Adam Hamelot, voicturier, demourant à Compiegne, pour le sallaire de li et de deux chevaulx, pour avoir aporté de Compiengne à Paris ladicte somme de mil cinq cent livres tournois en blans de 5^d t.

---

1. *Loquatur.* En effet il y avait au compte du comptable 32^s p. par jour, qui sont biffés par la Chambre des comptes, et réduits à ces 16 sous parisis.

pièce. Pour ce, par quittance dudit voicturier, donnée le second jour d'avril, CCC iiij^{xx} et vj. 34^s p.

Pour vin donné par ledit Argentier aux varlès de la Taillerie du Roy nostre sire en faisant la robe dudit seigneur pour la feste de Penthecouste, en la présence dudit contrerolleur. 8^s p.

Pour iij bourses de cuir de chameu, achattées par ledit Argentier pour mettre les gectoirs de sire Jehan de Vaudelair et maistre Jehan Maulin, maistres des comptes dudit seigneurs; et dudit contrerolleur. 8^s p.

Pour vin donné par ledit Argentier, en la présence dudit contrerolleur, aux varlès Guillaume Beaunier, tondeur des draps du Roy nostre sire, pour leurs voilles. 16^s p.

A Jehan Le Gras, demourant à Paris, pour ij^c de gectoirs achattés de lui pour la necessité du comptoir de ladicte Argenterie. Pour ce, 12^s p.

Pour un voyage fait par ledit trésorier et Argentier de Paris à Compiègne, à la foire de la Mi-Quaresme, qui fu l'an mil CCC iiij^{xx} et vj, pour illec recevoir et faire venir de Jaques Hemon, receveur des aides de la guerre ou diocèse de Soissons, 2367 frans, dont ledit Argentier estoit assignez sur les receveurs de ladicte foire pour le fait de ladicte Argenterie. C'est assavoir, pour les Robes des maistres d'ostel du Roy nostre sire, et des chappellains de la Royne; et aussi pour faire paier à certains marchans de la ville de Paris certaines sommes de deniers ausquelz il estoit deu pour ledit fait. Ouquel voiage ledit Argentier vacqua, alant, besongnant et retournant du xviij^e jour de mars l'an dessusdit, jusques au xxvj^e jour dudit mois

exclus, par viij jours, au pris de 4^l p. par jour, valent
                                                32^l p.[1]

A Perrin Richevillain, clerc dudit Argentier, pour les despens de lui, un varlet et deux chevaulx pour un voyage par lui de Paris à Soissons, pour avoir et recevoir dudit Jaques Hémon la somme de 867 frans 1 tiers, que ledit receveur devoit de reste de l'assignacion faicte sur lui pour le fait des Robes des diz maistres d'ostel et chappellains de la Royne. Ouquel voyage il vacqua, alant, besongnant et retournant, par v jours, c'est assavoir, depuis le xxe de juillet, ccc iiij^{xx} et vij, jusques au xxvj^e jour dudit mois, 16^s p. par jour, valent, par quittance de lui, donnée le xxiiij^e jour de aoust, l'an mil ccc iiij^{xx} et sept. 4^l p.

Pour menues mises faictes en la chambre. 60^s p.

Pour ce présent compte ordonner, escripre et doubler deux fois en parchemin, et pour parchemin à ce faire, pour tout. 24^l p.

Summa . . . . 80^l 15^s 4^d t.

Tercia et ultima [*grossa*] 9507^l 5^s 11^d ob. parisis.

Summa totalis expense hujus compoti . . . .
. . . . 18723^l 15^s 10^d ob. p.

Sic ei. . . . . 4998^l 19^s 10^d ob. p.

Et debita descendencia ab isto compoto ascendunt 165^l 19^s 11^d p., que Rex tenetur solvere.

Ita ei. . . . . 4832^l 19^s 11^d ob. p.

Et debet pro fine compoti sui precedentis. . . . . . .
. . . . 481^l 5^s 10^d p.[2]

---

1. *Loquatur*.
2. A la marge : *Cor.* avec une abréviation pour *Concordat*.

Sic ei 4351¹ 14ˢ 1ᵈ ob. p.¹. *Redduntur ei in fine compoti sequentis. Et quittus hic Rex*².

Summa expense garnisionum sine precio . . . .
. . . . 3396 ermyne.

Sic ei . . . . 489 ermyne.

*Et debet*³ *per finem compoti sui precedentis* . . . . .
. . . . 3013 ermynas.

Restat quod debet 2524 *ermynas. Ponuntur super ipsum in fine compoti sui sequentis, et ibi corruunt.*

Summa expense 53 *martres que sibi debentur. Et debet pro fine compoti sui precedentis* 53 *martres. Et sic quictus ibi.*

Summa expense . . . . 31 duodenas 4 lecticie.

Sic ei . . . . 26 duodenas 4 lecticie.

Et debet per finem compoti sui precedentis . . . . . .
. . . . 53 duodenas 1 lecticie.

Restat quod debet 26 *duodenas* 9 *lecticie. Ponuntur super ipsum in fine XIX compoti sui, et ibi corruunt.*

Summa expense 2 *marci* 2 *oncie* 10 *esterlini argenti deaurati tracti de Damasco, que sibi debentur.*

Et debet per finem compoti sui precedentis 4 *marcos* 1 *onciam* 10 *esterlinos dicti argenti.*

Restat quod debet 1 *marcum* 7 *oncias dicti argenti. Ponuntur super ipsum in fine compoti sui sequentis et ibi corruunt.*

1. *Sic visus XXI marcii CCC IIII*ˣˣ *VII*°.
2. *Auditus et clausus ad burellum presente, N. de Malo Respectu, thesaurario, die IX julii M.CCC IIII*ˣˣ *X*°.
3. D'ici à la fin une accolade et le mot *concordat*.

[ORFÈVRERIE.]

DEBTES ACREUES à ce terme pour le fait de ladicte Argenterie aux personnes et en la manière qui s'ensuit :

A *Jehan du Vivier*, orfèvre et varlet de chambre du *Roy* nostre sire, pour deniers à lui deubz pour toutes les parties d'Orfaverie par lui faictes et délivrées à ce terme. C'est assavoir, pour argent dorer et façon de xv mos de lettres taillées qui dient ESPÉRANCE, c'est assavoir les ix lettres la moitié blanche et les autres bleues, pour mettre et atacher ensemble par manière de broderie en une ceinture qui est assise sur une houppellande courte de chamois pour mons. le duc de Thouraine. Pour argent, or et façon de chascun mot avec l'esmail 15ˢ p., valent 11ˡ 15ˢ p.

Item, pour la garnison d'argent doré fin vermeil de deux cousteaulx, l'un pour le Roy, et l'autre pour mons. de Thouraine, faictes en façon de plumes entrelacées. Délivrés le xij de janvier, CCC iiij^{xx} et vj. Pour ce, pour argent dorer et façon, 64ˢ p.

Item, pour avoir fait et forgié un eaubenoistier d'argent doré pour la Chapelle du Roy nostre sire, délivré le vᵉ jour de mars ensuivant, pesant 4 marcs, 6 onces, 16 esterlins, au pris de 6ˡ 16ˢ p. le marc, valent 32ˡ 19ˢ 2ᵈ obole. Lequel a esté fait d'un viez eaubenoittier reçeu par ledit orfèvre de messire Climent, premier chappellain du Roy nostre sire, pesant 7 marcs, 1 once, 17 esterlins d'argent. Dont il chiet pour soudures et déchiet 2 onces 10 esterlins, demeure 4 marcs, 7 onces, 7 esterlins, à 4¹ 16ˢ p. le marc, valent 23¹ 12ˢ p.

Ainsi demeure pour argent et façon dudit eaubenoitier et espergès, 9¹ 7ˢ 2ᵈ obole parisis.

Item, pour la garnison d'argent doré d'or fin vermeil de deux cousteaulx, l'un pour le Roy, et l'autre pour mons. de Thouraine, faicte en manière de plumes entrelacées; délivrés le vjᵉ jour avril, ccc iiij°° et vj, veille de Pasques. Pour ce, pour argent dorer et façon, 64ˢ p.

Item, pour la garnison d'argent doré fin vermeil de deux cousteaulx, faicte en manière de plumes entrelacées, pour les diz seigneurs. Pour ce, pour argent dorer et façon, 4¹ p.

Item, pour avoir fait et forgié les garnisons d'argent doré fin vermeil de deux autres cousteaulx et d'une dague, faicte en ladicte divise de plumes entrelacées, pour les diz seigneurs; délivrées le xijᵉ jour dudit mois de may, pour la garnison des diz deux cousteaulx 4¹ p. : et pour la garnison de ladicte dague, 24ˢ p. Pour tout, 104ˢ p.

Item, pour la garnison d'argent doré fin vermeil de deux grans cousteaulx appellez *taillebois*, l'un à plumes entrelacées et à annelès pendans, et l'autre à genestes, pour les diz seigneurs; délivrés le xxijᵉ jour dudit mois de may. Pour ce, pour argent dorer et façon, 64ˢ p.

Item, pour avoir fait et forgié les garnisons d'argent doré fin vermeil de v cousteaulx appellez *taillebois* pour les diz seigneurs, faictes en façon de genestes; delivrés devers les diz seigneurs le derrenier jour de juillet, pesant 7 onces, 10 esterlins, au pris de

12¹ 16ˢ p. pour marc. Pour argent dorer et façon, valent . . . . 12¹ p.

Item, pour la garnison d'argent doré fin vermeil de iiij grans cousteaulx appellez *taillebois* pour le Roy nostre sire; délivrés le viijᵉ jour de juing, CCC iiijˣˣ et vij, pesant 5 onces, 18 esterlins d'argent doré, au pris de 12¹ 16ˢ p. le marc. Pour argent dorer et façon, ... 9¹ 12ˢ p.

Item, pour avoir burny et nectoyé, redrécié et mis à point une croix d'or de la Chappelle du Roy nostre sire et en ycelle avoir mis deux clous d'or. Pour ce, pour or et façon, ... 32ˢ p.

Pour ce, pour toutes lesdictes parties,
. . . . 63¹ 2ˢ 2ᵈ obole parisis.

Audit Jehan du Vivier, pour deniers à lui deubz pour toutes les parties des Joyeaulx d'or et d'argent par lui faiz et livrez à ce terme, tant pour le Roy nostredit seigneur, pour madame la Royne, comme pour mons. le duc de Thouraine et autres, à ce terme; ycelles parties contenues et escriptes cy devant ou chappitre de Joyaulx d'or et d'argent, en la despence de ce présent compte. Pour tout, 57¹ 4ˢ 8ᵈ ob. par.

A Guillaume Siguier, garde des lyons du Roy nostre sire, pour deniers à li deubz pour la garde et gouvernement d'iceulx lions pour le mois de janvier l'an mil CCC iiijˣˣ et vj. Pour ce, ... 32¹ p. ¹.

A Jehan Pinchon, varlet pelletier et fourreur des robes du Roy nostre sire, pour deniers à lui deubz pour ses gaiges de 18 deniers parisis, à lui ordonnez

---

1. En marge : *Habuit cedulam camere die quinta januarii M. CCC. IIIIˣˣ XI⁰, traditam Marie, ejus uxori.*

estre paiez par le Roy nostredit seigneur, sur le fait de ladicte Argenterie, déservis par le temps de ce présent compte, c'est assavoir depuis les premiers jours de janvier l'an mil CCC iiij^{xx} et vj, jusques au derrenier jour de juing l'an mil CCC iiij^{xx} et vij. Pour ce, audit pris, valent . 13^l 13^s p.[1].

Summa dictorum Debitorum. 165^l 19^s 11^d parisis.
Deducuntur superius in fine Compoti ordinarii, et sunt solvenda per Regem.

[TONTURE DE DRAPS.]

Les parties de la somme de 64^l 18^s 8^d parisis contenue ou compte Guillaume Beaumes, *tondeur des draps du Roy*, nostre sire, de tous les draps par lui tondus par lui, tant pour le Roy, nostredit seigneur; pour madame la Royne, comme pour mons. le duc de Thouraine et autres estant en leur compaignie, et pour leurs dons, depuis le premier jour de janvier l'an mil CCC iiij^{xx} et vj, jusques au derrenier jour de juing, CCC iiij^{xx} et vij après ensuivant, dont les parties s'ensuivent.

Et premièrement. Pour avoir tondu 16 aulnes d'escarlate vermeille, achatée de Aubelet Buignet, le viij^e jour de janvier, pour le Roy nostredit seigneur, et mons. de Thouraine, à faire houppellandes, au pris de 2^s l'aulne, valent 32^s parisis.

A lui, pour avoir tondu 6 aulnes d'escarlate ver-

---

1. En marge : *Habuit cedulam camere die XXIIII marcii M. CCC. IIII^{xx} XII°.*

meille et 5 aulnes de blanc de Brucelles, achatées de Nicolas Alixandre le xviije jour dudit mois, pour faire chausses pour les diz seigneurs. Pour ce, 18ˢ 8ᵈ par.

Item, pour avoir tondu une escarlate rosée entière de Brucelles, achattée de Nicols Alixandre le xxije jour dudit mois de janvier, pour faire robes entières pour le Roy nostredit seigneur, et mons. de Thouraine; pour le jour de la Chandeleur. Au pris de 2ˢ p. l'aulne, valent . . . . . . 48ˢ p.

Item, pour avoir tondu 4 aulnes et demie de vert encre de Brucelles, achattées de Aubelet Buignet le iiije jour de février, pour faire deux houppelandes pour les diz seigneurs. Au pris de 16ᵈ p. l'aulne, valent . . . . . . 6ˢ par.

Item, pour avoir tondu 3 aulnes d'escarlate vermeille, achattée dudit Aubelet ledit jour, pour faire chapperons pour les diz seigneurs, doublés et sangles. Au pris de 2ˢ p. l'aulne, valent . . 6ˢ p.

Item, pour avoir tondu 6 aulnes d'escarlate vermeille, achattées dudit Aubelet le xije jour dudit mois de février, pour faire chausses pour les diz seigneurs. Audit pris, valent . . . . . 12ˢ p.

Item, pour avoir tondu 6 aulnes d'escarlate vermeille, achattées dudit Aubelet le xxvje jour dudit mois, pour faire chausses pour les diz seigneurs. Audit pris, valent . . . . . . 12ˢ p.

Item, pour avoir tondu 15 aulnes et demie de vert de Brucelles, achattées de Jehan David le ije jour de mars ensuivant, pour faire manteaulx et chapperons doubles pour les diz seigneurs. Au pris de 16 deniers parisis l'aulne, valent . . . 20ˢ 8ᵈ p.

Item, pour avoir tondu un fin blanc de Brucelles et

une noire, pour le Confessor du Roy et son compaignon. Pour ce, 64ˢ p.

Item, pour avoir tondu 8 aulnes d'escarlate vermeille, prins de Aubelet Buignet le xvᵉ jour de mars, pour faire chausses pour le Roy nostredit seigneur, et pour mons. de Thouraine. Au pris de 2ˢ p. l'aulne, valent 16ˢ p.

Item, pour avoir tondu un fin pers de Brucelles entier, contenant 24 aulnes, achatté de Aubelet Buignet le xvᵉ jour de mars, pour faire robes de quatre garnemens pour lesdiz seigneurs, le jour de Pasques Flories. Au pris de 16 deniers parisis l'aulne, valent 32ˢ p.

Item, pour avoir tondu 3 aulnes de semblable pers pour parfaire lesdictes robes. Pour ce, 4ˢ p.

Item, pour avoir tondu 14 aunes d'escarlate sanguine, achattées de Nicolas Alixandre le xixᵉ jour dudit mois de mars, pour faire robe de quatre garnemens pour le Roy nostredit seigneur, pour la veille de Grans Pasques. Au pris de 2 sous parisis l'aulne, valent 28ˢ p.

Item, pour avoir tondu une escarlate vermeille entière contenant 24 aulnes, et huit aulnes de pareille escarlate, achatté de Nicolas Alixandre ledit jour, pour faire robes entières pour le jour de Grans Pasques, pour le Roy, et mons. de Thouraine. Audit pris de 2ˢ p. l'aulne, valent 64ˢ p.

Item, pour avoir tondu onze aulnes d'escarlate rozée, achatté dudit Nicolas ledit jour, pour faire deux grans manteaulx à pignier pour les diz seigneurs. Audit pris, valent 22ˢ p.

Item, pour avoir tondu cinq draps et demi sanguins

de Brucelles, de grant moison, pour les chappellains du Roy nostredit seigneur, prins de Nicolas Alixandre et Aubelet Buignet. Pour ce, 8ˡ 16ˢ p.

Item, pour avoir tondu deux pers de Malines, contenans chascun 20 aulnes, et 12 aulnes de semblable pers, pour les clers de la Chappelle dudit seigneur. Pour ce, 53ˢ p.

Item, pour avoir tondu 8 aulnes d'escarlate vermeille, achattées de Aubelet Buignet le iiijᵉ jour d'avril, pour faire chausses pour le Roy, et pour mons. de Thouraine. Au pris de 2ˢ p. l'aulne, valent 16ˢ p.

Item, pour avoir tondu 4 aulnes de blanc de Brucelles achattées dudit Aubelet ledit jour, pour faire chausses pour les diz seigneurs. Au pris de 16ᵈ p. l'aulne, valent 5ˢ 4ᵈ p.

Item, pour avoir tondu 12 aulnes d'escarlate vermeille pour mons. Ernoul de Puiseux, pour la livrée des maistres de l'ostel du Roy nostre sire. Audit pris de 2ˢ p. l'aulne, valent 24ˢ p.

Item, pour avoir tondu trois draps royés de Ceinteron[1] achattés de Aubelet Buignet le vjᵉ jour d'avril, pour faire bureaux pour servir le Roy en salle, le jour de Grans Pasques, contenans chascun 10 aulnes. Pour ce, 30ˢ p.

Item, pour avoir tondu 8 aulnes d'escarlate vermeille, et 8 aulnes d'escarlate rose, pour faire quatre houppellandes pour le Roy, et mons. de Thouraine, achattées de Aubelet Buignot le ixᵉ jour d'avril, ccc iiijˣˣ et vij. Pour ce, au pris de 2ˢ p. l'aulne, valent 32ˢ p.

Item, pour avoir tondu deux vers de Brucelles de

---

1. C'est Saint-Trond, au pays de Liège.

grant moison, achattés dudit Aubelet Buignet le xij° jour dudit mois d'avril, contenans chascun 24 aulnes, pour faire houppellandes pour le Roy et plusieurs autres seigneurs, pour le premier jour de May. Pour ce, 64ˢ p.

Item, pour avoir tondu deux autres draps vers plus clers, achattés dudit Aubelet ledit jour, pour doubler ycelles houppellandes, contenans chascun 20 aulnes. Pour ce, 53ˢ 4ᵈ p.

Item, pour avoir tondu une escarlate vermeille entière contenant 24 aulnes, et 2 aulnes de pareille escarlate, achattées de Nicolas Alixandre le xxix° jour dudit mois d'avril, pour faire robes entières pour le Roy, et pour mons. de Thouraine pour le jour de l'Ascencion. Pour ce, 52ˢ p.

Item, pour avoir tondu une escarlate rosée, contenant 24 aulnes, et 12 aulnes de pareille escarlate, achattées dudit Nicolas ledit jour, pour faire robes entières pour les diz seigneurs le jour de Penthecouste. Pour ce, 72ˢ p.

Item, pour avoir tondu une escarlate vermeille entière, contenant 24 aulnes, achattée dudit Nicolas le ix° jour de may, pour faire robes entières pour les diz seigneurs pour la veille de la Penthecouste. Pour ce, 48ˢ p.

Item, pour avoir tondu 13 aulnes de vert de Brucelles, achattées dudit Nicolas Alixandre ledit jour; lequel a esté rendu pour ce qu'il n'estoit pas bon. Au pris de 16 deniers parisis l'aulne, valent 17ˢ 4ᵈ p.

Item, pour avoir tondu 13 aulnes de vert de Brucelles, achattées de Jehan de Berron le xij° jour dudit mois de may, pour faire quatre houppellandes pour les diz seigneurs. Pour ce, 17ˢ 4ᵈ p.

Item, pour avoir tondu 7 aulnes d'escarlate vermeille achatées de Aubelet Buignet le xiiijᵉ jour dudit mois de may, pour faire deux costes hardies à chevauchier pour les diz seigneurs. Pour ce, 14ˢ p.

Item, pour avoir tondu 12 aulnes d'escarlate vermeille, achatées de Nicolas Alixandre le xxᵉ jour de may, pour faire chausses pour les diz seigneurs. Pour ce, 24ˢ p.

Item, pour avoir tondu 4 aulnes d'escarlate vermeille, et 4 aulnes de blanc de Brucelles, achatées de Aubelet Buignet le xxixᵉ jour dudit mois de may, pour faire chausses pour les diz seigneurs. Pour ce, 13ˢ 4ᵈ p.

Item, pour avoir tondu 5 aulnes d'eschiqueté, achaté de Aubelet Buignet le xiiijᵉ jour de juing ensuivant, pour faire deux houppellandes et chapperons pour Haincelin Coq, et Coquinet, folz du Roy et de mons. de Thouraine. Pour ce, 5ˢ p.

Item, pour avoir tondu 7 aulnes d'escarlate vermeille, achattées dudit Aubelet Buignet le xviijᵉ jour dudit mois de juing, pour faire chausses pour le Roy et pour mons. de Thouraine. Pour ce, 14ˢ parisis.

Autres parties de tondaiges de draps faiz par ledit Guillaume Baumes, pour *madame la Royne*, par le temps dessusdit.

Et premièrement. Pour avoir tondu deux aulnes d'escarlate sanguine, achatées de Simon Bourdon le xxixᵉ jour de janvier, pour faire la robe de la Chandeleur de ladicte Dame. Au prix de 2ˢ p. l'aulne, valent 4ˢ p.

Item, pour avoir tondu 4 aulnes de vert de Bru-

celles, achattées de Aubelet Buignet le ij^e jour de mars ensuivant, pour faire un corset pour ladite Dame. Au pris de 16 deniers parisis l'aulne, valent
5^s 4^d p.

Item, pour avoir tondu 10 aulnes de vert de Brucelles, achattées dudit Aubelet le xve jour dudit mois de mars, pour faire robe à relever par ladicte Dame, c'est assavoir mantel et houppellande. Pour ce, au pris de 16^d p. l'aulne, valent
13^s 4^d p.

Item, pour avoir tondu 5 aulnes de blanc de Brucelles, achattées dudit Aubelet Buignet ledit xve jour de mars, pour faire un mantel de Chapelle pour ladicte Dame. Pour ce,
6^s 8^d p.

Item, pour avoir tondu une escarlate rozée entière de Brucelles, achattée dudit Aubelet ledit xve jour de mars, pour faire une robe à chappe pour ladicte Dame pour le jour de Grans Pasques, contenant 24 aulnes. Au pris de 2^s p. l'aulne, valent
48^s p.

Item, pour avoir tondu deux demis royés de Ceinteron, contenans chascun 10 aulnes, achetez (sic) dudit Aubelet Buignet le vj^e jour d'avril ensuivant, pour faire bureaux pour servir ladicte Dame en salle, le jour de Grans Pasques. Pour ce, au pris de 12^d p. l'aulne, valent
20^s p.

Item. pour avoir tondu 4 aulnes de drap vert gay de Bruxelles, achatées de Jehan de Barron le xviij^e jour d'avril, l'an mil CCC iiij^{xx} et vij, pour faire un corset pour ladicte Dame. Pour ce, au pris de 16^d p. l'aulne, valent
5^s 4^d p.

Item, pour avoir tondu une escarlate violette entière, achatée de Aubelet Buignet le xxixe jour dudit mois d'avril, pour faire une robe à chappe de six garnemens pour ladicte Dame, pour le jour de la Penthecouste. Pour ce ; 48ˢ p.

Item, pour avoir tondu 3 aulnes et demie d'escarlate violette, achatées dudit Nicolas Alixandre le xxᵉ jour dudit mois de may, pour faire un mantel de Chappelle et chapperon, parel à sa robe de Penthecouste. Audit pris de 2ˢ p. l'aulne, valent 11ˢ p.

Item, pour avoir rabaissié 8 aulnes de sanguine de Brucelles, achatées dudit Nicolas Alixandre le xxjᵉ jour dudit mois de may, pour faire un mantel et une coste à chevauchier pour ladicte Dame. Pour ce, au pris de 12ᵈ p. l'aulne, valent 8ˢ p.

Et pour escripre ce présent compte ; pour parchemin à le doubler. 6ˢ p.

[FAÇONS DE ROBES.]

Les parties de la somme de 353 livres 18 sous parisis, contenue ou compte Guillaume Climencé, *tailleur et varlet de chambre du Roy* nostre sire, de toutes les façons de robes ordinaires et autres garnemens par lui faictes, tant pour le Roy nostredit seigneur, comme pour mons. le duc de Thouraine. Et pour leurs *Dons* depuis le premier jour de janvier l'an mil ccc iiij^{xx} et six, jusques au derrenier jour de juing l'an mil ccc iiij^{xx} et sept après ensuivant, avecques *les estoffes* par lui livrées. Et aussi des *voyages* faiz par lui par ledit temps pour porter lesdictes besoingnes en plusieurs et divers lieux devers les diz seigneurs. S'ensuyvent :

Et premièrement. Pour la façon de 14 paires de

chausses, faictes de 7 aulnes d'escarlate vermeille, achatées de maistre Pierre le Clerc, dont les deniers sont prins par le compte précédent. C'est assavoir 8 paires pour le Roy, et 6 paires pour mons. le duc de Thouraine. Pour ce, pour façon de chascune paire, toille à les garnir et boutonner, 5^s parisis, valent 70^s p.

Item, pour la façon de deux costes hardies, deux manteaulx à fons de cuve, et deux chapperons, faiz de 16 aulnes d'escarlate vermeille de Broixelles, achatées de Aubelet Buignet le viij^e jour de janvier, pour le Roy nostredit seigneur, et mons. de Thouraine. Pour ce, pour façon de chascun des diz garnemens, 8 journées d'un compaignon cousturier, font 32 journées, au pris de 4^s parisis par jour, valent 6^l 8^s p. Et pour les estoffes de chascun d'iceulx garnemens 8^s p., valent 32^s p. Pour tout, 8^l p.

Item, pour la façon de deux longues houppellandes faictes de un drap de soye vermeil en graine dyappre, contenant 9 aulnes et demie, achaté de Robin Thierry ledit viij^e jour de janvier, c'est assavoir l'une pour le Roy, et l'autre pour mons. de Thouraine. Pour ce, pour façon de chascune, 8 journées des compaignons cousturiers, audit pris de 4^s p. par jour, valent 64^s p. Et pour les estoffes d'icelles, 16^s p. Pour tout, 4^l p.

Item, pour la façon de un chapperon double pour le Roy nostredit seigneur, fait de demie aulne d'escarlate vermeille, pour mettre et affubler dessus une houppellande dont les chapperons avoient esté perdus. Pour ce, façon et estoffes, 5^s p.

Item, pour la façon de 20 paires de chausses, faictes de 6 aulnes et un quartier d'escarlate vermeille, et de

5 aulnes de blanc de Brucelles, achatées de Nicolas Alixandre le xvij^e jour dudit mois de janvier. C'est assavoir 12 paires pour le Roy, et 8 paires pour mons. de Thouraine. Pour ce, pour façon de chascune paire, toille à les garnir, et boutonner, 5^s p. valent 100^s p. Et pour la façon de 8 paires de chaussons faiz du demourant dudit blanc, pour les diz seigneurs. Pour façon de chascune paire, 12^d p. valent 8^s p. Pour tout, 108^s p.

Item, pour la façon de deux chapperons sangles pour les diz seigneurs, faiz de demie aulne d'escarlate morée. Pour ce, pour façon et estoffes de chascun chapperon 4^s p., valent . . . . 8^s p.

Item, pour la façon de deux robes, chascune de 4 garnemens, avec les chapperons qui y appartiennent, faictes de une escarlate rozée entière contenant 24 aulnes, achatées de Nicolas Alixandre le xxj^e jour dudit mois de janvier, et de deux aulnes de semblable escarlate, achatées de Aubelet Buignet le xxve jour d'icelui mois, pour les diz seigneurs, pour le jour de la Chandeleur. C'est assavoir, pour la façon de celles du Roy, qui est de 4 garnemens, housse, seurcot clos, seurcot ouvert, coste simple et trois chapperons, l'un double, l'autre sangle, et l'autre pour fourrer de menuvair, 22 journées de compaignons cousturiers, audit pris de 4^s p. par jour, valent 4^l 8^s p. Et pour estoffes 16^s p. Pour ce 104^s p. Et pour la façon de la robe mons. de Thouraine, qui est de quatre garnemens, cloche, seurcot clos, seurcot ouvert et coste simple, avec 3 chapperons comme dessus. Pour ce, 16 journées de compaignons cousturiers. Audit pris valent 64^l p. Et pour estoffes 16^s p. Pour ce, 4^l p. Pour ce, pour tout, ... 9^l 4^s p.

Item, pour un voyage fait par ledit Guillaume, son varlet et deux chevaulx, de Paris à Maubuisson, pour porter lesdictes robes par devers lesdiz seigneurs, où il a vacqué par deux jours. Au pris de 16ˢ p. par jour, valent 32ˢ p.

Item, pour la façon de deux jaquettes froncies, faictes de un satin et demi en graine, achaté de Perrin Pagant le xxjᵉ jour dudit mois de janvier, l'une pour le Roy, et l'autre pour mons. de Thouraine, toutes arrièrepointiées bien dru de soye, boutonnées tout au long, et les poingnès trais de fil de coston. Pour ce, pour façon de chascune, 12 journées font 24 journées de compaignons cousturiers. Audit pris de 4ˢ p. par jour, valent 4ˡ 16ˢ p. Et pour soye à les poindre, toille, coston et autres estoffes, de chascune, 13ˢ p. valent 26ˢ p. Pour tout, 6ˡ 2ˢ p.

Item, pour la façon d'une houppellande pour le Roy nostre sire, faicte de un drap de soye à petit besans blans sur champ noir, que mons. le duc de Berry donna audit seigneur. Laquelle a esté fourrée de martres. Pour ce, pour façon et estoffes, 48ˢ p.

Item, pour la façon de 4 chapperons doubles et 6 sangles, pour le Roy, et mons. de Thouraine, faiz de 3 aulnes d'escarate vermeille, achatées de Aubelet Buignet le iiijᵉ jour de février, pour mettre sur houppellandes et jaquettes de satin et veluiau vermeil. Pour ce, pour façon et estoffes, 40ˢ p.

Item, pour la façon de deux houppellandes, l'une pour le Roy, et l'autre pour mons. de Thouraine, faictes de 5 aulnes de vert brun, achatées dudit Aubelet Buignet ledit jour. Pour ce, pour façon et estoffes, au pris des autres houppellandes dessusdictes, 4ˡ p.

Item, pour la façon de deux courtes houppellandes pour les diz seigneurs, faictes de une pièce et demie de satin vermeil en graine, poinctes à eschiquiers, garnies de coton et de toille, boutonnées tout au long. Pour ce, pour façon de chascune, toille, coston à les poindre et autres estoffes 4¹ p., valent. 8¹ p.

A lui, pour la façon de onze paires de chausses, faictes de 6 aulnes d'escarlate vermeille, achatées de Aubelet Buignet le xij° jour dudit mois de février, pour les diz seigneurs. Pour ce, pour façon de chascune paire, toille à les garnir, et boutonner, au pris dessus dit, valent. 55ˢ p.

Item, pour un voyage fait par ledit Guillaume, de Paris à Maubuisson, le xx° jour dudit mois de février, pour porter devers les diz seigneurs deux houppellandes de satin vermeil, brodées à plusieurs ceintures, avecques chapperons, chausses et deux jaquettes vermeilles, pour essaier et veoir la broderie qui y seroit faicte. Ouquel voyage il a vacqué, lui deuxième et deux chevaulx, par 2 jours. Au pris de 16ˢ p. par jour, valent 32ˢ p.

Item, pour un autre voyage fait par ledit Guillaume, de Paris à Senlis, le xxiiij° jour dudit mois, pour porter devers les diz seigneurs deux costes hardies et deux manteaulx à chevauchier, avecques deux doubles et plusieurs chausses. Ouquel voyage il a vacqué, lui deuxieme et deux chevaulx, par 2 jours. Audit pris, valent 32ˢ p.

Item, pour la façon de onze paires de chausses, faictes de 6 aulnes d'escarlate vermeille, à aprester, achatées de Aubelet Buignet le xxvj° jour dudit mois de février, pour lesdiz seigneurs. Pour ce, pour façon

et estoffes. Au pris des autres chausses dessusdictes,
 55ˢ p.

Item, pour la façon de 8 paires de chaussons, faiz de une aulne de blanc de Brucelles, pour lesdiz seigneurs. Pour ce, au pris de 12 deniers parisis la paire, valent 8ˢ p.

Item, pour la façon de deux manteaulx à chevauchier et quatre chapperons, faiz de 14 aulnes de vert de Brucelles, achatées de Jehan Davy, le ij̊ jour de mars, pour lesdiz seigneurs. Lesquels ont esté ouvrez de broderie à genestes et boutonnez tout au long. Pour ce, pour façon d'iceulx, 16 journées de compaignons cousturiers. Audit pris de 4ˢ p. par jour, valent 64ˢ p. Et pour estoffes 16ˢ p. Pour tout,
 4ˡ parisis.

Item, pour avoir fait le dessoubz de deux jaquettes, faiz de deux aulnes de satin, poinctes tout au long; lesquelles avoient esté faictes fronciées par l'ordonnance du Roy nostredit seigneur. Pour ce, pour façon de chascun, toille, soye et autres estoffes à les poindre, 16ˢ p., valent 32ˢ p.

Item, pour un voyage fait par le varlet dudit Guillaume, le xᵉ jour dudit mois de mars, de Paris au chastel de Archu[1] qui est à mons. l'Évesque de Noyon, pour porter devers lesdiz seigneurs deux jaquettes de veluiau, brodées à anneaulx, et deux autres jaquettes de satin vermeil, brodées à ceintures, un pourpoint et plusieurs chausses et autres choses, où il a vacqué par quatre jours. Au pris de 8ˢ p., valent 32ˢ p.

Item, pour la façon de trois chapperons, deux

---

1. Ercheux (Somme).

sangles et un double, pour mectre et vestir sus houppellandes de chamois. Pour ce, pour façon de chascun 4ˢ p., valent 12ˢ p.

Item, pour la façon de 15 paires de chausses, faictes de 8 aulnes d'escarlate vermeille, achatées de Aubelet Buignet le xvᵉ jour dudit mois de mars, pour lesdiz seigneurs. Pour ce, pour façon, toille à les garnir, et boutonner. Au pris dessusdit, valent 75ˢ p.

Item, pour la façon de deux paires de robes, chascune de 4 garnemens, faictes de un drap pers de Broixelles, contenant 24 aulnes, et 3 aulnes de semblable pers, achatées de Aubelet Buignet le xvᵉ jour de mars, pour lesdiz seigneurs pour le jour de Pasques Flories. Pour ce, pour la façon et estoffes de la robe du Roy; au pris dessusdit valent 104ˢ p. Et pour la façon et estoffes de la robe mons. de Thouraine; au pris des autres dessusdictes 4¹ p. Pour ce, pour tout, 9¹ 4ˢ p.

Item, pour la façon d'une robe de 4 garnemens, faicte de 14 aulnes d'escarlate rozée, achatées de Nicolas Alixandre le xixᵉ jour dudit mois de mars, pour le Roy nostredit seigneur, pour la veille de Grans Pasques. Pour ce, pour façon et estoffes, au pris des autres dessusdictes, 104ˢ p.

Item, pour la façon de deux paires de robes entières, pour le Roy nostredit seigneur, et mons. de Thouraine, pour le jour de Grans Pasques, faictes de une escarlate vermeille de Brucelles, contenant 24 aulnes, et de 8 aulnes de semblable escarlate, achatées de Nicolas Alixandre le xixᵉ jour dudit mois de mars. C'est assavoir, pour la façon de la robe du Roy, qui est de 6 garnemens, housse, seurcot clos, seurcot ouvert, coste simple, garnache et mantel à parer, avecques trois chapperons, l'un double, l'autre pour fourrer de menuvair, et l'autre sangle; 28 journées de compaignons cousturiers, audit pris de 4ˢ p. par jour, valent 112ˢ p. Et pour estoffes, 20ˢ p. Pour ce, 6¹ 12ˢ p. Et pour la façon de la robe de mons. le duc de Thouraine, laquelle est de 4 garnemens, avec 3 chapperons. Pour ce, pour façon et estoffes, au pris des autres robes de 4 garnemens dudit seigneur dessusdictes, 4¹ p. Pour ce, pour tout 10¹ 12ˢ p.

Item, pour la façon de trois pelissons pour le Roy nostredit seigneur, pour le jour de Grans Pasques, faiz de un drap et demi de drap de soye baudequin, deux à manches, et l'autre sans manches. Pour ce, pour la façon de chascun 6 journées, font 18 journées de compaignons cousturiers. Audit pris de 4ˢ p. par jour, valent 72ˢ p. Et pour estoffes, 12ˢ p. Pour tout, 4¹ 4ˢ p.

Item, pour la façon de deux pelissons, pour mons. le duc de Thouraine, pour le jour de Grans Pasques, faiz des trois pars d'un drap de soye baudequin. C'est assavoir, l'un à manches, et l'autre sanz manches. Pour ce, pour façon 12 journées de compaignons cousturiers, audit pris valent 48ˢ p. Et pour estoffes, 8ˢ p. Pour tout, 56ˢ p.

Item, pour la façon de 15 paires de chausses, faictes de 8 aulnes d'escarlate vermeille, et 4 aulnes de blanc, achatées de Aubelet Buignet le iiij^e jour d'avril ensuivant, pour lesdiz seigneurs. Pour ce, pour façon et estoffes, au pris des autres chausses dessusdictes, 75ˢ p.

Item, pour la façon de deux longues houppellandes,

faictes de 8 aulnes d'escarlate vermeille, achatées de Aubelet Buignet le ixe jour dudit mois d'avril, pour les diz seigneurs. Avec 2 chapperons, l'un double et l'autre sangle. Pour ce, pour façon et estoffes, au pris des houppellandes dessusdictes, 4^l p.

Item, pour la façon de deux autres longues houppellandes, faictes de 8 aulnes d'escarlate rozée, achatées dudit Aubelet, ledit jour, pour lesdiz seigneurs. Pour ce, pour façon et estoffes, au pris dessusdit, 4^l p.

Item, pour la façon de 4 petis pourpoins, faiz de 12 aulnes de toille de Rains, achatées de Guillaume Gallande le xij^e jour dudit mois d'avril, c'est assavoir, deux pour le Roy, et deux pour mons. de Thouraine. Pour ce, pour façon, toille, soye, coton et autres estoffes, pour les diz 4 pourpoins. Pour tout, 15^l 4^s p.

Item, pour la façon de 14 malettes, faites de 14 aulnes de vert, achatées de Aubelet Buignet le xxe jour dudit mois d'avril, pour porter les robes desdiz seigneurs. Pour ce, pour façon de chascun, toille, aguilettes et cuir à les garnir, 16^s p. valent 11^l 4^s p.

Item, pour la façon de 12 paires de chaussons, faiz de deux aulnes de toille de Rains, pour lesdiz seigneurs. Pour ce, au pris de 12^d p. la paire, valent 12^s p.

Item, pour la façon de 4 chapperons, 3 sangles et 1 double, faiz de une aulne d'escarlate vermeille, achatée de Aubelet Buignet le xxj^e jour dudit mois d'avril, pour lesdiz seigneurs; pour mettre et vestir sur deux jaquettes et deux houppellandes de satin et de veluiau vermeil en graine, ouvrées de broderies. Lesquelles ont esté houssées après ce qu'elles ont esté faictes, de fine toille de Rains, et de coton entre deux toilles, et après couvertes de satin. Pour ce, pour toille, coton, et les housser entre deux, et salaire. Pour chascune, 24ˢ p. valent 4¹ 16ˢ p. Item, pour la façon desdiz 4 chapperons 16ˢ p. Item, pour avoir houssé lesdictes deux jaquettes par dessus les toilles, de deux satins foibles. Pour ce, pour soye, paine à les doubler, pour chascune 16ˢ p. valent 32ˢ p. Pour tout, 7¹ 4ˢ p.

Item, pour un voyage fait par ledit Guillaume, son varlet et deux chevaulx, de Paris à Compiengne, le xxijᵉ jour d'avril, pour porter devers lesdiz seigneurs lesdictes jaquettes et houppellandes de satin et veluiau vermeil, deux grans houppellandes d'escarlate violette, plusieurs chausses et doubles. Ouquel voyage il a vacqué par 4 jours. Au pris de 16ˢ p. par jour, valent
64ˢ p.

Item, pour la façon de deux paires de robes, chascune de quatre garnemens, faictes de une escarlate vermeille entière, contenant 24 aulnes, et 2 aulnes de semblable escarlate, achatées de Nicolas Alixandre, le xxvijᵉ jour dudit mois d'avril, pour lesdiz seigneurs, pour le jour de l'Ascencion. C'est assavoir, pour la façon et estoffes de la robe du Roy, au pris des autres robes de 4 garnemens dudit seigneur dessusdictes, 104ˢ p. Et pour la façon et estoffes de la robe mons. de Thouraine, au pris des autres robes de 4 garnemens dudit seigneur devant dictes, 4¹ p. Pour ce, pour tout,
9¹ 4ˢ p.

Item, pour un voyage fait par ledit Guillaume, son varlet et deux chevaulx, de Paris à Clermont, pour porter devers lesdiz seigneurs lesdictes robes de 4 garnemens, pour ledit jour de l'Ascencion. Ouquel voyage il a vacqué par trois jours. A 16ˢ p. par jour, valent . . 48ˢ p.

Item, pour la façon d'une robe de 4 garnemens pour le Roy nostredit seigneur, pour la veille de Penthecouste, et de 4 houppellandes, une longue et une courte, pour ledit seigneur, et une longue et une courte pour mons. de Thouraine, faictes de une escarlate vermeille, contenant 24 aulnes, et de 2 aulnes de semblable escarlate, achatées de Nicolas Alixandre le xxvijᵉ jour d'avril. C'est assavoir, pour la façon et estoffes de la robe du Roy nostredit seigneur, au pris des autres, 104ˢ p. Et pour la façon et estoffes des dictes 4 houppellandes, avec les chapperons qui y appartiennent, 7¹ 4ˢ p. Pour tout, . 12¹ 8ˢ p.

Item, pour un voyage fait par ledit Guillaume, de Paris à Maubuisson, pour porter devers lesdiz seigneurs ladicte robe, houppellandes, chausses et plusieurs autres choses. Ouquel voyage il a vacqué, lui deuxième, à deux chevaulx, par 2 jours. Au pris de 16ˢ p. par jour, valent 32ˢ p.

Item, pour la façon de deux paires de robes entières, pour le Roy nostredit seigneur, et pour mons. de Thouraine, pour le jour de la Penthecouste, faictes de une escarlate sanguine, contenant 24 aulnes, et de 10 aulnes de semblable escarlate, achatées de Nicolas Alixandre le xxixᵉ jour d'avril. C'est assavoir, pour la façon de la robe du Roy, qui est de 6 garnemens, 28 journées de compaignons cousturiers, audit pris de 4ˢ p. par jour, valent 112ˢ p. Et pour estoffes, 20ˢ p. Item, pour avoir fourré de cendal ladicte robe, 24 journées de compaignons cousturiers, audit pris, valent 4¹ 16ˢ p. Et pour estoffes, 16ˢ p. Item, pour la façon et estoffes de la robe de mons. de Thouraine, qui est de 4 garnemens, au pris des autres robes dudit seigneur, 4^l p. Et pour ycelle avoir fourré de cendal, 16 journées de compaignons cousturiers, audit pris, valent 64^s p. Pour ce, pour tout,   19^l 8^s p.

Item, pour un voyage fait par ledit Guillaume, de Paris à Maubuisson, pour porter devers lesdiz seigneurs lesdictes robes au jour de Penthecouste. Ouquel voyage il a vacqué lui deuxième et deux chevaulx, par 2 jours. Au pris de 16^s p. par jour, valent   32^s p.

Item, pour un voyage fait par ledit Guillaume, de Paris à Compiengne, le derrenier jour d'avril, pour porter devers lesdiz seigneurs les houppellandes qui avoient esté ordonnées estre faictes pour lesdiz seigneurs et plusieurs autres seigneurs estans en leur compaignie pour le premier jour de May. Ouquel voyage il a vacqué lui troisième et 4 chevaulx, par 4 jours. Au pris de 24^s p. par jour, valent   4^l 16^s p.

Item, pour la façon de un petit doublet fait de 3 aulnes de toille de Rains, achattées de Guillaume Gallande le ve jour de may, pour mons. de Thouraine, pour envoyer en Lombardie pour faire unes platés pareilles audit doublet pour ledit seigneur. Pour ce, pour façon et estoffes,   64^s p.

Item, pour la façon de deux courtes houppellandes, l'une pour le Roy, et l'autre pour mons. de Thouraine faictes de 5 aulnes de vert, qui ont esté brodées à genestes en la manière que les autres par avant. Pour ce, pour façon et estoffes,   4^l p.

Item, pour la façon de 4 houppellandes, deux longues, et deux courtes, avec les chapperons qui y appartiennent, faictes de onze aulnes de drap vert de

Bruxelles, achatées de Jehan de Berron, le xj^e jour de may. Pour ce, pour façon et estoffes desdictes 4 houppellandes, 7.¹ 4ˢ p.

Item, pour la façon de deux costes hardies à chevauchier pour lesdiz seigneurs, faictes de 7 aulnes d'escarlate vermeille, achatées de Aubelet Buignet le xviij^e jour dudit mois de may, 12 journées de compaignons cousturiers. Au pris dessusdit, valent 48ˢ p. Et pour estoffes, 16ˢ p. Pour tout, 64ˢ p.

Item, pour la façon de 19 paires de chausses, faictes de 10 aulnes d'escarlate vermeille, prinses en 12 aulnes achatées de Nicolas Alixandre le xxe jour de may, pour le Roy nostredit seigneur et mons. le duc de Thouraine. Pour ce, pour façon, toille à les garnir, et boutonner. Au pris des autres dessusdictes, 4¹ 15ˢ p.

Item, pour la façon de 8 chapperons faiz de deux aulnes d'escarlate vermeille, demourant desdictes 12 aulnes pour lesdiz seigneurs, pour mettre et vestir dessus les houppellandes dessusdictes. Pour ce, pour façon et estoffes de chascun, 4ˢ p., valent 32ˢ p.

Item, pour la façon de 16 paires de chausses, faictes de 4 aulnes et un quartier d'escarlate vermeille, et de 4 aulnes de blanc de Brucelles, achatées de Aubelet Buignet le xxvij^e jour dudit mois de may, pour lesdiz seigneurs. Pour ce, pour façon et estoffes, au pris dessusdit, valent 4¹ p.

Item, pour la façon de deux jaquettes, faictes de 1 satin vermeil en graine, achaté de Perrin Pagant le xxvij^e jour dudit mois de may. Pour ce, pour façon et estoffes, au pris des autres dessusdictes, 6¹ 8ˢ p. Lesquelles ont esté houssées par dedens de coton entre deux toilles de Rains. Pour ce, pour la toille mise oudit ouvraige, 6 aulnes de toille de Rains, qui valent 32^s p. Et pour la façon d'avoir ycelles houssé, 6 journées de compaignons cousturiers pour chascune, font 12 journées, audit pris de 4^s p. par jour, valent 48^s. Pour tout, 10^l 8^s p.

Item, pour la façon de deux longues houpellandes, faictes de 3 satins vermeilz en graine, achatés de Dine Rapponde le vij^e jour de juing, pour le Roy, et mons. de Thouraine. Pour ce, pour façon et estoffes, 4^l p.

Item, pour la façon de 4 petis doublés, faiz de 14 aulnes de toille de Rains, achatées de Guillaume Gallande le vij^e jour de juing. C'est assavoir, deux pour le Roy, et deux pour mons. le duc de Thouraine. Pour ce, pour façon et estoffes, au pris des autres dessusdis, 15^l 8^s p.

Item, pour un voyage fait par ledit Guillaume, de Paris à Gisors, le ixe jour dudit mois de juing, pour porter devers lesdiz seigneurs un grant manteau de veluiau, brodé à ceintures et à annelès, 4 houppellandes courtes, ouvrées à genestes de broderie, 4 autres houppellandes longues, deux vermeilles et deux verdes, et plusieurs chausses. Et lequel manteau a esté rapporté à Paris pour oster les annelès de broderie, et en lieu d'iceulx y ont esté brodées genestes. Ouquel voyage il a vacqué, lui trôisième et trois chevaulx, par trois jours, à 24^s p. par jour, valent 72^s p.

Item, pour la façon de deux longues houppellandes, faictes de 7 aulnes et demie de vert, tout prest, de Moustiervillier, achatées de Jehan de Berron le xiiij^e jour dudit mois de juing, pour le Roy nostre sire, et mons. le duc de Thouraine. Lesquelles ont esté ouvrées de broderie de genestes et une ceinture sur le quartier senestre. Pour ce, façon et estoffes, 4¹ p.

Item, pour la façon de deux longues houppellandes, faictes de deux camelos, que mons. de Berry donna au Roy nostre dit seigneur. C'est assavoir, une pour ledit seigneur et l'autre pour mons. le duc de Thouraine. Pour ce, pour façon et estoffes, 4¹ p. Et pour avoir ycelles houppellandes fourrées de cendal blanc. Pour façon, 12 journées de compaignons cousturiers. Audit pris, valent 48ˢ p. Pour tout 6¹ 8ˢ p.

Item, pour la façon de 4 chapperons, deux fourrez de cendal, et deux sangles, faiz de une aulne d'escarlate vermeille, pour lesdiz seigneurs, pour mettre et vestir sus houppellandes de camelot. Pour ce, pour façon et estoffes, 16ˢ p.

Item, pour la façon de 12 paires de chaussons, faiz de deux aulnes de toille de Rains, achatées de Guillaume Gallande le xxij° jour de juing, pour lesdiz seigneurs. Pour ce, pour façon et estoffes, 12ˢ p.

Item, pour un voyage fait par ledit Guillaume, de Paris à Gisors, le xxiij° jour dudit mois de juing, pour porter devers lesdiz seigneurs lesdictes houppellandes de camelot, chausses, chapperons, chaussons et plusieurs autres choses. Ouquel voyage, il a vacqué, lui deuxième et deux chevaulx, par 3 jours. Au pris de 16ˢ p. par jour, valent 48ˢ p.

Item, pour la façon de onze paires de chausses de layne, tant de parties[1], comme de plaines, pour lesdiz seigneurs. Pour ce, pour chascune paire avoir garnie 2ˢ p., valent 22ˢ p.

---

1. *De parties*, c.-à-d. moitié d'une couleur; moitié d'autre.

Item, pour la façon de 26 houppellandes de drap vert encre de Broixelles, et doublées d'une autre vert plus claret, lesquelles le Roy nostredit seigneur a ordennées estre faictes pour lui, pour mons. le duc de Thouraine, et pour plusieurs autres seigneurs estans en sa compaignie. Lesquelles houppellandes ledit seigneur leur a données pour estre vestus semblable à lui le premier jour de May. Pour ce, pour façon et estoffes de chascune desdictes houppellandes, et ycelles avoir doublées comme dit est 40^s p., valent 52^l p.

Autres façons de robes faictes par ledit Guillaume pour Haincelincoq et Coquinet, folz du Roy et de mons. de Thouraine, par le temps dessusdit.

Et premièrement. Pour la façon et estoffes de 5 paires de chausses, faictes de deux aulnes d'iraigne. C'est assavoir, 3 paires pour Haincelincoq, fol du Roy, et deux paires pour Coquinet, fol de mons. de Thouraine. Pour ce, 10^s p.

Item, pour la façon de deux houppellandes faictes de 3 aulnes d'iraigne vermeille, et de 3 aulnes de vert, pour lesdiz folz ; lesquelles ont esté faictes toutes à eschiquiers. Pour ce, pour façon et estoffes de chascune 46^s p., valent 4^l p.

Item, pour la façon et estoffes de deux longues houpellandes et chapperons doubles, pour lesdiz folz, faictes de 7 aulnes de drap vert, achatées de Aubelet Buignet le iiij^e jour d'avril. Pour ce, 32^s p.

Item, pour la façon et estoffes de 5 paires de chausses pour lesdiz folz, faites de deux aulnes d'iraigne, et une aulne de blanc. Pour ce, 10^s p.

Item, pour la façon et estoffes de une houppellande

et un chapperon, pour le petit Jehannet, de Beauté[1], faicte de demie aulne de drap vert; laquelle est boutonnée devant et derrière tout au long, et par les manches. Pour ce, 8ˢ p.

Item, pour la façon et estoffes d'une coste simple, faicte de une aulne d'iraigne, pour Jehan Faucon, varlet et garde de Haincelincoq; laquelle a esté doublée de toille, et garnie de coton. Pour ce, 20ˢ p.

Item, pour la façon et estoffes de deux doublés de toille, pour lesdiz Haincelincoq et Coquinet. Pour chascun, 24ˢ p., valent 48ˢ p.

Item, pour la façon et estoffes d'un autre doublet de toille, pour le varlet et garde de Coquinet, fol de mons. de Thouraine. Pour ce, 28ˢ p.

Item, pour la façon de deux longues houppellandes, faictes de 3 aulnes et demie d'iraigne, et de 6 aulnes d'un eschiqueté, pour lesdiz Haincelin et Coquinet; lesquelles houppellandes ont esté doublées de 12 aulnes de sarge azurée. Pour ce, 64ˢ p.

Item, pour la façon et estoffes de 8 paires de chausses, pour lesdiz folz, faictes de deux aulnes d'iraigne et de une aulne de blanc. Pour ce, 16ˢ p.

Et pour escripre ce présent compte en parchemin, et pour parchemin à ce faire. Pour tout, 12ˢ p.

Les parties de la somme de 125 livres, 8 sous parisis, contenue ou Compte Pierre L'Estourneau, *tailleur des robes et varlet de chambre de madame la Royne de France, de toutes les façons de robes ordinaires et autres garnemens, avecques les estoffes*

---

[1]. **Beauté**, château royal sur la Marne, près Vincennes.

d'iceulx, par lui faictes pour ladicte Dame. Et aussi des voyages qu'il a faiz pour porter lesdictes robes et garnemens pardevers ladicte Dame en plusieurs et divers lieux, depuis le xv° jour de décembre, l'an mil ccc iiij^{xx} et six, qu'il fut ordonné et institué oudit office, en lieu de Guillaume de Monteron, par avant tailleur de ladicte Dame, jusques au derrenier jour de juing l'an mil ccc iiij^{xx} et sept après ensuivant. S'ensuyvent :

Et premièrement. Pour la façon de 6 paires de chausses faictes de deux aulnes d'escarlate morée. Pour ce, pour façon et estoffes de chascune paire, 16^d p., valent 8^s parisis.

Item, pour la façon d'une robe de 5 garnemens de drap pers de Broixelles, que ladicte Dame ot le jour de Noël. C'est assavoir la chappe, seurcot ouvert, seurcot clos, mantel à parer, et coste simple. Pour ce, pour façon et estoffes, 12^l 16^s p.

Item, pour la façon d'un corset de drap pers et d'un mantel de Chappelle, de mesme ladicte robe, pour ladicte Dame. Pour ce, pour façon et estoffes de chascun, 24^s p. Valent 48^s p.

Item, pour la façon d'un corset fait de 3 aulnes d'escarlate violette, prinses ès Garnisons de l'Argenterie le viij° jour de janvier, l'an mil ccc iiij^{xx} et six. Pour ce, pour façon et estoffes, 32^s p.

Item, pour la façon de une paire de manches faictes de un quartier d'escarlate violette, achaté de Aubelet Buignet le ix° jour dudit mois de janvier. Pour ce, pour façon et estoffes, 3^s p.

Item, pour la façon d'un corset, fait de 3 aulnes de drap blanc d'Yppre, prins ès garnisons de l'Argenterie, pour ladicte Dame. Pour ce, pour façon et estoffes, au pris dessusdit, 32ˢ p.

Item, pour la façon de une robe à chappe de 5 garnemens, faicte de un drap blanc de Nicole[1], achaté de Guillaume Beaumes le pénultième jour d'aoust, l'an mil ccc iiij^{xx} et vj; que ladicte Dame ot en lieu de celle que elle deust avoir eu le jour de la mi-aoust et dont les deniers sont prins sus le Roy par le compte précédent de l'Argenterie. C'est assavoir, chappe, seurcot clos, seurcot ouvert, mantel à parer, et costé simple. Pour ce, pour façon et estoffes, au pris dessusdit, 12ˡ 16ˢ p.

Item, pour un voyage fait par ledit Pierre, de Paris à Maubuisson, pour porter ladicte robe devers ladicte Dame. Ouquel voyage il a vacqué, lui deuxième et deux chevaulx, par 2 jours. Au pris de 12ˢ p. par jour, valent 24ˢ p.

Item, pour la façon de 6 paires de chausses, faictes de deux aulnes d'escarlate morée, pour ladicte Dame. Pour ce, pour façon et estoffes, au pris des autres dessusdictes, 8ˢ p.

Item, pour la façon d'une robe à chappe de 5 garnemens, faicte de 20 aulnes d'escarlate sanguine de Broixelles, toutes prestes, achatées de Guyot de Besançon le xxviij^e jour de janvier, l'an mil ccc iiij^{xx} et vj, et de deux aulnes de semblable escarlate, achatées de Simon Bourdon ledit jour, que ladicte Dame ot le jour de la Chandeleur (sic). C'est assavoir, chappe, seurcot clos, seurcot ouvert, mantel à parer, et coste

---

1. *Nicole,* pour Lincoln, ville et comté d'Angleterre.

simple. Pour ce, pour façon et estoffes, au pris des autres dessusdictes, 12¹ 16ˢ p.

Item, pour la façon de 3 malettes de chambre, faictes de 4 aulnes de drap vert. C'est assavoir, l'une pour ledit tailleur, l'autre pour Jehan de Paillart, et l'autre pour Guillebert Guérart, varlès de chambre de ladicte Dame. Pour ce, pour façon et estoffes de chascunes, 12ˢ p., valent 36ˢ p.

Item, pour la façon, toille, cuir et autres estoffes d'une autre malette, faicte de cinq quartiers de drap vert, achatées de Aubelet Buignet le ix° jour de février, ccc iiij^{xx} et vj, pour mectre et porter les espices de ladicte Dame. Pour ce, 12ˢ p.

Item, pour la façon et estoffes de 6 chemises, faictes de 20 aulnes de toille bourgoise, achatées de Guillaume Gallande le derrenier jour de janvier, pour mettre 6 corsès de drap d'or pour ladicte Dame. Pour ce, pour façon et estoffes de chascune, 3ˢ p., valent 18ˢ p.

Item, pour la façon et estoffes de une paire de manches, faictes de un quartier de drap pers, achaté de Aubelet Buignet, pour une petite coste à ceindre, pour ladicte Dame. Pour ce, 3ˢ p.

Item, pour la façon de deux doublès, fais de 14 aulnes de toille de Rains, achatées de Guillaume Gallande le viij° jour de février, pour ladicte Dame. Pour ce, pour façon de chascun, 24ˢ p., valent 48ˢ p. Et pour les estoffes d'iceulx doubles, 8ˢ p. Pour tout, 56ˢ p.

Item, pour la façon et estoffes d'un pelisson, fait de deux aulnes et demie de drap pers, achatées de Aubelet Buignet le xij° jour de février, ccc iiij^{xx} et vj, pour ladicte Dame, pour et en lieu d'un gardecorps. Pour ce, 24ˢ p.

Item, pour la façon de une coste hardie, avecques deux paires de manches, faictes de 3 aulnes et demie d'escarlate violette, achatées de Aubelet Buignet le xxᵉ jour dudit mois de février. Pour ce, pour façon et estoffes, 32ˢ p.

Item, pour la façon d'une autre coste hardie avec deux paires de manches, faictes de 3 aulnes d'escarlate vermeille, achatées de Aubelet Buignet le second jour de mars, pour la dicte Dame. Pour ce, audit pris, valent 32ˢ p.

Item, pour la façon et estoffes d'une autre coste hardie, avecques deux paires de manches, faictes de 4 aulnes de drap vert de Rouen, à aprester, achatées de Aubelet Buignet ledit jour. Pour ce, au pris dessus dit, 32ˢ p.

Item, pour la façon d'une robe à chappe de 5 garnemens faicte de une escarlate rozée, à aprester, contenant 24 aulnes, achatées de Aubelet Buignet le xvᵉ jour de mars, pour ladicte Dame, pour le jour de Grans Pasques. C'est assavoir, chappe, seurcot clos, seurcot ouvert, mantel à parer, et coste simple. Pour ce, pour façon et estoffes, au pris des autres robes dessusdictes, 12ˡ 16ˢ p.

Item, pour la façon et estoffes d'un mantel de Chappelle, fait de 5 aulnes de drap blanc de Broixelles, achatées de Aubelet Buignet ledit jour, pour ladicte Dame. Pour ce, 28ˢ p.

Item, pour la façon de 6 paires de chausses, faictes de deux aulnes d'escarlate morée de Rouen, toute preste, achatées de Aubelet Buignet ledit jour. Pour ce, pour façon et estoffes, au pris dessusdit, 8ˢ p.

Item, pour un voyage fait par ledit tailleur, de Paris à Senlis, le xij^e jour de mars, ccc iiij^{xx} et vj, pour porter devers ladicte Dame deux costes hardies, l'une d'escarlate vermeille, et l'autre de drap vert, et autres choses. Ouquel voyage il a vacqué par 2 jours, lui deuxième et deux chevaulx. Au pris de 12ˢ p. par jour, valent 24ˢ p.

Item, pour la façon et estoffes d'une longue houpellande à larges manches, faicte de 4 aulnes et demie d'escarlate rozée de Brucelles, à aprester, achatées de Aubelet Buignet le xve jour dudit mois de mars, pour ladicte Dame. Pour ce, 28ˢ p.

Item, pour la façon d'un mantel à fons de cuve, et d'une houppellande à relever, pour ladicte Dame, au terme de Pasques, faictes de 10 aulnes de drap vert de Broixelles, à aprester, achatées de Aubelet Buignet ledit jour. Pour ce, pour façon et estoffes d'iceulx, 56ˢ p.

Item, pour la façon et estoffes d'un doublet, fait de 7 aulnes de toille de Rains, achatées de Guillaume Gallande le xxixe jour dudit mois de mars, pour ladicte Dame. Pour ce, 28ˢ p.

Item, pour la façon et estoffes d'un pelisson, fait de deux aulnes d'escarlate violette de Moustiervillier, toute preste, achatées de Aubelet Buignet ledit jour, pour ladicte Dame. Pour ce, audit pris, 28ˢ p.

Item, pour la façon et estoffes d'un corset court, fait de 3 aulnes d'escarlate vermeille de Broixelles, toute preste, achatées dudit Aubelet Buignet le xvij^e jour d'avril, l'an mil ccc iiij^{xx} et sept après Pasques, pour ladicte Dame. Pour ce, au pris des autres dessus diz, 32ˢ p.

Item, pour la façon et estoffes d'une autre corset court, fait de 4 aulnes de drap vert de Brucelles, achatées de Jehan de Berron ledit jour, pour ladicte Dame. Pour ce, pour façon et estoffes, au pris dessus dit, 32ˢ p.

Item, pour la façon d'une robe à chappe, de 5 garnemens, faicte de une escarlate paonasse de Broixelles, contenant 24 aulnes, achatées de Aubelet Buignet le xxix⁰ jour dudit mois d'avril, pour ladicte Dame, pour le jour de la Penthecouste. Pour ce, pour façon et estoffes, au pris des autres dessusdictes, 12ˡ 16ˢ p. Et pour la façon et estoffes d'avoir ycelle fourré de cendal vermeil, 7ˡ 10ˢ p. Pour tout, 20ˡ 6ˢ p.

Item, pour la façon et estoffes d'un corset court, fait de 3 aulnes et demie de drap vert gay, tout prest, achatées de Aubelet Buignet le vjᵉ jour de may. Pour ce, pour façon et estoffes, au pris des autres, et pour ycelui avoir fourré de cendal. Pour tout, 48ˢ p.

Item, pour la façon d'un autre corset, fait de 3 aulnes de blanc dyappre, prins ès garnisons de l'Argenterie le vjᵉ jour de may, pour ladicte dame. Pour ce, pour façon et estoffes, et ycelui avoir fourré de cendal blanc. Au pris dessusdit, 48ˢ p.

Item, pour la façon et estoffes d'un autre corset court, fait de 3 aulnes et demie d'escarlate violette, à aprester, achatées de Nicolas Alixandre le ixᵉ jour dudit mois de may, 32ˢ p.

Item, pour la façon et estoffes d'un autre corset court, fait de 3 aulnes d'escarlate rozée, toute preste, achatées de Aubelet Buignet ledit jour, pour ladicte Dame. Pour ce, 32ˢ p.

Item, pour la façon d'un mantel de Chappelle, et un chapperon, faiz de 5 aulnes et demie d'escarlate violette de Brucelles, à aprester, achatées de Nicolas Alixandre le xxᵉ jour dudit mois de may, pour ladicte Dame. Pour ce, pour façon et estoffes, 24ˢ p. Et pour la façon d'avoir ycelui fourré de cendal, 24ˢ p. Et pour estoffes, 8ˢ p. Pour tout, 56ˢ p.

Item, pour la façon d'un chapperon, fait de demie aulne d'escarlate rozée, achatée dudit Nicolas Alixandre ledit jour. Pour ce, pour façon et estoffes, et ycelui avoir fourré de cendal, 8ˢ p.

Item, pour la façon de une coste hardie, et d'un manteau double à chevauchier, avecquès un chapperon, faiz de 8 aulnes de drap violet, tout prest, achatées dudit Nicolas ledit jour, pour ladicte Dame. Pour ce, pour façon et estoffes d'iceulx, pour tout, 56ˢ p.

Item, pour la façon de 8 chemises, faictes de 25 aulnes de toille bourgoise, achatées de Guillaume Gallande le xxijᵉ jour dudit mois de may, pour mettre 8 corsès de drap d'or pour ladicte Dame. Pour ce, pour façon et estoffes de chascune, 3ˢ p., valent 24ˢ p.

Item, pour la façon et estoffes d'un doublet, fait de 7 aulnes de toille de Rains, achatées de Guillaume Gallande ledit xxijᵉ jour de may, pour ladicte Dame. Pour ce, 28ˢ p.

Item, pour la façon et estoffes d'un mantel à chevauchier, fait de deux aulnes et demie d'escarlate rozée de Brucelles, toute preste, achatées de Aubelet

Buignet le pénultième jour dudit mois de may, pour ladicte Dame. Pour ce, 28ˢ p.

Item, pour un voyage fait par ledit tailleur, de Paris à Maubuisson, pour porter devers ladicte Dame la robe du jour de la Penthecouste, une robe à chevauchier, et plusieurs autres choses. Ouquel voyage il a vacqué, lui deuxième et deux chevaulx, par 2 jours. Au pris de 12ˢ p. par jour, valent 24ˢ p.

Item, pour la façon et estoffes d'une houppellande et un chapperon, pour Guillaume Fouet, fol de ladicte Dame, et pour un corset court pour dame Aelips, nayne d'icelle Dame, faictes de 5 aulnes de drap vert, achatées de Aubelet Buignet le xvijᵉ jour d'avril, CCC iiijˣˣ et sept après Pasques. Pour ce, 32ˢ p.

Pour ce présent compte escrire en parchemin, et pour parchemin à ce faire. Pour tout, 6ˢ p.

[FOURRURES.]

Les parties de la somme de 166 livres, 6 sous parisis, contenue ou compté Jehan Pichon, *varlet pelletier et fourreur des robes du Roy* nostre sire, de toutes les façons des fourrures des Robes ordinaires et autres garnemens, par lui faictes et fourrées, tant pour le corps du Roy notredit seigneur, pour madame la Royne, comme pour mons. le duc de Thouraine. Et pour leurs Dons, depuis le premier jour de janvier, l'an mil CCC iiijˣˣ et six, jusques au derrenier jour de juing, l'an mil CCC iiijˣˣ et sept, après ensuivant. S'ensuyvent :

Et premièrement. Pour la façon d'avoir fourré de menuvair une robe d'escarlate vermeille de 4 garnemens. C'estassavoir, housse, elles et ellettes, seurcot clos, seurcot ouvert, manches de petite coste, et chapperon, pour ledit seigneur, pour le jour de la Chandeleur. Pour ce, 4¹ p.

Item, pour la façon d'avoir fourré de menuvair un chappeau de bièvre, pour ledit jour. Pour ce, 4ˢ p.

Item, pour la façon d'avoir fourré d'ermines un autre chappeau de bièvre, pour ledit seigneur, pour ledit jour. Pour ce, 4ˢ p.

Item, pour la façon d'avoir fourré de menuvair une longue houppellande de satin vermeil, ouvrée de broderie à rozes, à ceintures à plumes entrelacées parmy, et à annelès, l'un d'or, l'autre d'argent, pour ledit seigneur, le xxviij° jour de janvier, CCC iiij^{xx} et six. Pour ce, 32ˢ p.

Item, pour la façon d'avoir fourré de menuvair un long mantel à fons de cuve, d'escarlate vermeille, pour ledit seigneur, le vij° jour de février ensuivant. Pour ce, 32ˢ p.

Item, pour la façon d'avoir deffourré et reffourré une courte houppellande de drap vert, à une ceinture de broderie, où il y a escript ESPÉRANCE, pour ledit seigneur, le xij° jour dudit mois de février. Pour ce, 16ˢ p.

Item, pour la façon d'avoir fourré de vaiz une coste hardie à chevauchier, d'escarlate vermeille, avecques le chapperon de mesmes, de menuvair, pour ledit seigneur, le xxij° jour dudit mois, 32ˢ p.

Item, pour la façon d'avoir fourré de menuvair une robe de drap pers de 4 garnemens. C'est assavoir, housse, elles et ellettes, seurcot clos, seurcot ouvert, manches de petite coste et chapperon, pour ledit seigneur, qu'il ot le jour de Pasques Flories. Pour ce, 4^l p.

Item, pour la façon d'avoir fourré de menuvair un chapeau (*sic*) de bièvre, pour ledit seigneur, qu'il ot ledit jour. 4^s p.

Item, pour la façon d'avoir fourré d'ermines un autre chappeau de bièvre, pour ledit seigneur, pour ledit jour. Pour ce, 4^s p.

Item, pour la façon[1] d'avoir fourré de menuvair une robe d'escarlate violette de 4 garnemens. C'est assavoir housse, elles et ellettes, seurcot clos, seurcot ouvert, manches de petite coste et chapperon, pour ledit seigneur, pour la veille de Grans Pasques. Pour ce, 4^l p.

Item, pour la façon d'avoir fourré de menuvair un chappeau de bièvre, pour ledit seigneur, pour ledit jour. Pour ce, 4^s p.

Item, pour la façon d'avoir fourré d'ermines un chappeau de bièvre, pour ledit seigneur, pour ledit jour. Pour ce, 4^s p.

Item, pour la façon d'avoir fourré d'ermines une robe d'escarlate vermeille de 5 garnemens. C'est assavoir, housse, elles et ellettes, seurcot clos, seurcot ouvert, garnache, mantel à parer, manches de petite coste et chapperon, pour ledit seigneur, qu'il ot le jour de Grans Pasques. Pour ce, pour tout, 104^s p.

Item, pour la façon d'avoir fourré d'ermines un

---

1. Dans l'original les mots *la façon* sont répétés.

chappeau de bièvre, pour ledit seigneur, pour ledit jour de Pasques. Pour ce, 4ˢ p.

Item, pour la façon d'avoir fourré de menuvair un mantel à pignier d'escarlate vermeille, que ledit seigneur ot oudit terme de Pasques, 32ˢ p.

Item, pour la façon d'avoir fourré de menuvair trois pelissons de drap de soye baudequin, que ledit seigneur ot ledit jour de Grans Pasques. Pour ce, pour tout, 60ˢ p.

Item, pour la façon d'avoir fourré de menuvair une aulmuce d'escarlate vermeille, pour le premier queux dudit seigneur, audit terme de Pasques. Pour ce, 4ˢ p.

Item, pour la façon d'avoir fourré une courte houppellande de drap vert brun, ouvrée de broderie, à une branche de geneste, pour ledit seigneur, le xiiij^e jour d'avril, ccc iiij^{xx} et vij après Pasques. Laquelle a esté fourrée de menuvair, 16ˢ p.

Item, pour la façon d'avoir fourré de menuvair une longue houppellande d'escarlate violette, pour ledit seigneur, le xxiiij^e jour dudit mois d'avril. Pour ce, 32ˢ p.

Item, pour la façon d'avoir fourré de menuvair une longue houppellande d'escarlate vermeille, ouvrée de broderie à une branche de geneste, pour ledit seigneur, le xxve jour dudit mois d'avril. Pour ce, 32ˢ p.

Item, pour la façon d'avoir deffouré et refourré de hermines un mantel de veluiau vermeil en graine, ouvré de broderie à un cerf volant et à une branche de geneste, pour ledit seigneur, le iiij^e jour de may, ccc iiij^{xx} et sept. Pour ce, 32ˢ p.

Item, pour la façon d'avoir fourré de menuvair une

robe d'escarlate vermeille de 4 garnemens. C'est assavoir, housse, elles et ellettes, seurcot clos, seurcot ouvert, manches de petite coste et chapperon, pour ledit seigneur, qu'il ot le jour de l'Ascencion. Pour ce, pour tout, 4¹ p.

Item, pour la façon d'avoir fourré de menuvair un chappeau de bièvre, que ledit seigneur ot ledit jour. Pour ce, 4ˢ p.

Item, pour la façon d'avoir fourré de menuvair une courte houppellande de veluiau vermeil en graine, ouvrée de broderie à grans losanges, pour ledit seigneur, qu'il ot ledit jour. Pour ce, 16ˢ p.

Item, pour la façon d'avoir fourré de menuvair une robe d'escarlate rozée, de 4 garnemens. C'est assavoir, housse, elles et ellettes, seurcot clos, seurcot ouvert, manches de petite coste et chapperon, pour ledit seigneur, qu'il ot la veille de Penthecouste. Pour ce, 4¹ p.

Item, pour la façon d'avoir fourré de menuvair un chappeau de bièvre, que ledit seigneur ot ledit jour. Pour ce, 4ˢ p.

Item, pour la façon d'avoir fourré d'ermines un autre chappeau de bièvre, pour ledit seigneur, qu'il ot ledit jour. Pour ce, 4ˢ p.

Item, pour la façon d'avoir fourré de menuvair une courte houppellande de drap vert, ouvrée de broderie à une branche de geneste, pour ledit seigneur, le viijᵉ jour de juing. Pour ce, 16ˢ p.

Item, pour la façon d'avoir fourré de menuvair une autre courte houppellande d'escarlate vermeille, ouvrée de broderie à une branche de geneste, pour ledit seigneur, qu'il ot ledit jour. Pour ce, 16ˢ p.

Item, pour la façon d'avoir fourré de menuvair une coste hardie à chevauchier d'escarlate vermeille, avecques le chapperon, pour ledit seigneur, le xxiij^e jour dudit mois de juing. Pour ce, 32^s p.

Item, pour la façon d'avoir fourré de menuvair une longue houppellande de drap vert, ouvrée de broderie à une branche de geneste, pour ledit seigneur, le derrenier jour dudit mois de juing. Pour ce, 32^s p.

Item, pour la façon d'avoir fourré de menuvair une autre longue houppellande de satin vermeil, ouvrée de broderie à une branche de geneste, pour ledit seigneur, ledit jour. Pour ce, 32^s p.

Item, pour la façon d'avoir refourré d'ermines un manteau de veluiau vermeil, lequel avoit esté deffourré, et avoir atachié les mouchettes et queues d'ermines dudit mantel, pour ledit seigneur. Pour ce....[1]

Item, pour la façon d'avoir fourré de martres une longue houppellande d'escarlate vermeille, pour mons. de Rayneval, chevalier, chambellan dudit seigneur. Pour ce, 32^s p.

Item, pour la façon d'avoir fourré de gris rouge une houppellande de vert et de rouge, à eschiquiers, avecques le chapperon de mesmes, pour Haincelincoq, fol du Roy nostredit seigneur, le xxvj^e jour de mars, l'an mil ccc iiij^{xx} et six. Pour ce, 24^s p.

Item, pour la façon d'avoir fourré de menuvair une aulmuce d'escarlate vermeille, pour ledit Haincelin, qu'il ot le jour de Grans Pasques. Pour ce,
4^s p.

Item, pour la façon d'avoir fourré de penne blanche

---

1. Le prix n'y est pas.

une longue houppelande de drap vert, pour Jehan Faucon, varlet et garde dudit fol, qu'il ot ledit jour. Pour ce, 24ˢ p.

Pour *madame la Royne* par ledit temps.

Et premièrement. Pour la façon d'avoir fourré de raiz unes bottes de cuir, pour ladicte Dame, le xxij^e jour de janvier, ccc iiij^{xx} et vj. Pour ce, 12ˢ p.

Item, pour la façon d'avoir fourré de menuvair et pourfillé de lettices un seurcot court de drap blanc, pour ladicte Dame, ledit jour. Pour ce, 40ˢ p.

Item, pour la façon d'avoir fourré de menuvair une robe à chappe, de drap blanc, de 5 garnemens; c'est assavoir, chappe, seurcot long, seurcot ouvert, mantel à parer, manches de coste simple et chapperon. Pour tout, 9ˡ 12ˢ p.

Item, pour la façon d'avoir fourré de menuvair un chappeau de bièvre, que ladicte Dame ot ledit jour. Pour ce, 4ˢ p.

Item, pour la façon d'avoir refourré un manteau de veluiau vermeil en graine, lequel avoit esté deffourré aux relevailles de ladicte Dame. Pour ce, 48ˢ p.

Item, pour la façon d'avoir refourré de menuvair un pelisson de drap pers, lequel avoit esté deffourré pour eslonger et eslargir la penne, pour ladicte Dame, le xvj^e jour de février. Pour ce, 32ˢ p.

Item, pour la façon d'avoir fourré de menuvair et pourfillé de lettices une coste hardie d'escarlate morée, avecques une paire de manches de relais, pour ladicte Dame, le premier jour de mars. Pour tout, 40ˢ p.

Item, pour la façon d'avoir fourré de menuvair une autre coste hardie d'escarlate vermeille, avecques une paire de manches de relais, pour la dicte Dame, le xij^e jour dudit mois de mars. Pour ce, 40^s p.

Item, pour la façon d'avoir fourré de menuvair une autre coste hardie de drap vert, avecques une paire de manches de relais, pour ladicte Dame, ledit jour. Pour ce, 40^s p.

Item, pour la façon d'avoir fourré de menuvair et pourfillé de lettices une robe à chappe d'escarlate violette, de 5 garnemens; c'est assavoir, chappe, seurcot long, seurcot ouvert, mantel à parer, manches de coste simple et chapperon, pour ladicte Dame, qu'elle ot le jour de Pasques Flories. Pour ce, pour tout, 9^l 12^s p.

Item, pour la façon d'avoir fourré de menuvair et pourfillé de lettices une houppellande d'escarlate rozée, pour ladicte Dame, le xxiij^e jour de mars, CCC iiij^{xx} et six. Pour ce, 32^s p.

Item, pour la façon d'avoir fourré de menuvair un mantel de Chappelle de drap vert, pour ladicte Dame, le xxviij^e jour dudit mois. Pour ce, 32^s p.

Item, pour la façon d'avoir fourré une houppellande d'icelui drap, laquelle a esté fourrée de menuvair et pourfillé de lettices. Pour ce, 32^s p.

Item, pour la façon d'avoir fourré de menuvair et pourfillé de lettices une robe d'escarlate rozée, à chappe, de 5 garnemens; c'est assavoir, chappe, seurcot long, seurcot ouvert, mantel à parer, manches de coste simple et chapperon, que ladicte Dame ot le jour de Grans Pasques. Pour ce, pour tout, 9^l 12^s p.

Item, pour la façon d'avoir fourré de menuvair un mantel de drap blanc, pour ladicte Dame, qu'elle ot ledit jour. Pour ce, 32^s p.

Item, pour la façon d'avoir fourré de menuvair un peliçon d'escarlate rozée, pour ladicte Dame, qu'elle ot ledit jour. Pour ce, 32ˢ p.

Item, pour la façon d'avoir refourré un seurcot court d'escarlate violette, lequel avoit esté défourré pour eslargir la penne, et pour défaire le pourfil, pour ladicte Dame, le xij° jour d'avril, CCC iiij^xx et vij.
32ˢ p.

Item, pour la façon d'avoir refourré un autre seurcot court, de drap d'or sur champ azur à lyons, pour ladicte Dame, le xiij° jour dudit mois. Lequel a esté défourré pour eslargir la penne, et pour reffaire le pourfil, qui estoit despecié. Pour ce, 32ˢ p.

Item, pour la façon d'avoir refourré un autre seurcot court, de drap d'or sur champ vert à K et à E, pour ladicte Dame, ledit jour. Lequel a esté deffourré pour eslargir la penne et pour eslongnier et reffaire le pourfil. Pour ce, 32ˢ p.

Item, pour la façon d'avoir refourré un autre seurcot court de drap d'or à fleurs de lis et couronnes, pour ladicte Dame, ledit jour. Lequel a esté deffourré pour eslargir la penne et pour eslongnier le pourfil. Pour ce,
32ˢ p.

Item, pour la façon d'avoir reffait le pourfil de dessoubz, et avoir fait uns amigaux tous nuefs, d'un seurcot court de drap pers, pour ladicte Dame, le xiij° jour dudit mois d'avril. Pour ce, 16ˢ p.

Item, pour avoir reffait le pourfil de dessoubz, et avoir fait uns tours de bras et amigaux tous nuefs, d'un seurcot court de drap gris brun, pour ladicte Dame, ledit jour. Pour ce, 24ˢ p.

Item, pour avoir fourrées de menuvair et pourfillées

de lettices deux paires de manches, les unes de drap vert et les autres d'escarlate vermeille, pour ladicte Dame, ledit xiij° jour d'avril. Pour ce,   12ˢ p.

Item, pour la façon d'avoir fourré de menuvair et pourfillé de lettices un seurcot court de drap vert, pour ladicte Dame, le xxvij° jour dudit mois d'avril. Pour ce,   40ˢ p.

Item, pour la façon d'avoir fourré de menuvair et pourfillé de lettices un autre seurcot court d'escarlate vermeille, pour ladicte Dame, qu'elle ot ledit jour. Pour ce,   40ˢ p.

Item, pour la façon d'avoir fourré de menuvair et pourfillé de lettices un autre seurcot court d'escarlate violette, pour ladicte Dame, le xxj° jour de may, ccc iiij^{xx} et vij. Pour ce,   40ˢ p.

Item, pour la façon d'avoir fourré de menuvair et pourfillé de lettices un autre seurcot court d'escarlate rozée, pour ladicte Dame, ledit jour. Pour ce, 40ˢ p.

Item, pour la façon d'avoir fourré de menuvair deux paires de manches, les unes d'escarlate rozée, et les autres de drap de soye semé de rozettes, pour ladicte Dame, ledit jour. Pour ce,   12ˢ p.

Item, pour la façon d'avoir fourré de menuvair un chapeau de bièvre, que ladicte Dame ot le jour de la Penthecouste. Pour ce,   4ˢ p.

Item, pour la façon d'avoir fourré de menuvair les manches de la coste simple de la robe que ladicte Dame ot ledit jour de Penthecouste. Pour ce,   8ˢ p.

Item, pour la façon d'avoir fourré de menuvair un mantel à chevauchier, d'escarlate rozée, pour ladicte Dame, le vij° jour de juing. Pour ce,   32ˢ p.

Item, pour avoir reffait les eschancres d'un seurcot

ouvert, pour ladicte Dame, qui estoient desrompus, et avoir reffait la penne par dessoubz. Pour ce, 16ˢ p.

Item, pour la façon d'avoir fourré de menuvair et pourfillé de lettices une coste à chevauchier, d'escarlate rozée, pour ladicte Dame, le xxiijᵉ jour dudit mois de juing. Pour ce, 16ˢ p.

Item, pour la façon d'avoir fourré de poulenne un seurcot court de drap vert, et avoir fait le pourfil de dessoulx (sic) des manches, tours de bras et amigaux, pour la nayne de ladicte Dame, le xxvijᵉ jour d'avril, ccc iiijˣˣ et vij. Pour ce, 20ˢ p.

Item, pour la façon d'avoir fourré de penne blanche une longue houppellande de drap vert, pour Guillaume Fouet, fol de ladicte Dame, ledit xxvijᵉ jour d'avril. Pour ce.....[1]

Pour *monseigneur le duc de Thouraine* par le temps dessusdit.

Et premièrement. Pour la façon d'avoir fourré de menuvair une robe de quatre garnemens, d'escarlate vermeille. C'est assavoir, cloche, seurcot clos, seurcot ouvert, manches de petite coste et chapperon, pour ledit seigneur, pour le jour de la Chandeleur, ccc iiijˣˣ et vj. Pour tout, 64ˢ p.

Item, pour la façon d'avoir fourré de menuvair un chappeau de bièvre, pour ledit seigneur, qu'il ot ledit jour. Pour ce.....[2]

Item, pour la façon d'avoir fourré de menuvair une

---

1. Le prix n'y est pas.
2. Le prix n'y est pas.

longue houppellande de satin vermeil, ouvrée de broderie à roses, à plumes enllacées et annelès, l'un d'or et l'autre d'argent, pour ledit seigneur, le xxviij^e jour de janvier, CCC iiij^{xx} et vj. Pour ce,   24^s p.

Item, pour la façon d'avoir fourré de menuvair un grant mantel à fons de cuve, d'escarlate vermeille, pour ledit seigneur, le vij^e jour de février. Pour ce,
24^s p.

Item, pour la façon d'avoir fourré de martres une courte houppellande de drap vert, à une ceinture de broderie, pour ledit seigneur, le xij^e jour dudit mois de février. Pour ce,   16^s p.

Item, pour la façon d'avoir fourré de martres un chapperon d'escarlate vermeille, pour ledit seigneur, le xiiij^e jour dudit mois. Pour ce,   8^s p.

Item, pour la façon d'avoir fourré de martres un chappeau de bièvre, pour ledit seigneur, ledit jour. Pour ce,   4^s p.

Item, pour la façon d'avoir fourré de faiz une coste à chevauchier, d'escarlate vermeille, avecques le chapperon de mesmes, pour ledit seigneur, le xxij^e jour dudit mois de février. Pour ce,   32^s p.

Item, pour la façon d'avoir fourré de menuvair une robe de drap pers, de 4 garnemens. C'est assavoir, cloche, seurcot clos, seurcot ouvert, manches de petite coste et chapperon, pour ledit seigneur, qu'il ot le jour de Pasques Flories. Pour ce, pour tout,
64^s p.

Item, pour la façon d'avoir fourré de menuvair un chappeau de bièvre, que ledit seigneur ot ledit jour. Pour ce,   4^s p.

Item, pour la façon d'avoir fourré de menuvair une

robe d'escarlate vermeille de quatre garnemens, que ledit seigneur ot le jour de Grans Pasques, ccc iiij^{xx} et vij. C'est assavoir, cloche, seurcot clos, seurcot ouvert, manches de petite coste et chapperon. Pour tout, 64^s p.

Item, pour la façon d'avoir fourré de menuvair un chappeau de bièvre, pour ledit seigneur, qu'il ot ledit jour. Pour ce, 4^s p.

Item, pour la façon d'avoir fourré de menuvair un mantel à pignier, d'escarlate vermeille, pour ledit seigneur, qu'il ot audit terme de Grans Pasques. Pour ce, 24^s p.

Item, pour la façon d'avoir fourré de menuvair deux pelissons de drap de soye baudequin, pour ledit seigneur, qu'il ot ledit jour de Pasques les Grans. Pour ce, pour tout, 32^s p.

Item, pour la façon d'avoir fourré de menuvair une courte houppellande de drap vert brun, ouvrée de broderie à une branche de geneste, pour ledit seigneur, le xiiij^e jour d'avril, ccc iiij^{xx} et vij après Pasques. Pour ce, 16^s p.

Item, pour la façon d'avoir fourré de gris une courte houppellande de drap de soye vermeil, ouvrée de broderie à plumes et à annelès, pour ledit seigneur, le xvj^e jour dudit mois d'avril. Laquelle avoit esté deffourrée. Pour ce, 16^s p.

Item, pour la façon d'avoir fourré de menuvair une longue houppellande d'escarlate violette, pour ledit seigneur, le xxiiij^e jour dudit mois d'avril. Pour ce, 24^s p.

Item, pour la façon d'avoir fourré de menuvair une autre longue houppellande d'escarlate vermeille,

ouvrée de broderie à une branche de geneste, pour ledit seigneur, le xxvᵉ jour dudit mois. Pour ce,
24ˢ p.

Item, pour la façon d'avoir fourré de menuvair une robe d'escarlate vermeille, de 4 garnemens. C'est assavoir, cloche, seurcot clos, seurcot ouvert, manches de petite coste et chapperon, pour ledit seigneur, pour le jour de l'Ascencion. Pour ce, 64ˢ p.

Item, pour la façon d'avoir fourré de menuvair un chappeau de bièvre, pour ledit seigneur, qu'il ot ledit jour. Pour ce, 4ˢ p.

Item, pour la façon d'avoir fourré de menuvair une courte houppellande de veluiau vermeil en graine, ouvrée de broderie, à grans losanges, pour ledit seigneur, le xvjᵉ jour dudit mois d'avril. Pour ce,
16ˢ p.

Item, pour la façon d'avoir fourré de menuvair une autre courte houppellande de drap vert, ouvrée de broderie à une branche de geneste, pour ledit seigneur, le viijᵉ jour de juing, l'an mil ccc iiijˣˣ et sept. Pour ce, 16ˢ p.

Item, pour la façon d'avoir fourré de menuvair une autre courte houppellande d'escarlate vermeille, ouvrée de broderie à une branche de geneste, pour ledit seigneur, ledit jour. Pour ce, 16ˢ p.

Item, pour la façon d'avoir fourré de menuvair une autre courte houppellande de drap vert brun, ouvrée de broderie à une branche de geneste, pour ledit seigneur, ledit jour. Laquelle avoit esté deffourrée. Pour ce, 16ˢ p.

Item, pour la façon d'avoir fourré de menuvair une coste d'escarlate vermeille, à chevauchier, avecques le chapperon de mesmes, pour ledit seigneur, le xxiij^e jour de juing, ccc iiij^{xx} et vij. Pour ce, 24^s p.

Item, pour la façon d'avoir fourré de menuvair une longue houppellande de satin, ouvrée de broderie à une branche de geneste, pour ledit seigneur, le derrenier jour dudit mois. Pour ce, 24^s p.

Item, pour la façon d'avoir fourré de menuvair une longue houppellande de drap vert brun, ouvrée de broderie, à une branche de geneste, pour ledit seigneur, ledit jour. Pour ce, 24^s p.

Item, pour la façon d'avoir fourré de gris rouge une houppellande de vert et de rouge, à eschiquiers, pour Coquinet, fol dudit mons. de Thouraine, le xxvj^e jour de mars, ccc iiij^{xx} et vj. Pour ce, 16^s p.

Item, pour la façon d'avoir fourré un chapperon, de mesmes ladicte houppellande, pour ledit Coquinet, ledit jour. Pour ce, 4^s p.

Item, pour la facon d'avoir fourré de menuvair une aulmuce d'escarlate vermeille, pour ledit Coquinet, qu'il ot le jour de Grans Pasques. Pour ce, 4^s p.

Item, pour la façon d'avoir fourré de penne blanche une longue houppellande de drap vert, pour le varlet et garde dudit fol, qu'il ot ledit jour de Pasques. Pour ce, 24^s p.

[TRAVAUX DE COUTURE.]

Les parties de la somme de 20 sous 4 deniers parisis, contenue ou compte Margot la Bourcière, *cousturière du Roy*, nostre sire, de tous les ouvraiges de Cousture qu'elle a faiz pour ledit seigneur, depuis le premier jour de janvier, l'an mil ccc iiij^{xx} et six, jusques au derrenier jour de juing, ccc iiij^{xx} et vij après ensuivant. S'ensuyvent :

Et premièrement. Pour la façon d'avoir ourlé deux nappes, pour la Chambre aux joyaux dudit seigneur, pour pièce, 6^d p., valent   12^d p.

Item, pour la façon de 4 grans touailles, chascune de 4 aulnes de long. Pour chascune touaille, 6^d p., valent   2^s p.

Item, pour la façon de deux paires de draps à lit. Pour chascune paire, 4^s p., valent   8^s p.

Item, pour la façon de deux cuevrechiefz. Pour pièce, 4^d p., valent   8^d p.

Item, pour la façon de 4 paires de robes linges, pour le fol de mons. le duc de Thouraine. Pour chascune paire, 2^s p., valent   8^s p.

Item, pour la façon de deux coiffes,   8^d p.

Les parties de la somme de 4 livres, 3 sous parisis, contenue ou compte Robinette Brisemiche, *cousturière de la Royne*, de tous les ouvraiges de Cousture qu'elle a faiz pour ladicte Dame, depuis le premier jour de janvier, l'an mil ccc iiij^{xx} et six, jusques au premier jour de juillet, l'an mil ccc iiij^{xx} et sept après ensuivant. S'ensuyvent :

Et premièrement. Pour la façon de 6 chemises. A 4^s p. la pièce, valent   24^s p.

Item, pour la façon de 6 toyes à orilliers, 12^d p. la pièce, valent   6^s p.

Item, pour la façon de 12 cuevrechiefs. Pour pièce, 4^d p., valent   4^s p.

Item, 2 chemises pour ladicte Dame. Pour ce,   2^s p.

Item, pour la façon de 10 chemises pour ladicte Dame. Au pris de 4ˢ p. la pièce, valent   40ˢ p.

Item, pour la façon de 8 béguins et pleuroirs, Pour ce,   6ˢ p.

Item, pour la façon d'une grant taye pour le grant orillier de la Garderobe de ladicte Dame. Pour ce,   12ᵈ p.

*Fin du Compte de l'Argenterie du Roi
du terme de la St Jean 1387.*

TABLEAU DES PRIX

DANS LE COMPTE

DE GUILLAUME BRUNEL

DE L'AN 1387.

DRAPS.

PAGES		L'AUNE l. s. p.	LA PIÈCE l. s. p.
135	Blanchet.	12	
240	—	28	
»	Camelot de Reims (un).	20	
238	Drap blanc.	24	
122	Drap blanc (fin)	40	
124	Drap fin blanc de Bruxelles, de grant moison	44	
128	— —	48	
120	— —	64	
122	Drap gris de Bruxelles.	48	
»	Drap pers (fin) entier, de Bruxelles de grant moison		51 4
123	— —	44	
132	Drap pers, tout prest, de Bruxelles.	48	
244	Draps pers de Malines, de 20 aunes		28 16
134	Drap pers de Rouen.	36	
238	Draps roiez de Ceinteron (St Trond)	16	
245	Drap sanguin, entier, de Bruxelles.		48
»	— —		51 4
129	Drap verd		48
132	—	16	
130	Drap verd brun, prest	40	
131	Drap verd claret, tout prest	28	
»	— —	32	
134	Drap verd de Bruxelles, de grant moison	44	
127	— —	48	

TABLEAU DES PRIX

PAGES		L'AUNE l. s. p.	LA PIÈCE l. s. p.
121	Drap verd brun de Bruxelles, de grant moison	40	
124	— —	44	
130	Drap verd brun de Bruxelles de grant moison, tout prest.	40	
»	Draps verds clarés de Bruxelles de courte moison, contenant 20 aunes		30 8
128	Drap verd fin de Moustiervillier	48	
125	Drap verd de Rouen	16	
239	—	20	
131	Drap verd brun de Rouen	36	
130	Drap verd claret de Rouen, tout prest.	32	
136	Drap vert de Rouen, tout prest	40	
137	Drap violet de Bruxelles, tout prest.	48	
121	Escarlate de Bruxelles de grant moison, toute preste	112	
132	Escarlate morée de Bruxelles	4 8	
138	Escarlate morée sur le brun, de Rouen, toute preste	4	
135	Escarlate morée de Rouen, toute preste	4 16	
136	Escarlate entière paonasse de Bruxelles, de 24 aunes		112
123	Escarlate rosée clère	4 16	
»	Escarlate rosée sur le brun	4 16	
120	Escarlate rosée, toute preste	112	
»	Escarlate rosée de Bruxelles	4 16	
137	— —	4 10	
135	Escarlate rosée de Bruxelles, de grant moison	4 16	
126	Escarlate rosée, entière, de Bruxelles de grant moison		112
134	— —		115 4
133	Escarlate sanguine de Bruxelles	4 8	
137	— —	4 16	
133	Escarlate sanguine de Bruxelles de grant moison	4 16	
138	Escarlate sanguine de Bruxelles de grant moison, toute preste	112	
125	Escarlate vermeille, toute preste	112	
121	Escarlate vermeille de Bruxelles de grant moison	4 8	
119	Escarlate vermeille de Bruxelles	4 16	

DE GUILLAUME BRUNEL. 323

PAGES		L'AUNE	LA PIÈCE
		l. s. p.	l. s. p.
126	Escarlate vermeille, entière, de Bruxelles .		112
136	Escarlate violette.	4 16	
132	—		112
124	Escarlate violette de Bruxelles, de grant moison	4 16	
126	Escarlate violette de Bruxelles contenant 24 aunes		112
134	Escarlate violette sur le brun, toute preste .	112	
135	Escarlate violette de Moustiervillier toute preste	56	
238	Iraingne.	24	
239	Iraingne de Malines	28	
240	Noire (demie) de Bruxelles, contenant 12 aunes		24
239	Ribaudeau de Rouen	18	
238	Verd de Rouen	24	

DRAPS D'OR ET DE SOIE.

145	Cendal blanc, tiercelin		6 8
147	Cendal tiercelin	24	
148	—		6 8
149	Cendal tanné	24	
142	Cendal vermeil	48	
144	Cendal vermeil, tiercelin		6 8
149	—		6 10
142	Drap de soie baudequin, contenant 4 aunes .		16
143	Drap de soie baudequin (un)		17 12
»	Drap de soie baudequin sur champ vermeil .		17 12
147	Drap de soie de Damas.	4 16	
140	Drap de soie de Damas, taint en graine, la pièce de 9 aunes 1/2	8 16	83 16
142	Drap de soie de Lucques	4 16	
»	Drap d'or de Damas.	8	
149	Samit azur	16	
150	Satanin azur	32	
148	Satin azur, des foibles	28	
147	—	32	
149	Satin vermeil	22	
144	Satin vermeil, des foibles		6 8
143	— — une pièce d'une aune un quart.		8 16

TABLEAU DES PRIX

PAGES		L'AUNE	LA PIÈCE
		l. s. p.	l. s. p.
141	Satin vermeil, des fors		25 12
»	Satin vermeil en graine	4 16	
144	Satin vermeil en graine (un demi)		14 8
145	— (une pièce) . . .		28 16
141	Satin vermeil en graine, des fors		25 12
145	— des très fors . . .		28 16
149	Veloux azur Alexandrain, sanz destaindre .	24	
142	Veloux azur Alexandrain, sur fil oysel . .	4	
144	Veloux vermeil en graine		40

TOILES, SERGES ET TAPIS.

155	Toille (grosse)	2	
154	—	2 6 d	
»	Toille bourgoise (grosse)	2 4 d	
155	—	3 6 d	
153	Toille bourgoise	3 6 d	
151	—	4	
152	Toille de Reims (fine)	8	
150	—	10	
152	Toille de Reims déliée	12	
151	Touailles de quatre aunes	3	
»	Touailles de Reims (six fines) de deux aunes	112	
»	Nappes de trois aunes	6	
213	Toille de soie		12
240	Sarge azurée	5	
177	Sarge de 4 roies (une)		48
»	Sarges vermeilles des grandes		72
»	— des petites		56
»	Tapis azurés		16
»	Tapis verds		16

FOURRURES.

			l. s. p.
248	Agneaux (pannes d'), la pièce		16
»	Agneaux blancs (fourrures d'), la pièce . . .		20
»	Chats (douze peaux de)		48
252	Escureux d'Allemagne (2000 dos de gris et d') . .		52
251	Escureux (pour sept pannes de gris et d'), contenant 2100 dos		56
160	Gris (100 dos de)		7 4

DE GUILLAUME BRUNEL.

		l.	s.	p.
248	Gris rouge (dos de) le cent			64
250	Gros vair, le millier.		32	
251	Gros vair à six tires, la pièce	4	16	
252	Gros vair à sept tires, la pièce		112	
162	Hermines (860 queues d')		20	
157	Hermines neufves, la pièce		5s 4d	
159	Lettices, la douzaine	2		
175	Martres, la pièce		8	
249	Menuvair, le millier	28		
163	— (25 ventres de)		28	
»	— (ventres de), le millier	26		
157	— — —	36		
250	Pennes blanches d'avorton, la pièce		12	
»	— de Chasteau de Vire, la pièce		16	
248	Poulaine (fourrures de), la pièce		56	
163	Raiz (dos de), le cent	7	4	

CHAUSSURE.

233	Bottes (haultes), la paire		16
234	Bottines, la paire		5
232	—		6
207	Chausses d'escarlate, la pièce	8	
233	Chausses semelées, la paire		6
234	Houseaulx, la paire		16
»	— —		28
233	— —		32
232	Sollers, la paire		4
233	— —		5

LITERIE, ETC.

214	Coiffes de soie, la douzaine		32
214	Couvrechiefs déliés de fine toile de lin, la pièce		12
213	Fronteaulx, la douzaine		16

CHAPELLERIE.

216	Chapeaux de bièvre, la pièce		64
»	— —		48
»	— —		32

GANTERIE.

		l.	s.	p.
215	Gans de chamois, la paire		48	
217	— —		56	
216	Gans de chamois fourrés de gris, la paire . . .		64	
»	Gans de chamois fourrés de martres, la paire . .	12		
215	Gans de chevrotin, la paire		6	
217	Gans de chevrotin fourrés de louveteaux, la paire.		8	
217	Gans de chiens, la paire		4	
215	Gant senestre à fauconnier (un).		12	

COUTELLERIE.

205	Cousteaulx à trancher, la paire	9	12
»	— —	12	16

MERCERIE.

185	Aguillettes de daim d'Angleterre, ferrées d'argent, la douzaine	26
180	Coton, la livre.	3
226	Duvet naïf, la livre	3s 6d
224	Epingles, le millier	6
225	Fil de plusieurs couleurs (une livre de)	16
146	Ruban d'or de Chippre, la pièce.	16
147	Ruban de soie vermeille, la pièce	6
150	Soie tannée (une once, deux trezeaulx de) . . .	10

ORFÈVRERIE.

185	Argent, le marc		104
186	Argent doré, le marc	11	4
202	Or, le marc.	44	16
253	Platelles à fruit, d'argent blanc et doré (24) . . .	153	12

MEUBLES.

227	Aissellettes de bort d'Illande, la pièce.		4
224	Bacins de laicton, la pièce		16
180	Bouge de cuir de vache (une grande)	22	
178	Bouges de cuir fauve, garnie, etc. (unes) . . .		64
225	Bourse de cuir (une)		10

		l.	s.	p.
227	Chaière (le fust d'une)			48
224	Chaière de bois de noyer			48
227	Chaière à dossier (le fust d'une).		4	
178	Coffre de bois (un)		4	
180	Coffre de bois couvert de cuir (un).		36	
»	— —		4	8
»	— —		12	
181	Coffre de bôis couvert de cuir de truye . . .		4	
183	Coffres à sommiers (une paire de)		6	8
179	Estuy de cuir boülly (un)		12	
»	— —		16	
»	— —		32	
181	Estuy de cuir boully (un grand).		64	
180	Malle de cuir (une) avec son bahu	8		
213	Miroir d'ivoire (un) avec l'étui		10	

FIN.

TABLE DES NOMS.

A

ADMIRAL (l'), 129.
AELIPS, naine de la Reine, 303.
AGNÈS, damoiselle de la comtesse d'Artois, 12.
ALENÇON (Mme d'), 26.
ALENÇON (le comte d'), 32, 42.
ALIPS (dame), naine de la Reine, 248.
ALIXANDRE (Nicolas), drapier, 119, 123, 126, 127, 131, 136, 137, 241, 242, 258, 273, 274, 276, 277, 279, 281, 285, 288, 289, 291, 302.
ALLEMAIGNE, 152.
AMPOUVILLE (Guillaume d'), 109.
ANBLIGNY (Jehan d'), 97.
ANGENNES (Legier d'), secrétaire du roi, 117.
ANGIENNES (Ligier d'), secrétaire du roi, 252. Voy. ENGIENNES.
ANGENNES (Regnault d'), premier écuyer tranchant du roi, 205.
ARCHU (le chastel d'), 284.
ARGILLIÈRES (Monseigneur Jehan d'), 1, 7, 8, 12, 13, 14, 16.
ARLEY (Mme d'), 49.
ARNOUL (Johan), 100.
ARQUERY (Loys d'), prévôt de Lille, 26.
ARSU, emprès Neelle, 235.
ARTOIS (Robert d'), son anniversaire, 7.
ATYOLES (la dame d'), 11. Atioles, 12.
AUCEURRE (Félix d'), orfèvre, 38.
AUCHER, 111.
AUMOSNIÈRE (Johane l'), 80, 82.
AUNOY (messire Philippe d'), maître d'hôtel du roi, 243, 250.
AUX CONNINS (Jaquet), bouteillier, 179, 181, 182.

B

BAILLEUL (Ysabiau de), damoiselle de la reine, 12.
BARDES (Compagnie des), 41, 50.
BARLETE (Jaquemin de), 36.
BATAILLE (Nicolas), tapissier, 177.
BÉATRIX, damoiselle de la comtesse d'Artois, 12.
BEAUMARCHÈS (Mme de), 69.
BEAUMONT (Mme de), 34.
BEAUMES (Guillaume), 272, 277, 297.
BEAUMONT (Mons. de), 37, 41, 46, 49, 50, 65.
BEAUNIER (Guillaume), 266.
BEAUNIER (Guillaume), tondeur de draps, 138.
BEAUTÉ SUR MARNE, 130.
BEAUTÉ SUR MARNE, château royal, 295.
BEAUVAIS (le châtelain de), 183.
BEC (Simmonet le), orfèvre, 184, 187, 189, 191, 192, 230.

TABLE DES NOMS.

Benoist (Guillaume), tailleur de la reine, 26.
Bernart (Perrin), gaingnier, 179, 230.
— Pierre Bernart, 229.
Berron (Jehan de), 276, 278, 291, 292, 301.
Berron (Jehan de), drapier, 127, 128, 136.
Berry (le duc de), 129, 282.
Besançon (Guyot de), 297.
Besançon (Guiot de), drapier, 133.
Besançon (Pierre de), orfèvre, 38.
Bétisi (Mons. Jehan de), 12.
Bétizac (J. de), 245.
Biaugieu (Mme de), 10.
Billouart (Jehan), 37, 39, 40, 41, 48, 49, 50, 60, 62, 64, 66, 67, 72, 74, 78, 82, 84, 85, 93.
Blanchet (L.), secrétaire du roi, 246.
Bohême (le roi de), 24.
Boileaue (Pierre), mercier, 213, 214.
Boissay (messire Robert du), maître d'hôtel du roi, 242, 249.
Bon Jehan, lombart, 35.
Bordes (messire Guillaume des), 130.
Borgne (Lucas le), tailleur du roi, 24, 25.
Bouchon (Johan de), 85, 86, 87.
Boulonnois (Jacques de), 92.
Boulonnoys (Agnès de), 68.
Bourbon (le duc de), 129.
Bourbon (Mons. de), 37, 42.
Bourbon (Pierre, duc de), 33.
Bourbon (Mme de), 26.
Bourcière (Margot la), cousturière du roy, 156, 317.
Bourdon (Simon), 277, 297.
Bourdon (Simon), drapier, 133.
Bourdon (Lorens), contrôleur de la chambre aux deniers du roi, 117.
Bourdrac (Pierre). Voy. Pagant (Pierre).
Bourgois (Jehan le), 1.
Bourgogne (le duc de), 32, 129.
Bourgogne (la duchesse de), 6, 9, une cote et un mantel de draps de Turquie pour ses noces, 9.
Bourgogne (la reine Jeanne de), 21.
Bourguignon (Jehan le), tailleur de la reine, 6, 7, 9, 10, 12.
Bousdrac (Pierre), dit Pagant. Voy. Pagant (Pierre).
Bouteau (Estienne), 109.
Braconnier (Jehan le), espinglier, 224.
Brahier (Girart), pelletier, 257.
Braque (messire Jehan), maître d'hôtel du roi, 242, 250.
Braque (messire Nicolas), maître d'hôtel du roi, 241, 249.
Brebant (Jehan de), receveur du Dauphiné, 114.
Breton (Gieffroy le), 91.
Bréval, 27.
Briçonnet, clerc de la chapelle du duc de Touraine, 229.
Brie (Jehanne de), marchande de toiles, 151, 152, 154, 241, 260.
Brie (Hervy de), rubannier, 146.
Brisemiche (Robinette), couturière de la reine, 156, 318.
Brun (Colin), drapier, 244.
Brun (Antoine), drapier, 262.
Brunel (Guillaume), argentier du roi Charles VI, 113, 245, 252.
— Robe de drap sanguin de Bruxelles, fourrée de menuvair, qui lui est donnée, 245.
— Ses gages, 254.
Brusquen (Hennequin de), drapier, 242.
Buignet (Aubelet), drapier, 119, 120, 122, 124, 127, 128, 129, 131, 132, 133, 136, 137, 138, 238, 240, 243, 245, 246, 259, 272, 273, 274, 275, 276, 277, 278, 280, 281, 283, 285, 286, 287, 291, 294, 298, 299, 300, 302.
Byère (le rentage de), 98.

C

Caen (le bailli de), 112.
Calloue (messire Nicole de), 37, 59, 66, 80, 88, 91, 95, 96.
— Nicole de Calloe, 89.
Canlers (Jaquet de), premier sommelier du corps, 189, 206, 207, 216, 224, 233.
Cardinaux, 28.
Cartaut (Johan), 101.
Caschier (Johan), de Dourdines, 102.
Catherine de France. Voy. Noces.
Cencerre (le mareschal de), 130.
Challot (Gieffroy), 111.
Challoue (Nicole de), 110. Voy. Calloue.
Chalons sur Marne, 264.
Chalons (le grenetier de), 115.
Chamaillart (Jehan), 109.
Chambly (Pierre de), messager, 263.
Champenoys (Jaquet le), tailleur, 34.
Chantemelle (messire Taupin de), maitre d'hôtel du roi, 241, 249.
Chanteprime (Jehan), receveur général des aides, 115, 237, 264.
Chasteau Landon (le prévôt de), 109, 111.
Chateauneuf sur Loire, 104.
Chastenoy (maistre Jehan de), contrôleur de la chambre aux deniers de la reine, 244.
— Jehan de Chastenay, 251.
Chateauthierri, 264.
Chateauthierri (le grenetier de), 115.
Chantelou, 15.
Charles le Bel (le roi), 17.
Chartres (l'évêque de), 65, 68.
Chenevacier (Quentin le), 35.
Chésy (Denisot de), messager, 263.
Chevalier (Estienne), 74, 76, 87.
Chevigny (Garcin de), 109.

Chevreuse (messire Pierre de), maitre d'hôtel du roi, 241, 249.
Cimetière (Jean du), 111.
Clémence de Hongrie (la reine), 37; drap mis sur sa tombe, 73.
Clerc (Mᵉ Pierre le), 280.
Clerc (Pierre le), grenetier de Chateauthierri, 115.
Clermont sur Oise, 288.
Climence, premier chapelain du roi, 190.
Climence (Guillaume), tailleur de robes, 119, 120, 121, 122, 123, 124, 126, 127, 128, 129, 139, 141, 143, 150, 160, 279, 282, 283, 288.
Climent (messire), premier chapelain, 269.
Coiffissière (Alips la), bourcière, 228.
Coilly (Jehan de), pignier, 214.
Colet (Jehannin), sommelier de la chapelle, 231.
Compiègne, 235, 288, 290.
Comptes (Nosseigneurs des), 35.
Condé (Jehan de), valet de chambre du roi, 117, 246, 252.
Condé (P. de), 67.
Connétable (le), 24, 129.
Contant (Pierre le), 96.
Convers (Philippe le), chancelier de la reine, 12.
Convers (Pierre le), de Baugency, 110.
Coquinet, fou du duc de Thouraine, 183, 232, 234, 238, 240, 241, 247, 248, 277, 294, 295, 317.
Corbeil, 89, 92.
— (le château de), 90, 97.
Corbeil (Ansiau de), 17.
Corbuel (Estienne de), 96.
Cornoaille (l'évêque de), 37, 63, 79. Voy. Cornouaille.
Cordeliers de Paris, 7.
Cornouaille (l'évêque de), 82, 88, 89, 91.
Coucy (le sire de), 130.

DES NOMS.

COULENCOURT (sœur Marie de), 69.
COURANT (P. le), 95, 97.
COURPALAY (la dame de), damoiselle de la reine, 11, 12.
COURTOYS (Symon le), coffrier du roi, 34.

COUSANT (Guy de), grand-maître de l'hôtel, 242, 249.
COUTIÈRE (Johanne la), 74, 76, 86, 87.
CRESTIENNE (Estienne), 100.

D

DAMPMARTIN (le comte de), 131.
DAUPHIN (feu le), 154, 155.
DAUPHIN (le petit), 7.
DAUPHINÉ (le receveur du), 114.
DAVID (Jehan), 273.
DAVY (Jehan), 284.
DAVY (Jehan), drapier, 122.
DESCHARRON (Pierre), 89.
DIDELE (Martin), coustepointier, 175, 226.
DIMENCHE LE COURRETIER, 89.
DOMPMARTIN (Jehanne de), gantière, 215.
DOURS (Thévenin de), mercier, 144, 240.

DOYEN (Jehan le), 100.
DREUES (la damoiselle de), 10.
DREUX (la comtesse de), 6. Sa fille, 10.
DREUX (messire Gauvain de), maître d'hôtel du roi, 242, 249.
DREZE (Jehan de), espicier, 133, 180.
DRION LE CHEVALIER, 97.
DRION LE CLERC, 98, 102.
DRION LE QUEU, *ibid.*
DUCHESSE (la), 6.
— de Bourgogne, 9.

E

EIRANT (Estienne), marchand de Paris, 244.
ENGIENNES (maistre Ligier d'), secrétaire du roi, 246. Voy. ANGIENNES.
ERMITE (Johannot l'), tondeur, 112.
ERMITE (Pierre l'), drapier, 242.
ESCHARÇON (Pierre d'), 96.
ESSARS (messire Philippe des), maître d'hôtel du roi, 242, 250.

ESSARS (Pierre des), 37, 39, 40, 41, 48, 49, 50, 59, 60, 62, 63, 65, 66, 68, 74, 80, 82, 83, 85, 88, 89, 92, 93, 94.
ESTOURNEAU (Pierre l'), 295.
ESTOURNEAU (Perrin), tailleur de robes, 133, 140, 227.
ETAMPES, 263.
EUSTACE LA CHASUBLIÈRE, 65, 66, 68, 83.

F

FAUCON (Jehan), varlet et garde de Haincelin Coq, fou du roi, 239, 295, 309.
FERRIÈRES (la garenne de), 111.
FIGUIER (Jean du), ouvrier de la reine, 28, 29.
FLAGY EN GATINAIS, 99.
FLAMENT (Guillaume le), 51, 59, 61.
FLANDRE (le comte de), 32.
FLAQUET (Estienne), 108.

FLORIGNY (Philippe de), chambellan du duc de Touraine, 173.
FLOURI (Gieffroy de), 1.
FOIRET (Guillaume), fou de la reine, 248.
FONTAINEBLEAU, 89, 111.
— (meubles de), 97.
FOU (Pierre du), coffrier, 178, 180, 182, 183, 230, 232.
FOUEL (Guillaume), fol de ma-

dame la royne, 239. Voy. Fouet.

Fouet (Guillaume), fou de la reine, 303, 313.

Four (Pierre du), pelletier, 249.

Fourqueus (maistre Guillaume de), 37, 65, 74, 80, 94, 95.

France (Blanche de), 13.

France (Marguerite de), 15.

Frères mineurs de Grai, 7.

— de Paris, 13.

G

Gaagni (Johan de), le tailleur, 69.

Gaillionnel (messire Guillaume de), maître d'hôtel du roi, 243, 250.

Gal (Nicolas du), coustepointier du roi, 20. 21, 22.

Gallande (Guillaume), 287, 290, 291, 293, 298, 300, 302.

Gallande (Guillaume), marchand de toiles, 150, 151, 152, 153, 154, 155, 228.

Gamaches (Robert de), 5.

Gassot le peletier, 87.

Gastellier (Robin le), 97, 98.

Gastinois (le), 89.

Gaudart (Mahieu), 104.

Gaudin (Robin), 99.

Gautier l'ouvrier, 10.

Gay (Raoulet le), clerc de la chapelle, 228, 230, 231.

Gervaise (Pierres), 35.

Gerville (cens de la), 102.

Geuri (Othelin de), 12.

Gilleberde (Jehanne la), 213.

Gillet, de l'Aumosnerie, 83.

Gillet, de l'Eschançonnerie, 85, 90.

Gillet le chasublier, 79.

Giroles (Pierres de), 110.

Girost (Jehan), pignier, 212, 213.

Gisors, 236, 292, 293.

Gisors (le bailli de), 108.

Godart (Charlot), 111.

Godeffroy le Courratier, 88.

Gontier (Henriet), brodeur, 176.

Granches (Adenet des), 2.

Grand Prieur (le), 85.

Granges (Adam des), 1, 6.

Gray (Mons. Symon de), 12.

Grès (Henry des), pignier, 213.

Grez en Gatinais, 100.

Guérart (Guillebert), varlet de chambre de la reine, 298.

Guérart (Gillebert), sommelier de corps de la reine, 150, 181, 185, 213.

— son valet de chambre, 209, 224, 233.

Guillebert (Philippon), 109.

Guye (Robin de), 100.

H

Haincelin Coq, fou du roy, 183. 232, 234, 238, 240, 247, 277, 294, 295, 308.

Hamelot (Adam), voiturier, 265.

Hanon (Thomas), du Pont Saint-Pierre, 104.

Hémon (Jacques), receveur des aides à Soissons, 116, 265, 266, 267.

Herches (Johan de), 110.

Homo (Denisot), chapelier, 206, 209, 210, 260.

Hongre (Estienne Bièvre, dit le), brodeurs, 187, 200.

Hospitaliers (les), 91.

Hotel-Dieu (l'), 73.

Huchier (Jehan le), charpentier, 224, 226, 227.

Hue (maistre Jehan), secrétaire du roi, 245, 251.

Hutin (Jehan), mercier, 142.

J

Jaoylier (Perot), 100.
Jaquemin le concierge, 103.
Jaudoine (Jehan de), tapissier, 176.
Jean, duc de Normandie, 21.
Jeanne, fille de Louis X, 10.
Jeanne d'Evreux (la reine), 46, 84, 67.
Jehaniet, de Beauté, 130.
Jehannet, de Beauté, 295.
Johanot, tailleur de la reine Clémence de Hongrie, 68.
Jordinier (Thevenin le), 104.

L

La Boulote de Nuefville, 110.
La Fons (Guillaume de), secrétaire du roi, 246, 253.
Labrest (messire Charles de), 129, 253.
Labrest (le seigneur de), 130.
Lambris (Marguerite de), damoiselle de la reine, 11, 12.
Lambriz (Marguerite de), 8.
Laon (l'évêque de), 74.
Laudebelon, 78.
Launoy (Jacques de), grenetier de Châlons, 115, 116.
Launoy (Jehan de), 99.
Le Clerc (Jehan), marchand de Paris, 251.
Le Fèvre (Jehan), hennapier, 225.
Le Gras (Jehan), 266.
Lengres (Simon de), pelletier, 163, 164, 165, 166, 167, 168, 169, 173, 247, 261.
Lengres (Mᵉ Pierre de), 12.
Léry (Marguerite de), brouderesse, 33.
Lescot (Maci), 1.
Lestre (Aubelet de), sommelier du corps, 189, 210, 233.
Lille (Isabiau de), damoiselle de la reine, 11, 12.
Lille (Jehan de), orfèvre, 38.
Lille (Simon de), orfèvre, 38, 97.
Lincoln, 297.
Lisle (Colinet de), premier barbier du roy, 214.
Lombardie, 290.
Lonchamp, 13.
Lorencin, sommelier des espices, 151.
Lorrez le Bocage, 99.
Lorris en Gatinais, 102.
Louvre (le), 154.
Louvre (la tour du), 1.

M

Maciquart (Pierre), 97.
Maineville, 108.
Male-Cressance (maistre Jehan), 27.
Mallet (messire Gilles), maître d'hôtel du roi, 242, 250.
Mandole (Jehan), peletier et varlet de chambre du roy, 157, 158, 159, 160, 161, 162, 169, 170, 171, 172, 173, 247, 261.
Mante (Jehan de), lieutenant de l'Argentier, 265.
Mantes, 236.
Marc (Colin), 260.
Marche (le comte de la), 130.
Maubuisson, 235, 282, 283, 289, 290, 297, 303.
Maucourt (Pierre de), chevalier, 89.
Maulin (Jehan), maître des comptes, 266.
Meaulx (Jehan de), pelletier, 250.
Meaux (Guillaume de), 86.
Meaux (Thébaut de), 70, 88.

Melun, 263.
Melun (le vicomte de), 130.
Mercier (messire Jehan le), maître d'hôtel du roi, 241, 249.
Mesnagier (Johan le), de Corbeil, 95, 96.
Messy (Climent de), chauderonnier, 224.
Mez le Mareschal (le), 89, 90, 101, 109.
Mont Saint-Michel (le), 13.
Montaigu (Jean de), 242, 245, 251.
Montargis (le prévôt de), 111.
Montbéliart (la fille du comte de), 11.
Monteron (Guillaume de), tailleur de la reine, 296.
Monteron (feu Guillaume de), tailleur de la reine, 140.

Montferrat (Guillaume de), 130.
Montflascon (messire François de), 37, 65, 68, 80, 90.
Montigny (Jahot de), 102.
Montigny (Raoul de), grenetier de Reims, 115, 237.
Montoche (Mons. Jehan de), 12.
Moret, 98.
Moret (l'appostolle de), 111.
Mourcient (l'estanc de), 98.
Mousteruel (Erembour de), 77.
Moustereul (Guillaume de), argentier du roi, 20, 23, 31, 35, 36.
Moustier (Guillaume du), 89.
Moustiervilliers, 292.
Moynat (Jehan), varlet de chambre du roi, 176, 254.
Munier (Regnaut le), 99.

N

Naine de la reine. Voy. Aelips.
Nantuel (Philippe de), 88.
Nantueil (Marguerite de), 68.
Naples (Robert, roi de), 63.
Napples (Johanne, femme Perrotin de), 69.
Navarre (le roi de), 24.
— (la reine de), 27.
— (les fils du roi de), 28, 35.
— (ses filles), 30.
Neaufle (Mons. Hue de), 12.
Neaufle (la dame de), 11.
Neelle (Pierre de), 46, 47, 51, 59, 60, 61, 74, 83, 86.

Nemours, 100.
Nevers (le comte de), 129.
Nicole. Voy. Lincoln.
Nicole (Mons.), le chapelain, 93.
Noion (Monseigneur de), 1.
Normandie, 104.
Normandie (la duchesse de), 23, 26, 27.
Normandie (Charles de), 23.
Notre-Dame de Paris, 67.
Noyers (Mons. de), 78, 82, 84, 93, 108.
Noyon (l'évêque de), 1, 284.

O

Omont (Hutin d'), 130.
— chambellan du roi, 183.
Orléans (Jehan), peintre et varlet de chambre de Charles VI, 179.
Ospital (Jehan de l'), 110.
Ostellier (Robin l'), sergent de Corbeil, 96.

P

Pagant (Pierre), mercier, 141, 145, 146, 147, 148, 259, 282, 291.
Paignye (Girart le), 103.
Paillart (Jehan de), varlet de chambre de la reine, 298.

Paris. Rue du Temple, 89.
— La Grève, 96.
Paris. Voy. Cordeliers. Frères mineurs. S. Antoine.
— Entrée de la duchesse de Bourgogne, 10.

DES NOMS.

Paroy (Perrin de), brodeur, 27, 29, 30, 31.
Pascon (Jehan), orfèvre, 38.
Patin (Guillaume), 100.
Paveilli (Mᵉ Jehan de), 12.
Pelletiers. Voy. Four (Pierre du); Lengres (Simon de); Mandole (Jehan); Meaulx (Jehan de); Pinchon (Jehan); Thouroulde (Jehan); Val (Berthaut du); Val (Jehan du); Voirrière (Guillaume de).
Perceval Vincent, 109.
Perdrier (Guillaume), maître de la chambre aux deniers du roi, 117, 186.
Perdrier (Jehan), maître de la chambre aux deniers de la reine, 114, 244, 251.
Picart (Jehan le), grenetier de Sens, 115, 237.
Pidoue Bouffart (Guillaume), 69.
Pigache (Pierre), prêtre, 8.
Pilastre (Renaut), 110.
Pinchon (Jehan), 303.
Pinchon (Jehan), varlet, peletier et fourreur des robes du Roy,
156, 163, 169, 174, 256, 260, 271.
Plancy (Nicolas de), clerc des comptes, 263.
Plessis (le), en Normandie, 104, 108.
Poilevillain (Jehan), 86.
Pontaudemer (Robert de), pennetier du roy, 253.
Pontoise, 235.
Poocourt (les cens de), 111.
Pooline (Guillebert), 105.
Poquet (Pierre), contrôleur de l'Argenterie, 113, 245, 252.
— Robe de drap sanguin de Bruxelles, fourrée de menuvair, qui lui est donnée, 245.
— Ses gages, 254.
Postellet (Jehan), 97.
Poullallier (Philipot le), de Corbeil, 111.
Préaus (Mᵉ Raoul de), 12.
Précy (Adan de), 65, 70, 92.
Prée (J. de la), 104, 105, 106.
Présigni (la dame de), 12.
Puiseux (Mons. Ernoul de), 275.
Puisieux (messire Ernoul de), maître d'hôtel du roi, 242.
— (Arnoul de), 249.

Q

Queu (Henri le), 111.
Queux du Roy (le premier), 160.

Qui-va-la (Jehan), 225, 228.

R

Raineval (le sire de), 130.
Rapponde (Digne), 257.
— (Dine), 292.
Rapponde (Dine), mercier, 145.
Ray (Guillemete de), 11.
Rayneval (Mons. de), chambellan du roi, 308.
Reims, 264.
Reims (le grenetier de), 115.
Reine (fourrures pour la), 309.
Reine (la), 132, 133, 139, 143, 147, 149, 153, 177, 182.
Reine (la), 5. Voy. Table à manger; Usages; Dons aux églises; Pigache (Pierre); Chapelle; Livres; Nain.
— ses quatre damoiselles, 11.
Remy (Guiot), marchand de toiles, 150.
Renier, du Séjour, 96.
Riche (Jehan le), receveur du Vermandois, 115.
Richevillain (Perrin), clerc de l'Argentier, 265, 267.
Richon (Tévenon), 97.
Robert le Paumier, 89.
Robin, le boucher, 104.
Rochefort (la dame de), 12.
Rochefort (Mons. Guy de), 12.
Rodemagne (Mᵉ Jehan de), tailleur de la duchesse de Normandie, 32.

Roi (le), 5, 119, 120, 121, 122, 123, 124, 125, 126, 127, 129, 131, 138, 139, 141, 142, 143, 145, 147, 157.
Rouen, 236.
Rouen (le bailli de), 112.
Rousseau (Johan), 97.
Rousseau (Odin), clerc de l'Argentier, 264.
Roy (Colin le), brodeur, 199.
Rue (Ode de la), 108.

S

S. Antoine delez Paris, 8.
S. Denis (l'abbé de), 37.
S. Germain l'Auceurrois, 62, 83.
S. Germain en Laye, 39, 41.
S. Jacques de Galice, 8.
S. Leu (la dame de), 12.
S. Loys. Voy. Ymage.
S. Marcel (Johanot de), 92, 96.
S. Pers (Guillaume de), 97.
S. Pol (le comte de), 130, 131.
Sainte, femme de Nicolas Ferrebourc, cousturière, 226.
Saincte, 227.
Salemon, 214.
Sallomon, barbier du duc de Thouraine, 213.
Samoys, 111.
Sanssoire (le conte de), 129.
Saudubois (Jehan), varlet de garderobe de la reine, 148, 149, 155, 163, 182, 186, 187, 188, 225.
Saumur (Jehan de), cordouannier, 232, 233.
Saumur (Johanot de), 90, 95.
Savoye (Mme de), 26.
Savoye (Jehan de), armeurier du duc de Normandie, 33.
Séjour (le). Voy. Renier.
Séjourne (Jehan), receveur de Senlis, 114.
Selles (Robert), tailleur du duc de Normandie, 31.
Senlis, 235, 283, 300.
Senlis (le receveur de), 114.
Sens, 263.
Sens (le grenetier de), 115.
Sens (Pierre de), changeur du trésor, 114.
Sentré (Pierre de), 83.
Sezile (Mme de), 49.
Siguier (Guillaume), garde des lions du roi, 255, 271.
Soissons (le receveur des aides à), 116.
Sot (Me Jehan le), 33.
Soufflet (Guillaume), 112.
Soulas (Simon), orfèvre, 187.
Sourti (Pierre de), 111.
Suplicet le chasublier, 65, 67.
Suylli (damoiselle Maheut de), 6.
— Mahaut de Suelly, 10.

T

Tadelin (Edouart), mercier du roi, 20. 23, 29, 31, 35.
Temple (le), à Paris, 37.
— (le cellier du), 90.
— Gieffroy, portier du temple, 111.
— Jardin du Temple, *ibid.*
Thierry (Robert), mercier, 140, 141, 143, 146, 147, 148, 150. 259, 261.
Thion (Gillet), 110.
Thouraine (le duc de), 113, 119, 120, 121, 122, 123, 124, 125, 126, 127, 129, 131, 138, 139, 141, 142, 143, 145, 146, 147, 152.
Thouroulde (Jehan), pelletier, 251.
— Jehan Torode, 252.
Tigery, 95, 96.
Tigery (Johan de), 89, 95.
— Thygery, 96.
Til (Philippot du), 98.
Til (Ysabeau de), 69.
Tonnerre (Mme de), 26.
Toul (Jehan de), orfèvre, 38.
Touraine (fourrures pour le duc de), 313.

Tourneur (Guillaume le), de Corbeil, 110.
Toustain (Guillaume), tailleur du roi, 5, 17.
Trémoille (Guillaume de la), 130.
Trémoille (Guy de la), 130.
Troies (Jehan de), sellier, 142, 225, 227.
— Jehan de Troyes, 224.
Troillart (Thevenin), varlet de garderobe du roy, 225.

U

Uisy (Johan d'), 109.

V

Val (Berthaut du), pelletier, 162, 174, 249, 252.
Val (Jehan du), pelletier à Paris, 118, 174.
Valays (la fille monseigneur de), 10.
Valentinays (la dame de), 14.
Valois (Mme de), 87.
Valoys (sœur Ysabeau de), 70.
Varennes (Robert de), brodeur, 192, 194, 196, 199.
Vassal (Berthelin), 35.
Vaudelair (Jehan de), maître des comptes, 266.
Vermandois (le receveur de), 115.
Villaines (le Bègue de), 130.
Villeines (Martin de), 112.
Villepereur (messire Pierre de), 37, 59, 70, 79, 85, 91.
Villers (Renaut de), 111.
Vincennes, 155.
Violete (bois de), châtellenie de Corbeil, 111.
Vivier (Jehan du), orfèvre, 186, 190, 201, 202, 203, 229, 269, 271.
Voirrière (Guillaume de la), pelletier, 250.
Voussi (Estienne le), 109.
Vuide-bourse (Gieffroy), 100.

W

Willequin (Pierre), coustellier, 205.

Y

Ymbert, chancelier du Dauphin, 38, 49.
Ysabel de France, 5, 7, 10. Voy. Litière.
Yolant (damoiselle), 9.
Yolent, 10, 12.
Yssi (Yolent d'), damoiselle de la reine, 11, 12, 13.

TABLE ALPHABÉTIQUE

DES MATIÈRES.

A

A (un) esmaillé de France et de Hongrie, 43.
Advocacie. N. Dame (l'), 64.
Afeustreure (porteurs d'), 265.
Aguillier (un), 80.
Aiguière d'argent blanc, 184.
Aiguière d'or donnée à Charles VI, 179.
Aiguillettes de daim d'Angleterre, 185, 186, 187, 188, 189.
Ais (deux vies), 96.
Aisselettes de bort d'Illande, 227.
Amigaulx (tours de bras et), 165, 167.
Amigaux (poignès et), 164.
Amis parez, 65, 66.
— non parez, 67.
Anemallat aux Juys (l'), 63.
Angleterre. Voy. Aiguillettes.
Angleterre (une bourse de soie de l'euvre d'), 48.
Anneaux d'or, 203.
Aornemens de chappelle, 231, 232.
Apoticarries de la reine, 180.
Arbalestes, 183.
Arçons d'argent tret, 86.
Argent souroré, 49.
Argent vairré, 54, 55.
Argent du viez poinçon, 117.
Argent de Chipre, 192, 209, 210.
Argent doré traict de Damas, 201.
Argenterie (l'), 257.
Argenterie (Garnisons de l'), 174, 175.
Argenterie (compte de l'), 113.
Argentier (l'), 36, 237, 257, 263.
— Odin Rousseau, son clerc, 264.
— Perrin Richevillain, id., 265.
— Jehan de Mante, son lieutenant, 265.
—Voyage, 266. Voy. Moustereul (Guillaume de).
Armoiries. Voy. Escrinet.
Armuriers. Voy. Varlets de chambre.
Artillerie, 183.
Atour de la royne, 224. Voy. Espingles.
Atours de la reine, 154.
Atours. Voy. Hausses.
Aubefain. Voy. Tréçons.
Aubes, 65, 66.
Aubes (paremens à), 8.
Aulmuce d'escarlate pour le fou du roi, 247.
Aulmuce d'escarlate vermeille, 159.
Aumoires de fust (unes), 98.
Aumuces, 65.
Autel benoist (un), 109.
Avalouère, 89.
Avène (vingt cinq sextiers d'), 99.
Avoine (huit sextiers d'), 96.

TABLE ALPHABÉTIQUE DES MATIÈRES. 339

B (un fermaillet en guise d'un), 43.
Babouins, 51.
Bacin ront (un),
— plat, 91.
Bacin à laver testes (un), 106.
Bacin à laver mains, 106.
Bacin d'argent doré, à laver mains, 188.
Bacins à laver chief, 58.
Bacins d'argent vairrié, 55.
Bacins de chapelle, 229.
Bacins de laicton, 224.
Bahu (un), 59.
Bahu à mettre par dessus une malle, 180. Voy. Malles.
Balaham et de Josaphat (de), 64.
Balaiz (une teste de), 203.
Balences (unes), 85.
Balloy Madame (le gros), 41.
Balois, 38.
Banc (un grant), 108.
Bancquier de drap d'or, 226.
Banières, 34.
Banne (une), 85.
Baquet à quatre anneaux, 84.
Barbiers. Voy. Sallomon; Lisle (Colinet de).
Barillès d'argent à mettre eaue rose, 54.
Barils d'argent à porter l'eaue en l'Eschançonnerie, 185.
Barils ferrés, 85.
Barils d'argent vairré, 54.
Barils de jaspre, 57.
Bastons de pavillon, 28.
Batus d'or (de fleurs de lis), 107.
Baudequin (drap de soye), 286.
Béguins, 319.
Béguins de toile de Reims, 155.
Bendez, 3, 16.
Béricle (une), 47.
Berseil à parer (un), 154, 155.
Berssouère à parer du Dauphin, 155.
Bessière (une) en une queue, 90.
Bible en françois, 64.
Bièvre. Voy. Peliçons.
Bièvre (chappeau de), 157.
— fourré de martres, 174.
— fourré de menuvair, 168.

Bièvre (chapperon de), 172.
Bièvre brun, bièvre blanc, 206.
  Voy. Chappeaulx.
Bièvres (deux) pour faire carcailles, 173.
Bire (un) d'argent, 184.
Bisète de fil d'or de Chippre (une pièce de), 199.
Blanc de Brucelles, 273.
Blanchet, 135.
Blanchet, pour faire chausses, 239.
Blans à 5^d t. la pièce, 265.
— autres à 4^d, ibid.
Blé (dix huit sextiers de), 96.
Bloques (male garnie de courroies et de), 180.
Blouques de fer (grosses), 183.
Blouquettes d'argent doré, 186, 189.
Bort d'Illande. Voy. Aissellettes.
Bottes de cuir (unes) pour la Reine, 152, 153, 163.
Bottes (baultes) doublées de toile de Reims, pour la Reine, 233.
Bottes de cuir à relever, 173.
Bottines haultes, plaines découpées, escorchées et noires, 232, 234.
Boueste de cuir, 47.
Boueste d'ivoire, 46.
Boueste d'yvière à mettre pain à chanter, 66.
Bouge de cuir de vache (une grant), 181.
Bouges (quatre) atout la ferreure, 85.
Bouges de cuir fauve (unes), 178.
Bougueran, 74, 75.
Bougueran pommeté, 76.
Bource à pelles, 59.
Bources de drap de soie, 148.
Bourcete broudée d'or, 41.
Bourcières. Voy. Coiffisnière (Alips la).
Bourre (la), 106.
Bourrelès de couronnes, 147, 149.
Bourse (une) de l'euvre d'Engleterre, 81.

Bourse de soie et d'argent tret, 47.
Bourse de soye sans or, *ibid*.
Bourses de cuir de chameu, 266.
Boursses de cuir, 231.
Bouteilles d'argent, 54.
Bouteilliers. Voy. Aux Connins (Jaquet).
Boutons d'yvoire, 79.
Broches d'ivoire, 212, 213, 214, 215.
Brebis d'espave, 110.
Brebis (deux cents dix neuf chiefs de), 104.
Bresil. Voy. Damoiselle.
Bréviaires, 61, 62.
Broches de corail, 60.
Broches de fer, 84.
Broderie à une branche de geneste (houppellande, ouvrée de), 171.
Broderie de deux houppellandes pointes de satin vermeil, 195.
Broderie de deux jaquettes de veluiau vermeil, 193, 194.
Broderie de deux manteaux de drap vert à chevaucher, 194.
Broderie de deux houppellandes courtes de drap vert, 193.
Broderie de deux courtes houppellandes de drap vert, 198.
Broderie de deux longues houppellandes de satin vermeil, 192.
Broderie d'un chappeau de bièvre, 201.
Broderie de deux manches de houppellandes, 199.
Broderie d'un grant manteau de veluiau vermeil pour le Roy, 200.
Broderie de deux longues houppellandes d'escarlate vermeille, — de deux courtes, 198.
Broderie (ouvraiges de) pour le Roi, la Reine et le duc de Touraine, 192.
Broderie de deux courtes houppellandes de veloux vermeil, 197.
Broderie d'un grant mantel de veloux vermeil, 197.
Broderie d'une longue houppellande d'escarlate vermeille, 196.
Broderie de vingt-six houppellandes de drap vert, 197.
Broderie de deux longues houppellandes de drap vert, 196, 198, 200.
Broderie faite par Isabeau de Bavière, 149.
Brodeurs. Voy. Hongre (Estienne Bièvre, dit le); Gontier (Henriet); Varennes (Robert de); Roy (Colin le).
Broetier d'argent, 50.
Broissequin (robe de), 71.
Broixelles. Voy. Bruxelles.
Brucelles. Voy. Bruxelles.
Bruxelles. Voy. Draps; Escarlates.
Bureaulx de Salle, 238, 239.
Bureaux, meuble, 275.
Buretes d'argent, 52, 229.
Burettes d'or, 231.
Burnete (noire), 72.
Buscau (un) tenant douze aunes, 93, 94.

C

Cabeu (saphir), 39.
Cadran (un), 82.
Cage. Voy. Pappegay.
Cagette d'argent à mettre oyselés de Chippre, 231.
Caillier. Voy. Madre.
Calice d'argent doré, 51, 107.
Camahieuz, 46.
Camelin blanc, 71.
— caignet, *ibid*.
Camelot (mantelet de), 71.
Camelot vermeil de Reims, 240.
Camelos de trippe, 19.
Cameloz de tripe, 3, 5, 6.
Camoquas, 6, 9.
Camoquas vers, 10.

Camoquas violets, 2.
Camoquas tannès, 10, 14.
Camoquas de plusieurs couleurs, 15.
Camoquois, violet, id. inde, 71.
Camoquoys d'Outremer, 21, 27, 28, 29, 32.
Carcailles fourrées, 161.
— (deux bièvres pour faire), 173.
Careis, 19.
Carreaus à seoir (six), 106.
Carreaux pour char, id. de laine vers, 74.
Carriaus. Voy. Quarriaus.
Cassidoine, 45.
Ceinteron (draps royez de), 275, 278.
Ceinteron. Voy. Draps.
Ceinctures de broderie, 194, 195.
Ceinctures d'or, 202, 203.
Ceinture (une) ferrée à doubles vers, 81.
Ceinture ferrée d'argent, 254.
Ceinture des armes de Hongrie, 80.
Ceinture ferrée d'or et à perles, 59.
Ceintures de chemises, 30.
Cendal tenné, 149.
Cendal tiercelin, azuré, vermeil, tanné, 147.
Cendal vermeil tiercelin, 145, 149.
Cendal blanc tiercelin, 145.
Cendal ardant, 26, 32, 33, 34.
Cendal vermeil en greine, 21, 24, 26.
Cendal vermeil sanz greine, 24, 33.
Cendal tanné, 27.
Cendal large en graine, 26.
Cendaulx tiercelins, 148, 159.
Cendaulz yndes, 26.
Cendaulz estroiz, 27.
Cendaus yndes (quinze) pesant 160 onces, 6.
Cendaus vermex (quatre pièces et demie de) pesant 42 onces et demie, 7.
— demie pièce de cendal vermeil, pesant 6 onces, *ibid.*

— un cendal jaune pes. 17 onces, un cendal vermeil, 17 onces, 8.
Cendaus rouges, yndes, 3, 4.
Cendaus vermex, 9, 16.
— un cendal ardant, pesant 11 onces, 11, 16.
Cendaus yndes (douze) pesant 123 onces, 12, 13.
— (quinze), pes. 135 onces.
Cendaus ardans, 13, 14, 17.
Cendaus foles, 3, 16, 17.
Cendaulz larges en greine, 34.
Cendaus plonquiés (deux) pes. 33 onces, 11.
Cendaulz vermeilz en greine, 28.
Cendaulz vers, des larges, 21, 22, 24, 25.
Cerf enmantelé (un), 53.
Cerf volant (chambre au), 176.
Chaère de cuir, 79.
Chaère de cuivre, *ibid.*
Chaères (cinq), 107.
Chaères petites (deux), 95.
Chaière à dossier, 227.
Chaière painte, 227.
Chaière de retrait, 227.
Chaière de retrait (la) de la Reine, 181.
Chaière de retrait (le siège d'une), 149.
Chaière de bois de noyer, 224, 225, 227. Voy. Faulx d'estueil.
Chaière à pigner le chef du Roy, 142.
Chambellan de France (droit du), 253.
Chambre de satin vermeil d'estive, 176.
Chambre de satin vermeil au cerf volant, 176.
Chambre de satin blanc pour la Reine, 175.
Chambre aux deniers, 112, 114, 185.
Chambre aux joyaulx (la), 151, 185.
— était au Louvre, 154.
Chambre des napes (la), 182.
Chambre de cendal ynde, 74.
— de bougueran blanc, 75.

Chambre de cendal noir, 76.
Chambre pour le roi, 20.
Chambre du duc de Normandie, 22.
Chambre aux Rosetes, 23.
Chambre de la Toussains. Voy. Quarriaus.
Chambre de la Toussains; Chambre de Pasques, 5.
Chambres de monseigneur le duc de Thouraine, 183.
Chambres pour le Roi, la Reine et le duc de Touraine, 175.
Chameu (cuir de). Voy. Bourses.
Chançons (un roumans de) noté, 64.
Chandele. Voy. Coffinet.
Chandeliers d'argent, 49, 52.
— à trois lyons, 50, 58.
Chandelliers de cuivre, 85.
Chanevacerie, 150, 153.
Change de florins royaux, 111.
Chape faite de deux draps racas, 6.
— de trois camoquas, *ibid.*
— d'un veluiau noir besanté d'or, *ibid.*
— de deux camoquas, 7.
— de trois pièces de racas changeant, 9.
— d'un nachis d'or, 10.
— d'un quamoquas, 10.
— de taphetas, 11.
Chapelle (les quatre clercs de la).
— (les trois sommeliers), 244, 250.
Chapelle du Roi, de la Reine et du duc de Touraine, 228.
Chapelle (inventaire de), 107.
Chapelle (une cuve et la) pour estuve, 98.
Chapelle de la Reine, faite de trois dyaprés vers, 8.
Chapelle des filles du Roi, *ibid.*
Chapes pour damoiseles, de drap marbré, 71.
Chappe (fourrure d'une), 165.
Chappeaulx de bièvre, 261.
Chappeaulx de bièvre pour le Roi, pour la Reine et pour mons. le duc de Touraine, 206.

Chappeaulx de fin bièvre blanc, 206, 207, 208, 210, 211.
Chappeaulx de fin bièvre brun, fors, 206, 207, 208, 209, 210, 211, 212.
Chappel d'or du Roy, 202.
Chappelains du Roi (les six), 243.
— Les onse chapelains du Roi, 250.
Chappeliers. Voy. Homo (Denisot).
Chappeaux d'esté, 35.
Chappel d'or, 38, 39.
Chappel sus deux vergetes, *ibid.*
Chappel dépécié, 39.
Chapperon d'escarlate vermeille fourré de martres, 174.
Chapperon fourré de cendal, 137.
Chapperons à laver, 27.
Chapperons (fourrure de), 158.
Chapperons doubles et sangles, 121, 122, 125, 129.
Chapperons de drap vert (vingt-six) pour le premier jour de may, 129, 130.
Chapperons doubles, 122, 124.
Chapperons d'escarlate rosée, 120.
Chappes, 65, 67.
Char Madame (le), 87, 88.
Charètes (deux), 96.
Chariot des armeures, 34.
Charpentiers. Voy. Huchier (Jehan le).
Chasuble de cendal, 14.
Chasubles, 65, 67.
Chats, fourrure, 248.
Chaucementè pour le Roi, la Reine et le duc de Touraine, 232.
Chauderon d'estuves (un), 91.
Chauderonniers. Voy. Messy (Climent de).
Chaudière (une) pour fruicterie, 84.
Chaudières à quatre anneaux, 84.
Chaufeurs (deux), 106.
Chauffouère (une), 91.
Chausce à peschier (une), 109.
Chausses, 122, 123, 124, 125, 126, 128, 129.

Chausses de drap blanc, 120, 128, 238.
— d'escarlate vermeille, *ibid.*, 123, 128.
Chausses d'iraigne de Malines, 240.
Chausses semelées, 233, 234.
Chausses (aiguillettes pour), 186, 187, 188, 189.
Chausses faites à l'esguille, 207.
Chausses pour la Reine, 132, 135, 138. Voy. Jartières.
Chaussons de toille de Reims, 152.
Chaussons de drap blanc, 120, 122.
Chayennes de laicton, 227.
Chemises à vestir pour la Reine, 153, 155.
Chemises à pointes, 28.
Chemises à pointes et à dars, 30.
Chemises pour des corsets de drap d'or, 153, 155.
Chenet de fer (un grant), 106, 108.
Cherète (une bonne), 105.
Chérus à fers et à rouèles (deux), 105.
Cheval morel (un); un cheval ferrant, un cheval lyart, 87.
— Un cheval bay baucen, 88.
— Un cheval gris, un cheval blanc, *ibid.*
Chevaux, 96.
Chevaux de charue (quatre), 105.
Chevaux de la reine Clémence de Hongrie, 87, 88, 89.
Chevet de cendal ynde, 75.
Cheville de fer, 95.
Chièvres (dix sept), 104.
Chopines à eaue, 57.
Ciel de pavillon, 28.
Ciseaux (deux paires de), 81.
Civière (une), 97.
Cloche (une) pour moustier, 108.
Cloche, vêtement, 146, 147.
Cloches de cendal ynde, 13.
Clous de fay, 3.
Cloyere et limaignon (une), 85.
Coc (un) semé de perrerie, 43.

Coffinet (un) de fust blanc, pour chandele, 7.
Coffre de bois (un), 178.
Coffrerie pour le Roi, la Reine, et le duc de Touraine, 212.
Coffrerie, males et bahus, 178.
Coffres (deux grans) de bois, 180.
Coffres de bois, 181, 182, 231.
Coffres de cuir à sommier, 232.
Coffres à sommier, 183.
Coffres lons pour torches, 85.
Coffres rons ferrés à porter vesselle, 84.
Coffres (inventaire de), 82.
Coffres de fust, 82.
Coffres de chapelle, 83.
Coffres de cuir noir, 7.
— Coffres blans ferrés de fer, *ibid.*
Coffres de soye (deux) pour un chien, 59.
Coffres fustins blans, 3.
Coffriers. Voy. Fou (Pierre du).
Coiffes de soie, 213.
Coissin de lit, 24.
Coissin de table, 25.
Colerez, vêtement sacerdotal, 66.
Coliers de limon (deux), 105.
Collier pour le chien de la Royne, 185.
Colliers et trais de chevaux, 89.
Communes choses pour le Roi, la Reine et le duc de Touraine, 223.
Confesseur du roi (le) et son compagnon, 240.
Connins de la garenne de Ferrières, 111.
Conqueste de Césile (de la), 64.
Contrefille (un couvertouer de), 103.
Contrerostiers de fer, 84.
Coppe d'or de la Reine, 185.
Coq d'une perle (un), 54. V. Coc.
Coquemart (un), 91.
Coquille de perles, 53.
Corail (un arbre de), 59.
Cordouanniers. Voy. Saumur (Jéhan de).
Cornet d'argent (un), 56.

Corporalier (un) et deux corporeauls dedens, 107.
Corporallier de samit vermeil; — ouvré à ymages, 66.
Corsès cours, 148.
Corsès de drap d'or, 135.
Corset pour la Reine, 137.
Corset de 4 aunes de drap vert gay, 278.
Corset fait de 3 aunes d'escarlate, 296.
Corset ront, 135, 136.
Coste hardie d'escarlate morée pour la Reine, 164.
Coste hardie d'escarlate vermeille, *ibid*.
Coste hardie de drap vert, *ibid*.
Corset de camoquois, sans manches, 71.
Corset ront, 26, 69.
Corset rond, de camoquas, 10.
Corset de char, id., 10.
Corsets de cendal, 11.
Corsez, 25, 27, 30.
Corsez broudez, 32.
Corsèz à char, 7.
Cote de nachis de Lucques, 9.
Cotes hardies, 69.
Cotes hardies à chevaucher, 291.
Cote hardie à chevauchier, 162.
Cote hardie à chevaucher d'escarlate violette, 173.
Cotes à ceindre de la Reine, 182.
Cotes hardies, 119.
Cotes hardies à chevauchier, 127.
Cote à ceindre (manches de petite), 132. Voy. Garde-corps.
Cote hardie (manches de), 157.
Cote (petite), 239.
Cote simple pour le fol de la Royne, 239.
Cote hardie pour la Reine, 134.
Cote hardie à chevaucher (longue) pour la Reine, 137.
Cote simple (manches de), 169.
Cotes (petites), 188.
Cotes simples, 154, 155.
Cote à chevaucher d'escarlate rozée. Pour la Reine, le 7 juin. Autre le 23 juin, 169.
Coton, 27.
Coton entre deux toilles, 288.
Coton (deux livres de), 180.
Coupe de cristal, 53.
Coupes d'or, 60. V. Coppé.
Courroies de cuir de vache, 183.
Courset de drap vert, 239.
Courtines de cendal, 76.
Courtines de chapelle, 8.
— de salle, 11.
Courtines de pavillon, 28.
Coussinès pour emplir de lavende, 148.
Cousteaulx d'argent doré, 269, 270.
Cousteaulx à manches d'ivoire, 205.
Cousteaulx garnis d'argent doré, 190.
— appelés taillebois, 191.
Cousteaulx à trancher, 79, 205.
Couteaux à manche d'argent, 82.
Coutepoincte blanche (une), 103.
Coutepoincte de cendal ynde, 73.
— de bougueran blanc, 75.
Coustellerie pour le Roi, pour la Reine, et pour le duc de Touraine, 205.
Coustelliers. Voy. Willequin (Pierre).
Cousturières. Voy. Bourcière (Margot la); Brisemiche (Robinette).
Coutes et coissins, 97, 98, 101, 103, 108.
Coutes (inventoire de), 90, 92.
Coutepointiers. Voy. Didele (Martin).
Coutres, 95.
Couture (comptes de), 156.
Couture (travaux de), 317.
Couvertouer rouge (un), 103, 105. Voy. Contrefille.
Couvertouer de burel, 106.
Couvertouer fourré d'ermines, 9.

Couvertures, 73.
Couvertures de livres, 142, 143, 238.
Crespines, 3, 16.
Croix esmaillée, 51.
Croix d'or, 40.
Croix d'or de la chapelle du Roi, 230, 271.
Crucefix, 52.
Cuevrechefs, 28.
Cuevrechiefs, 213, 214.
Cuevrechiés, 3, 6.

Cuilliers d'argent blanc, 54, 57.
Cuilliers de cristal, 60.
Cuilliers d'or, 61.
Cuir de truye, 181.
Cuir de vache, 181.
Cuirie (une) pour le chariot, 84.
Custode de cendal verd, 21.
Custodes de cendal vermeil, 66.
Cuves (trois), 97, 101.
Cuvier (un), 96.
Cuviers (quatre), 97.

D

Damas. Voy. Draps de soie ; Draps d'or ; Fil d'or traict.
Damoiselle (une), 82.
Damoiselle d'argent, 53.
Damoiselle de brésil (une), 6, 17.
Daymans, 40.
Dereçouer (un), 101.
Desvidouère (une), 82.
Desvidouères d'yvoire, 3, 4.
Devantiers de drap encendré, 67.
Devises — verge d'or esmaillée à K. et à E., 201, 202, 227.
— blouques et mordans esmailliés à K. et à E., 189. Voy. Espérance.
Diamans, 201, 203.
Diamans d'esmeraude, 40.
Diaprez (drap noir), 67.
Dix commandemens de la loy (des), 63.
Domatiques, 65, 67.
Dons, 179, 237.
Dons de Mercerie et d'Orfaverie, 240.
Dons de draps de laine, 241.
Dons de pannes et fourreures, 247.
Dons de communes choses, 253.
Dons de chaucemente, 254.
Dons de chenevaceries, 241.
Dons aux églises, 5, 7, 8, 12, 13.
Dosseil (un), 2.

Dossel (un) de cendal noir, 107.
Dossier de sale (un), 74.
Dossière de char, 89.
Doubles d'argent, 47.
Doublès de la Royne, 182, 188.
Doublès à vestir, 153.
Doublet à vestir, 154, 155.
Doublet, 290.
— de toile, 295, 300.
Doublet de bougueran blanc, 75.
— de fusteine ridée royé, 76.
Doubleure, 130, 131.
Doublez (semée de perles et de), 41.
Doublez et signiaus à paternostres, 46.
Drageoir d'argent doré, 185.
Dragier de cristal, 53.
Draps sanguins de Broixelles, 243, 245, 246.
Drap de Broixelles, 244.
Drap pers de Malines, 244.
Draps : fin drap blanc à 40 ^{s} p. l'aune, 122.
Drap vert de Rouen à 16 ^{s} p. l'aune, 125.
Drap vert fin de Moustiervillier à 48 ^{s} p. l'aune, 128.
Draps : un fin drap pers entier de Broixelles de grant moison 51^l 4^s p., 122.
Draps : fin drap blanc de Bruxelles à 64 ^{s} p. l'aune, 120.
Drap vert brun de Broixelles à 40 ^{s} p. l'aune, 121.
Drap vert de Bruxelles de grant

moison à 44ˢ p. l'aune, 122.
Drap gris de Bruxelles à 48 ˢ p. l'aune, *ibid.*
Drap fin blanc de Bruxelles de grant moison, 120, 124, 128, 135.
Draps : draps sanguins de Brucelles, 274.
Draps de laine, 262.
Drap roié appellé ribaudeau de Rouen, 239.
Draps roiez de Ceinteron, 238, 239. Voy. Ceinteron.
Drap gris de Broixelles, tout prest, 122.
Drap pers (un fin) entier de Broixelles, de grant moison, 122.
Drap pers tout prest, de Broixelles, 132.
Drap pers de Rouen, 133.
Drap vert, 129, 132, 133.
Drap vert brun, de Broixelles, de grant moison, 124.
Drap vert brun prest, 130.
— de Rouen, 131.
Drap vert sur le brun de Bruxelles, de grant moison, 130.
Drap vert claret de Bruxelles, de courte moison, 130.
— de Rouen, *ibid.*
Drap vert claret tout prest, 131.
Drap vert de Bruxelles de grant moison, 122, 134, 136.
Drap vert fin de Moustiervillier, 128.
Drap vert de Rouen, 125, 136.
Drap violet de Broixelles, tout prest, 137.
Draps de laine, 132.
Draps : drap de Loviers, drap de royé de Gant, 94.
Draps, fais à l'aguille, 67.
Drap d'or de Damas, 142.
Draps d'or et de soie pour les offrandes du Roi, de la Reine et du duc de Touraine, 178.
Draps d'or et de soie, 140, 147.
Drap de soye de Damas, 147.
Draps d'or, 6, 65, 67.

— un drap d'or à fleurs de lis, 8.
— un drap ardant gouté d'or, 10.
Draps d'or appelés Naques ou Turquie, 18.
Drap d'or des armes de France, 2.
Draps d'or de Lucques, 2, 4, 5.
Draps d'or sus chanvre de Venise, 13.
Draps changeans royés de Lucques, 16.
Drap vert à or de Lucque, 2, 8.
Draps changens de Lucques roiez.
— grans draps roiez de Lucques, dont l'un est sus champ violet et l'autre sur ynde, 2.
Draps de soie, 2, 4.
Drap de soie baudequin sur champ vermeil, 143.
Drap de soie baudequin, 142, 143.
Drap de soie de Lucques des larges, 142.
Drap de soie de Damas (une pièce de) taint en graine, 140.
Drap de soie sus jaune et vermeil, 18.
Draps de Lucques à fleurs de lis, 18.
Draps de Turquie, 5, 7, 9, 11, 12.
Draps de Turquie à fleurs de lis d'or, 9. Voy. Nacques.
Draps d'or de Turquie, 12.
Draps d'or et de soie, 259, 261.
Drap de soye à petis besans sur champ noir, 282.
Draps linges, 241.
Draps de lit, 76, 77, 151.
Drécouers (deux), 91.
Duvet. Voy. Quarreaulx.
Duvet naïf, 226, 228.
Dyapre blanc, 7, 8, 301.
Dyapre vert, 8.
Dyappre (un drap de soye vermeil) cont. 9 aunes 1/2, 280.
Dyapré vert gouté d'or, 15.
Dyaprés, 18.
Dyaprés de Lucque, 2.

E

Eaue benoite. Voy. Flascon d'argent.

Eauebenoistier d'argent doré, 190, 229.

Eaue rose, 53. Voy. Esparjouers; Barillès d'argent; Fiole.

Eguille de Navarre (travaux à l'), 28.

Embre (une croix d') garnie d'or pour la Royne, 203.

Emeraudes, 38.

Encencier, 230.

Encensier d'argent, 52.

Entablement d'argent, 52.

Entonnouer (un) de cuir, 85.

Entretail de goutières de pavillon, 29.

Epistolier (un), 62.

Ermines (queues d'), 197.

Ermines. Voy. Couvertouer.

Ermynes, 268.

Escalates, 28.

Escarlate morée sur le brun de Rouen, 138.

Escarlate paonasse, 301.

Escarlates de Brucelles, 258.

Escarlate morée de Bruxelles, 132.

Escarlate morée de Rouen, 135.

Escarlate paonasse de Broixelles, entière, 136.

Escarlate sanguine de Broixelles, de grant moison, 133, 138.

Escarlate rosée toute preste, 120.

Escarlate rosée entière de Bruxelles, 120, 125, 126, 134, 135, 137.

Escarlate sanguine de Broixelles, 137.

Escarlate vermeille, 119.

Escarlate violete, 136.

Escarlate violette de Broixelles de grant moison, 124, 137.

Escarlate violette de Moustiervillier, 135.

Escarlate violette sur le brun toute preste, 134.

Escarlate vermeille de Bruxelles, 119, 120, 123, 125, 127, 128, 129, 131, 134, 135, 241, 242.

Escarlate de Bruxelles de grant moison, 121.

Escarlates : escarlate violette de Broixelles de grant moison, à 4^l 16^s p. l'aune, 124.

Escarlates : escarlate vermeille de Brucelles à 4^l 16^s p. l'aune, 120.

Escarlate rosée de Brucelles, même prix, *ibid*.

Escarlate rosée sur le brun, même prix, 123.

Escarlate rosée clère, même prix, *ibid*.

Escarlate morée, 92.

Eschàncres d'un seurcot ouvert, 312.

Eschantres (manches), 165.

Eschetz. Voy. Geux.

Eschiqueté (5 aulnes d'), 277.

Eschiquier (un), 74, 94.

Escrin de cuir, 46.

Escrin d'argent, 40, 46.

Escrin d'ivoire, 46, 80.

Escrin de fust garni d'argent entaillié, 59.

Escrinet peint à oyselès, 3, 17.

— aux armes de Brabant et d'Évreux, 3, 16, 17.

Escrinet paint de France et de Hongrie, 48.

Escrinet d'yvoère, 47.

Escriptoire d'argent (une), 56.

Escuelle d'argent pour la Chambre aux deniers, 185.

Escuelles d'argent, 58.

Escuelles d'esteim, 100, 101.

Escuelles d'étain, 83.

Escureux (pannes d'), 251.

Escureux de Alemaigne, 252.

Esmail, 269.

Esmaus de plice, 55.

Esmeraudes, 30.

Esmouchouer de soie brodée, 66.

Espargès d'argent doré, 190.

Esparjouers d'argent à gicter eaue rose, 53.
Espées du roi et du duc de Normandie, 33.
Espérance (mot qui dit), devise d'Isabeau de Bavière, 187, 192, 193, 194, 199, 269.
Espergès, 270.
Espevrier de cendal vermeil, 11.
Espices. Voy. Mortier.
Espices du Roy, 151.
— de la Royne, 133.
Espiciers. Voy. Dreze (Jehan de).
Espingles (quatre milliers d'), 224.
Espingliers. Voy. Braconnier (Jehan le).
Espingues, 3, 6.
Estal de cuisine (un), 96.
Estoles, 14, 65, 67.
Estui d'argent (un) à poudre, 54.
Estui à corporaus, 8.
Estuis de cuir boully, 179, 181, 213, 215, 229, 230, 231.
Estuves. Voy. Chauderon.
Euvre de soie (six douzaines d'), 3, 16.
Extrême-onction (l'). Voy. Livre pour ennuillier.

F

Fagos (environ sept cents), 102.
Fain (quatre chartées de gros), 97, 105, 108.
Fanons, 65, 67, 14.
Faulx d'estueil, 224, 225, 227.
Fermail ront, 42.
Fermail en guise d'une M, *ibid*.
Fermail à deux papegaus, 43.
Fermail à deux pies, *ibid*.
Fermail d'or, 203.
Fermaillet, 46.
Fermal, 41.
Fermal carré, 42.
Fers à gauffres (uns), 91.
Fèves (dix bouesseaus de), 91.
Fil de plusieurs couleurs (une livre de), 225, 228.
Fil d'argent blanc, 195.
Fil d'or traict de Damas, 193.
— de garnison, 194.
Fil oysel. Voy. Veloux.
Fil de perles, 44.
Fiole d'argent doré à mettre eaue rose, 57.
Flacon du cresme (le), 231.
Flascon d'argent blanc à porter eau benoite, 230.
Flascons d'argent vairrié, 55.
Flautées (quatre), 87.
Flaxaye (une), 94.
Florins. Voy. Change.
Florins de Florence, 48.
Florins d'or desguisés, 48.
Foire de Compiègne, 265, 266.
Foires de Champaigne, 88.
Fouès (deux) à chevaux, 82.
Fourchettes d'or, 61.
Fourme (une), 95.
Fourmes (vingt-six), 91.
Fourmes (quarante-neuf), 107.
Fourmes (vingt-deux), 101.
Fourment (demi muy), 99.
Fournement ynde (un), 81.
Fourrure d'un mantel à pignier, 159.
Fourrure de peliçons de drap de soie baudequin, 159.
Fourrure (la), 260.
Fourrures, 303.
Fourrure d'une robe d'escarlate violette, 158.
Fourrure d'une robe de drap pers de quatre garnemens, 158.
Fourrure de chaperons, 158.
Fourrure d'un mantel à fons de cuve, 157.
Fourrure d'une longue houppellande de satin vermeil, 157.
Fourrure d'une robe d'escarlate vermeille, 157.
Fourrure d'une longue houppellande d'escarlate violette, 159.
Fourrure d'une aulmuce d'escarlate vermeille, 159.

DES MATIÈRES. 349

Fourrure des manches d'une cote hardie, 157, 158.
Fourrure d'une robe d'escarlate vermeille, 159.
Fous. Voy. Haincelin Coq; Coquinet; Fouel (Guillaume).
Franc d'or (le) à 16 sous parisis, 113.
Frans, 266.
Fresne (bois de), 225.
Fretin, 47.
Fronteaulx (une douzaine de), 213.
Frontel (un), 2.
Frontel (un) de cendal noir, 107.
Fuerre d'avoine, de blé, 108.
Fustaine, 46 aunes en 3 pièces, 77.

G

Gaiges et pensions d'officiers, 254.
Gaingniers. Voy. Bernart (Perrin).
Galice, 229.
Galice d'or, 230.
Galie d'argent (une), 51.
Gand. Voy. Draps.
Gans bruns doubles, 221.
Gans de chien, 217, 218, 219, 220, 221, 223.
Gans à fauconnier, 220.
Gans fourrés de martres, 216.
Gans tennez, sengles et brodez, 216, 218, 219.
Gans doubles de chevrotin, 215, 216, 217, 218, 219, 220, 221, 222, 223.
— à boutons d'or, 216, 218.
Gans de parement pour le Roy (ungs), 199.
Gans de chamois, 215, 216, 217, 220, 221, 222.
Gans de louveteaulx, 216, 217, 218.
Gant senestre à fauconnier, 215, 222.
Ganterie pour le Roi, la Reine et le duc de Touraine, 215.
Gantiers. Voy. Dompmartin (Jehanne de).
Garde-corps en lieu d'un peliçon, 134.
Garde-corps, 299.
Garde-corps d'une petite cote, 133.
Garde-robe de la Reine, 148.
Garde-robe du duc de Thouraine, 146.
Garnache, 286.
Garnison (hermines de), 159.
Gasse Brulé, 64.
Gaufres de ceintures, 30.
Gaufres d'orfaverie, 35.
Gauffres. Voy. Fers à gauffres.
Gectées (parties non), 49.
Gectoirs, 266.
Geest (paternostres de), 46.
Géline (une) de perle de coquille, 54.
Genestes (deux), 161.
Genestes de broderie, 162.
Getouer d'argent, 50.
Geux de tables et d'eschets, 225.
Gez d'une houppellande, 157, 170.
Gibecières, 80, 82.
Gobelet d'argent, 57, 58.
Gobelet d'or couvert, du Roi, 182.
Gobelet d'or de la Reine, 184.
Gobelet de cristal (un), 56.
Gobelets d'or, 60.
Godet d'argent, 52.
Godet de cristal (un), 56.
Goutières de pavillon, 29.
Grai. Voy. Frères Mineurs.
Graine (en). Voy. Satins. Veloux. Draps de soie.
Gravouère de cristal, 47.
Greelz, 62.
Grenat (un), 46.
Grillage de bois de violette et de cornouaille, 111.
Guerils (deux) sengles et un double, 84.
Gutineur d'un orcel, 58.

H

Hanap d'argent (un) à couvercle esmaillié et de cristal, 55.
— un hanap de cristal à couvercle à pié d'argent esmaillié, *ibid.*
Hanap (un) d'une coquille de perles, 53.
Hanaps d'argent dorez, *ibid.*
Hanaps d'argent, 57.
Hanaps d'or, 60, 61.
Hanas d'argent, 50.
Hausses et atours, 27.
— soye tannée pour faire hausses, 34.
Hennap de madre de la Royne, 225. Voy. Raccommodage.
Hennapiers. Voy. Le Fèvre (Jehan).
Herches (quatre), 105.
Hermines neufves, 157.
Hermines de garnison, 159.
Hermines (queues d'), 162.
Hernoys de cuisine, 106.
Heures, 62.
Heures du Roy, 228.
Heures données au duc de Bourbon, 231.
Historique. Voy. Voyage.
Hoppellande de chamois, 200.
Houppellande à eschiquiers, 247, 248.
Houppellande courte de chamois, 187.
Houppellandes flottens (deux courtes) de veluiau vermeil, 187.
Houppellandes et chapperons, 239.
Houppellande de veluiau vermeil (courte), 161.
Houppellande de drap d'or, 161.
— d'escarlate vermeille, 161.
— de drap vert, 162.
— de satin vermeil, 162.
— (longue) d'escarlate violette, 169.
— courte de chamois, 269.
— courte de drap vert brun, 171.
— (longue) de satin vermeil à roses, 170.
— d'escarlate rozée, 165.
— violette (longue), 171.
— d'escarlate violette (longue), 171.
— autre d'escarlate vermeille, 172.
— courte de veluiau vermeil en graine,
— de drap pers,
— d'escarlate vermeille,
— de drap vert brun, 172.
— (longue) de drap vert,
— de satin vermeil en graine, 173.
— (courte) de drap vert, 174.
— d'escarlate violette (longue), 159.
— de drap vert (courte), 160.
— d'escarlate rozée (longue), 160.
— de satin vermeil (longue), 157.
Houppellandes, 124, 131, 145,
— larges et flottans (deux courtes) à chevauchier, 141, 144.
— courtes de satin vermeil, 143.
— longues, 121, 125, 128, 141.
— courtes à chevauchier, 121, 127.
Houppellandes pour la Reine, 134, 135.
— de drap vert (vingt-six) pour le premier jour de mai, 116, 129, 130.
Houseaulx, 233, 234, 235.
Houssé, Elles et Ellettes, 157.
Huche longue (une), 95.
Huche ferrée, 107.
Huches à buleter et à pestrin, 95.
Huile d'olive, 91.

DES MATIÈRES. 351

I

Illande pour Irlande. Voy.
Aissellettes. Sarge.
Institute en françois, 64.
Iraingne, 238.

— de Malines, 239, 240.
Ivoires : un petit saint Jehan d'ivoire; un saint Estienne d'yvoire, 81.

J

Jaquettes de satin vermeil, 125, 141, 142, 144, 145.
Jaquettes de satin, 291.
Jaquettes fronciés, 282.
Jaquettes brodées à anneaulx, 284.
Jaquettes de veloux vermeil, 121, 125.
Jarretières de la Reine, 148, 189.
Jartières de la Reine, 147, 150.

Jaspre (barils de), 57.
Joiaulx d'or et d'argent pour le Roi, pour la Reine et pour le duc de Touraine, 201.
Journées (prix des), 289.
Joyaux d'or et d'argent, 271.
Joyaux d'or, 60.
Joyaux et vaisselle d'argent, 48.
Joyaux en gage, 35.

K

Kareis, 4. Voy. Quareis.

L

Langue de serpent (une), 58, 59.
Laon. Voy. Toiles.
Lardier (un), 97.
Lars (vingt-cinq), 92.
Las de soie, 186, 187, 188, 189.
Lasnières de soie, 31.
Lavende. Voy. Coussinès.
Lechefrée (une) d'arain à queue de fer, 106.
Letière (une) sanz hernois, 89.
Letrin (touaille ouvrée pour), 66.
Létrin d'ybénus (un) qui fut St Loys, 3, 6.
Lettices, 163, 164, 165, 166, 167, 168, 169, 170, 171, 172, 174.
Liace de perles, 44.
Lieures et trais, 95.
Liner des coffres, 34.
Linge (le), 260.
Linge de relais (le), de la Reine, 180.
— du duc de Touraine, ibid.

Linge (inventoire de vieux); 77.
Lions du Roi (le garde des). Voy. Siguier (Guillaume).
Lit de la Royne (le), 29, 181.
Litière d'Ysabel de France, 6.
Livre pour ennuillier, 231.
Livres de la Reine, 9, 143.
Livres et romans de la Royne, 179.
Livres de chapelle, 61. Voy. Roumans.
Livret (un petit) en anglais et en françois, 64.
Lorain (une sambue à tout le), 85, 86.
Loupe de saphir, 44.
Louveteaulx (gans de chevrotin doublés de), 216, 217, 218, 220, 223.
Louviers. Voy. Draps, Marbrés.
Lucques. Voy. Draps d'or; Dyaprés; Nachis; Samits; Tartaires.

M

M. (fermail en guise d'une), 42.
Maalles blanches, monnaie, 48.
Mace d'or (une), 48.
Madre. Voy. Raccommodage.
Madre (la coppe de) de la Reine, 179.
Madre (deux hanaps, couvers l'un de) et l'autre de caillier, 179.
Madres et cailliers pour le Roi, pour la Reine, et pour le duc de Touraine, 201.
Madre (une coupe de), un hanap de madre, 59.
Madre (un hanap de) à pié d'argent, une coupe de madre à pié d'argent, deux petites coupes de madre sanz pié, un hanap de madre jaune, 56.
Male (une), 59.
Male de cuir de vache, 183.
Male de cuir fauve (grant), 180.
— atout le bahu, 183.
Malettes de chambre, 298.
Malettes de drap vert, 125, 132, 133.
Manches de corsès mises en presse, 227.
Manches de petite cote, 132.
Manches à pourpoins, 141, 144, 146.
Manches de relais (deux paires de), 134.
Manteau à chevaucher, 138.
Manteau lonc à fons de cuve d'escarlate vermeille, 170.
Manteaulx à chevaucher de noire de Bruxelles, 240.
Manteaulx à chevauchier, 119, 122.
Manteaulx à pignier, 124, 159.
Mantel (grant) de veloux vermeil, fourré d'hermines, 160.
Mantel de chappelle, 135, 137, 149.
Mantel de chapelle de drap vert, 165.
Mantel à fons de cuve, 157.
Mantel de drap de Turquie, 9. Voy. Bourgogne (la duchesse de).
Mantel à parer, 147.
Mantel à chevaucher d'escarlate rozée, 169.
Mantel de drap blanc fourré de menuvair pour la Reine, le jour de Pasques, 166.
Mantel à fons de cuve, 69, 134.
Marbré vermeillet de Loviers, 95.
Marchands de toiles. Voy. Gallande (Guillaume); Remy (Guiot); Brie (Jehanne de).
Marramas (salle de), 73.
Marremas (un), 78.
Marteras (un viez) brun de bougueran, 74.
Matheraz, 27.
Martres, 174, 175, 268.
May (houppellandes du premier jour de), 116.
Médecine. Voy. Tuiau d'argent.
Ménestrels : le Gratteur menestrel, 88.
Menuvair (ventres de), 157.
Mesnie, 92.
Messals (deux), 107.
Miroir d'ivoire, 213, 214, 215.
Mirouer (un), 53.
Mirouer d'acier, 3, 6.
Mirouer d'argent (un), 56.
Mirouer d'yvoire (un), *ibid*.
Missel (un), 62. V. Messals.
Modes : mantel à Alemant, 71.
Monnaies, 48.
Monnaies (évaluation de) : le franc d'or à 16 sous parisis, 113.
— blans de 4 deniers parisis, 116.
Mortier (un) et un pesteil à batre espices, 92.
Mortiers, 84.
Moustiervillier. Voy. Draps.
Mouton d'or (un), 48.
Mugelaine (cinq aunes de), 72.

DES MATIÈRES. 353

Naćez (deux), 78.
Nachis de Lucques, 2, 4, 10.
— (deux) de Lucques qui ne font que une pièce, 9.
— ouvré de vert et d'ardant semé de rosettes d'or, 9.
— (un) ouvré sus champ ardant et plonquié, de Lucques, 10.
— de Lucques et de Venise, 18.
— de Lucques à or, sans or, à rosettes d'or, 2.
— à or, 14, 15.
—. de Luques sans or, 17.
— de Venise sus chanvre, 2, 4.
Nacques (quatre pièces de) que l'on appelle Turquie, qui ne font que deux draps, 8.
Naïf (marbré brun), 70.
Nain de la Reine (le), 11.
Naine de la Reine (la), 239.
Napes (une pièce de), 77.
Nappes, 92, 93, 151.
— d'autel, 229.

Naques (draps d'or appelés), 2, 4.
Naques sus champ blanc, 2.
— d'or, 2.
Nascelles (deux), 98.
Nassis d'or de Chipre (un), 78.
Navarre. Voy. Eguille.
Navette d'argent doré, 188.
Néeller (pour la façon d'icelle ceincture d'or et), 202.
Nef d'argent doré du Roy, 182, 191.
— de la Royne, 192.
Nef d'argent (une), 55, 58.
Neù (saphirs en un), 41.
Noces de Catherine de France, 258.
Noire (une), 274.
— (demie) de Bruxelles, 240.
Noiz d'Inde (une), 53.
Nouel de perles, 45.
Noyer (bois de), 224.
Noys (huit mines de), 110.
Nués. Voy. Plaz à fruit.
Numéraire (transport de), 264.

O

Offrandes. Voy. Draps d'or et de soie.
Ogier (des Enfans), 63.
Oignemens. Voy. Paelles.
Or de Chipre, 25, 192.
— de Lucques, 29, 35.
— trait de Damas, 195, 196, 268.
— nue, 194.
— soudiz, 197.
— de touche, 35.
Oratoire de la Reine, 21.
Orcel d'argent, 50.
— (un) d'estain, à eaue benoiste, 107.
— à eaue beneste, 58.
Ordinaire (un), 62.

Oreillier (un) de saye, pour le messel, 107.
— à mettre souz le messel, 66.
Orfaverie pour le Roi, la Reine et le duc de Touraine, 183.
Orfèvrerie, 269.
Orfèvres. Voy. Bec (Simonnet le). Soulas (Simon). Vivier (Jehan du).
Orfrais, 67.
— de chasuble, 81.
Orfrois de chemises, 30.
Orinaulx de la Royne, 182.
Outremer (euvre d'), 79.
Ovide (fables d'), 63.
Oyselès de Chippre. Voy. Cagette d'argent.

P

Paelle de fer (une), 103, 106.
Paelles (quatre) petites à queue, pour oignemens, 85.
Paeles à queue, 84.
— à bouez, 83.
Pailletes d'argent dorées, 187.
Paix de la petite messe, 231.
Paleffroy morel (un), 87.

— (un) liart,
— (un) bay, *ibid.*
Pannes blanches d'avortons, 250.
Pannes et fourreures pour le Roi, 156.
— pour la Reine, 163.
— pour le duc de Thouraine, 169.
Pennes blanches, 248.

23

TABLE ALPHABÉTIQUE

Pennes de Chasteau de Vire, 250.
Pennetier du Roy, Voy. Pontaudemer (Robert de).
Pantouer à clefs, 33.
Pappegay de la Reine (la cage au), 132.
Paperain, 205.
Paremens d'autel, 13.
Parement à paleffroy, 86.
Parement à touaille, 50.
Pastour en entablement, 50.
Paveillon, 28, 29.
Paternostres, 45.
— de gest (unes), 81.
— d'or, 46.
— de geest, *ibid.*
Patrons, 152.
Peintres. Voy. Orléans (Jehan d').
Peliçon, 134.
— à vestir dessoubz une houppellande, 135.
Peliçon de drap pers, 163.
Pelliçon d'escarlate rozée, 166.
Peliçons, 6, 7, 143.
— de drap de soie, 159.
— de drap de soye baudequin, 171.
Peliçons de bièvre, 5.
Peliçons de martre, 24.
Peliçons de menuvair, 34.
Peliçons et corsez, 25, 26, 31.
Pelles, 38.
Pelleterie, 261, 262.
Pennier blanc (un) pour aumosne, 83.
Penniers, 84.
Pent à col, 42, 43, 44.
Pendens de selle, 80.
Penthère (De la), 63, 64.
Perles blanches, 30.
— (un gros bouton de), 199.
— de compte, 30.
— de Compiègne, 43.
— yndes, 86.
— d'Escoce, 42, 45, 47.
Pers de Malines, 275.
Pesteil. Voy. Mortier.
Pestiaus, 84.
Pestrin. Voy. Huches.
Pigne d'yvoire (un), 56.
Pignes d'ivoire, 212, 213, 214, 215.
Pigniers. Voy. Coilly (Jehan de). Girost (Jehan). Grès (Henry des).
Plaz à fruit d'argent nués, 54.

Plas d'argent, 57.
Plas à dragié, 58.
Plat à fruit (un grand) à couvercle, 58.
Plateaus d'estein, 106.
Plateaux d'argent, 49.
Platelles à fruit, 253.
Platés (unes), 290.
Plates d'acier (unes), 152.
Pleuroirs, 319.
Pleurouers de toille de Reims, 155.
Poche de fer (une), 91.
Poirreaus (dix costes de), 105.
Pois (six bouesseaus de), 91.
Poissons de l'estanc de Mourcient, 98.
Poivre (une livre de), 110.
Poleçon, brodé, 33.
Pommes (dix milles de), 98.
Pommes d'ambre, 80.
Ponconnet de cristal, 80.
Pos d'arain (deux) à traire vaches, 106.
Pos de cuivre (vingt-cinq), 84.
Pot à lessive, de laton, 3, 16.
— d'estaim pour aumosne (un), 103.
Pot d'arain (un grant), 84.
Pot à laver mains (un) de cuivre, 85.
Pot d'estain, 94.
Pot d'argent à biberon, 56.
Pot à eaue d'argent, 55.
Pot à aumosne d'argent, 57.
Pot à eaue blanc, 57.
Pot à sausse, 58.
Potonnet (un petit) de cuivre, 106. C'est un petit pot, car l'art. suivant porte : Un pot de cuivre plus grant.
Poulaine (fourreures de), 248.
Poupres, 2, 4, 19.
Poupres (deux) de Venise, 8, 13.
Pourpoins de toille de Reims, 121, 150, 151.
Pourpoins de toile blanche, 141.
Prix : argent blanc et vairié l'un pour l'autre, 4^l 10^s p. le marc; le marc d'argent doré, 110^s p.; le marc d'argent doré esmaillié, 6^l 10^s p., 58.
Processionnaire (un), 62.
Prouvins (royés de), 110.
Puisetes, 84.

DES MATIÈRES.

Q

Quamoquas, 2, 4, 6, 7, 17. Voy. Camoquas.
Quareis, 2. Voy. Kareis.
Quarreaulx plains de duvet, 149.
Quarreaulx de satin, 226.
Quarriaus de chambre, 5, 7, 13.
— du char, 8, 14.
— de salle, 8.
Quartes d'argent, 55, 57, 184.
Queues de despense (deux), 97.
Queues vuides, 96.
Queuvrechies. Voy. Couvrechiés.
Queuvrechiefs, 151, 154.

R

Racaz ouvrez à or, 2, 4, 6.
Racas changeant, 9.
— sur champ adzuré à poissons d'or, 9.
— ouvrés à or, 18. V. Taphetas.
Raccommodage de hennaps, 225.
Raiz (dos de), 174.
Rastelliers (huit) à brebis, 96.
Reclus de Moliens (Du), 64.
Regimine Principum (de), 64.
Reims. Voy. Camelots.
Reliquaire, 50.
Reliquaires de la Reine, 180, 232.
Reliques, 40.
Renges d'espée, 82.
Ribaudeau (drap roié, appelé) de Rouen, 239.
Robe de cendal jaune, 12.
— de cendal ynde, 12.
— de drap caignet, 69.
— d'escarlate paonnace, 68.
— d'escarlate vermeille, 159.
— d'escarlate violette, 158.
— de marbré de Bruxelles, 69.
— de pers, ibid.
— de veluau, ibid.
Robe de trois garnemens, 10.
Robe de quatre garnemens, 123, 126.
Robe longue de quatre garnemens, 126.
Robe de drap pers de quatre garnemens, 158, 170.
Robe d'escarlate rozée de quatre garnemens, 120, 161.
Robe d'escarlate vermeille de quatre garnemens, 157, 170, 171, 172.
Robe de cinq garnemens, 133.
Robe à chappe de cinq garnemens, 134, 136, 149.
Robe à chappe de cinq garnemens, d'escarlate violette, pour la Reine, 165.
Robe de six garnemens, 123, 126.
Robe entière de six garnemens, pour le Roi, et autre de quatre garnemens pour le Duc de Touraine, 123, 126, 145.
Robe à chappe, de six garnemens, d'escarlate rozée, 166.
Robe à relever, 134.
Robe de la Penthecoste, 12.
Robe de quatre garnemens faite de quatre pièces de taphetaz, de 50 aunes, 9.
Robes de taphetaz, 6.
Robes (façons de), 139.
Rochès (cinq), 68.
Rochet (un), 107.
Rose (Roumans de la), 63.
Rouen. Voy. Draps.
Roumans, 63.
Roumant (un grant), 95.
Roumenie. Voy. Tapis.
Royauls d'or, 48.
Ruban d'or de Chippre, 146.
Ruban de soye vermeil, 147.
Rubanniers. Voy. Brie (Hervy de).
Rubans, 29.
Rubis, 30, 203.
— d'Alexandrie, 38.
— d'Oriant, 39, 40.

S

Sacs, 85.
Saigniaus d'or, 45.
— d'argent, ibid.
Saimme (une) avèques les cordes, 98.
Sainctuer, 46.

Saint-Tron au pays de Liège. Voy. Ceinteron.
Salière en guise de lyon, 60.
Salière d'argent, 53.
— d'une perle, *ibid.*
Salières de cristal, 56.
Salières (deux) de deux cers, *ibid.*
Sambues, 85, 86.
Samis de Lucques vermeux, 16.
Samis et samitons, 18.
Samit azur, 149.
Samit d'estive, 2.
Samit d'estive vermeil, 17.
Samit jaune, 7.
Samit rouge, 5, 7.
Samit vermeil, 2, 9.
Samit vermeil sus fil, 15.
Samit de Lucques vermeil jaune, 14.
Samit vert, 21, 22, 23, 25.
Samiton de fil, 16.
Samitons, 2, 4, 13, 17.
Samiz de Lucque vermex, 2, 16.
Sanguine de Brucelles, 279.
Saphir d'Oriant, 41.
Saphir cler, 44.
Saphirs, 39.
Sarge azurée pour doublure, 240.
Sarge de quatre roies, 177.
Sarge noire d'Illande, 25.
Sarges blanches d'une chambre de satin blanc, 177.
Sarges vermeilles, 176.
— vermeilles d'une chambre de satin vermeil, 177.
Satanin azur, 150.
Satin azur des foibles, 147, 148.
Satin vermeil, 149.
Satin vermeil, des foibles, 143.
Satin vermeil en graine, 121, 125, 141, 142, 144, 146.
Satin vermeil en graine des très fors, 145.
Saugié (deux queues de) des vins du Mez, 90.
Saugié blanc (une queue de), *ibid.*
Saussier (le), 83.
Saussières (quatre) d'étain, 107.
Saussières d'argent, 54.
Sautier, 61.

Saye deffillée (deux livres de), 80.
Sayeries de soye, 68.
Sceaux d'un tondeur de draps, 138.
— d'un tailleur de robes, 139.
Sceaux brisés, 60, 61, 83.
Seaus à eaue, 95.
Sègle (demi muy), 99.
Selle de Hongrie, 80.
— à paleffroy, 86.
Selles à charetier (deux), 105.
Selliers. Voy. Troies (Jehan de).
Sendaus, 19.
Séquencier du roy Charles, 63.
Sept sages (des) et d'Ysopet, 64.
Sercot de marbré violet, 69.
— de marbré brun, 71.
Seurcot, 6.
Seurcot clos, 157.
Seurcot ouvert, 157.
Seurcot court de drap blanc, 163.
Seurcot court de drap pers, 248.
Seurcot court de drap vert, 248.
Seurcot d'escarlate rozée, 168.
Seurcot d'escarlate vermeille, 148.
Seurcot d'escarlate violette, 167.
Seurcot de drap (d'or) sur champ vert à K et à E, 166.
Seurcot de drap d'or sur champ azur à testes de lyons, 167.
Seurcot de drap d'or sur champ azur à fleurs de lis et à couronnes, *ibid.*
Seurcot de nachis de Lucques, 9.
Seurceinte à cordelier, 33.
Siège où le Roy se agenoille, 231.
Socz à chaine, 95.
Soie vermeille et azurée (deux onces de), 146.
Solers du Roy, 189.
Sollers pour robe longue, 233.
— sanz poullaine, 234.
Sollers blans, roges, découppés et eschorchez, 232, 234.
— escorchez, découppez, fourrez et plains, 233.
Somme (une vieille), 85.
Sommeliers de la chapelle. Voy. Colet (Jehannin).
— du corps. Voy. Canlers (Ja-

DES MATIÈRES. 357

quet de). Guérart (Gillebert). Lestre (Aubelet de).
— des espices. Voy. Lorencin.
Sommier (pour porter sus un), 183.
Sommiers de la chambre de la Reine, 177.
Sonnete d'argent, 49.
Sortail (pour 32 escussons de broderie faiz de), 176.
Soudures, 269.
Sourceinte de paon, 80.
Sourceintes de soye, 65.
Sourpelès, 65.
Soye de plusieurs couleurs (un quarteron de), 149.
Soye tennée (une once et deux trezeaulx de), 150.
Soye de plusieurs couleurs, 21, 22, 25, 26, 31, 34.
Soye tannée, 27.
Soye d'Illande (robe de), 70.
Summate (un) ou code en français, 64.
Summe (une), 59.
Surceinte des armes de Hongrie, 80.
Surcot à chevaucher, 24, 32.
— ront, 24, 34.
Surcoz lons, 26.

T

Tabernacle, 49.
Table d'autel, 2, 16.
Table à manger de la Reine, 3, 7.
Tahles. Voy. Geux.
Tables, 101.
— (trente et une), 107.
— (unes) d'yvoire, 82.
Tableau d'or, 40.
Tableau peint par Jehan d'Orléans, 179.
Tableaus du Roy (étuis pour les), 231.
Tableaus de fust paint, 48.
Tabliaus (uns grans) pour chappelle, 94.
Tablier (un), 103.
Tacètes pour les sceaux, 21.
Tafeta, tartaire jaune que l'on claime tafeta, 11.
Tafetas, 15, 28. Voy. Taphetas.
Taffetais chingant, 79.
Tailleurs. V. Bourguignon (Jehan le). Toustain (Guillaume).
Taillebois (couteaux), 270, 271.
— (couteaux appelés), 191.
Taillerie (varlés de la), 266.
Tailleurs de robes. Voy. Climence (Guillaume). Estourneau (Perrin). Monteron (Guillaume de).
Taphetas : racas à poissons et à oysiaus que l'on claime tapheta, 11.
Taphetaz (quatre pièces de) tenans 54 aunes, 6.
— (tartaires appelés), 4, 15, 16.
— (quatre pièces de tartaire que l'on claime), tenans 50 aunes, 9.
— (six pièces), tenant 85 aunes, 10. Voy. Tafeta.
Tapis de laine, 92.
— ouvrés de papegaus, 74.
— velus d'Outremer, ibid.
— velu de Roumenie (un), 87.
Tapisserie pour le Roi, la Reine et le Duc de Touraine, 176.
Tapissiers. Voy. Bataille (Nicolas). Jaudoine (Jehan de).
Tappiz vers, 177.
Tappis azurez à sommiers, 177.
Tartaire roy, 79.
— vert, 35.
— violet, 70.
Tartaire ardant à poissons d'or, 13.
Tartaire d'Outremer semé de poissons d'or, 15.
Tartaires de Lucques, changeants, 2, 5.
— changens de Lucques, 6, 13, 17, 19.
— semez d'or, 2, 4, 6.
— vers, jaunes, yndes, 3.
— appelés taphetaz, 4.
— (deux) tenant 10 aunes, 8.
Tartaires à oysiaus d'or, 14.
Tartaires ou taphetas, 18.
Tartaires semez d'or, 18.
Tartarin ardant, 29.
Tasses d'argent (une douzaine de), 179.
Tayes de quarreaulx, 226.

Tayes à oreilliés, 79.
Teille (une pièce de), 92.
— taincte, 107.
Thoulousins, 10.
Tiercenel azuré, 24.
Tiercenez d'Outremer, 26.
— azuré, 32.
Tinneis (deux), 97.
Tiretaine de Saint-Marcel, noire, en graine, tannée, vermeille, 70.
Tireteine, 27.
Tixu nuef de soye noire, 204.
Toilette (la), 225, 227.
Toille bourgoise, 76, 151, 153.
Toille de lin, 214.
Toille de Compiègne, 76.
Toile de Laon, 214.
Toille de Reims, 36, 228.
— (pourpoins de), 121.
— (fine), 150, 151, 152, 153, 154.
Toille vermeille, 32, 231.
Toille vert, 21, 22, 23, 34.
Toille ynde, 21, 22.
Toille cirée, 24, 28.
— et empesée, 154.
Toille de soie, 213.
Toilles (marchands de), 35.
Tombereau (un), 96.
Tondeurs de draps. Voy. Beaunier (Guillaume).
Tones à fouler (deux), 96.
Tonnelés à verjus (deux), 97.
Tonture de draps, 138, 272.

Torches de la chapelle, 231.
Touaille de soye, 79.
Touaille blanche de soye, 65.
Touaille à apoustres et à arbres de soye, 67.
Touaille à tenir la plataine, 3.
Touaille de l'euvre d'Outremer, 47.
Touailles, 93.
Touailles d'autel, 3, 65, 72.
Touailles à essuyer mains, 65.
Touailles de chapelles, ouvrées à or, 6.
Touailles (une douzaine de), 77.
Thoulousins. Voy. Toulousins.
Toulousins d'Outremer, 2, 4, 6.
Tourez, 3, 6, 16.
Trainaux (deux), 109.
Trécons (deux) daubefain, 81.
Trépiés (deux), 106.
Trétiaux (trente-trois), 101.
— (soixante huit), 107.
— (quinze paires de), 91.
Trinité (De la), 63.
Truie (une) et quatre pourcelès, 104.
Tuiau d'argent (un) à boire lait pour les yelz, 54.
Tumbereaus (deux) sans roez, 105.
Tuniques, 65.
Turquie (draps de). Voy. Draps.
Turquoise, 39.
Tuylle (huit milles de), 108.

U

Usages. 20 cameloz de tripe mangiez des vers que elle (la Reine) donna à ses fames, 6.

V

Vaches (six) et un torel, 104.
Vair (dos de), 161.
Vairre d'argent (un), 50.
Vaisselle d'or et d'argent de la Reine, 180.
Varlets de chambre :
— Jehan du Vivier, orfèvre et varlet de chambre du Roy, 186.
— Robert de Varennes, brodeur, armurier, et varlet de chambre du Roy, 199.
— Jehan de Saumur, cordouannier et varlet de chambre du Roy, 232.
— Jehan de Dreze, espicier et varlet de chambre de la Reine, 133.
— Jehan Mandole, peletier et varlet de chambre du Roi, 157.
— Simon de Lengres, pelletier et varlet de chambre de la Reine, 163.
Vèce (environ 200 de), 96, 97, 105.
Veloux vermeil en graine, 121, 125, 144.

DES MATIÈRES.

— azur Alexandrain sur fil oysel, 142.
— azur Alexandrain sans destaindre, 149.
Veluiau cendré, 6.
— noir, besanté d'or, *ibid.*
— vermeil sur fil oysel, 227.
— jaune seur fil, 16.
Veluiaus adzurez et jaunes sur fil, 2.
— jaunes, 6.
— noirs, 16.
— rosez, 2.
— rouges, 6.
— azurés, cendrés, noirs, rouges, soucies, tannés, vers, violets, 1, 4, 5.
— roiez, plonquiez, vers et jaunes, 8.
Veluaus coques,
— jaunes, violets, 13.
Veluyau azuré, 21.
— rayé cremesin, 28.
— violet, 27.
Veluyel cremesin coquet, 26.
— quenelé, 25.
Venise. Voy. Nachis, Poupres, Samitons, Draps d'or.
Verge d'or, esmaillée à K. et à E., 201.

Verges d'or néellées, 203.
Verjus. Voy. Tonnelès.
— (une queue de), 98.
— viez (une queue de),
— nouvel (une queue de), 104.
Vert encre de Brucelles, 273.
Vert de Rouen, 238.
Verveux (dix), 109.
Vestemens de chapelle, 65.
Vie des Pères (de la), 64.
Vie des Sains (de la), 64.
Viennoys, 5, 6.
Vignes, 89, 90.
Vin donné pour boire, 266.
— aigre (une queue à), 95.
— des treilles (deux queues de), 104.
— nouvel, 89.
— vermeil viez, 90.
— viez, 89, 90.
Vins (inventoire de), 89.
Viretons, 183.
Visagière d'un chaperon, 159.
Voirre (un hanap d'argent doré en guise de), 54.
Vol d'argenterie, 117.
Vraie croix (la), 50.
Voyages, 283, 288, 288, 289, 290, 292, 300, 303.
Voyage de la mer (en ce), 183.

Y

Ymage de saint Jehan, 49.
Ymages de Notre Dame et saint Jehan, 49, 51.

Ymage de Nostre Dame, 52.
Ymage de St Loys, 48.

Z

Zétonnin, 29, 30.

Zétonnin azuré, 27, 28.

FIN.

TABLE DU VOLUME.

	PAGES
Préface	j
Compte de draps d'or et de soie, rendu par Geoffroi de Fleuri, Argentier du roi Philippe le Long, en 1317	1
Compte particulier de draps d'or et de soie, rendu par Edouart Tadelin, de Lucques, mercier du roi Philippe de Valois, en 1342.	20
Inventaire après décès des biens de la reine Clémence de Hongrie, veuve de Louis le Hutin, de l'an 1328	37
Le XVIIe compte de Guillaume Brunel, Argentier du roi Charles VI, pour le terme de la Saint-Jean 1387.	113
Tableau des prix	321
Table des noms	328
Table alphabétique des matières	338

FIN.

Nogent-le-Rotrou, imprimerie de A. Gouverneur.

www.ingramcontent.com/pod-product-compliance
Lightning Source LLC
Chambersburg PA
CBHW050909230426
43666CB00010B/2092